中高生のための
文化の謎を知る本

ヤングアダルト
BOOKS2

はじめに

本書は、中学・高校生向けに、文化や芸術、スポーツ、言葉など、多岐にわたるテーマを深く知り、新たな視点や興味を広げるためのブックガイドとして企画した索引です。

中高生の皆さんは、日々の学びや体験を通じて多くの可能性に出会い、その中で自分自身の未来を形づくる準備をしています。本書では、文化や芸術をはじめとする多彩な分野に焦点を当て、それぞれの分野について深く学べる本を紹介しています。「なぜこの文化があるの？」「どのように芸術は世界を変えるの？」といったような疑問を持つこともあるでしょう。

この索引は、そんな疑問や知的好奇心に寄り添えるよう、文化や芸術、スポーツ、言葉などに関するキーワードなどから、それについて書かれた本が簡単に見つけられる本です。皆さんの興味を持ったテーマやキーワードから、気になる本を見つけてみてください。

新しい視点を得ることは、自分自身を知る第一歩です。この本で見つけられた本が、皆さんの興味や関心を広げ、学びや挑戦の一助となることを願っています。新たな発見を楽しみ、未来へ踏み出すきっかけとなる一冊となれば幸いです。

2025年1月

ＤＢジャパン編集部

本書の使い方

1. 本書の内容

本書は、中・高校生を中心とするヤングアダルト世代向けの、文化や芸術、スポーツ、言葉などに関する本を探せるように企画した索引です。「文化を知る」「芸術やエンターテインメントを知る」「スポーツを知る」「文化研究や国語・言語を知る」に分類して、さらに細かく分けています。

2. 採録の対象

2010年（平成22年）～2023年（令和5年）の14年間に国内で刊行されたヤングアダルト向けの文化や芸術、スポーツ、言葉に関連する作品1,370冊を収録しています。

3. 記載している項目

本の書名 / 作者名;訳者名/ 出版者（叢書名）/ 刊行年月

【例】
宗教＞キリスト教
「13歳にもわかるキリスト教―キリスト教スタディーブック・シリーズ；4」美濃部信著 新教出版社　2016年1月
「14歳からの哲学サロン：古きをたずねて新しきを知る―銀鈴叢書」板生いくえ著 銀の鈴社 2020年10月
「あなただけの人生をどう生きるか：若い人たちに遺した言葉」渡辺和子著 筑摩書房（ちくまプリマー新書）2018年8月

1) 差別用語という見解がある分類も存在しますが、原則、検索性を重視した表現としています
2) 作品のタイトルやシリーズ名等に環境依存文字が使用されている場合、
環境依存文字を使わずに表現していることもあります。

4. 排列について

1) テーマ・ジャンル別大分類見出しの下は中・小・細分類見出しの五十音順。
2) テーマ・ジャンル別中・小・細分類見出しの下は本の書名の英数字・記号→ひらかな・カタカナの五十音順→漢字順。

5. 収録作品名一覧

巻末に索引の対象とした作品名一覧を掲載。
（並び順は作者の字順→出版社の字順排列としています。）

本の探し方

STEP 1 目次から調べたいテーマを探します

【文化を知る】

祈り、礼拝、祈祷	1
異文化理解、国際理解	1
家族、家庭＞家系、姓氏、家譜、家紋	2
家族、家庭＞家系、姓氏、家譜、家紋＞家系図	2
家族、家庭＞家父長制	2
家族、家庭＞系譜	2
家族、家庭＞相続	2
記念日、祝日	2
紀年法＞元号、年号	3
行事、イベント	3
宗教＞仏教＞禅、禅宗＞禅語	13
宗教＞仏教＞天台宗	13
宗教＞無宗教	14
宗教＞ユダヤ教	14
食事、食生活	14
食事、食生活＞食育、栄養	16
食事、食生活＞和食	16
食文化	16
食文化＞郷土料理	17
食文化＞昆虫食	18
食文化＞スローフード	18
世界の文化	18
世界の文化＞無形文化遺産	21
食べもの、食品＞伝統食品	22
食べもの、食品＞発酵食品	22

STEP 2 そのテーマにある該当の作品を見つけることができます

文化を知る

【文化を知る】

祈り、礼拝、祈祷

「希望の大地：「祈り」と「知恵」をめぐる旅：フォトエッセイ」桃井和馬著 岩波書
レット）2012年6月

「聖書とわたし」ロイス・ロック文;アリーダ・マッサーリ絵;関谷義樹日本語版監修;
ドン・ボスコ社 2017年10月

異文化理解、国際理解

「〈超・多国籍学校〉は今日もにぎやか！：多文化共生って何だろう」菊池聡著 岩波書店（岩波ジュニア新書）2018年11月

この本に収録されている本が
一覧になった**「収録作品一覧」**
を巻末に掲載しています！

テーマ・ジャンル別分類見出し目次

【文化を知る】

祈り、礼拝、祈祷 1
異文化理解、国際理解 1
家族、家庭＞家系、姓氏、家譜、家紋 2
家族、家庭＞家系、姓氏、家譜、家紋＞家系図 2
家族、家庭＞家父長制 2
家族、家庭＞系譜 2
家族、家庭＞相続 2
記念日、祝日 2
紀年法＞元号、年号 3
行事、イベント 3
行事、イベント＞お祭り 4
行事、イベント＞クリスマス 4
行事、イベント＞正月＞獅子舞 4
行事、イベント＞成人式 4
行事、イベント＞茶会 4
行事、イベント＞日本ジュニア数学オリンピック 4
行事、イベント＞万国博覧会、国際博覧会 4
行事、イベント＞ライトアップイベント 5
サブカルチャー 5
思想、信仰、理念＞中国思想 5
宗教＞イスラム教 5
宗教＞イスラム教＞タリバン 6
宗教＞一神教 6
宗教＞オウム真理教 6
宗教＞カルト 6
宗教＞キリスト教 6
宗教＞地獄、天国、極楽 9
宗教＞宗教一般 9
宗教＞神道 10
宗教＞ヒンドゥー教 11
宗教＞仏教 11
宗教＞仏教＞真言宗 13
宗教＞仏教＞修験道 13
宗教＞仏教＞浄土真宗 13
宗教＞仏教＞禅、禅宗 13
宗教＞仏教＞禅、禅宗＞禅語 13
宗教＞仏教＞天台宗 13
宗教＞無宗教 14
宗教＞ユダヤ教 14
食事、食生活 14
食事、食生活＞食育、栄養 16
食事、食生活＞和食 16
食文化 16
食文化＞郷土料理 17
食文化＞昆虫食 18
食文化＞スローフード 18
世界の文化 18
世界の文化＞無形文化遺産 21
食べもの、食品＞伝統食品 22
食べもの、食品＞発酵食品 22
食べもの、食品＞保存食品、保存食 22
伝統文化 22
日本の文化 23
日本の文化＞国風文化 26
日本の文化＞日本食、日本料理 26
風習、習わし 27
風俗 27
ふるさと教育 27
文化財 27
文化財＞文化財保護 28
民族 28
ものづくり 28

【芸術やエンターテインメントを知る】

生け花 29
囲碁、将棋 29
映像、動画 29
映像、動画＞アニメ、アニメーション 30
映像、動画＞映画 31
映像、動画＞テレビ番組 31
映像、動画＞ドラマ 32
演劇、ミュージカル、劇団 32
エンターテインメント 32
オペラ 32
音楽 33
音楽＞歌 35

音楽＞歌＞応援歌 36
音楽＞歌＞合唱 36
音楽＞歌＞国歌 36
音楽＞歌＞Jポップ 36
音楽＞歌＞童謡 36
音楽＞歌＞フォークソング 36
音楽＞音符、音楽記号 36
音楽＞楽典 36
音楽＞楽譜 37
音楽＞楽器＞サックス、サクソフォン 37
音楽＞楽器＞バイオリン 37
音楽＞楽器＞ピアノ 37
音楽＞楽器＞和楽器＞三味線 37
音楽＞楽器一般 38
音楽＞クラシック音楽 38
音楽＞歌＞K-POP 38
音楽＞コード、和声 38
音楽＞作曲 38
音楽＞ジャズ 38
音楽＞西洋音楽 38
音楽＞バンド、オーケストラ、吹奏楽 39
音楽＞邦楽 40
神楽 40
歌舞伎 40
歌舞伎＞忠臣蔵 40
かるた 40
狂言、能楽 40
工芸＞漆器 40
工芸＞伝統工芸 41
工芸＞伝統工芸＞竹細工 41
講談 41
サイエンス・フィクション（SF） 41
茶道 41
写真 42
占術、占い＞星座占い 42
人形浄瑠璃 43
俳句、短歌、川柳、和歌 43
俳句、短歌、川柳、和歌＞季語 45
美術、芸術 45
美術、芸術＞イラスト 47
美術、芸術＞絵、絵画 48
美術、芸術＞絵、絵画＞浮世絵 49
美術、芸術＞絵、絵画＞影絵、写し絵 49
美術、芸術＞絵、絵画＞挿絵 50
美術、芸術＞絵、絵画＞西洋画 50
美術、芸術＞絵、絵画＞西洋画＞印象派 50
美術、芸術＞絵、絵画＞鳥獣戯画 50
美術、芸術＞絵、絵画＞日本画 50
美術、芸術＞絵、絵画＞屏風絵 50
美術、芸術＞絵、絵画＞壁画 50
美術、芸術＞織物 50
美術、芸術＞金工品 50
美術、芸術＞グラフィックアート 51
美術、芸術＞現代アート 51
美術、芸術＞工芸＞木工品、木工細工 51
美術、芸術＞工芸＞焼き物、陶器、磁器 51
美術、芸術＞工作 51
美術、芸術＞古美術、骨董 51
美術、芸術＞習字、書道 51
美術、芸術＞手芸、裁縫、編みもの、ハンドメイド 51
美術、芸術＞装飾 52
美術、芸術＞染め物 52
美術、芸術＞彫刻 52
美術、芸術＞デスマスク 52
美術、芸術＞銅像、仏像、石像 52
美術、芸術＞銅像、仏像、石像＞大仏 53
美術、芸術＞模型、ミニチュア 53
美術、芸術＞焼き物、陶器、磁器 53
百人一首 53
ファッション、服装 53
ファッション、服装＞衣装 54
ファッション、服装＞鞄 54
ファッション、服装＞着物 54
ファッション、服装＞靴、履物 54
マンガ 54
落語、漫才 54
浪曲 55

【スポーツを知る】

ウエイトリフティング 56
オフェンス 56
オリンピック、パラリンピック 56
カーリング＞車いすカーリング 57
ゴール 57
ゴールボール 58
ゴルフ 58
サーブ、レシーブ 58
サーフィン、波乗り 58
サッカー 58
サッカー＞FIFAワールドカップ 61
サッカー＞ワールドカップ 62
自転車競技 62
シュート 62
障害者スポーツ、パラスポーツ 62
水泳 63
スキー 63
スケートボード 63
ストライカー 64
スノーボード 64
スプリント 64
スポーツ一般 64
ソフトボール 64
体操 65
卓球 65
ダンス、踊り 66
ダンス、踊り＞ストリートダンス＞ヒップホップダンス 66
ダンス、踊り＞バレエ 66
チアリーディング 66
跳躍競技 66
ディフェンス 66
鉄棒 67
テニス 67
テニス＞車いすテニス 68
テニス＞ソフトテニス 68
登山 68
とびばこ 68
ドリブル 68
なわとび 69
バスケットボール 69
バドミントン 71
バレーボール 71
バレーボール＞シッティングバレーボール 72
ハンドボール 72
フィギュアスケート 72
フェイント 72
フットサル 73
武道 73
武道＞空手 73
武道＞弓道 73
武道＞剣道 73
武道＞柔道 74
武道＞相撲 74
プロレス 75
ボクシング 75
ボッチャ 75
ボルダリング 75
マット運動 76
野球 76
野球＞甲子園 79
野球＞女子野球 79
野球＞軟式野球 79
野球＞メジャーリーグ 79
ラグビー 79
ランニング、ジョギング 80
陸上競技、マラソン、駅伝、リレー 80

【文化研究や国語・言語を知る】

あいさつ 82
アルファベット・ローマ字 82
オノマトペ、擬音語、擬態語 82
音韻 82
音楽学 82
音訓 82
外来語 83
歌詞 83
カタカナ 83
漢字 83
漢字＞部首 84
キーワード 84

言語化　85
言語学　85
言語学＞認知言語学　85
語彙　85
考古学　86
行動科学　87
国語　87
国語＞現代文　89
国語＞古文　89
国語＞評論　89
語源　89
古語　90
古語＞現代語訳　90
五十音　90
言葉、言語一般　90
言葉選び　93
言葉遣い、敬語　93
ことわざ、熟語、慣用句、故事成語　94
冗談、ジョーク　95
生活科　95
単語　95
哲学　95
哲学＞西洋哲学　99
哲学＞倫理学　99
同音異義語　100
動詞　100
なまり　100
日本語　100
人間論　105
発音　105
ハングル　105
反対語、対義語　105
平仮名　105
文化人類学　106
文法　106
方言　107
民俗学　107
名詞　107
文字　107
文字＞書き順　108
類語、言い換え　108
歴史学　108

【文化を知る】

祈り、礼拝、祈祷

「希望の大地：「祈り」と「知恵」をめぐる旅：フォトエッセイ」桃井和馬著 岩波書店（岩波ブックレット）2012年6月

「聖書とわたし」ロイス・ロック文;アリーダ・マッサーリ絵;関谷義樹日本語版監修;つばきうたこ訳 ドン・ボスコ社 2017年10月

異文化理解、国際理解

「〈超・多国籍学校〉は今日もにぎやか!：多文化共生って何だろう」菊池聡著 岩波書店（岩波ジュニア新書）2018年11月

「14歳から考えたいセクシュアリティ」ヴェロニク・モティエ 著;月沢李歌子 訳 すばる舎 2022年11月

「クスクスの謎：人と人をつなげる粒パスタの魅力」にむらじゅんこ著 平凡社（平凡社新書）2012年1月

「トルコから世界を見る：ちがう国の人と生きるには?」内藤正典著 筑摩書房（ちくまQブックス）2022年10月

「ブラジル人の処世術：ジェイチーニョの秘密」武田千香著 平凡社（平凡社新書）2014年6月

「やさしい日本語：多文化共生社会へ」庵功雄著 岩波書店（岩波新書 新赤版）2016年8月

「異文化コミュニケーション学」鳥飼玖美子著 岩波書店（岩波新書 新赤版）2021年7月

「欧米人の見た開国期日本：異文化としての庶民生活」石川榮吉著 KADOKAWA（角川ソフィア文庫）2019年9月

「私、日本に住んでいます」スベンドリニ・カクチ著 岩波書店（岩波ジュニア新書）2017年10月

「世界に通じるマナーとコミュニケーション：つながる心、英語は翼」横手尚子著;横山カズ著 岩波書店（岩波ジュニア新書）2017年7月

「世界はジョークで出来ている」早坂隆著 文藝春秋（文春新書）2018年6月

「世界珍食紀行」山田七絵編 文藝春秋（文春新書）2022年7月

「中国のエリート高校生日本滞在記」張雲裳;人見豊編著 日本僑報社 2011年10月

「日本とベルギー：交流の歴史と文化」岩本和子編著;中條健志編著;石部尚登ほか著 松籟社 2023年12月

「日本はなぜ世界で認められないのか：「国際感覚」のズレを読み解く」柴山哲也著 平凡社（平凡社新書）2012年4月

「聞いてみました!日本にくらす外国人 1」佐藤郡衛監修 ポプラ社 2018年4月

「聞いてみました!日本にくらす外国人 2」佐藤郡衛監修 ポプラ社 2018年4月

「聞いてみました!日本にくらす外国人 3」佐藤郡衛監修 ポプラ社 2018年4月

「聞いてみました!日本にくらす外国人 4」佐藤郡衛監修 ポプラ社 2018年4月

「聞いてみました!日本にくらす外国人 5」佐藤郡衛監修 ポプラ社 2018年4月

「変わる中国を読む50のキーワード」浅井信雄著 青春出版社(青春新書INTELLIGENCE) 2012年11月

「話す・聞く・つながるコミュニケーション上手になろう! 2」藤野博監修;松井晴美イラスト 旬報社 2021年1月

家族、家庭>家系、姓氏、家譜、家紋

「47都道府県別日本の地方財閥」菊地浩之著 平凡社(平凡社新書) 2014年2月

「日本の地方財閥30家:知られざる経済名門」菊地浩之著 平凡社(平凡社新書) 2012年2月

家族、家庭>家系、姓氏、家譜、家紋>家系図

「日本の地方財閥30家:知られざる経済名門」菊地浩之著 平凡社(平凡社新書) 2012年2月

家族、家庭>家父長制

「女性差別はどう作られてきたか」中村敏子著 集英社(集英社新書) 2021年1月

家族、家庭>系譜

「「系図」を知ると日本史の謎が解ける」八幡和郎著 青春出版社(青春新書INTELLIGENCE) 2017年10月

家族、家庭>相続

「やってはいけない「長男」の相続:日本一相続を見てきてわかった円満解決の秘訣」レガシィ著 青春出版社(青春新書INTELLIGENCE) 2018年8月

記念日、祝日

「英語で学び, 考える今日は何の日around the world 世界のトピック10月11月12月」町田淳子著 光村教育図書 2016年9月

「英語で学び,考える今日は何の日around the world:世界のトピック1月2月3月」町田淳子著 光村教育図書 2016年11月

「英語で学び,考える今日は何の日around the world:世界のトピック4月5月6月」町田淳子著 光村教育図書 2016年11月

「英語で学び,考える今日は何の日around the world:世界のトピック7月8月9月」町田淳子著 光村教育図書 2016年12月

紀年法＞元号、年号

「元号：年号から読み解く日本史」所功著;久禮旦雄著;吉野健一著 文藝春秋(文春新書) 2018年3月

「明日話したくなる元号・改元」阿部泉執筆・監修 清水書院 2019年5月

行事、イベント

「10か国語でニッポン紹介：国際交流を応援する本 3」パトリック・ハーラン英語指導;こどもくらぶ編 岩崎書店 2017年2月

「イラストでわかる日本の伝統行事・行事食」谷田貝公昭監修;坂本廣子著 合同出版 2017年1月

「キャラ絵で学ぶ!キリスト教図鑑」山折哲雄監修;いとうみつる絵;小松事務所文 すばる舎 2020年11月

「キャラ絵で学ぶ!神道図鑑」山折哲雄監修;いとうみつる絵;小松事務所文 すばる舎 2020年4月

「しらべよう!世界の料理 1」こどもくらぶ著;青木ゆり子監修 ポプラ社 2017年4月

「しらべよう!世界の料理 2」こどもくらぶ著;青木ゆり子監修 ポプラ社 2017年4月

「しらべよう!世界の料理 3」こどもくらぶ著;青木ゆり子監修 ポプラ社 2017年4月

「しらべよう!世界の料理 4」青木ゆり子著;こどもくらぶ編集 ポプラ社 2017年4月

「しらべよう!世界の料理 5」青木ゆり子著;こどもくらぶ編集 ポプラ社 2017年4月

「しらべよう!世界の料理 6」こどもくらぶ著;青木ゆり子監修 ポプラ社 2017年4月

「しらべよう!世界の料理 7」青木ゆり子著;こどもくらぶ編集 ポプラ社 2017年4月

「マイ・ジャパン：みてみよう日本のくらし」フィリケえつこ作 偕成社 2017年2月

「英語で学び, 考える今日は何の日around the world 世界のトピック10月11月12月」町田淳子著 光村教育図書 2016年9月

「英語で学び,考える今日は何の日around the world：世界のトピック1月2月3月」町田淳子著 光村教育図書 2016年11月

「英語で学び,考える今日は何の日around the world：世界のトピック4月5月6月」町田淳子著 光村教育図書 2016年11月

「英語で学び,考える今日は何の日around the world：世界のトピック7月8月9月」町田淳子著 光村教育図書 2016年12月

「決まり・ならわし：暮らしのルール!―日本文化キャラクター図鑑」本木洋子文;いとうみき絵 玉川大学出版部 2015年3月

「皇室事典 文化と生活」皇室事典編集委員会編著 KADOKAWA(角川ソフィア文庫) 2019年4月

「神さま・ほとけさま：宗教ってなんだ!—日本文化キャラクター図鑑」本木洋子文;柳下ミキ絵 玉川大学出版部 2015年5月

「神社ってどんなところ?」平藤喜久子著 筑摩書房(ちくまプリマー新書) 2015年2月

「世界遺産になった食文化 8(日本人の伝統的な食文化和食)」服部津貴子監修;こどもくらぶ編 WAVE出版 2015年3月

「大阪の逆襲：万博・IRで見えてくる5年後の日本」石川智久著;多賀谷克彦著;関西近未来研究会著 青春出版社(青春新書INTELLIGENCE) 2020年6月

「日本人は植物をどう利用してきたか」中西弘樹著 岩波書店(岩波ジュニア新書) 2012年6月

「福ねこお豆のなるほど京暮らし」山口珠瑛著;田中昇監修;松井薫監修 京都新聞出版センター 2018年12月

行事、イベント＞お祭り

「21歳男子、過疎の山村に住むことにしました」水柿大地著 岩波書店(岩波ジュニア新書) 2014年5月

行事、イベント＞クリスマス

「はじめての聖書」橋爪大三郎著 河出書房新社(14歳の世渡り術) 2014年12月

行事、イベント＞正月＞獅子舞

「大絵馬ものがたり 4(祭日の情景)」須藤功著 農山漁村文化協会 2010年3月

行事、イベント＞成人式

「成人式とは何か」田中治彦著 岩波書店(岩波ブックレット) 2020年11月

行事、イベント＞茶会

「お茶と権力：信長・利休・秀吉」田中仙堂著 文藝春秋(文春新書) 2022年2月

「明日ともだちに自慢できる日本と世界のモノ歴史113」冨士本昌恵著;此林ミサ画 パルコエンタテインメント事業部 2017年12月

行事、イベント＞日本ジュニア数学オリンピック

「中学生からの数学オリンピック」安藤哲哉著 数学書房 2023年9月

行事、イベント＞万国博覧会、国際博覧会

「「太陽の塔」新発見!」平野暁臣著 青春出版社(青春新書INTELLIGENCE) 2018年4月

「万国博覧会の二十世紀」海野弘著 平凡社(平凡社新書) 2013年7月

行事、イベント＞ライトアップイベント

「光のメッセージ：日本から世界へ照明デザイナーの冒険」石井幹子著 NHK出版（発売）2023年3月

サブカルチャー

「オタクを武器に生きていく」吉田尚記 著 河出書房新社（14歳の世渡り術）2022年11月

「ヘタウマ文化論」山藤章二著 岩波書店（岩波新書 新赤版）2013年2月

思想、信仰、理念＞中国思想

「14歳からの「孫子の兵法」」齋藤孝 監修;ヤギワタル 漫画 SBクリエイティブ 2022年2月

「14歳からの「論語」」齋藤孝 監修;ヤギワタル 漫画 SBクリエイティブ 2022年2月

「論語生き方を求め：中学生・高校生・おとな」有田桂子著 講談社エディトリアル 2023年3月

宗教＞イスラム教

「13歳からのイスラーム」長沢栄治監修 かもがわ出版 2021年5月

「イスラームから世界を見る」内藤正典著 筑摩書房（ちくまプリマー新書）2012年8月

「イスラームの善と悪」水谷周著 平凡社（平凡社新書）2012年5月

「お金ってなんだろう?：あなたと考えたいこれからの経済―中学生の質問箱」長岡慎介著 平凡社 2017年5月

「しらべよう!世界の料理 4」青木ゆり子著;こどもくらぶ編集 ポプラ社 2017年4月

「一神教とは何か：キリスト教、ユダヤ教、イスラームを知るために」小原克博著 平凡社（平凡社新書）2018年2月

「教養として学んでおきたい5大宗教」中村圭志著 マイナビ出版（マイナビ新書）2020年2月

「情熱でたどるスペイン史」池上俊一著 岩波書店（岩波ジュニア新書）2019年1月

「世界遺産になった食文化 3（文明の十字路に息づくトルコ料理）」服部津貴子監修;こどもくらぶ編 WAVE出版 2013年3月

「世界史で読み解く現代ニュース 宗教編―未来へのトビラ；File No.006」池上彰著;増田ユリヤ著 ポプラ社（ポプラ選書）2019年4月

「中東から世界が見える：イラク戦争から「アラブの春」へ―〈知の航海〉シリーズ」酒井啓子著 岩波書店（岩波ジュニア新書）2014年3月

「紛争・対立・暴力：世界の地域から考える―〈知の航海〉シリーズ」西崎文子編著;武内進一編著 岩波書店（岩波ジュニア新書）2016年10月

宗教＞イスラム教＞タリバン

「教えて!タリバンのこと：世界の見かたが変わる緊急講座―MSLive!BOOKS」内藤正典著 ミシマ社 2022年3月

宗教＞一神教

「一神教とは何か：キリスト教、ユダヤ教、イスラームを知るために」小原克博著 平凡社（平凡社新書）2018年2月

宗教＞オウム真理教

「「カルト」はすぐ隣に：オウムに引き寄せられた若者たち」江川紹子著 岩波書店（岩波ジュニア新書）2019年6月

宗教＞カルト

「「カルト」はすぐ隣に：オウムに引き寄せられた若者たち」江川紹子著 岩波書店（岩波ジュニア新書）2019年6月

「14歳からのリスク学」山本弘著 楽工社 2015年2月

宗教＞キリスト教

「10代から始めるキリスト教教理」大嶋重德 著 いのちのことば社 2022年10月

「13歳からのキリスト教」佐藤優著 青春出版社（青春新書INTELLIGENCE）2021年8月

「13歳にもわかるキリスト教―キリスト教スタディーブック・シリーズ；4」美濃部信著 新教出版社 2016年1月

「14歳からの哲学サロン：古きをたずねて新しきを知るー銀鈴叢書」板生いくえ著 銀の鈴社 2020年10月

「あなただけの人生をどう生きるか：若い人たちに遺した言葉」渡辺和子著 筑摩書房（ちくまプリマー新書）2018年8月

「アブラハムの信仰ー家庭連合が贈る聖書ものがたり；5」世界平和統一家庭連合「聖書ものがたり」制作チーム編 光言社 2020年5月

「いまさら聞けないキリスト教のおバカ質問」橋爪大三郎著 文藝春秋（文春新書）2022年4月

「イラストリビングバイブル：新約―Forest Books」ケリー篠沢挿画 いのちのことば社フォレストブックス 2014年2月

「エヴァンジェリカルズ：アメリカ外交を動かすキリスト教福音主義」マーク・R・アムスタッツ著;加藤万里子訳 太田出版（ヒストリカル・スタディーズ）2014年11月

「エサウとヤコブ 後編ー家庭連合が贈る聖書ものがたり；7」世界平和統一家庭連合「聖書ものがたり」制作チーム編 光言社 2020年11月

文化を知る

「お菓子でたどるフランス史」池上俊一著 岩波書店(岩波ジュニア新書) 2013年11月

「キャラ絵で学ぶ!キリスト教図鑑」山折哲雄監修;いとうみつる絵;小松事務所文 すばる舎 2020年11月

「キリスト教入門」山我哲雄著 岩波書店(岩波ジュニア新書) 2014年12月

「しらべよう!世界の料理 5」青木ゆり子著;こどもくらぶ編集 ポプラ社 2017年4月

「そのとき風がふいた:ド・ロ神父となかまたちの冒険」ニューロック木綿子漫画;中濱敬司監修 オリエンス宗教研究所 2018年7月

「タクマ的な日々:中高生のためのディボーション・ブック:青年・初心者の方にも最適」日本ホーリネス教団出版部編 日本ホーリネス教団 2014年3月

「はじめての聖書」橋爪大三郎著 河出書房新社(14歳の世渡り術) 2014年12月

「マザー・テレサ:あふれる愛」沖守弘文・写真 講談社(講談社青い鳥文庫) 2010年7月

「マザー・テレサ:命をてらす愛 新装版」望月正子文;丹地陽子絵 講談社(講談社火の鳥伝記文庫) 2018年3月

「やさしい旧約聖書物語」犬養道子著 河出書房新社 2021年2月

「やさしい新約聖書物語」犬養道子著 河出書房新社 2021年2月

「やさしい聖書物語」マイテ・ロッシュ文・絵;女子パウロ会訳 女子パウロ会 2023年1月

「ヨセフの夢とき—家庭連合が贈る聖書ものがたり;8」世界平和統一家庭連合「聖書ものがたり」制作チーム編 光言社 2021年3月

「ヨセフの涙—家庭連合が贈る聖書ものがたり;9」世界平和統一家庭連合「聖書ものがたり」制作チーム編 光言社 2021年9月

「一神教とは何か:キリスト教、ユダヤ教、イスラームを知るために」小原克博著 平凡社(平凡社新書) 2018年2月

「旧約聖書物語 下」ウォルター・デ・ラ・メア作;阿部知二訳 岩波書店(岩波少年文庫) 2012年9月

「旧約聖書物語 上」ウォルター・デ・ラ・メア作;阿部知二訳 岩波書店(岩波少年文庫) 2012年9月

「教養として学んでおきたい5大宗教」中村圭志著 マイナビ出版(マイナビ新書) 2020年2月

「教養として学んでおきたい聖書」中村圭志著 マイナビ出版(マイナビ新書) 2022年4月

「最後の晩餐の真実」コリン・J・ハンフリーズ著;黒川由美訳 太田出版(ヒストリカル・スタディーズ) 2013年7月

「少女のための聖書物語」メリッサ・アレックス文;グスタボ・マザーリ絵;日本聖書協会訳 日本聖書協会 2017年11月

「少年のための聖書物語」メリッサ・アレックス文;グスタボ・マザーリ絵;日本聖書協会訳 日本聖書協会 2017年11月

「情熱でたどるスペイン史」池上俊一著 岩波書店(岩波ジュニア新書) 2019年1月

「新・それってどうなの!? Q&A高校生クリスチャンライフ篇」hi-b.a.高校生聖書伝道協会著 いのちのことば社 2021年4月

「人は死んだらどこに行くのか」島田裕巳著 青春出版社(青春新書INTELLIGENCE) 2017年2月

「図解でわかる14歳から知るキリスト教―シリーズ世界の宗教と文化」山折哲雄監修;インフォビジュアル研究所著 太田出版 2023年9月

「世界遺産になった食文化 5(世界のワインのルーツはグルジア!グルジア料理)」服部津貴子監修;こどもくらぶ編 WAVE出版 2015年3月

「世界史で読み解く現代ニュース 宗教編―未来へのトビラ ; File No.006」池上彰著;増田ユリヤ著 ポプラ社(ポプラ選書) 2019年4月

「聖書」福万広信著 日本キリスト教団出版局 2013年11月

「聖書とわたし」ロイス・ロック文;アリーダ・マッサーリ絵;関谷義樹日本語版監修;つばきうたこ訳 ドン・ボスコ社 2017年10月

「聖書のおはなし : 藤城清治影絵聖画集 新版―Forest Books」藤城清治絵;野田秀文 いのちのことば社ライフ・クリエイション 2013年12月

「聖書人物おもしろ図鑑 旧約編」大島力監修;古賀博編;真壁巌編;吉岡康子編;金斗鉉イラスト 日本キリスト教団出版局 2015年11月

「聖書人物おもしろ図鑑 新約編」中野実監修;古賀博編;真壁巌編;吉岡康子編;金斗鉉イラスト 日本キリスト教団出版局 2016年11月

「聖書物語 旧約編 新装版」香山彬子文;藤田香絵 講談社(講談社青い鳥文庫) 2016年7月

「聖書物語 新約編 新装版」香山彬子文;藤田香絵 講談社(講談社青い鳥文庫) 2016年11月

「西洋美術とレイシズム」岡田温司著 筑摩書房(ちくまプリマー新書) 2020年12月

「池上彰の世界の見方 = Akira Ikegami,How To See the World アメリカ」池上彰著 小学館 2016年4月

「哲学するタネ : 高校倫理が教える70章 西洋思想編1」石浦昌之著 明月堂書店 2020年10月

「天国と地獄 : 死後の世界と北方ルネサンス―美術っておもしろい! ; 3」小池寿子監修 彩流社 2015年10月

「内村鑑三をよむ」若松英輔著 岩波書店(岩波ブックレット) 2012年7月

「父の家で : イエス様のおはなし」坂倉圭文;あんのうゆうこ絵 論創社 2020年1月

「福音み〜つけた! :「宗教」「倫理」を考えるために 高校編」日本カトリック教育学会編 燦葉出版社 2016年10月

「福音み〜つけた!:「宗教」「倫理」を考えるために 中学編」日本カトリック教育学会編 燦葉出版社 2016年10月

「漫画キリシタン大名高山右近」青山むぎ著 いのちのことば社フォレストブックス(Forest Books) 2015年12月

「名画とあらすじでわかる!旧約聖書」町田俊之監修 青春出版社(青春新書INTELLIGENCE) 2013年11月

「名画とあらすじでわかる!新約聖書」町田俊之監修 青春出版社(青春新書INTELLIGENCE) 2014年3月

宗教>地獄、天国、極楽

「「怖い」が、好き!—よりみちパン!セ;P046」加門七海著 イースト・プレス 2012年6月

「図説生き方を洗いなおす!地獄と極楽」速水侑監修 青春出版社(青春新書INTELLIGENCE) 2013年3月

「天国と地獄:死後の世界と北方ルネサンス—美術っておもしろい!;3」小池寿子監修 彩流社 2015年10月

宗教>宗教一般

「こころはどう捉えられてきたか:江戸思想史散策」田尻祐一郎著 平凡社(平凡社新書) 2016年3月

「なぜ人は宗教にハマるのか」島田裕巳著 河出書房新社(14歳の世渡り術) 2010年3月

「ビジュアルでわかるはじめての〈宗教〉入門:そもそもどうして、いつからあるの?」中村圭志著;カヤヒロヤイラスト 河出書房新社(14歳の世渡り術) 2023年9月

「一神教とは何か:キリスト教、ユダヤ教、イスラームを知るために」小原克博著 平凡社(平凡社新書) 2018年2月

「教養としてのダンテ「神曲」地獄篇」佐藤優著 青春出版社(青春新書INTELLIGENCE) 2022年9月

「教養として学んでおきたい5大宗教」中村圭志著 マイナビ出版(マイナビ新書) 2020年2月

「宗教ってなんだろう?」島薗進著 平凡社(中学生の質問箱) 2017年2月

「宗教の地政学」島田裕巳著 エムディエヌコーポレーション(MdN新書) 2022年10月

「宗教を「信じる」とはどういうことか」石川明人著 筑摩書房(ちくまプリマー新書) 2022年11月

「神さまと神はどう違うのか?」上枝美典著 筑摩書房(ちくまプリマー新書) 2023年6月

「人は死んだらどこに行くのか」島田裕巳著 青春出版社(青春新書INTELLIGENCE) 2017年2月

「人類の歴史を変えた8つのできごと 1(言語・宗教・農耕・お金編)」眞淳平著 岩波書店(岩波ジュニア新書) 2012年4月

「図説地図とあらすじでわかる!山の神々と修験道」鎌田東二監修 青春出版社(青春新書INTELLIGENCE) 2015年5月

「世界の教科書でよむ〈宗教〉」藤原聖子著 筑摩書房(ちくまプリマー新書) 2011年7月

「世界を動かす「宗教」と「思想」が2時間でわかる」蔭山克秀著 青春出版社(青春新書INTELLIGENCE) 2016年5月

「世界を動かす聖者たち:グローバル時代のカリスマ」井田克征著 平凡社(平凡社新書) 2014年3月

「戦国と宗教」神田千里著 岩波書店(岩波新書 新赤版) 2016年9月

「池上彰の宗教がわかれば世界が見える」池上彰著 文藝春秋(文春新書) 2011年7月

「池上彰の世界の見方 = Akira Ikegami,How To See the World:15歳に語る現代世界の最前線」池上彰著 小学館 2015年11月

「中東から世界が見える:イラク戦争から「アラブの春」へ―〈知の航海〉シリーズ」酒井啓子著 岩波書店(岩波ジュニア新書) 2014年3月

「日本人は本当に無宗教なのか」礫川全次著 平凡社(平凡社新書) 2019年10月

「日本人無宗教説:その歴史から見えるもの」藤原聖子編著 筑摩書房(筑摩選書) 2023年5月

「扉をひらく哲学:人生の鍵は古典のなかにある」中島隆博編著;梶原三恵子編著;納富信留編著;吉水千鶴子編著 岩波書店(岩波ジュニア新書) 2023年5月

宗教>神道

「いま、「靖国」を問う意味」田中伸尚著 岩波書店(岩波ブックレット) 2015年7月

「キャラ絵で学ぶ!神道図鑑」山折哲雄監修;いとうみつる絵;小松事務所文 すばる舎 2020年4月

「運を開く神社のしきたり」三橋健著 青春出版社(青春新書INTELLIGENCE) 2018年3月

「沖縄文化論集」柳田国男著;折口信夫著;伊波普猷著;柳宗悦著;稲垣国三郎著;ニコライ・ネフスキー著;幣原坦著;小原一夫著;石井正己編・解説 KADOKAWA(角川ソフィア文庫) 2022年6月

「教養として学んでおきたい神社」島田裕巳著 マイナビ出版(マイナビ新書) 2020年12月

「神社ってどんなところ?」平藤喜久子著 筑摩書房(ちくまプリマー新書) 2015年2月

「神道-日本人の原点を知る。:震災での日本人の団結力は、神道の文化に根ざしているかもしれない。:45分でわかる!―Magazine house 45 minutes series ; #15」井上順孝著 マガジンハウス 2011年9月

「諏訪大社と武田信玄:戦国武将の謎に迫る!」武光誠著 青春出版社(青春新書INTELLIGENCE) 2012年10月

「図説地図とあらすじでわかる!伊勢参りと熊野詣で」茂木貞純監修 青春出版社(青春新書INTELLIGENCE) 2013年5月

「日本の神様の「家系図」:あの神様の由来と特徴がよくわかる」戸部民夫著 青春出版社(青春新書INTELLIGENCE) 2020年12月

「日本全国ゆるゆる神社の旅」鈴木さちこ著 サンクチュアリ出版(sanctuary books) 2010年10月

「靖国参拝の何が問題か」内田雅敏著 平凡社(平凡社新書) 2014年8月

宗教>ヒンドゥー教

「インド神話」沖田瑞穂編訳 岩波書店(岩波少年文庫) 2020年10月

「教養として学んでおきたい5大宗教」中村圭志著 マイナビ出版(マイナビ新書) 2020年2月

宗教>仏教

「10人のお坊さんにきいてみた」講談社編 講談社 2023年10月

「13歳からの仏教塾」平井正修著 海竜社 2016年2月

「13歳のチカラが世界を変える」アルボムッレ・スマナサーラ著 サンガ 2015年3月

「ええかげん論—MSLive!BOOKS」土井善晴著;中島岳志著 ミシマ社 2022年10月

「お寺の日本地図:名刹古刹でめぐる47都道府県」鵜飼秀徳著 文藝春秋(文春新書) 2021年4月

「お釈迦様の物語「ジャータカ」:スマナサーラ長老と読む」アルボムッレ・スマナサーラ監修;藤本竜子文;上杉久代絵;佐藤広基絵;佐藤桃子絵;笛岡法子絵;藤本ほなみ絵 サンガ 2014年5月

「キャラ絵で学ぶ!仏教図鑑」山折哲雄監修;いとうみつる絵;小松事務所文 すばる舎 2019年8月

「しらべよう!世界の料理 2」こどもくらぶ著;青木ゆり子監修 ポプラ社 2017年4月

「ブッダが最後に伝えたかったこと」川辺秀美著 祥伝社(祥伝社新書) 2012年3月

「ブッダが説いた幸せな生き方」今枝由郎著 岩波書店(岩波新書 新赤版) 2021年5月

「マンガで読む14歳のための現代物理学と般若心経」佐治晴夫著;赤池キョウコイラスト 春秋社 2021年10月

「より良く死ぬ日のために—よりみちパン!セ;52」井上治代著 理論社 2010年3月

「より良く死ぬ日のために—よりみちパン!セ;P034」井上治代著 イースト・プレス 2012年2月

「教養として学んでおきたい5大宗教」中村圭志著 マイナビ出版(マイナビ新書) 2020年2月

「教養として学んでおきたい仏教」島田裕巳著 マイナビ出版(マイナビ新書) 2019年4月

「空海ー波乱に満ちておもしろい!ストーリーで楽しむ伝記 ; 1」那須田淳著;十々夜絵 岩崎書店 2020年3月

「今を生きるための仏教100話」植木雅俊著 平凡社(平凡社新書) 2019年11月

「出羽三山 : 山岳信仰の歴史を歩く」岩鼻通明著 岩波書店(岩波新書 新赤版) 2017年10月

「浄土真宗ではなぜ「清めの塩」を出さないのか : 知っておきたい七大宗派のしきたり」向谷匡史著 青春出版社(青春新書INTELLIGENCE) 2017年8月

「真宗児童聖典」真宗大谷派青少幼年センター著 東本願寺 2023年6月

「神さま・ほとけさま : 宗教ってなんだ!—日本文化キャラクター図鑑」本木洋子文;柳下ミキ絵 玉川大学出版部 2015年5月

「人は死んだらどこに行くのか」島田裕巳著 青春出版社(青春新書INTELLIGENCE) 2017年2月

「図説一度は訪ねておきたい!日本の七宗と総本山・大本山」永田美穂監修 青春出版社(青春新書INTELLIGENCE) 2018年1月

「図説浄土真宗の教えがわかる!親鸞と教行信証」加藤智見著 青春出版社(青春新書INTELLIGENCE) 2012年7月

「図説生き方を洗いなおす!地獄と極楽」速水侑監修 青春出版社(青春新書INTELLIGENCE) 2013年3月

「図説地図とあらすじでわかる!最澄と比叡山」池田宗譲監修 青春出版社(青春新書INTELLIGENCE) 2012年8月

「図説地図とあらすじでわかる!釈迦の生涯と日本の仏教」瓜生中監修 青春出版社(青春新書INTELLIGENCE) 2019年11月

「数字で学ぶ仏教語。:「一念」「四天王」「七宝」…、なにげなく使っているけど仏教語です! : 45分でわかる!—Magazine house 45 minutes series ; #14」星飛雄馬著 マガジンハウス 2011年9月

「大仏はなぜこれほど巨大なのか : 権力者たちの宗教建築」武澤秀一著 平凡社(平凡社新書) 2014年11月

「哲学の物語 : 16歳の道しるべ 東洋編」鈴木雅也著 学事出版 2011年3月

「日本遺産 = JAPAN HERITAGE : 地域の歴史と伝統文化を学ぶ 3」文化庁著;日本遺産連盟著 ポプラ社 2021年4月

「破戒と男色の仏教史」松尾剛次著 平凡社(平凡社ライブラリー) 2023年10月

「仏教の世界をひらく物語大いなる道」山口辨清著 幻冬舎ルネッサンス 2011年9月

「仏像鑑賞入門」島田裕巳著 新潮社(新潮新書) 2014年1月

「法句経(きょう)入門 : 釈尊のことば」松原泰道著 祥伝社(祥伝社新書) 2010年3月

「名僧たちは自らの死をどう受け入れたのか」向谷匡史著 青春出版社(青春新書INTELLIGENCE) 2016年7月

宗教>仏教>真言宗

「図説一度は訪ねておきたい!日本の七宗と総本山・大本山」永田美穂監修 青春出版社(青春新書INTELLIGENCE) 2018年1月

宗教>仏教>修験道

「図説地図とあらすじでわかる!山の神々と修験道」鎌田東二監修 青春出版社(青春新書INTELLIGENCE) 2015年5月

宗教>仏教>浄土真宗

「浄土真宗ではなぜ「清めの塩」を出さないのか : 知っておきたい七大宗派のしきたり」向谷匡史著 青春出版社(青春新書INTELLIGENCE) 2017年8月

「図説一度は訪ねておきたい!日本の七宗と総本山・大本山」永田美穂監修 青春出版社(青春新書INTELLIGENCE) 2018年1月

「知られざる親鸞」松尾剛次著 平凡社(平凡社新書) 2012年9月

「漫画親鸞さま」岡橋徹栄作;広中建次画 本願寺出版社 2013年12月

宗教>仏教>禅、禅宗

「(禅)ZENスタイルでいこう!」石井清純監修;水口真紀子編著 キーステージ21 2018年12月

「クセになる禅問答 : 考えることが楽しくなる珠玉の対話38」山田史生著 ダイヤモンド社 2023年3月

「禅ってなんだろう? : あなたと知りたい身心を調えるおしえ」石井清純著 平凡社(中学生の質問箱) 2020年3月

「禅と日本文化 : 新訳完全版」鈴木大拙著;碧海寿広訳 KADOKAWA(角川ソフィア文庫) 2022年9月

「他人と比べずに生きるには」高田明和著 PHP研究所(PHP新書) 2011年5月

宗教>仏教>禅、禅宗>禅語

「こだわらないとらわれないもう、悩まない。」宇佐美百合子著 サンクチュアリ出版(sanctuary books) 2012年10月

宗教>仏教>天台宗

「図説一度は訪ねておきたい!日本の七宗と総本山・大本山」永田美穂監修 青春出版社(青春新書INTELLIGENCE) 2018年1月

宗教＞無宗教

「日本人は本当に無宗教なのか」礫川全次著 平凡社（平凡社新書）2019年10月

「日本人無宗教説：その歴史から見えるもの」藤原聖子編著 筑摩書房（筑摩選書）2023年5月

宗教＞ユダヤ教

「イスラエルとは何か」ヤコヴ・M.ラブキン著;菅野賢治訳 平凡社（平凡社新書）2012年6月

「一神教とは何か：キリスト教、ユダヤ教、イスラームを知るために」小原克博著 平凡社（平凡社新書）2018年2月

「教養として学んでおきたい5大宗教」中村圭志著 マイナビ出版（マイナビ新書）2020年2月

「世界史で読み解く現代ニュース 宗教編―未来へのトビラ；File No.006」池上彰著;増田ユリヤ著 ポプラ社（ポプラ選書）2019年4月

食事、食生活

「「食」の探求と社会への広がり：中学生用食育教材」文部科学省 著 健学社 2022年8月

「「和食」って何?」阿古真理著 筑摩書房（ちくまプリマー新書）2015年5月

「47都道府県ビジュアル文化百科 伝統食」野崎洋光監修;こどもくらぶ編 丸善出版 2016年11月

「94歳から10代のあなたへ伝えたい大切なこと」吉沢久子著 海竜社 2012年4月

「キノコの教え」小川眞著 岩波書店（岩波新書 新赤版）2012年4月

「くらしをくらべる戦前・戦中・戦後 1」古舘明廣著 岩崎書店 2021年1月

「しらべよう!世界の料理 1」こどもくらぶ著;青木ゆり子監修 ポプラ社 2017年4月

「しらべよう!世界の料理 2」こどもくらぶ著;青木ゆり子監修 ポプラ社 2017年4月

「しらべよう!世界の料理 3」こどもくらぶ著;青木ゆり子監修 ポプラ社 2017年4月

「しらべよう!世界の料理 4」青木ゆり子著;こどもくらぶ編集 ポプラ社 2017年4月

「しらべよう!世界の料理 5」青木ゆり子著;こどもくらぶ編集 ポプラ社 2017年4月

「しらべよう!世界の料理 6」こどもくらぶ著;青木ゆり子監修 ポプラ社 2017年4月

「しらべよう!世界の料理 7」青木ゆり子著;こどもくらぶ編集 ポプラ社 2017年4月

「ビジュアル忍者図鑑 2（忍者のくらし）」黒井宏光監修 ベースボール・マガジン社 2011年8月

「ひとりひとりの味―よりみちパン!セ；P 18」平松洋子著 イースト・プレス 2011年10月

「フランス料理の歴史」ジャン=ピエール・プーラン著;エドモン・ネランク著;山内秀文訳・解説 KADOKAWA（角川ソフィア文庫）2017年3月

「ホテルオークラ総料理長の美食帖」根岸規雄著 新潮社(新潮新書) 2012年8月

「作家のごちそう帖：悪食・鯨飲・甘食・粗食」大本泉著 平凡社(平凡社新書) 2014年9月

「昭和なつかし食の人物誌」磯辺勝著 平凡社(平凡社新書) 2016年9月

「食の街道を行く」向笠千恵子著 平凡社(平凡社新書) 2010年7月

「食卓の世界史」遠藤雅司著 筑摩書房(ちくまプリマー新書) 2023年11月

「世界遺産になった食文化 5 (世界のワインのルーツはグルジア!グルジア料理)」服部津貴子監修;こどもくらぶ編 WAVE出版 2015年3月

「世界遺産になった食文化 6 (クロアチア・ポルトガル・キプロス地中海料理)」服部津貴子監修;こどもくらぶ編 WAVE出版 2015年3月

「世界遺産になった食文化 7 (わかちあいのキムジャン文化韓国料理)」服部津貴子監修;こどもくらぶ編 WAVE出版 2015年3月

「世界一くさい食べもの：なぜ食べられないような食べものがあるのか?」小泉武夫著 筑摩書房(ちくまQブックス) 2021年11月

「世界珍食紀行」山田七絵編 文藝春秋(文春新書) 2022年7月

「生き抜くためのごはんの作り方：悩みに効く16人のレシピ」河出書房新社編;有賀薫ほか著 河出書房新社(14歳の世渡り術) 2022年2月

「生き抜くためのごはんの作り方：悩みに効く16人のレシピ―14歳の世渡り術」河出書房新社編;有賀薫 ほか 著 河出書房新社 2022年2月

「知ろう食べよう世界の米」佐藤洋一郎著 岩波書店(岩波ジュニア新書) 2012年7月

「中高生が自分で作るお弁当：暮らしを楽しむためのお弁当レッスン」沼端恵美子 編 try-x.jp 2022年1月

「中長距離・駅伝 第2版―陸上競技入門ブック」両角速著 ベースボール・マガジン社 2021年4月

「農はいのちをつなぐ」宇根豊著 岩波書店(岩波ジュニア新書) 2023年11月

「農業がわかると、社会のしくみが見えてくる：高校生からの食と農の経済学入門」生源寺眞一著 家の光協会 2010年10月

「農業がわかると、社会のしくみが見えてくる：高校生からの食と農の経済学入門 新版」生源寺眞一著 家の光協会 2018年4月

「卑弥呼は何を食べていたか」廣野卓著 新潮社(新潮新書) 2012年12月

「部活で大活躍できる!水泳最強のポイント50―コツがわかる本」中村真衣監修 メイツ出版 2011年7月

「放射能汚染と学校給食」牧下圭貴著 岩波書店(岩波ブックレット) 2013年6月

「野球少年の食事バイブル：強い選手は食事もスゴイ!：北海道日本ハムファイターズ強さのひみつ」日本ハム株式会社中央研究所著;木村修一監修 女子栄養大学出版部 2010年3月

「有機農業で変わる食と暮らし：ヨーロッパの現場から」香坂玲著;石井圭一著 岩波書店（岩波ブックレット）2021年4月

食事、食生活＞食育、栄養

「「うつ」は食べ物が原因だった!：4000人の「うつ」が改善した栄養医学の新事実 最新版」溝口徹著 青春出版社（青春新書INTELLIGENCE）2018年12月

「アレルギーは「砂糖」をやめればよくなる!」溝口徹著 青春出版社（青春新書INTELLIGENCE）2013年2月

「うま味って何だろう」栗原堅三著 岩波書店（岩波ジュニア新書）2012年1月

「ジュニア選手の「勝負食」：10代から始める勝つ!カラダづくり：プロが教えるスポーツ栄養コツのコツ―コツがわかる本. ジュニアシリーズ」石川三知監修 メイツ出版 2015/01/01

「スポーツ科学の教科書：強くなる・うまくなる近道」谷本道哉編著;石井直方監修 岩波書店（岩波ジュニア新書）2011年12月

「ニッポンの肉食：マタギから食肉処理施設まで」田中康弘著 筑摩書房（ちくまプリマー新書）2017年12月

「給食の歴史」藤原辰史著 岩波書店（岩波新書 新赤版）2018年11月

「昆虫食入門」内山昭一著 平凡社（平凡社新書）2012年4月

「発達障害は食事でよくなる：腸から脳を整える最新栄養医学」溝口徹著 青春出版社（青春新書INTELLIGENCE）2019年9月

食事、食生活＞和食

「世界一美味しいご飯をわが家で炊く」柳原尚之著 青春出版社（青春新書INTELLIGENCE）2018年2月

「和食の文化史：各地に息づくさまざまな食」佐藤洋一郎著 平凡社（平凡社新書）2023年10月

食文化

「47都道府県ビジュアル文化百科 伝統食」野﨑洋光監修;こどもくらぶ編 丸善出版 2016年11月

「カレーになりたい!―よりみちパン!セ；P045」水野仁輔著 イースト・プレス 2012年6月

「クスクスの謎：人と人をつなげる粒パスタの魅力」にむらじゅんこ著 平凡社（平凡社新書）2012年1月

「パスタぎらい」ヤマザキマリ著 新潮社（新潮新書）2019年4月

「ホテルオークラ総料理長の美食帖」根岸規雄著 新潮社(新潮新書) 2012年8月

「マメな豆の話：世界の豆食文化をたずねて」吉田よし子著 KADOKAWA(角川ソフィア文庫) 2018年11月

「巨大おけを絶やすな!：日本の食文化を未来へつなぐ」竹内早希子著 岩波書店(岩波ジュニア新書) 2023年1月

「魚で始まる世界史：ニシンとタラとヨーロッパ」越智敏之著 平凡社(平凡社新書) 2014年6月

「江戸落語で知る四季のご馳走」稲田和浩著 平凡社(平凡社新書) 2019年11月

「昆虫食入門」内山昭一著 平凡社(平凡社新書) 2012年4月

「食の街道を行く」向笠千恵子著 平凡社(平凡社新書) 2010年7月

「新・日本のすがた = Japan by Region 4―帝国書院地理シリーズ」帝国書院編集部編集 帝国書院 2021年3月

「世界遺産になった食文化 1 (くらしを豊かにするフランス料理)」服部津貴子監修;こどもくらぶ編 WAVE出版 2013年3月

「世界遺産になった食文化 2 (健康的な食生活地中海料理)」服部津貴子監修;こどもくらぶ編 WAVE出版 2013年3月

「世界遺産になった食文化 3 (文明の十字路に息づくトルコ料理)」服部津貴子監修;こどもくらぶ編 WAVE出版 2013年3月

「世界遺産になった食文化 4 (マヤ文明から伝わるメキシコ料理)」服部津貴子監修;こどもくらぶ編 WAVE出版 2013年3月

「世界珍食紀行」山田七絵編 文藝春秋(文春新書) 2022年7月

「地野菜/伝統野菜―47都道府県ビジュアル文化百科」堀知佐子監修;こどもくらぶ編 丸善出版 2016年12月

「日本のすごい食材」河﨑貴一著 文藝春秋(文春新書) 2017年11月

「卑弥呼は何を食べていたか」廣野卓著 新潮社(新潮新書) 2012年12月

「麺の歴史：ラーメンはどこから来たか」奥村彪生著;安藤百福監修 KADOKAWA(角川ソフィア文庫) 2017年11月

「和食とはなにか：旨みの文化をさぐる」原田信男著 KADOKAWA(角川ソフィア文庫) 2014年5月

「和食の文化史：各地に息づくさまざまな食」佐藤洋一郎著 平凡社(平凡社新書) 2023年10月

食文化＞郷土料理

「What is 和食 WASHOKU?：英文対訳付」服部幸應監修;服部津貴子監修;こどもくらぶ編 ミネルヴァ書房 2016年7月

「故郷の味は海をこえて：「難民」として日本に生きる―平和」安田菜津紀著・写真 ポプラ社(ポプラ社ノンフィクション) 2019年11月

食文化＞昆虫食

「ゲッチョ先生のトンデモ昆虫記：セミチョコはいかが?―動物」盛口満著 ポプラ社(ポプラ社ノンフィクション) 2019年3月

「昆虫食入門」内山昭一著 平凡社(平凡社新書) 2012年4月

食文化＞スローフード

「食べるってどんなこと?：あなたと考えたい命のつながりあい―中学生の質問箱」古沢広祐著 平凡社 2017年11月

世界の文化

「SDGsは地理で学べ」宇野仙著 筑摩書房(ちくまプリマー新書) 2022年10月

「いま生きているという冒険 増補新版」石川直樹著 新曜社(よりみちパン!セ) 2019年5月

「インド史：南アジアの歴史と文化」辛島昇著 KADOKAWA(角川ソフィア文庫) 2021年11月

「じゃんけん学 = Rock Paper Scissors：起源から勝ち方・世界のじゃんけんまで」稲葉茂勝著;こどもくらぶ編 今人舎 2015年5月

「しらべよう!世界の料理 1」こどもくらぶ著;青木ゆり子監修 ポプラ社 2017年4月

「しらべよう!世界の料理 2」こどもくらぶ著;青木ゆり子監修 ポプラ社 2017年4月

「しらべよう!世界の料理 3」こどもくらぶ著;青木ゆり子監修 ポプラ社 2017年4月

「しらべよう!世界の料理 4」青木ゆり子著;こどもくらぶ編集 ポプラ社 2017年4月

「しらべよう!世界の料理 5」青木ゆり子著;こどもくらぶ編集 ポプラ社 2017年4月

「しらべよう!世界の料理 6」こどもくらぶ著;青木ゆり子監修 ポプラ社 2017年4月

「しらべよう!世界の料理 7」青木ゆり子著;こどもくらぶ編集 ポプラ社 2017年4月

「シルクロード歴史と今がわかる事典」大村次郷著 岩波書店(岩波ジュニア新書) 2010年7月

「トルコから世界を見る：ちがう国の人と生きるには?」内藤正典著 筑摩書房(ちくまQブックス) 2022年10月

「なぜ世界を知るべきなのか」池上彰著 小学館(小学館YouthBooks) 2021年7月

「フィレンツェ：比類なき文化都市の歴史」池上俊一著 岩波書店(岩波新書 新赤版) 2018年5月

「やさしい英語のことわざ：このことわざ、英語でどう言うの? 4」安藤邦男編集委員;萱忠義編集委員;CuongHuynh編集委員;JamesWang編集委員 くもん出版 2018年2月

文化を知る

「ランキングマップ世界地理：統計を地図にしてみよう」伊藤智章著 筑摩書房（ちくまプリマー新書）2023年9月

「英語は「語源×世界史」を知ると面白い」清水建二著 青春出版社（青春新書INTELLIGENCE）2023年7月

「王様でたどるイギリス史」池上俊一著 岩波書店（岩波ジュニア新書）2017年2月

「教養として学んでおきたいギリシャ神話」中村圭志著 マイナビ出版（マイナビ新書）2021年2月

「現地取材!世界のくらし 1」常見藤代著・写真;アルバロ・ダビド・エルナンデス・エルナンデス監修 ポプラ社 2020年4月

「現地取材!世界のくらし 10」小原佐和子監修;馬場雄司監修 ポプラ社 2020年4月

「現地取材!世界のくらし 2」関根淳監修・原著;李香鎮監修・原著 ポプラ社 2020年4月

「現地取材!世界のくらし 3」吉田忠正著・写真;藤野彰監修 ポプラ社 2020年4月

「現地取材!世界のくらし 4」関根淳著・写真;尾崎孝宏監修 ポプラ社 2020年4月

「現地取材!世界のくらし 5」吉田忠正著・写真;藤倉達郎監修;ジギャン・クマル・タパ監修 ポプラ社 2020年4月

「現地取材!世界のくらし 6」関根淳文・写真;寺田勇文監修 ポプラ社 2020年4月

「現地取材!世界のくらし 7」常見藤代監修;倉沢愛子監修 ポプラ社 2020年4月

「現地取材!世界のくらし 8」東海林美紀監修;新井卓治監修 ポプラ社 2020年4月

「現地取材!世界のくらし 9」小原佐和子著・写真;古田元夫監修 ポプラ社 2020年4月

「魂をゆさぶる歌に出会う：アメリカ黒人文化のルーツへ」ウェルズ恵子著 岩波書店（岩波ジュニア新書）2014年2月

「情熱でたどるスペイン史」池上俊一著 岩波書店（岩波ジュニア新書）2019年1月

「新・世界の国々 = World Countries 1」帝国書院編集部編集 帝国書院（帝国書院地理シリーズ）2020年3月

「新・世界の国々 = World Countries 10」帝国書院編集部編集 帝国書院（帝国書院地理シリーズ）2020年3月

「新・世界の国々 = World Countries 2」帝国書院編集部編集 帝国書院（帝国書院地理シリーズ）2020年3月

「新・世界の国々 = World Countries 3」帝国書院編集部編集 帝国書院（帝国書院地理シリーズ）2020年3月

「新・世界の国々 = World Countries 4」帝国書院編集部編集 帝国書院（帝国書院地理シリーズ）2020年3月

「新・世界の国々 = World Countries 5」帝国書院編集部編集 帝国書院（帝国書院地理シリーズ） 2020年3月

「新・世界の国々 = World Countries 6」帝国書院編集部編集 帝国書院（帝国書院地理シリーズ） 2020年3月

「新・世界の国々 = World Countries 7」帝国書院編集部編集 帝国書院（帝国書院地理シリーズ） 2020年3月

「新・世界の国々 = World Countries 8」帝国書院編集部編集 帝国書院（帝国書院地理シリーズ） 2020年3月

「新・世界の国々 = World Countries 9」帝国書院編集部編集 帝国書院（帝国書院地理シリーズ） 2020年3月

「人を見捨てない国、スウェーデン」三瓶恵子著 岩波書店（岩波ジュニア新書） 2013年2月

「世界のクルマ大百科 = THE ENCYCLOPEDIA OF WORLD CARS：最新600台の解説とデータを完全網羅」スタジオタッククリエイティブ編集 スタジオタッククリエイティブ 2019年11月

「世界を変えた15のたべもの」テレサ・ベネイテス文;フラビア・ソリーリャ絵;轟志津香訳;中野明正日本語版監修 大月書店 2020年2月

「世界遺産で考える5つの現在ー歴史総合パートナーズ；11」宮澤光著 清水書院 2020年2月

「台湾の若者を知りたい」水野俊平著 岩波書店（岩波ジュニア新書） 2018年5月

「池上彰の世界の見方 = Akira Ikegami,How To See the World：15歳に語る現代世界の最前線」池上彰著 小学館 2015年11月

「池上彰の世界の見方 = Akira Ikegami,How To See the World アメリカ」池上彰著 小学館 2016年4月

「池上彰の世界の見方 = Akira Ikegami,How To See the World アメリカ2」池上彰著 小学館 2021年3月

「池上彰の世界の見方 = Akira Ikegami,How To See the World イギリスとEU」池上彰著 小学館 2019年12月

「池上彰の世界の見方 = Akira Ikegami,How To See the World インド」池上彰著 小学館 2020年7月

「池上彰の世界の見方 = Akira Ikegami,How To See the World ドイツとEU」池上彰著 小学館 2017年11月

「池上彰の世界の見方 = Akira Ikegami,How To See the World ロシア」池上彰著 小学館 2018年11月

「池上彰の世界の見方 = Akira Ikegami,How To See the World 中国」池上彰著 小学館 2021年10月

「池上彰の世界の見方 = Akira Ikegami,How To See the World 中国・香港・台湾」池上彰著 小学館 2016年11月

「池上彰の世界の見方 = Akira Ikegami,How To See the World 中東」池上彰著 小学館 2017年8月

「池上彰の世界の見方 = Akira Ikegami,How To See the World 中南米」池上彰著 小学館 2022年12月

「池上彰の世界の見方 = Akira Ikegami,How To See the World 朝鮮半島」池上彰著 小学館 2018年4月

「池上彰の世界の見方 = Akira Ikegami,How To See the World 東欧・旧ソ連の国々」池上彰著 小学館 2022年4月

「池上彰の世界の見方 = Akira Ikegami,How To See the World 東南アジア」池上彰著 小学館 2019年4月

「池上彰の世界の見方 = Akira Ikegami,How To See the World 北欧」池上彰著 小学館 2023年8月

「東南アジアを学ぼう:「メコン圏」入門」柿崎一郎著 筑摩書房(ちくまプリマー新書) 2011年2月

「紛争・対立・暴力:世界の地域から考える―〈知の航海〉シリーズ」西崎文子編著;武内進一編著 岩波書店(岩波ジュニア新書) 2016年10月

「毛の人類史:なぜ人には毛が必要なのか」カート・ステン著;藤井美佐子訳 太田出版(ヒストリカル・スタディーズ) 2017年2月

「裏読み世界遺産」平山和充著 筑摩書房(ちくまプリマー新書) 2010年1月

「旅に出よう:世界にはいろんな生き方があふれてる」近藤雄生著 岩波書店(岩波ジュニア新書) 2010年4月

世界の文化>無形文化遺産

「世界遺産になった食文化 1 (くらしを豊かにするフランス料理)」服部津貴子監修;こどもくらぶ編 WAVE出版 2013年3月

「世界遺産になった食文化 2 (健康的な食生活地中海料理)」服部津貴子監修;こどもくらぶ編 WAVE出版 2013年3月

「世界遺産になった食文化 3 (文明の十字路に息づくトルコ料理)」服部津貴子監修;こどもくらぶ編 WAVE出版 2013年3月

「世界遺産になった食文化 5 (世界のワインのルーツはグルジア!グルジア料理)」服部津貴子監修;こどもくらぶ編 WAVE出版 2015年3月

「世界遺産になった食文化 6 (クロアチア・ポルトガル・キプロス地中海料理)」服部津貴子監修;こどもくらぶ編 WAVE出版 2015年3月

「世界遺産になった食文化 7 (わかちあいのキムジャン文化韓国料理)」服部津貴子監修;こどもくらぶ編 WAVE出版 2015年3月

「世界遺産になった食文化 8(日本人の伝統的な食文化和食)」服部津貴子監修;こどもくらぶ編 WAVE出版 2015年3月

食べもの、食品>伝統食品

「47都道府県ビジュアル文化百科 伝統食」野崎洋光監修;こどもくらぶ編 丸善出版 2016年11月

食べもの、食品>発酵食品

「発酵食品と戦争」小泉武夫著 文藝春秋(文春新書) 2023年8月

「和食の文化史:各地に息づくさまざまな食」佐藤洋一郎著 平凡社(平凡社新書) 2023年10月

食べもの、食品>保存食品、保存食

「13歳からの料理のきほん34」アントラム栢木利美著 海竜社 2014年5月

伝統文化

「「君が代」日本文化史から読み解く」杜こなて著 平凡社(平凡社新書) 2015年1月

「「文様」のしきたり:暮らしを彩る日本の伝統」藤依里子著 青春出版社(青春新書INTELLIGENCE) 2022年4月

「イラストでわかる日本の伝統行事・行事食」谷田貝公昭監修;坂本廣子著 合同出版 2017年1月

「歌舞伎—知っておきたい日本の古典芸能」瀧口雅仁編著 丸善出版 2019年10月

「京都かがみ」濱崎加奈子著 エムディエヌコーポレーション(MdN新書) 2021年12月

「講談—知っておきたい日本の古典芸能」瀧口雅仁編著 丸善出版 2019年10月

「黒髪と美の歴史」平松隆円著 KADOKAWA(角川ソフィア文庫) 2019年7月

「自分で見つける!社会の課題 2—NHK for Schoolドスルコスル」NHK「ドスルコスル」制作班編;田村学監修 NHK出版 2021年11月

「世界遺産になった食文化 6(クロアチア・ポルトガル・キプロス地中海料理)」服部津貴子監修;こどもくらぶ編 WAVE出版 2015年3月

「忠臣蔵—知っておきたい日本の古典芸能」瀧口雅仁編著 丸善出版 2019年10月

「日本遺産 = JAPAN HERITAGE:地域の歴史と伝統文化を学ぶ 1」文化庁著 ポプラ社 2019年11月

「日本遺産 = JAPAN HERITAGE:地域の歴史と伝統文化を学ぶ 2」文化庁著 ポプラ社 2019年11月

「落語・寄席芸—日本の伝統芸能を楽しむ」大友浩著 偕成社 2017年4月

「落語―知っておきたい日本の古典芸能」瀧口雅仁編著 丸善出版 2019年10月

「浪曲・怪談―知っておきたい日本の古典芸能」瀧口雅仁編著 丸善出版 2019年10月

日本の文化

「「おじぎ」の日本文化」神崎宣武著 KADOKAWA(角川ソフィア文庫) 2016年3月

「「やさしさ」過剰社会：人を傷つけてはいけないのか」榎本博明著 PHP研究所(PHP新書) 2016年11月

「「日本」ってどんな国?：国際比較データで社会が見えてくる」本田由紀著 筑摩書房(ちくまプリマー新書) 2021年10月

「「文様」のしきたり：暮らしを彩る日本の伝統」藤依里子著 青春出版社(青春新書INTELLIGENCE) 2022年4月

「10か国語でニッポン紹介：国際交流を応援する本 1」パトリック・ハーラン英語指導;こどもくらぶ編 岩崎書店 2017年1月

「10か国語でニッポン紹介：国際交流を応援する本 2」パトリック・ハーラン英語指導;こどもくらぶ編 岩崎書店 2017年1月

「10か国語でニッポン紹介：国際交流を応援する本 3」パトリック・ハーラン英語指導;こどもくらぶ編 岩崎書店 2017年2月

「10か国語でニッポン紹介：国際交流を応援する本 4」パトリック・ハーラン英語指導;こどもくらぶ編 岩崎書店 2017年2月

「10か国語でニッポン紹介：国際交流を応援する本 5」パトリック・ハーラン英語指導;こどもくらぶ編 岩崎書店 2017年3月

「10分で読む日本の歴史」NHK「10min.ボックス」制作班編 岩波書店(岩波ジュニア新書) 2016年7月

「2時間でおさらい超日本史：ニッポン人ならおさえておきたい：新編集―出版芸術ライブラリー；014」菅野祐孝著 出版芸術社 2021年11月

「3語で話せる!英語で日本を紹介しよう 1」大門久美子編著 汐文社 2021年10月

「3語で話せる!英語で日本を紹介しよう 2」大門久美子編著 汐文社 2021年12月

「3語で話せる!英語で日本を紹介しよう 3」大門久美子 編著 汐文社 2022年1月

「いけばな：知性で愛でる日本の美」笹岡隆甫著 新潮社(新潮新書) 2011年11月

「キャラ絵で学ぶ!日本の世界遺産図鑑」伊藤賀一監修;いとうみつる絵;小松事務所文 すばる舎 2023年6月

「グローバリゼーションの中の江戸―〈知の航海〉シリーズ」田中優子著 岩波書店(岩波ジュニア新書) 2012年6月

「ここがスゴイよ!ニッポンの文化大図鑑：名作マンガ100でわかる! 1巻」ニッポンの文化大図鑑編集委員会編 日本図書センター 2018年1月

「ここがスゴイよ!ニッポンの文化大図鑑：名作マンガ100でわかる! 2巻」ニッポンの文化大図鑑編集委員会編 日本図書センター 2018年1月

「ここがスゴイよ!ニッポンの文化大図鑑：名作マンガ100でわかる! 3巻」ニッポンの文化大図鑑編集委員会編 日本図書センター 2018年1月

「ここがスゴイよ!ニッポンの文化大図鑑：名作マンガ100でわかる! 4巻」ニッポンの文化大図鑑編集委員会編 日本図書センター 2018年1月

「ここがスゴイよ!ニッポンの文化大図鑑：名作マンガ100でわかる! 5巻」ニッポンの文化大図鑑編集委員会編 日本図書センター 2018年1月

「バカ論」ビートたけし著 新潮社（新潮新書） 2017年10月

「はじめての沖縄」岸政彦著 新曜社（よりみちパン!セ） 2018年5月

「ビジュアル日本の住まいの歴史 2」小泉和子監修;家具道具室内史学会著 ゆまに書房 2019年7月

「ヘタウマ文化論」山藤章二著 岩波書店（岩波新書 新赤版） 2013年2月

「ポプラディアプラス日本の地理 = POPLAR ENCYCLOPEDIA PLUS Geography of Japan 1」寺本潔監修 ポプラ社 2020年4月

「ポプラディアプラス日本の地理 = POPLAR ENCYCLOPEDIA PLUS Geography of Japan 2」寺本潔監修 ポプラ社 2020年4月

「ポプラディアプラス日本の地理 = POPLAR ENCYCLOPEDIA PLUS Geography of Japan 3」寺本潔監修 ポプラ社 2020年4月

「ポプラディアプラス日本の地理 = POPLAR ENCYCLOPEDIA PLUS Geography of Japan 4」寺本潔監修 ポプラ社 2020年4月

「ポプラディアプラス日本の地理 = POPLAR ENCYCLOPEDIA PLUS Geography of Japan 5」寺本潔監修 ポプラ社 2020年4月

「ポプラディアプラス日本の地理 = POPLAR ENCYCLOPEDIA PLUS Geography of Japan 6」寺本潔監修 ポプラ社 2020年4月

「ポプラディアプラス日本の地理 = POPLAR ENCYCLOPEDIA PLUS Geography of Japan 7」寺本潔監修 ポプラ社 2020年4月

「マイ・ジャパン：みてみよう日本のくらし」フィリケえつこ作 偕成社 2017年2月

「ルールはそもそもなんのためにあるのか」住吉雅美著 筑摩書房（ちくまプリマー新書） 2023年11月

「英語にできない日本の美しい言葉」吉田裕子著 青春出版社（青春新書INTELLIGENCE） 2017年10月

「遠野物語へようこそ」三浦佑之著;赤坂憲雄著 筑摩書房(ちくまプリマー新書) 2010年1月

「沖縄文化論集」柳田国男著;折口信夫著;伊波普猷著;柳宗悦著;稲垣国三郎著;ニコライ・ネフスキー著;幣原坦著;小原一夫著;石井正己編・解説 KADOKAWA(角川ソフィア文庫) 2022年6月

「鬼と日本人の歴史」小山聡子著 筑摩書房(ちくまプリマー新書) 2023年3月

「鬼才五社英雄の生涯」春日太一著 文藝春秋(文春新書) 2016年8月

「京都かがみ」濱崎加奈子著 エムディエヌコーポレーション(MdN新書) 2021年12月

「芸者と遊び : 日本的サロン文化の盛衰」田中優子著 KADOKAWA(角川ソフィア文庫) 2016年12月

「決まり・ならわし : 暮らしのルール!—日本文化キャラクター図鑑」本木洋子文;いとうみき絵 玉川大学出版部 2015年3月

「現地取材!日本の国土と人々のくらし. 1」長谷川直子監修;山本健太監修;宇根寛監修協力 ポプラ社 2023年11月

「現地取材!日本の国土と人々のくらし. 2」長谷川直子監修;山本健太監修;宇根寛監修協力 ポプラ社 2023年11月

「現地取材!日本の国土と人々のくらし. 3」長谷川直子監修;山本健太監修;宇根寛監修協力 ポプラ社 2023年11月

「現地取材!日本の国土と人々のくらし. 4」長谷川直子監修;山本健太監修;宇根寛監修協力 ポプラ社 2023年11月

「現地取材!日本の国土と人々のくらし. 5」長谷川直子監修;山本健太監修;宇根寛監修協力 ポプラ社 2023年11月

「現地取材!日本の国土と人々のくらし. 6」長谷川直子監修;山本健太監修;宇根寛監修協力 ポプラ社 2023年11月

「現地取材!日本の国土と人々のくらし. 7」長谷川直子監修;山本健太監修;宇根寛監修協力 ポプラ社 2023年11月

「現地取材!日本の国土と人々のくらし. 8」長谷川直子監修;山本健太監修;宇根寛監修協力 ポプラ社 2023年11月

「故郷の風景 : もの神・たま神と三つの時空」佐藤正英著 筑摩書房(ちくまプリマー新書) 2010年9月

「江戸っ子はなぜこんなに遊び上手なのか」中江克己著 青春出版社(青春新書INTELLIGENCE) 2016年6月

「黒髪と美の歴史」平松隆円著 KADOKAWA(角川ソフィア文庫) 2019年7月

「辞書からみた日本語の歴史」今野真二著 筑摩書房(ちくまプリマー新書) 2014年1月

「小泉八雲と妖怪—日本の伝記 : 知のパイオニア」小泉凡著 玉川大学出版部 2023年8月

「図解でわかる14歳から知る日本人の宗教と文化―シリーズ世界の宗教と文化」山折哲雄監修;インフォビジュアル研究所著;大角修著 太田出版 2023年7月

「成人式とは何か」田中治彦著 岩波書店(岩波ブックレット) 2020年11月

「禅と日本文化：新訳完全版」鈴木大拙著;碧海寿広訳 KADOKAWA(角川ソフィア文庫) 2022年9月

「中国のエリート高校生日本滞在記」張雲裳;人見豊編著 日本僑報社 2011年10月

「東大留学生ディオンが見たニッポン」ディオン・ン・ジェ・ティン著 岩波書店(岩波ジュニア新書) 2017年4月

「日本なんでもランキング図鑑：驚き発見がいっぱい!」池野範男監修;久保哲朗監修 ミネルヴァ書房(ランキング図鑑シリーズ) 2019年2月

「日本の歴史を旅する」五味文彦著 岩波書店(岩波新書 新赤版) 2017年9月

「日本人無宗教説：その歴史から見えるもの」藤原聖子編著 筑摩書房(筑摩選書) 2023年5月

「日本文化をよむ：5つのキーワード」藤田正勝著 岩波書店(岩波新書 新赤版) 2017年8月

「漱石と煎茶」小川後楽著 平凡社(平凡社新書) 2017年1月

「瞽女うた」ジェラルド・グローマー著 岩波書店(岩波新書 新赤版) 2014年5月

日本の文化＞国風文化

「大伴家持と紀貫之：万葉集 土佐日記 古今和歌集 伊勢物語ほか」国土社編集部編 国土社(人物で探る!日本の古典文学) 2018年3月

日本の文化＞日本食、日本料理

「「和食」って何?」阿古真理著 筑摩書房(ちくまプリマー新書) 2015年5月

「10か国語でニッポン紹介：国際交流を応援する本 4」パトリック・ハーラン英語指導;こどもくらぶ編 岩崎書店 2017年2月

「47都道府県ビジュアル文化百科 伝統食」野﨑洋光監修;こどもくらぶ編 丸善出版 2016年11月

「What is 和食 WASHOKU?：英文対訳付」服部幸應監修;服部津貴子監修;こどもくらぶ編 ミネルヴァ書房 2016年7月

「イラストでわかる日本の伝統行事・行事食」谷田貝公昭監修;坂本廣子著 合同出版 2017年1月

「しらべよう!世界の料理 1」こどもくらぶ著;青木ゆり子監修 ポプラ社 2017年4月

「つくってみよう!和食弁当 魚のお弁当―Rikuyosha Children & YA Books」服部栄養料理研究会監修;西澤辰男料理指導;こどもくらぶ編 六耀社 2016年12月

「つくってみよう!和食弁当 肉のお弁当―Rikuyosha Children & YA Books」服部栄養料理研究会監修;杉浦仁志料理指導;こどもくらぶ編 六耀社 2016年11月

「つくってみよう!和食弁当 野菜のお弁当―Rikuyosha Children & YA Books」服部栄養料理研究会監修;一枚田清行料理指導;こどもくらぶ編 六耀社 2017年1月

「マイ・ジャパン:みてみよう日本のくらし」フィリケえつこ作 偕成社 2017年2月

「高校生レストランまごの店おいしい和食のキホン」村林新吾著;相可高校調理クラブ著 岩波書店(岩波ジュニア新書) 2015年3月

「世界遺産になった食文化 8(日本人の伝統的な食文化和食)」服部津貴子監修;こどもくらぶ編 WAVE出版 2015年3月

「木と日本人 3」ゆのきようこ監修・文;長谷川哲雄樹木画 理論社 2016年3月

「和食とはなにか:旨みの文化をさぐる」原田信男著 KADOKAWA(角川ソフィア文庫) 2014年5月

風習、習わし

「2時間でおさらい超日本史:ニッポン人ならおさえておきたい:新編集―出版芸術ライブラリー;014」菅野祐孝著 出版芸術社 2021年11月

「決まり・ならわし:暮らしのルール!―日本文化キャラクター図鑑」本木洋子文;いとうみき絵 玉川大学出版部 2015年3月

「検索禁止」長江俊和著 新潮社(新潮新書) 2017年4月

「世界のシェー!!:フジオプロ公認―よりみちパン!セ;P039」平沼正弘著;塩崎昌江著 イースト・プレス 2012年3月

「日本人の知らない日本語ドリル全235問」海野凪子監修;造事務所編集・構成 メディアファクトリー 2012年12月

風俗

「はじめての江戸川柳:「なるほど」と「ニヤリ」を楽しむ」小栗清吾著 平凡社(平凡社新書) 2012年1月

ふるさと教育

「きみのまちに未来はあるか?:「根っこ」から地域をつくる」除本理史著;佐無田光著 岩波書店(岩波ジュニア新書) 2020年3月

文化財

「教科書に出てくる遺跡と文化財を訪ねる 1」こどもくらぶ編 あすなろ書房 2019年1月

「教科書に出てくる遺跡と文化財を訪ねる 2」こどもくらぶ編 あすなろ書房 2019年1月

「教科書に出てくる遺跡と文化財を訪ねる 3」こどもくらぶ編 あすなろ書房 2019年2月

「教科書に出てくる遺跡と文化財を訪ねる 4」こどもくらぶ編 あすなろ書房 2019年2月

「時をこえる仏像：修復師の仕事」飯泉太子宗著 筑摩書房（ちくまプリマー新書）2011年12月

「日本遺産 = JAPAN HERITAGE：地域の歴史と伝統文化を学ぶ 1」文化庁著 ポプラ社 2019年11月

「日本遺産 = JAPAN HERITAGE：地域の歴史と伝統文化を学ぶ 2」文化庁著 ポプラ社 2019年11月

文化財＞文化財保護

「時をこえる仏像：修復師の仕事」飯泉太子宗著 筑摩書房（ちくまプリマー新書）2011年12月

民族

「新・世界の国々 = World Countries 10」帝国書院編集部編集 帝国書院（帝国書院地理シリーズ）2020年3月

ものづくり

「鏡が語る古代史」岡村秀典著 岩波書店（岩波新書 新赤版）2017年5月

「辞書の仕事」増井元著 岩波書店（岩波新書 新赤版）2013年10月

【芸術やエンターテインメントを知る】

生け花

「いけばな：知性で愛でる日本の美」笹岡隆甫著 新潮社（新潮新書）2011年11月

「不登校でも大丈夫」末富晶著 岩波書店（岩波ジュニア新書）2018年8月

囲碁、将棋

「ここがスゴイよ!ニッポンの文化大図鑑：名作マンガ100でわかる! 5巻」ニッポンの文化大図鑑編集委員会編 日本図書センター 2018年1月

「一点突破：岩手高校将棋部の勝負哲学―未来へのトビラ；File No.005」藤原隆史著;大川慎太郎著 ポプラ社（ポプラ選書）2018年4月

「羽生善治の攻めの教科書」羽生善治著 河出書房新社 2019年6月

「羽生善治の将棋の教科書」羽生善治著 河出書房新社 2012年9月

「羽生善治の将棋の教科書 改訂版」羽生善治著 河出書房新社 2020年2月

「羽生善治の将棋入門」羽生善治著 日本将棋連盟 2011年12月

「羽生善治の将棋入門：確認テストでステップアップを実感!」羽生善治著 誠文堂新光社 2015年3月

「勝負心」渡辺明著 文藝春秋（文春新書）2013年11月

「将棋400年史」野間俊克著 マイナビ出版（マイナビ新書）2019年2月

「将棋の駒はなぜ歩が金になるの?」高野秀行著 少年写真新聞社（ちしきのもり）2019年9月

「将棋を初めてやる人の本：グングン腕が上がる!：初歩の初歩から詰め将棋まで」将棋をたのしむ会編 土屋書店 2011年8月

「藤井聡太 天才はいかに生まれたか」松本博文著 NHK出版（NHK出版新書）2017年10月

「藤井聡太の軌跡：400年に一人の天才はいかにして生まれたか」鈴木宏彦著 マイナビ出版（マイナビ新書）2021年5月

「藤井聡太の将棋入門：勝つための指し方が学べる!」藤井聡太 監修;書籍編集部 編集 日本将棋連盟 2022年9月

「洞察力UP!東大式将棋勝つための上達法 入門編」片上大輔監修;東京大学将棋部構成・原稿執筆 理論社 2019年8月

映像、動画

「18歳の著作権入門」福井健策著 筑摩書房（ちくまプリマー新書）2015年1月

「DVDでわかる!部活で差がつく!柔道必勝のコツ50 新版ーコツがわかる本」大森淳司監修 メイツユニバーサルコンテンツ 2020年10月

「オタクを武器に生きていく」吉田尚記 著 河出書房新社(14歳の世渡り術) 2022年11月

「くらしをべんりにする新・情報化社会の大研究 1」藤川大祐監修 岩崎書店 2021年3月

「ひとはみな、ハダカになる。増補ーよりみちパン!セ ; P057」バクシーシ山下著 イースト・プレス 2013年1月

「高校生のための英語学習ガイドブック」佐藤誠司著 岩波書店(岩波ジュニア新書) 2012年3月

映像、動画＞アニメ、アニメーション

「14歳の生命論 : 生きることが好きになる生物学のはなし―tanQブックス ; 13. 14歳の教室」長沼毅著 技術評論社 2011年12月

「NARUTO-ナルト-名言集絆-KIZUNA- 地ノ巻―ヴィジュアル版」岸本斉史著 集英社(集英社新書) 2013年3月

「ONE PIECE STRONG WORDS 上巻―ヴィジュアル版」尾田栄一郎著 集英社(集英社新書) 2011年3月

「アニメ!リアルvs.ドリーム」岡田浩行著;武井風太著 岩波書店(岩波ジュニア新書) 2013年1月

「アニメーション学入門 新版」津堅信之著 平凡社(平凡社新書) 2017年2月

「いつかすべてが君の力になる」梶裕貴著 河出書房新社(14歳の世渡り術) 2018年5月

「オタクを武器に生きていく」吉田尚記 著 河出書房新社(14歳の世渡り術) 2022年11月

「ジョジョの奇妙な名言集 = JOJO's Bizarre Words Part1～3―ヴィジュアル版」荒木飛呂彦著;中条省平解説 集英社(集英社新書) 2012年4月

「スタジオジブリ物語―ノンフィクション」鈴木敏夫責任編集 集英社(集英社新書) 2023年6月

「スティーブ・ジョブズの生き方」カレン・ブルーメンタール著;渡邉了介訳 あすなろ書房 2012年3月

「宮崎駿再考 :『未来少年コナン』から『風立ちぬ』へ」村瀬学著 平凡社(平凡社新書) 2015年7月

「教養としての10年代アニメ―未来へのトビラ ; File No.001」町口哲生著 ポプラ社(ポプラ選書) 2018年4月

「好きなのにはワケがある : 宮崎アニメと思春期のこころ」岩宮恵子著 筑摩書房(ちくまプリマー新書) 2013年12月

「仕事道楽 : スタジオジブリの現場 新版」鈴木敏夫著 岩波書店(岩波新書 新赤版) 2014年5月

「新海誠の世界を旅する : 光と色彩の魔術」津堅信之著 平凡社(平凡社新書) 2019年7月

「人生を変えるアニメ」河出書房新社編 河出書房新社(14歳の世渡り術) 2018年8月

「天才の思考：高畑勲と宮崎駿」鈴木敏夫著 文藝春秋(文春新書) 2019年5月

「妖怪がやってくる」佐々木高弘著 岩波書店(岩波ジュニアスタートブックス) 2021年7月

映像、動画＞映画

「『サウンド・オブ・ミュージック』の秘密」瀬川裕司著 平凡社(平凡社新書) 2014年12月

「14歳からの映画ガイド：世界の見え方が変わる100本」河出書房新社編;朝井リョウほか著 河出書房新社(14歳の世渡り術) 2023年9月

「STAR WARS漢字の奥義」稲村広香文 講談社 2019年11月

「ジョージ・ルーカス：「スター・ウォーズ」の生みの親」パム・ポラック著;メグ・ベルヴィソ著;田中奈津子訳 ポプラ社(ポプラ社ノンフィクション) 2015年11月

「スター・ウォーズ学」清水節著;柴尾英令著 新潮社(新潮新書) 2015年12月

「異文化コミュニケーション学」鳥飼玖美子著 岩波書店(岩波新書 新赤版) 2021年7月

「映画はネコである：はじめてのシネマ・スタディーズ」宮尾大輔著 平凡社(平凡社新書) 2011年4月

「鬼才五社英雄の生涯」春日太一著 文藝春秋(文春新書) 2016年8月

「仕事道楽：スタジオジブリの現場 新版」鈴木敏夫著 岩波書店(岩波新書 新赤版) 2014年5月

「思い出のアメリカテレビ映画：『スーパーマン』から『スパイ大作戦』まで」瀬戸川宗太著 平凡社(平凡社新書) 2014年2月

「未来へつなぐ食のバトン：映画『100年ごはん』が伝える農業のいま」大林千茱萸著 筑摩書房(ちくまプリマー新書) 2015年6月

映像、動画＞テレビ番組

「それでもテレビは終わらない」今野勉著;是枝裕和著;境真理子著;音好宏著 岩波書店(岩波ブックレット) 2010年11月

「テレビの日本語」加藤昌男著 岩波書店(岩波新書 新赤版) 2012年7月

「ドキュメントテレビは原発事故をどう伝えたのか」伊藤守著 平凡社(平凡社新書) 2012年3月

「異文化コミュニケーション学」鳥飼玖美子著 岩波書店(岩波新書 新赤版) 2021年7月

「仮面ライダー昆虫記 = THE STORIES OF INSECTS & MASKED RIDER」稲垣栄洋著;石森プロ作画 東京書籍 2023年3月

「思い出のアメリカテレビ映画：『スーパーマン』から『スパイ大作戦』まで」瀬戸川宗太著 平凡社(平凡社新書) 2014年2月

「社会の今を見つめて：TVドキュメンタリーをつくる」大脇三千代著 岩波書店（岩波ジュニア新書）2012年10月

「女たちの韓流：韓国ドラマを読み解く」山下英愛著 岩波書店（岩波新書 新赤版）2013年5月

「勝つために9割捨てる仕事術：元・日本テレビ敏腕プロデューサーが明かす」村上和彦著 青春出版社（青春新書INTELLIGENCE）2019年10月

「名セリフどろぼう」竹内政明著 文藝春秋（文春新書）2011年2月

映像、動画＞ドラマ

「女たちの韓流：韓国ドラマを読み解く」山下英愛著 岩波書店（岩波新書 新赤版）2013年5月

「名セリフどろぼう」竹内政明著 文藝春秋（文春新書）2011年2月

演劇、ミュージカル、劇団

「『サウンド・オブ・ミュージック』の秘密」瀬川裕司著 平凡社（平凡社新書）2014年12月

「演劇は道具だ―よりみちパン!セ；P029」宮沢章夫著 イースト・プレス 2012年1月

「劇団四季メソッド「美しい日本語の話し方」」浅利慶太著 文藝春秋（文春新書）2013年7月

「部活でスキルアップ!演劇上達バイブル―コツがわかる本」杉山純じ監修 メイツ出版 2018年4月

「文化系部活動アイデアガイド演劇部」西野泉文;納田繁イラスト 汐文社 2010年3月

「夢のつかみ方、挑戦し続ける力：元宝塚トップスターが伝える」早霧せいな著 河出書房新社（14歳の世渡り術）2019年8月

エンターテインメント

「スジ論」坂上忍著 新潮社（新潮新書）2016年10月

「バカ論」ビートたけし著 新潮社（新潮新書）2017年10月

「通訳になりたい!：ゼロからめざせる10の道」松下佳世著 岩波書店（岩波ジュニア新書）2016年4月

オペラ

「ヴェルディ：オペラ変革者の素顔と作品」加藤浩子著 平凡社（平凡社新書）2013年5月

「オペラでわかるヨーロッパ史」加藤浩子著 平凡社（平凡社新書）2015年12月

「オペラで楽しむヨーロッパ史」加藤浩子著 平凡社（平凡社新書）2020年3月

「まんがで読む世界の名作オペラ 10―まんが世界のオペラシリーズ」梅本さちお著 メトロポリタンプレス 2012年3月

「まんがで読む世界の名作オペラ 1—まんが世界のオペラシリーズ」つづき佳子著 メトロポリタンプレス 2011年12月

「まんがで読む世界の名作オペラ 2—まんが世界のオペラシリーズ」つづき佳子著 メトロポリタンプレス 2011年12月

「まんがで読む世界の名作オペラ 3—まんが世界のオペラシリーズ」つづき佳子著 メトロポリタンプレス 2012年1月

「まんがで読む世界の名作オペラ 4—まんが世界のオペラシリーズ」つづき佳子著 メトロポリタンプレス 2012年1月

「まんがで読む世界の名作オペラ 5—まんが世界のオペラシリーズ」つづき佳子著 メトロポリタンプレス 2012年2月

「まんがで読む世界の名作オペラ 6—まんが世界のオペラシリーズ」つづき佳子著 メトロポリタンプレス 2012年2月

「まんがで読む世界の名作オペラ 7—まんが世界のオペラシリーズ」つづき佳子著 メトロポリタンプレス 2012年3月

「まんがで読む世界の名作オペラ 8—まんが世界のオペラシリーズ」梅本さちお著 メトロポリタンプレス 2012年3月

「まんがで読む世界の名作オペラ 9—まんが世界のオペラシリーズ」つづき佳子著 メトロポリタンプレス 2012年3月

「モーツァルトの台本作者：ロレンツォ・ダ・ポンテの生涯」田之倉稔著 平凡社（平凡社新書） 2010年8月

音楽

「「推し」の文化論：BTSから世界とつながる」鳥羽和久著 晶文社 2023年3月

「14歳からの新しい音楽入門：どうして私たちには音楽が必要なのか」久保田慶一著 スタイルノート 2021年7月

「18歳の著作権入門」福井健策著 筑摩書房（ちくまプリマー新書） 2015年1月

「K-POP：新感覚のメディア」金成玟著 岩波書店（岩波新書 新赤版） 2018年7月

「いのちのヴァイオリン：森からの贈り物」中澤宗幸著 ポプラ社（ポプラ社ノンフィクション） 2012年12月

「ヴェルディ：オペラ変革者の素顔と作品」加藤浩子著 平凡社（平凡社新書） 2013年5月

「オペラでわかるヨーロッパ史」加藤浩子著 平凡社（平凡社新書） 2015年12月

「キャラで楽しく学ぼう!音楽記号図鑑」髙倉弘光監修;とくながあきこイラスト シンコーミュージック・エンタテイメント 2019年4月

「クラシック音楽の歴史」中川右介著 KADOKAWA（角川ソフィア文庫） 2017年9月

「この一冊で芸術通になる大人の教養力」樋口裕一著 青春出版社（青春新書 INTELLIGENCE）2017年4月

「ショパン：花束の中に隠された大砲」崔善愛著 岩波書店（岩波ジュニア新書）2010年9月

「バッハ：「音楽の父」の素顔と生涯」加藤浩子著 平凡社（平凡社新書）2018年6月

「ビートルズは音楽を超える」武藤浩史著 平凡社（平凡社新書）2013年7月

「ビジュアル日本の音楽の歴史. 1」徳丸吉彦監修 ゆまに書房 2023年4月

「ビジュアル日本の音楽の歴史. 2」徳丸吉彦監修 ゆまに書房 2023年7月

「ビジュアル日本の音楽の歴史. 3」徳丸吉彦監修 ゆまに書房 2023年8月

「フォークソングが教えてくれた」小川真一著 マイナビ出版（マイナビ新書）2020年8月

「モーツァルト―よみがえる天才；3」岡田暁生著 筑摩書房（ちくまプリマー新書）2020年9月

「ものがたり西洋音楽史」近藤譲著 岩波書店（岩波ジュニア新書）2019年3月

「ものがたり日本音楽史」徳丸吉彦著 岩波書店（岩波ジュニア新書）2019年12月

「リズムのメディウム：特集」近藤譲著;樋口桂子著;河野哲也著;公益財団法人たばこ総合研究センター編 たばこ総合研究センター 水曜社(発売) 2023年3月

「音楽ってなんだろう?：知れば知るほど楽しくなる」池辺晋一郎著 平凡社（中学生の質問箱）2019年12月

「音楽で生きる方法：高校生からの音大受験、留学、仕事と将来」相澤真一著;髙橋かおり著;坂本光太著;輪湖里奈著 青弓社 2020年11月

「音楽について知っておくべき100のこと―インフォグラフィックスで学ぶ楽しいサイエンス」ジェローム・マーティン 作; アリス・ジェームズ 作; ラン・クック 作; アレックス・フリス 作;フェデリコ・マリアーニ 絵; ショウ・ニールセン 絵; ドミニク・バイロン 絵; パルコ・ポロ 絵;竹内薫 訳・監修 小学館 2022年12月

「音楽に自然を聴く」小沼純一著 平凡社（平凡社新書）2016年4月

「音楽の話をしよう：10代のための音楽講座」寺内大輔著 ふくろう出版 2011年9月

「音楽家をめざす人へ」青島広志著 筑摩書房（ちくまプリマー新書）2011年8月

「学校では教えてくれない人生を変える音楽」雨宮処凛著;池谷裕二著;池辺晋一郎著;浦沢直樹著;遠藤秀紀著;大崎善生著;乙武洋匡著;角田光代著;今日マチ子著;清塚信也著;小手鞠るい著;近藤良平著;桜井進著;柴田元幸著;小路幸也著;辛酸なめ子著;高嶋ちさ子著;西研著;林丹丹著;又吉直樹著;町田康著;松井咲子著;みうらじゅん著;宮下奈都著;本川達雄著;山田ズーニー著 河出書房新社（14歳の世渡り術）2013年5月

「学校で教えてくれない音楽」大友良英著 岩波書店（岩波新書 新赤版）2014年12月

「教養として学んでおきたいクラシック音楽」澤和樹著 マイナビ出版（マイナビ新書）2022年3月

「教養として学んでおきたいビートルズ」里中哲彦著 マイナビ出版(マイナビ新書) 2020年6月

「魂をゆさぶる歌に出会う:アメリカ黒人文化のルーツへ」ウェルズ恵子著 岩波書店(岩波ジュニア新書) 2014年2月

「吹奏楽部員のための楽典がわかる本」広瀬勇人著 ヤマハミュージックメディア 2015年4月

「世界史で深まるクラシックの名曲」内藤博文著 青春出版社(青春新書INTELLIGENCE) 2022年2月

「武満徹:現代音楽で世界をリードした作曲家:作曲家〈日本〉—ちくま評伝シリーズ〈ポルトレ〉」筑摩書房編集部著 筑摩書房 2016年1月

「部活でもっとステップアップ吹奏楽上達のコツ50:楽しみながらうまくなる!—コツがわかる本」畠田貴生監修 メイツ出版 2015年1月

「平成日本の音楽の教科書」大谷能生著 新曜社(よりみちパン!セ) 2019年5月

音楽>歌

「K-POP:新感覚のメディア」金成玟著 岩波書店(岩波新書 新赤版) 2018年7月

「Perfume—素顔のアーティスト」本郷陽二著 汐文社 2011年3月

「アイドルになりたい!」中森明夫著 筑摩書房(ちくまプリマー新書) 2017年4月

「あの歌詞は、なぜ心に残るのか:Jポップの日本語力」山田敏弘著 祥伝社(祥伝社新書) 2014年2月

「音楽ってなんだろう?:知れば知るほど楽しくなる」池辺晋一郎著 平凡社(中学生の質問箱) 2019年12月

「音楽の話をしよう:10代のための音楽講座」寺内大輔著 ふくろう出版 2011年9月

「歌謡曲:時代を彩った歌たち」高護著 岩波書店(岩波新書 新赤版) 2011年2月

「学校で教えてくれない音楽」大友良英著 岩波書店(岩波新書 新赤版) 2014年12月

「魂をゆさぶる歌に出会う:アメリカ黒人文化のルーツへ」ウェルズ恵子著 岩波書店(岩波ジュニア新書) 2014年2月

「新生EXILE—素顔のアーティスト」本郷陽二著 汐文社 2011年2月

「神さまがくれた漢字たち 続(古代の音)—よりみちパン!セ;P037」山本史也著 イースト・プレス 2012年3月

「誰でも2オクターブ出せるヴォイストレーニング」野口千代子著 平凡社(平凡社新書) 2012年11月

「浪曲・怪談—知っておきたい日本の古典芸能」瀧口雅仁編著 丸善出版 2019年10月

「瞽女うた」ジェラルド・グローマー著 岩波書店(岩波新書 新赤版) 2014年5月

音楽＞歌＞応援歌

「きみに応援歌(エール)を古関裕而物語ー14歳からの地図」大野益弘著 講談社 2020年3月

音楽＞歌＞合唱

「中高生のための定番コーラスレパートリー」久隆信編曲・ピアノ伴奏 シンコーミュージック・エンタテイメント 2016年3月

「部活でもっとステップアップ合唱のコツ50：楽しみながらうまくなる!ーコツがわかる本」渡瀬昌治監修 メイツ出版 2013年9月

「部活でレベルアップ!合唱上達のポイント50ーコツがわかる本」渡瀬昌治監修 メイツ出版 2019年4月

「文化系部活動アイデアガイド合唱部」秋山浩子文;納田繁イラスト;山崎朋子監修 汐文社 2010年2月

音楽＞歌＞国歌

「「君が代」日本文化史から読み解く」杜こなて著 平凡社(平凡社新書) 2015年1月

音楽＞歌＞Jポップ

「あの歌詞は、なぜ心に残るのか：Jポップの日本語力」山田敏弘著 祥伝社(祥伝社新書) 2014年2月

音楽＞歌＞童謡

「ふしぎなことばことばのふしぎ：ことばってナァニ?」池上嘉彦著 筑摩書房(ちくまQブックス) 2022年8月

「童謡はどこへ消えた：子どもたちの音楽手帖」服部公一著 平凡社(平凡社新書) 2015年6月

音楽＞歌＞フォークソング

「フォークソングが教えてくれた」小川真一著 マイナビ出版(マイナビ新書) 2020年8月

音楽＞音符、音楽記号

「14歳からの新しい音楽入門：どうして私たちには音楽が必要なのか」久保田慶一著 スタイルノート 2021年7月

「中学音楽をひとつひとつわかりやすく。」学研教育出版編 学研教育出版 2011年5月

音楽＞楽典

「吹奏楽部員のための楽典がわかる本」広瀬勇人著 ヤマハミュージックメディア 2015年4月

音楽＞楽譜

「14歳からの新しい音楽入門：どうして私たちには音楽が必要なのか」久保田慶一著 スタイルノート 2021年7月

「キャラで楽しく学ぼう!音楽記号図鑑」髙倉弘光監修;とくながあきこイラスト シンコーミュージック・エンタテイメント 2019年4月

「ビジュアル日本の音楽の歴史. 1」徳丸吉彦監修 ゆまに書房 2023年4月

「ビジュアル日本の音楽の歴史. 2」徳丸吉彦監修 ゆまに書房 2023年7月

「ビジュアル日本の音楽の歴史. 3」徳丸吉彦監修 ゆまに書房 2023年8月

「吹奏楽部員のための楽典がわかる本」広瀬勇人著 ヤマハミュージックメディア 2015年4月

「打楽器イ・ロ・ハ」小田もゆる著 教育出版 2012年11月

「誰でもできるやさしい作曲術。：「やりたい」と思ったら、必ずできるようになる!：45分でわかる!—Magazine house 45 minutes series ; #22」青島広志著 マガジンハウス 2011年12月

「中学音楽をひとつひとつわかりやすく。」学研教育出版編 学研教育出版 2011年5月

「中高生のための定番コーラスレパートリー」久隆信編曲・ピアノ伴奏 シンコーミュージック・エンタテイメント 2016年3月

「部活で吹奏楽クラリネット上達BOOK—コツがわかる本」加藤純子監修 メイツ出版 2017年6月

「部活で吹奏楽トランペット上達BOOK—コツがわかる本」佛坂咲千生監修 メイツ出版 2017年6月

音楽＞楽器＞サックス、サクソフォン

「秋吉敏子と渡辺貞夫」西田浩著 新潮社(新潮新書) 2019年8月

音楽＞楽器＞バイオリン

「いのちのヴァイオリン：森からの贈り物」中澤宗幸著 ポプラ社(ポプラ社ノンフィクション) 2012年12月

「耳を澄ませば世界は広がる」川畠成道著 集英社(集英社新書) 2011年8月

音楽＞楽器＞ピアノ

「秋吉敏子と渡辺貞夫」西田浩著 新潮社(新潮新書) 2019年8月

音楽＞楽器＞和楽器＞三味線

「瞽女うた」ジェラルド・グローマー著 岩波書店(岩波新書 新赤版) 2014年5月

音楽＞楽器一般

「ものがたり西洋音楽史」近藤譲著 岩波書店（岩波ジュニア新書）2019年3月

「音楽ってなんだろう?：知れば知るほど楽しくなる」池辺晋一郎著 平凡社（中学生の質問箱）2019年12月

「学校で教えてくれない音楽」大友良英著 岩波書店（岩波新書 新赤版）2014年12月

音楽＞クラシック音楽

「クラシック音楽の歴史」中川右介著 KADOKAWA（角川ソフィア文庫）2017年9月

「ベートーヴェン：音楽の革命はいかに成し遂げられたか」中野雄著 文藝春秋（文春新書）2020年11月

「ベートーヴェンを聴けば世界史がわかる」片山杜秀著 文藝春秋（文春新書）2018年11月

「音楽で人は輝く：愛と対立のクラシック」樋口裕一著 集英社（集英社新書）2011年1月

「教養として学んでおきたいクラシック音楽」澤和樹著 マイナビ出版（マイナビ新書）2022年3月

「世界史で深まるクラシックの名曲」内藤博文著 青春出版社（青春新書INTELLIGENCE）2022年2月

音楽＞歌＞K-POP

「K-POP：新感覚のメディア」金成玟著 岩波書店（岩波新書 新赤版）2018年7月

音楽＞コード、和声

「吹奏楽部員のための和声がわかる本」天野正道著 ヤマハミュージックメディア 2014年3月

音楽＞作曲

「ものがたり西洋音楽史」近藤譲著 岩波書店（岩波ジュニア新書）2019年3月

「誰でもできるやさしい作曲術。：「やりたい」と思ったら、必ずできるようになる!：45分でわかる! —Magazine house 45 minutes series ; #22」青島広志著 マガジンハウス 2011年12月

音楽＞ジャズ

「ジャズの歴史物語」油井正一著 KADOKAWA（角川ソフィア文庫）2018年3月

「秋吉敏子と渡辺貞夫」西田浩著 新潮社（新潮新書）2019年8月

音楽＞西洋音楽

「ベートーヴェンを聴けば世界史がわかる」片山杜秀著 文藝春秋（文春新書）2018年11月

「ものがたり西洋音楽史」近藤譲著 岩波書店（岩波ジュニア新書）2019年3月

「ものがたり日本音楽史」徳丸吉彦著 岩波書店(岩波ジュニア新書) 2019年12月

音楽＞バンド、オーケストラ、吹奏楽

「音が変わる!うまくなる!たのしい吹奏楽 1」バジル・クリッツァー著;天野正道監修 学研プラス 2018年2月

「音が変わる!うまくなる!たのしい吹奏楽 2」バジル・クリッツァー著;天野正道監修 学研プラス 2018年2月

「音が変わる!うまくなる!たのしい吹奏楽 3」バジル・クリッツァー著;天野正道監修 学研プラス 2018年2月

「音楽の話をしよう：10代のための音楽講座」寺内大輔著 ふくろう出版 2011年9月

「吹奏楽部のトリセツ!」松元宏康 監修 学研プラス 2022年2月

「吹奏楽部員のためのココロとカラダの相談室：今すぐできる・よくわかるアレクサンダー・テクニーク：バジル先生の 楽器演奏編 改訂版」バジル・クリッツァー著 学研プラス 2017年3月

「吹奏楽部員のためのココロとカラダの相談室：今すぐできるよくわかるアレクサンダー・テクニーク：バジル先生の コンクール・本番編」バジル・クリッツァー著 学研パブリッシング 2015年5月

「吹奏楽部員のためのココロとカラダの相談室：今すぐできるよくわかるアレクサンダー・テクニーク：バジル先生の メンタルガイド編」バジル・クリッツァー著 学研パブリッシング 2013年9

「吹奏楽部員のためのココロとカラダの相談室：今すぐできるよくわかるアレクサンダー・テクニーク：バジル先生の 楽器演奏編」バジル・クリッツァー著 学研パブリッシング 2013年9月

「吹奏楽部員のための楽典がわかる本」広瀬勇人著 ヤマハミュージックメディア 2015年4月

「吹奏楽部員のための和声がわかる本」天野正道著 ヤマハミュージックメディア 2014年3月

「打楽器イ・ロ・ハ」小田もゆる著 教育出版 2012年11月

「中学生ブラバン天国：オザワ部長のあるある吹部訪問」オザワ部長著 学研プラス 2016年9月

「部活でもっとステップアップ吹奏楽上達のコツ50：楽しみながらうまくなる!―コツがわかる本」畠田貴生監修 メイツ出版 2015年1月

「部活でレベルアップ!吹奏楽上達のコツ50―コツがわかる本」畠田貴生監修 メイツ出版 2019年5月

「部活で吹奏楽クラリネット上達BOOK―コツがわかる本」加藤純子監修 メイツ出版 2017年6月

「部活で吹奏楽トランペット上達BOOK―コツがわかる本」佛坂咲千生監修 メイツ出版 2017年6月

「部活で吹奏楽フルート上達BOOK―コツがわかる本」酒井秀明監修 メイツ出版 2019年4月

「部活で吹奏楽ホルン上達BOOK―コツがわかる本」須山芳博監修 メイツ出版 2018年4月

音楽>邦楽

「ものがたり日本音楽史」徳丸吉彦著 岩波書店(岩波ジュニア新書) 2019年12月

神楽

「大絵馬ものがたり 4(祭日の情景)」須藤功著 農山漁村文化協会 2010年3月

歌舞伎

「ここがスゴイよ!ニッポンの文化大図鑑:名作マンガ100でわかる! 1巻」ニッポンの文化大図鑑編集委員会編 日本図書センター 2018年1月

「さし絵で楽しむ江戸のくらし」深谷大著 平凡社(平凡社新書) 2019年8月

「ものがたり日本音楽史」徳丸吉彦著 岩波書店(岩波ジュニア新書) 2019年12月

「歌舞伎一年生:チケットの買い方から観劇心得まで」中川右介著 筑摩書房(ちくまプリマー新書) 2016年8月

「歌舞伎―知っておきたい日本の古典芸能」瀧口雅仁編著 丸善出版 2019年10月

「教養として学んでおきたい歌舞伎」葛西聖司著 マイナビ出版(マイナビ新書) 2021年8月

「忠臣蔵―知っておきたい日本の古典芸能」瀧口雅仁編著 丸善出版 2019年10月

「天下泰平の時代―シリーズ日本近世史;3」高埜利彦著 岩波書店(岩波新書 新赤版) 2015年3月

歌舞伎>忠臣蔵

「忠臣蔵―知っておきたい日本の古典芸能」瀧口雅仁編著 丸善出版 2019年10月

かるた

「勝つ!百人一首「競技かるた」完全マスター―コツがわかる本. ジュニアシリーズ」岸田諭監修 メイツ出版 2016年12月

狂言、能楽

「ここがスゴイよ!ニッポンの文化大図鑑:名作マンガ100でわかる! 1巻」ニッポンの文化大図鑑編集委員会編 日本図書センター 2018年1月

「教養として学んでおきたい能・狂言」葛西聖司著 マイナビ出版(マイナビ新書) 2020年4月

工芸>漆器

「伝統工芸ってなに?:見る・知る・楽しむガイドブック」日本工芸会東日本支部編 芸艸堂 2013年7月

「伝統工芸のきほん 2」伝統工芸のきほん編集室著 理論社 2017年12月

工芸＞伝統工芸

「職場体験学習に行ってきました。：中学生が本物の「仕事」をやってみた! 13」全国中学校進路指導・キャリア教育連絡協議会監修 学研プラス 2016年2月

「伝統工芸ってなに?：見る・知る・楽しむガイドブック」日本工芸会東日本支部編 芸艸堂 2013年7月

「伝統工芸のきほん 1」伝統工芸のきほん編集室著 理論社 2017年11月

「伝統工芸のきほん 2」伝統工芸のきほん編集室著 理論社 2017年12月

「伝統工芸のきほん 3」伝統工芸のきほん編集室著 理論社 2018年1月

「伝統工芸のきほん 4」伝統工芸のきほん編集室著 理論社 2018年2月

「伝統工芸のきほん 5」伝統工芸のきほん編集室著 理論社 2018年2月

「里山で木を織る：藤布がおしえてくれた宝物」川北亮司作;山田花菜絵 汐文社 2016年10月

工芸＞伝統工芸＞竹細工

「打楽器イ・ロ・ハ」小田もゆる著 教育出版 2012年11月

講談

「講談―知っておきたい日本の古典芸能」瀧口雅仁編著 丸善出版 2019年10月

「人生を豊かにしたい人のための講談」神田松鯉著 マイナビ出版（マイナビ新書） 2020年10月

「忠臣蔵―知っておきたい日本の古典芸能」瀧口雅仁編著 丸善出版 2019年10月

サイエンス・フィクション（SF）

「未来力養成教室」日本SF作家クラブ編 岩波書店（岩波ジュニア新書） 2013年7月

茶道

「お茶と権力：信長・利休・秀吉」田中仙堂著 文藝春秋（文春新書） 2022年2月

「ここがスゴイよ!ニッポンの文化大図鑑：名作マンガ100でわかる! 3巻」ニッポンの文化大図鑑編集委員会編 日本図書センター 2018年1月

「禅と日本文化：新訳完全版」鈴木大拙著;碧海寿広訳 KADOKAWA（角川ソフィア文庫） 2022年9月

「茶の湯の歴史」神津朝夫著 KADOKAWA（角川ソフィア文庫） 2021年4月

「漱石と煎茶」小川後楽著 平凡社（平凡社新書） 2017年1月

写真

「カメラはじめます!」こいしゆうか著;鈴木知子監修 サンクチュアリ出版(sanctuary books) 2018年1月

「にっぽん鉄道100景」野田隆著 平凡社(平凡社新書) 2013年3月

「撮りたい写真が撮れる!デジカメ撮影のコツ:カラー版」近藤純夫著 平凡社(平凡社新書) 2010年9月

「私のフォト・ジャーナリズム:戦争から人間へ」長倉洋海著 平凡社(平凡社新書) 2010年11月

「自分の顔が好きですか?:「顔」の心理学」山口真美著 岩波書店(岩波ジュニア新書) 2016年5月

「写真のなかの「わたし」:ポートレイトの歴史を読む」鳥原学著 筑摩書房(ちくまプリマー新書) 2016年3月

「鉄道写真をはじめよう!:撮影テクからスポット選びまで完全マスター—コツがわかる本. ジュニアシリーズ」福園公嗣監修 メイツ出版 2016年9月

占術、占い＞星座占い

「あなたの願いをかなえる、星座案内」鏡リュウジ著 サンクチュアリ出版(sanctuary books) 2015年7月

「まだ見ぬ彼方へ放て = SAGITTARIUS AIM FOR THE TARGET YOU CAN'T YET SEE.:射手座の君へ贈る言葉」鏡リュウジ著 サンクチュアリ出版(sanctuary books) 2023年8月

「牡牛座の君へ:You can fulfill everything—STARMAP;TAURUS」鏡リュウジ著 サンクチュアリ出版(sanctuary books) 2013年1月

「乙女座の君へ:You can ask perfection—STARMAP;VIRGO」鏡リュウジ著 サンクチュアリ出版(sanctuary books) 2013年7月

「奇跡は限界の先に = SCORPIO FIND YOURSELF BEYOND THE EDGE.:蠍座の君へ贈る言葉」鏡リュウジ著 サンクチュアリ出版(sanctuary books) 2023年7月

「魚座の君へ:Believe in your heart—STARMAP;PISCES」鏡リュウジ著 サンクチュアリ出版(sanctuary books) 2013年1月

「君は誰よりも特別 = LEO YOU ARE TRULY SPECIAL.:獅子座の君へ贈る言葉」鏡リュウジ著 サンクチュアリ出版(sanctuary books) 2023年4月

「山羊座の君へ:Wake up your true self!—STARMAP;CAPRICORN」鏡リュウジ著 サンクチュアリ出版(sanctuary books) 2013年12月

「獅子座の君へ:Born to be special—STARMAP;LEO」鏡リュウジ著 サンクチュアリ出版(sanctuary books) 2013年7月

「時を味方に頂上へ = CAPRICORN TIME IS ON YOUR SIDE TO THE TOP. : 山羊座の君へ贈る言葉」 鏡リュウジ著 サンクチュアリ出版(sanctuary books) 2023年1月

「心の震えを信じろ = TAURUS BELIEVE IN YOUR HEART MOVED. : 牡牛座の君へ贈る言葉」 鏡リュウジ著 サンクチュアリ出版(sanctuary books) 2023年1月

「水瓶座の君へ : Deconstruct the existing world!—STARMAP ; AQUARIUS」 鏡リュウジ著 サンクチュアリ出版(sanctuary books) 2013年12月

「双子座の君へ : Never Stop,keep rolling!—STARMAP ; GEMINI」 鏡リュウジ著 サンクチュアリ出版(sanctuary books) 2013年5月

「誰よりも先に動け = ARIES MOVE BEFORE ANYONE ELSE. : 牡羊座の君へ贈る言葉」 鏡リュウジ著 サンクチュアリ出版(sanctuary books) 2022年1月

「天秤座の君へ : Only you can reach out to the truth—STARMAP ; LIBRA」 鏡リュウジ著 サンクチュアリ出版(sanctuary books) 2013年9月

「迷いも君の力になる = LIBRA YOUR HESITATION WILL HELP YOU. : 天秤座の君へ贈る言葉」 鏡リュウジ著 サンクチュアリ出版(sanctuary books) 2023年5月

「流れるままに進め = PISCES GO WITH THE FLOW. : 魚座の君へ贈る言葉」 鏡リュウジ著 サンクチュアリ出版(sanctuary books) 2022年1月

「蠍座の君へ : Say hello to your new self!—STARMAP ; SCORPION」 鏡リュウジ著 サンクチュアリ出版(sanctuary books) 2013年9月

人形浄瑠璃

「14歳からの文楽のすゝめ = AN ENCOURAGEMENT OF BUNRAKU FROM FOURTEEN YEARS OLD」 竹本織太夫 監修 実業之日本社 2022年4月

「さし絵で楽しむ江戸のくらし」 深谷大著 平凡社(平凡社新書) 2019年8月

俳句、短歌、川柳、和歌

「しびれる短歌」 東直子著;穂村弘著 筑摩書房(ちくまプリマー新書) 2019年1月

「ときめき百人一首」 小池昌代著 河出書房新社(14歳の世渡り術) 2017年2月

「はじめての江戸川柳 : 「なるほど」と「ニヤリ」を楽しむ」 小栗清吾著 平凡社(平凡社新書) 2012年1月

「ビジュアルでつかむ!俳句の達人たち. [1]」 藤田真一監修 ほるぷ出版 2023年12月

「ふしぎなことばことばのふしぎ : ことばってナァニ?」 池上嘉彦著 筑摩書房(ちくまQブックス) 2022年8月

「よみがえる昭和天皇 : 御製で読み解く87年」 辺見じゅん著;保阪正康著 文藝春秋(文春新書) 2012年2月

「リメイクの日本文学史」 今野真二著 平凡社(平凡社新書) 2016年4月

「伊賀の人・松尾芭蕉」北村純一著 文藝春秋(文春新書) 2022年1月

「紀貫之と古今和歌集—ビジュアルでつかむ!古典文学の作家たち」川村裕子監修 ほるぷ出版 2023年2月

「巨人たちの俳句:源内から荷風まで」磯辺勝著 平凡社(平凡社新書) 2010年4月

「近代秀歌」永田和宏著 岩波書店(岩波新書 新赤版) 2013年1月

「古今和歌集」渡部泰明著;日本放送協会編集;NHK出版編集 NHK出版 2023年11月

「古典和歌入門」渡部泰明著 岩波書店(岩波ジュニア新書) 2014年6月

「江戸川柳おもしろ偉人伝一〇〇」小栗清吾著 平凡社(平凡社新書) 2013年2月

「皇室事典 文化と生活」皇室事典編集委員会編著 KADOKAWA(角川ソフィア文庫) 2019年4月

「小林一茶:時代を詠んだ俳諧師」青木美智男著 岩波書店(岩波新書 新赤版) 2013年9月

「少年少女のみなさんに俳句とお話」友岡子郷著 本阿弥書店 2015年12月

「新・百人一首:近現代短歌ベスト100」岡井隆選;馬場あき子選;永田和宏選;穂村弘選 文藝春秋(文春新書) 2013年3月

「図説どこから読んでも想いがつのる!恋の百人一首」吉海直人監修 青春出版社(青春新書INTELLIGENCE) 2016年1月

「図説地図とあらすじでわかる!おくのほそ道」萩原恭男監修 青春出版社(青春新書INTELLIGENCE) 2013年6月

「図説地図とあらすじでわかる!万葉集 新版」坂本勝監修 青春出版社(青春新書INTELLIGENCE) 2019年6月

「禅と日本文化:新訳完全版」鈴木大拙著;碧海寿広訳 KADOKAWA(角川ソフィア文庫) 2022年9月

「大人になるまでに読みたい15歳の短歌・俳句・川柳 1」黒瀬珂瀾編 ゆまに書房 2016年1月

「大人になるまでに読みたい15歳の短歌・俳句・川柳 2」佐藤文香編 ゆまに書房 2016年2月

「大人になるまでに読みたい15歳の短歌・俳句・川柳 3」なかはられいこ編 ゆまに書房 2016年3月

「大伴家持と紀貫之:万葉集 土佐日記 古今和歌集 伊勢物語ほか」国土社編集部編 国土社(人物で探る!日本の古典文学) 2018年3月

「誰でもわかる日本の二十四節気と七十二候」脳トレーニング研究会編 黎明書房(図書館版誰でもわかる古典の世界) 2020年2月

「短歌で読む昭和感情史:日本人は戦争をどう生きたのか」菅野匡夫著 平凡社(平凡社新書) 2011年12月

「短歌に親しもう—声に出して楽しもう俳句・短歌」小島ゆかり監修 金の星社 2017年3月

「短歌は最強アイテム：高校生活の悩みに効きます」千葉聡著 岩波書店（岩波ジュニア新書） 2017年11月

「短歌をつくろう」栗木京子著 岩波書店（岩波ジュニア新書） 2010年11月

「短歌部、ただいま部員募集中!」小島なお著;千葉聡著 岩波書店（岩波ジュニアスタートブックス） 2022年4月

「日本語あそび学：平安時代から現代までのいろいろな言葉あそび」稲葉茂勝著;倉島節尚監修;ウノカマキリ絵 今人舎 2016年6月

「日本語を科学する 和歌文学編」塩谷典 著 展望社 2022年7月

「入門万葉集」上野誠著 筑摩書房（ちくまプリマー新書） 2019年9月

「芭蕉のあそび」深沢眞二著 岩波書店（岩波新書 新赤版） 2022年11月

「俳句と人間」長谷川櫂著 岩波書店（岩波新書 新赤版） 2022年1月

「俳句のきた道：芭蕉・蕪村・一茶」藤田真一著 岩波書店（岩波ジュニア新書） 2021年9月

「俳句わくわく51!」西田拓郎編著 岐阜新聞社 2018年3月

「俳句を楽しむ」佐藤郁良著 岩波書店（岩波ジュニア新書） 2019年11月

「俳句世がたり」小沢信男著 岩波書店（岩波新書 新赤版） 2016年12月

「俳句部、はじめました：さくら咲く一度っきりの今を詠む」神野紗希著 岩波書店（岩波ジュニアスタートブックス） 2021年3月

「富士百句で俳句入門」堀本裕樹著 筑摩書房（ちくまプリマー新書） 2014年8月

「部活で俳句」今井聖著 岩波書店（岩波ジュニア新書） 2012年8月

「万葉集に出会う」大谷雅夫著 岩波書店（岩波新書 新赤版） 2021年8月

俳句、短歌、川柳、和歌＞季語

「俳句わくわく51!」西田拓郎編著 岐阜新聞社 2018年3月

「俳句を楽しむ」佐藤郁良著 岩波書店（岩波ジュニア新書） 2019年11月

「俳句部、はじめました：さくら咲く一度っきりの今を詠む」神野紗希著 岩波書店（岩波ジュニアスタートブックス） 2021年3月

美術、芸術

「「太陽の塔」新発見!」平野暁臣著 青春出版社（青春新書INTELLIGENCE） 2018年4月

「「美しい」ってなんだろう?：美術のすすめ―よりみちパン!セ；P023」森村泰昌著 イースト・プレス 2011年11月

「アートで平和をつくる：沖縄・佐喜眞美術館の軌跡」佐喜眞道夫著 岩波書店（岩波ブックレット） 2014年7月

「キュビスムって、なんだろう?—Rikuyosha Children & YA Books. 図鑑：はじめてであう世界の美術」ケイト・リッグス編 六耀社 2017年11月

「キリストと性：西洋美術の想像力と多様性」岡田温司著 岩波書店(岩波新書 新赤版) 2023年10月

「ゴシック美術って、なんだろう?—Rikuyosha Children & YA Books. 図鑑：はじめてであう世界の美術」ケイト・リッグス編 六耀社 2017年7月

「ゴッホはなぜ星月夜のうねる糸杉をえがいたのか」マイケル・バード著;ケイト・エヴァンズ絵;岡本由香子訳 エクスナレッジ 2018年6月

「この一冊で芸術通になる大人の教養力」樋口裕一著 青春出版社(青春新書INTELLIGENCE) 2017年4月

「パズル学入門：パズルで愛を伝えよう」東田大志著 岩波書店(岩波ジュニア新書) 2011年4月

「ピカソ：型破りの天才画家」岡田好惠文;真斗絵;大髙保二郎監修 講談社(講談社青い鳥文庫) 2017年6月

「フィレンツェ：比類なき文化都市の歴史」池上俊一著 岩波書店(岩波新書 新赤版) 2018年5月

「ヘタウマ文化論」山藤章二著 岩波書店(岩波新書 新赤版) 2013年2月

「レオナルド・ダ・ヴィンチ—よみがえる天才；2」池上英洋著 筑摩書房(ちくまプリマー新書) 2020年5月

「ロマン主義って、なんだろう?—Rikuyosha Children & YA Books. 図鑑：はじめてであう世界の美術」ケイト・リッグス編 六耀社 2017年8月

「伊藤若冲—よみがえる天才；1」辻惟雄著 筑摩書房(ちくまプリマー新書) 2020年4月

「一枚の絵で学ぶ美術史カラヴァッジョ《聖マタイの召命》」宮下規久朗著 筑摩書房(ちくまプリマー新書) 2020年2月

「印象派って、なんだろう?—Rikuyosha Children & YA Books. 図鑑：はじめてであう世界の美術」ケイト・リッグス編 六耀社 2017年10月

「岡倉天心と思想—日本の伝記：知のパイオニア」大久保喬樹著 玉川大学出版部 2021年6月

「時をこえる仏像：修復師の仕事」飯泉太子宗著 筑摩書房(ちくまプリマー新書) 2011年12月

「自伝でわかる現代アート：先駆者8人の生涯」暮沢剛巳著 平凡社(平凡社新書) 2012年8月

「写真のなかの「わたし」：ポートレイトの歴史を読む」鳥原学著 筑摩書房(ちくまプリマー新書) 2016年3月

「女性画家10の叫び」堀尾真紀子著 岩波書店(岩波ジュニア新書) 2013年7月

「上野公園へ行こう：歴史&アート探検」浦井正明著 岩波書店（岩波ジュニア新書）2015年7月

「世界はデザインでできている」秋山具義著 筑摩書房（ちくまプリマー新書）2019年11月

「西洋美術とレイシズム」岡田温司著 筑摩書房（ちくまプリマー新書）2020年12月

「西洋美術史入門」池上英洋著 筑摩書房（ちくまプリマー新書）2012年2月

「西洋美術史入門 実践編」池上英洋著 筑摩書房（ちくまプリマー新書）2014年3月

「折り紙学：起源から現代アートまで」西川誠司著;こどもくらぶ編 今人舎 2017年5月

「中学生からの対話する哲学教室」シャロン・ケイ著;ポール・トムソン著;河野哲也監訳;安藤道夫訳;木原弘行訳;土屋陽介訳;松川絵里訳;村瀬智之訳 玉川大学出版部 2012年4月

「美意識を磨く：オークション・スペシャリストが教えるアートの見方」山口桂著 平凡社（平凡社新書）2020年8月

「美術ってなあに?："なぜ?"から広がるアートの世界」スージー・ホッジ著;小林美幸訳 河出書房新社 2017年9月

「美術ってなあに?："なぜ?"から広がるアートの世界」スージー・ホッジ著;小林美幸訳 河出書房新社 2023年12月

「美術館へ行こう」草薙奈津子著 岩波書店（岩波ジュニア新書）2013年3月

「文化系部活動アイデアガイド美術部」秋山浩子文;納田繁イラスト 汐文社 2010年3月

「柳宗悦と美―日本の伝記：知のパイオニア」土田眞紀 著 玉川大学出版部 2022年6月

「里山で木を織る：藤布がおしえてくれた宝物」川北亮司作;山田花菜絵 汐文社 2016年10月

美術、芸術＞イラスト

「「中学英語」を学び直すイラスト教科書」晴山陽一著 青春出版社（青春新書INTELLIGENCE）2022年4月

「いとエモし。：超訳日本の美しい文学」koto著 サンクチュアリ出版（sanctuary books）2023年2月

「イラストで読むAI入門」森川幸人著 筑摩書房（ちくまプリマー新書）2019年3月

「お絵かき算数：東大卒のお母さんが教える!」中村希著 エール出版社（Yell books）2021年5月

「会社に頼らず生きるために知っておくべきお金のこと」泉正人著 サンクチュアリ出版（sanctuary books）2011年11月

「絵本画家天才たちが描いた妖精 = FAIRY WORLD OF ARTISTIC GENIUSES」井村君江著 中経出版（ビジュアル選書）2013年5月

「語源×図解もっとくらべて覚える英単語名詞」清水建二著;すずきひろしイラスト 青春出版社（青春新書INTELLIGENCE）2022年5月

美術、芸術＞絵、絵画

「「美しい」ってなんだろう?：美術のすすめ―よりみちパン!セ；P023」森村泰昌著 イースト・プレス 2011年11月

「キュビスムって、なんだろう?―Rikuyosha Children & YA Books. 図鑑：はじめてであう世界の美術」ケイト・リッグス編 六耀社 2017年11月

「ゴシック美術って、なんだろう?―Rikuyosha Children & YA Books. 図鑑：はじめてであう世界の美術」ケイト・リッグス編 六耀社 2017年7月

「さし絵で楽しむ江戸のくらし」深谷大著 平凡社(平凡社新書) 2019年8月

「ピーテル・ブリューゲル―Rikuyosha Children & YA Books. 世界の名画：巨匠と作品」ポール・ロケット著 六耀社 2016年7月

「ビジュアルでわかるはじめての〈宗教〉入門：そもそもどうして、いつからあるの?―14歳の世渡り術」中村圭志著;カヤヒロヤイラスト 河出書房新社 2023年9月

「ビジュアル入門江戸時代の文化 [1]」深光富士男著 河出書房新社 2020年4月

「ビジュアル入門江戸時代の文化 [2]」深光富士男著 河出書房新社 2020年4月

「ミュージアムを知ろう：中高生からの美術館・博物館入門」横山佐紀著 ぺりかん社(なるにはBOOKS) 2020年8月

「レオナルド・ダ・ヴィンチ―よみがえる天才；2」池上英洋著 筑摩書房(ちくまプリマー新書) 2020年5月

「ロマン主義って、なんだろう?―Rikuyosha Children & YA Books. 図鑑：はじめてであう世界の美術」ケイト・リッグス編 六耀社 2017年8月

「阿修羅のジュエリー―よりみちパン!セ；P026」鶴岡真弓著 イースト・プレス 2011年12月

「伊藤若冲ーよみがえる天才；1」辻惟雄著 筑摩書房(ちくまプリマー新書) 2020年4月

「一枚の絵で学ぶ美術史カラヴァッジョ《聖マタイの召命》」宮下規久朗著 筑摩書房(ちくまプリマー新書) 2020年2月

「印象派って、なんだろう?―Rikuyosha Children & YA Books. 図鑑：はじめてであう世界の美術」ケイト・リッグス編 六耀社 2017年10月

「印象派の歴史 下」ジョン・リウォルド著;三浦篤訳;坂上桂子訳 KADOKAWA(角川ソフィア文庫) 2019年8月

「印象派の歴史 上」ジョン・リウォルド著;三浦篤訳;坂上桂子訳 KADOKAWA(角川ソフィア文庫) 2019年8月

「世界史で読み解く名画の秘密」内藤博文著 青春出版社(青春新書INTELLIGENCE) 2022年9月

「西洋美術史入門」池上英洋著 筑摩書房(ちくまプリマー新書) 2012年2月

「西洋美術史入門 実践編」池上英洋著 筑摩書房(ちくまプリマー新書) 2014年3月

「天国と地獄:死後の世界と北方ルネサンス―美術っておもしろい!;3」小池寿子監修 彩流社 2015年10月

「美術ってなあに?:"なぜ?"から広がるアートの世界」スージー・ホッジ著;小林美幸訳 河出書房新社 2017年9月

「美術ってなあに?:"なぜ?"から広がるアートの世界」スージー・ホッジ著;小林美幸訳 河出書房新社 2023年12月

「美術の進路相談:絵の仕事をするために、描き続ける方法」イトウハジメ著 ポプラ社 2023年9月

「美術館って、おもしろい!:展覧会のつくりかた、働く人たち、美術館の歴史、裏も表もすべてわかる本」モラヴィア美術館著;阿部賢一訳;須藤輝彦訳 河出書房新社 2020年5月

「文学に描かれた「橋」:詩歌・小説・絵画を読む」磯辺勝著 平凡社(平凡社新書) 2019年9月

「名画とあらすじでわかる!英雄とワルの世界史」祝田秀全監修 青春出版社(青春新書INTELLIGENCE) 2015年2月

「名画とあらすじでわかる!旧約聖書」町田俊之監修 青春出版社(青春新書INTELLIGENCE) 2013年11月

「名画とあらすじでわかる!新約聖書」町田俊之監修 青春出版社(青春新書INTELLIGENCE) 2014年3月

「名画とあらすじでわかる!美女と悪女の世界史」祝田秀全監修 青春出版社(青春新書INTELLIGENCE) 2014年9月

「妖怪がやってくる」佐々木高弘著 岩波書店(岩波ジュニアスタートブックス) 2021年7月

「教科書に出てくる日本の画家 2」糸井邦夫監修 汐文社 2013年2月

美術、芸術>絵、絵画>浮世絵

「グローバリゼーションの中の江戸―〈知の航海〉シリーズ」田中優子著 岩波書店(岩波ジュニア新書) 2012年6月

「浮世絵でわかる!江戸っ子の二十四時間」山本博文監修 青春出版社(青春新書INTELLIGENCE) 2014年6月

「北斎:カラー版」大久保純一著 岩波書店(岩波新書 新赤版) 2012年5月

「北斎漫画入門」浦上満著 文藝春秋(文春新書) 2017年10月

美術、芸術>絵、絵画>影絵、写し絵

「聖書のおはなし:藤城清治影絵聖画集 新版―Forest Books」藤城清治絵;野田秀文 いのちのことば社ライフ・クリエイション 2013年12月

美術、芸術＞絵、絵画＞挿絵

「さし絵で楽しむ江戸のくらし」深谷大著 平凡社(平凡社新書) 2019年8月

美術、芸術＞絵、絵画＞西洋画

「キリストと性：西洋美術の想像力と多様性」岡田温司著 岩波書店(岩波新書 新赤版) 2023年10月

「西洋美術とレイシズム」岡田温司著 筑摩書房(ちくまプリマー新書) 2020年12月

「虹の西洋美術史」岡田温司著 筑摩書房(ちくまプリマー新書) 2012年12月

美術、芸術＞絵、絵画＞西洋画＞印象派

「印象派の歴史 下」ジョン・リウォルド著;三浦篤訳;坂上桂子訳 KADOKAWA(角川ソフィア文庫) 2019年8月

「印象派の歴史 上」ジョン・リウォルド著;三浦篤訳;坂上桂子訳 KADOKAWA(角川ソフィア文庫) 2019年8月

美術、芸術＞絵、絵画＞鳥獣戯画

「日本マンガ全史：「鳥獣戯画」から「鬼滅の刃」まで」澤村修治著 平凡社(平凡社新書) 2020年6月

美術、芸術＞絵、絵画＞日本画

「北斎漫画：日本マンガの原点」清水勲著 平凡社(平凡社新書) 2014年7月

美術、芸術＞絵、絵画＞屏風絵

「図説「合戦図屏風」で読み解く!戦国合戦の謎」小和田哲男監修 青春出版社(青春新書INTELLIGENCE) 2015年8月

美術、芸術＞絵、絵画＞壁画

「オン・ザ・マップ：地図と人類の物語」サイモン・ガーフィールド著;黒川由美訳 太田出版(ヒストリカル・スタディーズ) 2014年12月

「装飾古墳の謎」河野一隆著 文藝春秋(文春新書) 2023年1月

美術、芸術＞織物

「伝統工芸のきほん 4」伝統工芸のきほん編集室著 理論社 2018年2月

「里山で木を織る：藤布がおしえてくれた宝物」川北亮司作;山田花菜絵 汐文社 2016年10月

美術、芸術＞金工品

「伝統工芸のきほん 3」伝統工芸のきほん編集室著 理論社 2018年1月

美術、芸術＞グラフィックアート

「世界はデザインでできている」秋山具義著 筑摩書房(ちくまプリマー新書) 2019年11月

美術、芸術＞現代アート

「自伝でわかる現代アート：先駆者8人の生涯」暮沢剛巳著 平凡社(平凡社新書) 2012年8月

美術、芸術＞工芸＞木工品、木工細工

「伝統工芸ってなに?：見る・知る・楽しむガイドブック」日本工芸会東日本支部編 芸艸堂 2013年7月

美術、芸術＞工芸＞焼き物、陶器、磁器

「伝統工芸ってなに?：見る・知る・楽しむガイドブック」日本工芸会東日本支部編 芸艸堂 2013年7月

美術、芸術＞工作

「おばけの学校たんけんだん：たいけんしよう生活科 4—NHK for School」NHK「おばけの学校たんけんだん」制作班編;田村学監修 NHK出版 2021年9月

「カンタン実験で環境を考えよう」篠原功治著 岩波書店(岩波ジュニア新書) 2011年7月

美術、芸術＞古美術、骨董

「武具の日本史」近藤好和著 平凡社(平凡社新書) 2010年8月

美術、芸術＞習字、書道

「ここがスゴイよ!ニッポンの文化大図鑑：名作マンガ100でわかる! 3巻」ニッポンの文化大図鑑編集委員会編 日本図書センター 2018年1月

「上機嫌のすすめ」武田双雲著 平凡社(平凡社新書) 2010年5月

美術、芸術＞手芸、裁縫、編みもの、ハンドメイド

「わくわく手芸部 1」ミカ著;ユカ著 誠文堂新光社 2021年11月

「わくわく手芸部 2」ミカ著;ユカ著 誠文堂新光社 2021年11月

「わくわく手芸部 3」ミカ著;ユカ著 誠文堂新光社 2021年11月

「わくわく手芸部 4」ミカ 著;ユカ 著 誠文堂新光社 2022年10月

「わくわく手芸部 5」ミカ 著;ユカ 著 誠文堂新光社 2022年10月

「わくわく手芸部 6」ミカ 著;ユカ 著 誠文堂新光社 2022年10月

「正しい目玉焼きの作り方：きちんとした大人になるための家庭科の教科書」森下えみこイラスト;毎田祥子監修;井出杏海監修;木村由依監修;クライ・ムキ監修 河出書房新社(14歳の世渡り術) 2016年12月

「正しい目玉焼きの作り方：きちんとした大人になるための家庭科の教科書—14歳の世渡り術」森下えみこイラスト;毎田祥子監修;井出杏海監修;木村由依監修;クライ・ムキ監修 河出書房新社 2016年12月

「青春ハンドメイド = Seishun Handmade：あこがれスクールライフ 1」学研プラス編 学研プラス 2019年2月

「青春ハンドメイド = Seishun Handmade：あこがれスクールライフ 2」学研プラス編 学研プラス 2019年2月

「青春ハンドメイド = Seishun Handmade：あこがれスクールライフ 3」学研プラス編 学研プラス 2019年2月

美術、芸術＞装飾

「阿修羅のジュエリー—よりみちパン!セ；P026」鶴岡真弓著 イースト・プレス 2011年12月

美術、芸術＞染め物

「伝統工芸ってなに?：見る・知る・楽しむガイドブック」日本工芸会東日本支部編 芸艸堂 2013年7月

「伝統工芸のきほん 4」伝統工芸のきほん編集室著 理論社 2018年2月

「木と日本人 3」ゆのきようこ監修・文;長谷川哲雄樹木画 理論社 2016年3月

美術、芸術＞彫刻

「デスマスク」岡田温司著 岩波書店(岩波新書 新赤版) 2011年11月

「ビジュアルでわかるはじめての〈宗教〉入門：そもそもどうして、いつからあるの?—14歳の世渡り術」中村圭志著;カヤヒロヤイラスト 河出書房新社 2023年9月

美術、芸術＞デスマスク

「デスマスク」岡田温司著 岩波書店(岩波新書 新赤版) 2011年11月

美術、芸術＞銅像、仏像、石像

「阿修羅のジュエリー—よりみちパン!セ；P026」鶴岡真弓著 イースト・プレス 2011年12月

「時をこえる仏像：修復師の仕事」飯泉太子宗著 筑摩書房(ちくまプリマー新書) 2011年12月

「聖徳太子：ほんとうの姿を求めて」東野治之著 岩波書店(岩波ジュニア新書) 2017年4月

「日本の神様 増補—よりみちパン!セ；P024」畑中章宏著 イースト・プレス 2011年11月

「仏像なんでも事典：修学旅行・事前学習」大谷徹奘監修;織田明イラスト 理論社 2017年11月

「仏像鑑賞入門」島田裕巳著 新潮社（新潮新書）2014年1月

美術、芸術＞銅像、仏像、石像＞大仏

「大仏はなぜこれほど巨大なのか：権力者たちの宗教建築」武澤秀一著 平凡社（平凡社新書）2014年11月

美術、芸術＞模型、ミニチュア

「くらしをくらべる戦前・戦中・戦後 3」古舘明廣著 岩崎書店 2021年3月

「日本プラモデル六〇年史」小林昇著 文藝春秋（文春新書）2018年12月

美術、芸術＞焼き物、陶器、磁器

「伝統工芸のきほん 1」伝統工芸のきほん編集室著 理論社 2017年11月

百人一首

「ときめき百人一首」小池昌代著 河出書房新社（14歳の世渡り術）2017年2月

「勝つ!百人一首「競技かるた」完全マスター―コツがわかる本. ジュニアシリーズ」岸田諭監修 メイツ出版 2016年12月

「新・百人一首：近現代短歌ベスト100」岡井隆選;馬場あき子選;永田和宏選;穂村弘選 文藝春秋（文春新書）2013年3月

「図説どこから読んでも想いがつのる!恋の百人一首」吉海直人監修 青春出版社（青春新書INTELLIGENCE）2016年1月

ファッション、服装

「94歳から10代のあなたへ伝えたい大切なこと」吉沢久子著 海竜社 2012年4月

「くらしをくらべる戦前・戦中・戦後 1」古舘明廣著 岩崎書店 2021年1月

「くらしをべんりにする新・情報化社会の大研究 2」藤川大祐監修 岩崎書店 2021年2月

「ビジュアル日本の服装の歴史 1」増田美子監修 ゆまに書房 2018年10月

「ビジュアル日本の服装の歴史 2」増田美子監修 ゆまに書房 2019年4月

「ビジュアル日本の服装の歴史 3」増田美子監修 ゆまに書房 2018年7月

「ファッション・ライフのはじめ方」高村是州著 岩波書店（岩波ジュニア新書）2010年10月

「ファッション・ライフの楽しみ方」高村是州著 岩波書店（岩波ジュニア新書）2015年4月

「ファッションの仕事で世界を変える：エシカル・ビジネスによる社会貢献」白木夏子著 筑摩書房（ちくまプリマー新書）2021年9月

「行儀作法の教科書」横山験也著 岩波書店(岩波ジュニア新書) 2010年8月

「新・世界の国々 = World Countries 9」帝国書院編集部編集 帝国書院(帝国書院地理シリーズ) 2020年3月

「新鮮!ファッションビジネス入門」髙原昌彦著 繊研新聞社 2013年6月

「生物多様性と私たち : COP10から未来へ」香坂玲著 岩波書店(岩波ジュニア新書) 2011年5月

「平安女子の楽しい!生活」川村裕子著 岩波書店(岩波ジュニア新書) 2014年5月

「木と日本人 2(樹皮と枝・つる)」ゆのきようこ監修・文;長谷川哲雄樹木画 理論社 2015年12月

ファッション、服装＞衣装

「青春ハンドメイド = Seishun Handmade : あこがれスクールライフ 1」学研プラス編 学研プラス 2019年2月

ファッション、服装＞鞄

「わくわく手芸部 1」ミカ著;ユカ著 誠文堂新光社 2021年11月

「わくわく手芸部 2」ミカ著;ユカ著 誠文堂新光社 2021年11月

「わくわく手芸部 3」ミカ著;ユカ著 誠文堂新光社 2021年11月

ファッション、服装＞着物

「グローバリゼーションの中の江戸—〈知の航海〉シリーズ」田中優子著 岩波書店(岩波ジュニア新書) 2012年6月

ファッション、服装＞靴、履物

「一流はなぜ「シューズ」にこだわるのか」三村仁司著 青春出版社(青春新書INTELLIGENCE) 2016年8月

マンガ

「名作マンガでよくわかる夢のスポーツ大図鑑 : 楽しく見よう!はじめよう! 1巻」夢のスポーツ大図鑑編集委員会編 日本図書センター 2018年11月

「名作マンガでよくわかる夢のスポーツ大図鑑 : 楽しく見よう!はじめよう! 2巻」夢のスポーツ大図鑑編集委員会編 日本図書センター 2018年11月

「名作マンガでよくわかる夢のスポーツ大図鑑 : 楽しく見よう!はじめよう! 3巻」夢のスポーツ大図鑑編集委員会編 日本図書センター 2018年11月

落語、漫才

「してやられた大家さん : 落語で学ぶ物理入門」佐藤旭著 清風堂書店 2012年11月

「教養として学んでおきたい落語」堀井憲一郎著 マイナビ出版（マイナビ新書）2019年8月

「江戸落語で知る四季のご馳走」稲田和浩著 平凡社（平凡社新書）2019年11月

「日本語あそび学：平安時代から現代までのいろいろな言葉あそび」稲葉茂勝著;倉島節尚監修;ウノカマキリ絵 今人舎 2016年6月

「名文どろぼう」竹内政明著 文藝春秋（文春新書）2010年3月

「落語・寄席芸―日本の伝統芸能を楽しむ」大友浩著 偕成社 2017年4月

「落語が教えてくれること―15歳の寺子屋」柳家花緑著 講談社 2011年3月

「落語の聴き方楽しみ方」松本尚久著 筑摩書房（ちくまプリマー新書）2010年12月

「落語―知っておきたい日本の古典芸能」瀧口雅仁編著 丸善出版 2019年10月

浪曲

「浪曲・怪談―知っておきたい日本の古典芸能」瀧口雅仁編著 丸善出版 2019年10月

【スポーツを知る】

ウエイトリフティング

「パラスポーツ大百科：決定版! 5」藤田紀昭監修 岩崎書店 2020年10月

オフェンス

「バスケットボール判断力を養うスペーシングブック = Basketball Spacing Training Book：育成年代から適切なスペーシングを取る習慣づけが大切!」鈴木良和著 ベースボール・マガジン社 2020年4月

オリンピック、パラリンピック

「12歳の約束：そして世界の頂点へ」矢内由美子著;寺野典子著 小学館(小学館ジュニア文庫) 2016年8月

「16歳から知るオリンピックの軌跡 = FOLLOW THE TRACKS OF THE OLYMPICS」清水ひろし著 彩流社 2015年9月

「うっかりオリンピック：ウソでしょ!?」こざきゆう著;フルカワマモる絵 集英社 2020年3月

「オリンピック・パラリンピックを学ぶ」後藤光将編著 岩波書店(岩波ジュニア新書) 2020年1月

「オリンピックヒーローたちの物語 = Olympic Stories」大野益弘著 ポプラ社(ポプラ社ノンフィクション) 2012年6月

「がんばれ!ニッポンの星オリンピックのスターたち」オグマナオト著 集英社(集英社みらい文庫) 2020年3月

「これがオリンピックだ：決定版：オリンピズムがわかる100の真実」舛本直文著 講談社 2018年10月

「スポーツからみる東アジア史：分断と連帯の20世紀」高嶋航著 岩波書店(岩波新書 新赤版) 2021年12月

「スポーツでひろげる国際理解 3」中西哲生監修 文溪堂 2018年2月

「スポーツでひろげる国際理解 4」中西哲生監修 文溪堂 2018年3月

「スポーツでひろげる国際理解 5」中西哲生監修 文溪堂 2018年3月

「スポーツ感動物語 第2期 3」学研教育出版編集 学研教育出版 2012年2月

「スポーツ感動物語 第2期 4」学研教育出版編集 学研教育出版 2012年2月

「スポーツ感動物語 第2期 6」学研教育出版編集 学研教育出版 2012年2月

「スポーツ感動物語 第2期 8」学研教育出版編集 学研教育出版 2012年2月

「パラリンピックとある医師の挑戦」三枝義浩漫画 講談社 2018年8月

「パラリンピックは世界をかえる：ルートヴィヒ・グットマンの物語」ローリー・アレクサンダー作;アラン・ドラモンド絵;千葉茂樹訳 福音館書店 2021年3月

「みんなちがって、それでいい：パラ陸上から私が教わったこと―スポーツ」宮崎恵理著;重本沙絵監修 ポプラ社(ポプラ社ノンフィクション) 2018年8月

「やっぱりいらない東京オリンピック」小笠原博毅著;山本敦久著 岩波書店(岩波ブックレット) 2019年2月

「羽生結弦物語」青嶋ひろの文 KADOKAWA(角川つばさ文庫) 2015年2月

「時代背景から考える日本の6つのオリンピック 1 (1940年東京・札幌&1964年東京大会)」大熊廣明監修;稲葉茂勝文 ベースボール・マガジン社 2015年7月

「時代背景から考える日本の6つのオリンピック 2 (1972年札幌大会&1998年長野大会)」大熊廣明監修;稲葉茂勝文 ベースボール・マガジン社 2015年8月

「柔道―さあ、はじめよう!日本の武道；1」こどもくらぶ編 岩崎書店 2010年10月

「上野由岐子：夢への扉を開け!―スポーツスーパースター伝；3」ベースボール・マガジン社編 ベースボール・マガジン社 2010年10月

「世界のサッカー大百科 2 (ワールド・サッカー)」中西哲生監修 岩崎書店 2010年2月

「浅田真央さらなる高みへ」吉田順著 学研教育出版 2011年2月

「浅田真央そして、その瞬間へ」吉田順著 学研教育出版 2013年10月

「走ることは、生きること：五輪金メダリスト ジェシー・オーエンスの物語」ジェフ・バーリンゲーム著;古川哲史訳;三浦誉史加訳;井上摩紀訳 晃洋書房 2016年7月

「中学生・高校生に贈る古代オリンピックへの旅：遺跡・藝術・神話を訪ねて」長田亨一著 悠光堂 2020年7月

「難民選手団：オリンピックを目指した7人のストーリー」杉田七重文;国連UNHCR協会監修;ちーこ絵 KADOKAWA(角川つばさ文庫) 2021年7月

「二人でなら、世界一になれる!：金メダリスト・タカマツペア物語」光丘真理著 PHP研究所(PHP心のノンフィクション) 2018年3月

「話したくなるオリンピックの歴史：オリンピックの謎をひもといてみよう!」コンデックス情報研究所編著 清水書院 2018年7月

カーリング＞車いすカーリング

「パラスポーツ大百科：決定版! 6」藤田紀昭監修 岩崎書店 2020年11月

ゴール

「バスケットボール1人でもできるトレーニングブック：全120メニューをわかりやすく紹介!：「最高の自分」を目指そう! ハンディ版」鈴木良和監修 ベースボール・マガジン社 2014年8月

ゴールボール

「パラスポーツ大百科：決定版! 4」藤田紀昭監修 岩崎書店 2020年9月

ゴルフ

「宮里藍：夢への扉を開け!―スポーツスーパースター伝；2」ベースボール・マガジン社編 ベースボール・マガジン社 2010年9月

サーブ、レシーブ

「ソフトテニス = Soft Tennis―勝てる!強くなる!強豪校の部活練習メニュー」高橋茂監修 金の星社 2015年3月

「できる!スポーツテクニック 4」寺廻太監修 ポプラ社 2010年3月

「バドミントン―ライバルに差をつけろ!自主練習シリーズ」齋藤亘著 ベースボール・マガジン社 2021年7月

「バレーボール = Volleyball―勝てる!強くなる!強豪校の部活練習メニュー」清水直樹監修 金の星社 2015年3月

「みるみる上達!スポーツ練習メニュー 3」藤生栄一郎監修 ポプラ社 2015年4月

「みるみる上達!スポーツ練習メニュー 5」前原正浩監修 ポプラ社 2015年4月

「みるみる上達!スポーツ練習メニュー 6」丸田耕平監修;武川征一郎監修 ポプラ社 2015年4月

「知ってる?卓球：クイズでスポーツがうまくなる」藤井寛子著 ベースボール・マガジン社 2016年9月

「部活で差がつく!勝つテニス最強のポイント50―コツがわかる本」矢崎篤監修 メイツ出版 2019年4月

サーフィン、波乗り

「ジュニアのためのサーフィン最強上達バイブル：トップを目指す次世代サーファー必読!!―コツがわかる本. ジュニアシリーズ」日本サーフィン連盟監修 メイツ出版 2016年6月

「波乗り入門」出川三千男著 筑摩書房（ちくまプリマー新書）2010年6月

サッカー

「「オフ・ザ・ボール」でめざせ!最強の少年サッカー―集英社版学習まんが. SPORTS」山本イチロー原作;池内豊監修;茶留たかふみまんが 集英社 2018年1月

「1対1で勝つ!突破のドリブルテクニック50」REGATEドリブル塾著 鉄人社 2021年5月

「3年間ホケツだった僕がドイツでサッカー指導者になった話」中野吉之伴著;早川世詩男絵 理論社（世界をカエル10代からの羅針盤）2023年8月

「3年間ホケツだった僕がドイツでサッカー指導者になった話―世界をカエル10代からの羅針盤」中野吉之伴著;早川世詩男絵 理論社 2023年8月

「あなたの知らない85のネイマール：A to Zで語る僕の素顔」ネイマール・ジュニオール著;藤波真矢訳 フロムワン 2014年6月

「おぼえようサッカーのルール」小幡真一郎著 ベースボール・マガジン社 2023年7月

「おもしろサッカー世界図鑑 スペイン編」サッカー新聞エル・ゴラッソ編集 スクワッド(ELGOLAZO BOOKS) 2020年2月

「クリスティアーノ・ロナウド = C.RONALDO：ヒーローの夢がかなうとき」マイケル・パート著;樋渡正人訳 ポプラ社(ポプラ社ノンフィクション) 2014年5月

「サッカー―ライバルに差をつけろ!自主練習シリーズ」西田勝彦 著 ベースボール・マガジン社 2022年5月

「サッカーアルゼンチン流個人スキルバイブル = ARGENTINA PERSONAL SKILLS BIBLE」亘崇詞監修 カンゼン 2012年12月

「サッカー―勝てる!強くなる!強豪校の部活練習メニュー」松下義生監修 金の星社 2015年2月

「サッカーがもっと楽しくなる40のヒント：なぜカメはウサギに勝てたのか」福富信也著;鳥越大智イラスト 東京法令出版 2023年6月

「サッカーの歴史―世界のサッカー大百科；1」中西哲生監修 岩崎書店 2010年1月

「サッカーをあきらめない：サッカー部のない高校から日本代表へ-岡野雅行―スポーツノンフィクション. サッカー」岡野雅行著;布施龍太絵 KADOKAWA 2018年5月

「サッカー勝利につながる体づくり：「速・力・技」に効くフィジカルトレーニング―コツがわかる本」篠田洋介 監修 メイツユニバーサルコンテンツ 2022年6月

「スポーツでひろげる国際理解 4」中西哲生監修 文溪堂 2018年3月

「スポーツ脳はこう鍛えろ!：授業時間100%活用：文武両道でサッカーがみるみる上手くなる!」小倉勉著 中央経済社 2014年5月

「スポーツ名場面で考える白熱道徳教室 3」加藤宣行著 汐文社 2020年1月

「できる!スポーツテクニック 3」宇野勝監修 ポプラ社 2010年3月

「ネイマール = Neymar：ピッチでくりだす魔法」マイケル・パート著;樋渡正人訳 ポプラ社(ポプラ社ノンフィクション) 2014年11月

「ハメス・ロドリゲス = J.RODORIGUEZ：世界にいどむニューヒーロー―スポーツ」マイケル・パート著;樋渡正人訳 ポプラ社(ポプラ社ノンフィクション) 2016年11月

「パラスポーツ大百科：決定版! 3」藤田紀昭監修 岩崎書店 2020年9月

「バロテッリ = Balotelli：黒い肌のイタリア人エース」マイケル・パート著;樋渡正人訳 ポプラ社(ポプラ社ノンフィクション) 2015年9月

「ヒグトレ：10代のための新しいトレーニング：背中を柔らかく鍛えるとサッカーはうまくなる」樋口敦著 カンゼン 2019年6月

「ボールはともだち!世界を目指せ!キャプテン翼のサッカー教室ー集英社版学習まんが.SPORTS」高橋陽一原作;戸田邦和漫画;岩本義弘監修 集英社 2020年6月

「マンガでよくわかる!99%抜けるドリブル理論」岡部将和著;戸田邦和漫画;大浜寧之原案 東洋館出版社(TOYOKAN BOOKS) 2021年4月

「みるみる上達!スポーツ練習メニュー 2」須田芳正監修;岩崎陸監修 ポプラ社 2015年4月

「メッシ = MESSI：ハンデをのりこえた小さなヒーロー」マイケル・パート著;樋渡正人訳 ポプラ社(ポプラ社ノンフィクション) 2013年10月

「ワールドカップ：伝説を生んだヒーローたち」岩崎龍一著 ポプラ社(ポプラ社ノンフィクション) 2014年4月

「ワールドカップは誰のものか：FIFAの戦略と政略」後藤健生著 文藝春秋(文春新書) 2010年5月

「外国語でスポーツ 2」こどもくらぶ編集 ベースボール・マガジン社 2015年11月

「観るまえに読む大修館スポーツルール = RULES FOR SPORTS TAISHUKAN 2019」大修館書店編集部編集 大修館書店 2019年4月

「少年サッカー：DVDで一気に上達」福田正博著 新星出版社 2014年4月

「少年サッカーのテクニック：DVDでレベルアップ!ーGAKKEN SPORTS BOOKS」福西崇史監修 学研パブリッシング 2013年9月

「少年サッカー基本・練習・コーチングー少年少女スポーツシリーズ」堀池巧監修 西東社 2011年7月

「少年サッカー必勝バイブル：スタメンを勝ちとる!試合に勝てる!」柏レイソル監修 主婦の友社 2012年3月

「少年サッカー必勝バイブル = The Bible of Soccer：スタメンを勝ちとる!試合に勝てる! 最新版」柏レイソル監修 主婦の友社 2017年2月

「新スポーツスーパースター伝：夢への扉を開け! 4」ベースボール・マガジン社 編集 ベースボール・マガジン社 2022年12月

「世界のサッカー大百科 2 (ワールド・サッカー)」中西哲生監修 岩崎書店 2010年2月

「世界のサッカー大百科 3 (サッカーのテクニック)」中西哲生監修 岩崎書店 2010年3月

「世界のサッカー大百科 4 (サッカーのルールと試合運び)」中西哲生監修 岩崎書店 2010年3月

「世界のサッカー大百科 5 (Jリーガーになりたい!)」中西哲生監修 岩崎書店 2010年2月

「知ってる?サッカー：クイズでスポーツがうまくなる」大槻邦雄著 ベースボール・マガジン社 2017年6月

「中学サッカー小僧テクニカル ドリブル編 永久保存版」中学サッカー小僧編集部編 ガイドワークス 2016年3月

「中学サッカー小僧テクニカル ドリブル編 完全保存版」中学サッカー小僧編集部編 白夜書房 2012年3月

「中学サッカー進路ナビ = Junior Youth Soccer Guide : 一都三県東京・神奈川 千葉・埼玉収録」サカママ編集部編著 ソル・メディア 2018年10月

「中高生のためのサッカーボディ革命」中嶋慧著 ベースボール・マガジン社 2015年4月

「中村俊輔 : 夢への扉を開け!―スポーツスーパースター伝 ; 4」ベースボール・マガジン社編 ベースボール・マガジン社 2010年11月

「部活で大活躍できる!サッカー最強のポイント50―コツがわかる本」岩本輝雄監修 メイツ出版 2011年7月

「壁を壊す!! : サッカー・ワールドカップ北朝鮮代表として」鄭大世著 岩波書店(岩波ブックレット) 2010年12月

「補欠廃止論―未来へのトビラ ; File No.003」セルジオ越後著 ポプラ社(ポプラ選書) 2018年4月

「名作マンガでよくわかる夢のスポーツ大図鑑 : 楽しく見よう!はじめよう! 1巻」夢のスポーツ大図鑑編集委員会編 日本図書センター 2018年11月

「柳田美幸の楽しい女子サッカー」柳田美幸著 南雲堂 2017年6月

サッカー＞FIFAワールドカップ

「なでしこキャプテン! : 夢は見るものではなく、かなえるもの」澤穂希作;早草紀子写真 集英社(集英社みらい文庫) 2012年1月

「ハメス・ロドリゲス = J.RODORIGUEZ : 世界にいどむニューヒーロー―スポーツ」マイケル・パート著;樋渡正人訳 ポプラ社(ポプラ社ノンフィクション) 2016年11月

「ワールドカップ : 伝説を生んだヒーローたち」岩崎龍一著 ポプラ社(ポプラ社ノンフィクション) 2014年4月

「ワールドカップで見た南アフリカ体験記」岩崎龍一著 ポプラ社(ポプラ社ノンフィクション) 2010年10月

「ワールドカップは誰のものか : FIFAの戦略と政略」後藤健生著 文藝春秋(文春新書) 2010年5月

「世界のサッカー大百科 2 (ワールド・サッカー)」中西哲生監修 岩崎書店 2010年2月

「壁を壊す!! : サッカー・ワールドカップ北朝鮮代表として」鄭大世著 岩波書店(岩波ブックレット) 2010年12月

サッカー＞ワールドカップ

「サッカーをあきらめない：サッカー部のない高校から日本代表へ-岡野雅行—スポーツノンフィクション．サッカー」岡野雅行著;布施龍太絵 KADOKAWA 2018年5月

自転車競技

「Q&A式自転車完全マスター 2」こどもくらぶ企画・編集・著 ベースボール・マガジン社 2012年8月

「パラスポーツ大百科：決定版! 2」藤田紀昭監修 岩崎書店 2020年12月

「自転車で行こう」新田穂高著 岩波書店(岩波ジュニア新書) 2011年3月

シュート

「DVD付きで超カンタンにわかる!ミニバスケットボール：bjリーグアカデミー公認最強トレーニングメソッド—最初の1冊」bjリーグアカデミー監修;主婦の友社編 主婦の友社 2014年10月

「少年サッカー：DVDで一気に上達」福田正博著 新星出版社 2014年4月

「動画でわかる!楽しい!うまくなる!ミニバスケットボール」D-EQUIPO 著 日本文芸社 2022年12月

「部活で差がつく!バスケットボール弱点克服マニュアル 新装版—コツがわかる本」田渡優監修 メイツユニバーサルコンテンツ 2021年6月

障害者スポーツ、パラスポーツ

「〈スポーツ感動物語〉アスリートの原点 2」株式会社学研プラス編 学研プラス 2016年2月

「〈スポーツ感動物語〉アスリートの原点 6」株式会社学研プラス編 学研プラス 2016年2月

「オリンピック・パラリンピックを学ぶ」後藤光将編著 岩波書店(岩波ジュニア新書) 2020年1月

「スポーツでひろげる国際理解 5」中西哲生監修 文溪堂 2018年3月

「スポーツ名場面で考える白熱道徳教室 3」加藤宣行著 汐文社 2020年1月

「パラスポーツ大百科：決定版! 1」藤田紀昭監修 岩崎書店 2020年12月

「パラスポーツ大百科：決定版! 2」藤田紀昭監修 岩崎書店 2020年12月

「パラスポーツ大百科：決定版! 3」藤田紀昭監修 岩崎書店 2020年9月

「パラスポーツ大百科：決定版! 4」藤田紀昭監修 岩崎書店 2020年9月

「パラスポーツ大百科：決定版! 5」藤田紀昭監修 岩崎書店 2020年10月

「パラスポーツ大百科：決定版! 6」藤田紀昭監修 岩崎書店 2020年11月

「パラリンピックとある医師の挑戦」三枝義浩漫画 講談社 2018年8月

「復活の力：絶望を栄光にかえたアスリート」長田渚左著 新潮社(新潮新書) 2010年12月

水泳

「16歳から知るオリンピックの軌跡 = FOLLOW THE TRACKS OF THE OLYMPICS」清水ひろし著 彩流社 2015年9月

「できる!スポーツテクニック 8」青木剛監修 ポプラ社 2010年3月

「なぜ人間は泳ぐのか?:水泳をめぐる歴史、現在、未来」リン・シェール著;高月園子訳 太田出版(ヒストリカル・スタディーズ) 2013年4月

「はじめての水泳:夏までにぜったい泳げる!!—集英社版学習まんが. SPORTS」阿部高明まんが;東京アスレティッククラブ監修 集英社 2017年4月

「パラスポーツ大百科:決定版! 6」藤田紀昭監修 岩崎書店 2020年11月

「はりきり体育ノ介:TAIIKU DEKIRUTO YOU ARE HAPPY!! 3—NHK for School」NHK「はりきり体育ノ介」制作班編 NHK出版 2022年2月

「みるみる上達!スポーツ練習メニュー 7」上野広治監修 ポプラ社 2015年4月

「観るまえに読む大修館スポーツルール = RULES FOR SPORTS TAISHUKAN 2019」大修館書店編集部編集 大修館書店 2019年4月

「体育が嫌いな君たちへ:DVD BOOK—ゴルフダイジェストの本」池上信三著 ゴルフダイジェスト社 2011年3月

「知ってる?水泳—クイズでスポーツがうまくなる」村上二美也著 ベースボール・マガジン社 2017年10月

「部活で大活躍できる!水泳最強のポイント50—コツがわかる本」中村真衣監修 メイツ出版 2011年7月

「名作マンガでよくわかる夢のスポーツ大図鑑:楽しく見よう!はじめよう! 2巻」夢のスポーツ大図鑑編集委員会編 日本図書センター 2018年11月

スキー

「パラスポーツ大百科:決定版! 6」藤田紀昭監修 岩崎書店 2020年11月

「時代背景から考える日本の6つのオリンピック 2 (1972年札幌大会&1998年長野大会)」大熊廣明監修;稲葉茂勝文 ベースボール・マガジン社 2015年8月

スケートボード

「これでできる!スケートボードABC」トランスワールドスケートボーディングジャパン監修 トランスワールドジャパン(TWJ BOOKS) 2016年3月

「ジュニアのためのスケートボード完全上達バイブル:ムービー付き—コツがわかる本. ジュニアシリーズ」全日本スケートボード協会監修 メイツ出版 2017年4月

ストライカー

「ストライカーを科学する：サッカーは南米に学べ!」松原良香著 岩波書店（岩波ジュニア新書）2019年9月

スノーボード

「観るまえに読む大修館スポーツルール = RULES FOR SPORTS TAISHUKAN 2019」大修館書店編集部編集 大修館書店 2019年4月

スプリント

「スプリント・リレー―陸上競技入門ブック」土江寛裕著 ベースボール・マガジン社 2023年6月

スポーツ一般

「99%の人が速くなる走り方」平岩時雄著 筑摩書房（ちくまプリマー新書）2018年5月

「ジュニアアスリートのための最強の走り方55のポイント：誰でも足が速くなる!―コツがわかる本. ジュニアシリーズ」石原康至監修 メイツ出版 2013年2月

「ジュニア選手の「勝負食」：10代から始める勝つ!カラダづくり：プロが教えるスポーツ栄養コツのコツ―コツがわかる本. ジュニアシリーズ」石川三知監修 メイツ出版 2015年1月

「スポーツからみる東アジア史：分断と連帯の20世紀」高嶋航著 岩波書店（岩波新書 新赤版）2021年12月

「スポーツを仕事にする!」生島淳著 筑摩書房（ちくまプリマー新書）2010年9月

「スポーツ教養入門」高峰修編著 岩波書店（岩波ジュニア新書）2010年2月

「はりきり体育ノ介体育パーフェクトブック = HARIKIRITAIIKUNOSUKE TAIIKU PERFECT BOOK：TAIIKU DEKIRUTO YOU ARE HAPPY!!―教養・文化シリーズ. NHK for School」NHK「はりきり体育ノ介」制作班編 NHK出版 2022年10月

「やっぱりいらない東京オリンピック」小笠原博毅著;山本敦久著 岩波書店（岩波ブックレット）2019年2月

「ライフスキル・フィットネス：自立のためのスポーツ教育」吉田良治著 岩波書店（岩波ジュニア新書）2013年4月

「日本語スケッチ帳」田中章夫著 岩波書店（岩波新書 新赤版）2014年4月

「復活の力：絶望を栄光にかえたアスリート」長田渚左著 新潮社（新潮新書）2010年12月

「補欠廃止論―未来へのトビラ；File No.003」セルジオ越後著 ポプラ社（ポプラ選書）2018年4月

ソフトボール

「これで完ぺき!ソフトボール―DVDブック」宗方貞徳著 ベースボール・マガジン社 2014年1月

「パラスポーツ大百科：決定版! 3」藤田紀昭監修 岩崎書店 2020年9月

「上野由岐子：夢への扉を開け!―スポーツスーパースター伝；3」ベースボール・マガジン社編 ベースボール・マガジン社 2010年10月

「知ってる?ソフトボール：クイズでスポーツがうまくなる」齊藤優季著 ベースボール・マガジン社 2017年4月

「部活で差がつく!勝つソフトボール必勝のポイント50―コツがわかる本」渡辺和久監修 メイツ出版 2018年3月

「部活で大活躍できる!ソフトボール最強のポイント50―コツがわかる本」渡辺和久監修 メイツ出版 2014年7月

体操

「あいうべ体操で息育なるほど呼吸学」今井一彰著 少年写真新聞社 2017年9月

「やってはいけないストレッチ：「伸ばしたい筋肉を意識する」のは逆効果!」坂詰真二著 青春出版社（青春新書INTELLIGENCE）2013年5月

「一瞬で体が柔らかくなる動的ストレッチ」矢部亨著 青春出版社（青春新書INTELLIGENCE）2015年12月

卓球

「DVDでわかる!部活で大活躍!卓球最強のコツ50 改訂版―コツがわかる本」平亮太監修 メイツ出版 2018年3月

「DVDでわかる!部活で大活躍!卓球最強のコツ50―コツがわかる本」平亮太監修 メイツ出版 2014年6月

「おぼえよう卓球のルール」山本道雄監修 ベースボール・マガジン社 2023年1月

「できる!スポーツテクニック 5」前原正浩監修 ポプラ社 2010年3月

「みるみる上達!スポーツ練習メニュー 5」前原正浩監修 ポプラ社 2015年4月

「卓球 = Table Tennis」真田浩二監修 金の星社（勝てる!強くなる!強豪校の部活練習メニュー）2018年2月

「知ってる?卓球：クイズでスポーツがうまくなる」藤井寛子著 ベースボール・マガジン社 2016年9月

「中高生の卓球：マンガ×動画×写真で3倍よくわかる!」藤井寛子著・漫画監修;アメハシ漫画 ベースボール・マガジン社 2023年8月

「部活でスキルアップ!勝つ卓球動画でわかる最強のコツ50―コツがわかる本」平亮太監修 メイツユニバーサルコンテンツ 2023年4月

「部活で差がつく!勝つ卓球上達のポイント50―コツがわかる本」長谷部攝監修 メイツユニバーサルコンテンツ 2020年6月

「部活で大活躍できる!!勝つ!卓球最強のポイント50―コツがわかる本」長谷部攝監修 メイツ出版 2011年5月

ダンス、踊り

「「ダンスだいすき!」から生まれた奇跡：アンナ先生とラブジャンクスの挑戦」なかのかおり文・写真 ラグーナ出版 2019年11月

「たのしいHIP-HOPダンス入門―BBM48 DVD BOOK；#5」井上さくら監修 ベースボール・マガジン社 2012年8月

「めざせ!ダンスマスター 1」村田芳子監修 岩崎書店 2012年4月

「めざせ!ダンスマスター 2」日本フォークダンス連盟監修 岩崎書店 2012年4月

「めざせ!ダンスマスター 3」日本ストリートダンス協会監修;エイベックス・プランニング＆デベロップメント監修 岩崎書店 2012年4月

「女子高生と魔法のノート：大人も知らない夢の見つけ方」角谷ケンイチ著 ディスカヴァービジネスパブリッシング 2020年7月

「部活でスキルアップ!ダンス上達バイブル―コツがわかる本」のりんご☆監修 メイツ出版 2019年5月

「踊れる体をつくる!バレエ・エクササイズ」Clara編;木ノ内真百美監修 新書館 2019年8月

ダンス、踊り＞ストリートダンス＞ヒップホップダンス

「たのしいHIP-HOPダンス入門―BBM48 DVD BOOK；#5」井上さくら監修 ベースボール・マガジン社 2012年8月

ダンス、踊り＞バレエ

「スカートはかなきゃダメですか?：ジャージで学校」名取寛人著 理論社(世界をカエル10代からの羅針盤) 2017年8月

「踊れる体をつくる!バレエ・エクササイズ」Clara編;木ノ内真百美監修 新書館 2019年8月

チアリーディング

「手足のないチアリーダー」佐野有美著;山田デイジー絵 KADOKAWA(角川つばさ文庫) 2014年8月

跳躍競技

「ジュニアアスリートのための最強の跳び方ジャンプ力向上バイブル―コツがわかる本. ジュニアシリーズ」体育指導のスタートライン監修 メイツ出版 2017年6月

ディフェンス

「世界のサッカー大百科 3 (サッカーのテクニック)」中西哲生監修 岩崎書店 2010年3月

鉄棒

「はりきり体育ノ介：TAIIKU DEKIRUTO YOU ARE HAPPY!! 1—NHK for School」NHK「はりきり体育ノ介」制作班編 NHK出版 2022年2月

テニス

「ソフトテニス = Soft Tennis—勝てる!強くなる!強豪校の部活練習メニュー」高橋茂監修 金の星社 2015年3月

「ソフトテニス練習メニュー200—指導者と選手が一緒に学べる!」高橋茂監修 池田書店 2023年12月

「できる!スポーツテクニック 7」神和住純監修 ポプラ社 2010年3月

「テニス—ライバルに差をつけろ!自主練習シリーズ」宮尾英俊著 ベースボール・マガジン社 2023年5月

「みるみる上達!スポーツ練習メニュー 6」丸田耕平監修;武川征一郎監修 ポプラ社 2015年4月

「強豪校に学ぶ!東北高校ソフトテニス部(秘)練習法150」中津川澄男著 ベースボール・マガジン社 2013年9月

「知ってる?ソフトテニス—クイズでスポーツがうまくなる」川並久美子著 ベースボール・マガジン社 2017年11月

「知ってる?テニス：クイズでスポーツがうまくなる」竹内映二著 ベースボール・マガジン社 2017年7月

「中高生のソフトテニス：マンガ×動画×写真で3倍よくわかる!」柴田章平著・漫画監修;しのと漫画 ベースボール・マガジン社 2023年7月

「負けない!：挑戦することは楽しいこと」クルム伊達公子著 ポプラ社(ポプラ社ノンフィクション) 2012年3月

「部活で差がつく!ソフトテニス必勝のコツ—コツがわかる本」中村謙監修 メイツ出版 2016年3月

「部活で差がつく!勝つソフトテニス最強のコツ55—コツがわかる本」中村謙監修 メイツユニバーサルコンテンツ 2020年7月

「部活で差がつく!勝つテニス最強のポイント50—コツがわかる本」矢崎篤監修 メイツ出版 2019年4月

「部活で大活躍できる!ソフトテニス最強のポイント55—コツがわかる本」中村謙監修 メイツ出版 2011年7月

「部活で大活躍できる!テニス最強のポイント50—コツがわかる本」矢崎篤監修 メイツ出版 2012年6月

テニス＞車いすテニス

「パラスポーツ大百科：決定版! 5」藤田紀昭監修 岩崎書店 2020年10月

テニス＞ソフトテニス

「ソフトテニス練習メニュー200—指導者と選手が一緒に学べる!」高橋茂監修 池田書店 2023年12月

「中高生のソフトテニス：マンガ×動画×写真で3倍よくわかる!」柴田章平著・漫画監修;しのと漫画 ベースボール・マガジン社 2023年7月

登山

「NO LIMIT：自分を超える方法」栗城史多著 サンクチュアリ出版（sanctuary books） 2010年11月

「冒険登山のすすめ：最低限の装備で自然を楽しむ」米山悟著 筑摩書房（ちくまプリマー新書） 2016年1月

とびばこ

「はりきり体育ノ介：TAIIKU DEKIRUTO YOU ARE HAPPY!! 2—NHK for School」NHK「はりきり体育ノ介」制作班編 NHK出版 2022年2月

「体育が嫌いな君たちへ：DVD BOOK—ゴルフダイジェストの本」池上信三著 ゴルフダイジェスト社 2011年3月

ドリブル

「1対1で勝つ!突破のドリブルテクニック50」REGATEドリブル塾著 鉄人社 2021年5月

「DVD付きで超カンタンにわかる!ミニバスケットボール：bjリーグアカデミー公認最強トレーニングメソッド—最初の1冊」bjリーグアカデミー監修;主婦の友社編 主婦の友社 2014年10月

「サッカーアルゼンチン流個人スキルバイブル = ARGENTINA PERSONAL SKILLS BIBLE」亘崇詞監修 カンゼン 2012年12月

「できる!スポーツテクニック 3」宇野勝監修 ポプラ社 2010年3月

「できる!スポーツテクニック 6」阪口裕昭監修 ポプラ社 2010年3月

「はじめてのミニバスケットボール」エルトラック監修 成美堂出版 2010年9月

「バスケットボール = Basketball—勝てる!強くなる!強豪校の部活練習メニュー」高瀬俊也監修 金の星社 2015年3月

「バスケットボールコーディネーション・トレーニングブック = Basketball Coordination Training Book：7つの運動能力を磨いて効率的にスキルアップ ハンディ版」鈴木良和監修 ベースボール・マガジン社 2018年11月

「バスケットボール判断力を高めるトレーニングブック = Basketball Decision Training Book : 「認知→判断→実行」練習の意図やピックアンドロールのシチュエーションまでを詳しく解説! ハンディ版」鈴木良和監修 ベースボール・マガジン社 2018年8月

「ボールはともだち!世界を目指せ!キャプテン翼のサッカー教室ー集英社版学習まんが. SPORTS」高橋陽一原作;戸田邦和漫画;岩本義弘監修 集英社 2020年6月

「マンガでよくわかる!99%抜けるドリブル理論」岡部将和著;戸田邦和漫画;大浜寧之原案 東洋館出版社(TOYOKAN BOOKS) 2021年4月

「みるみる上達!スポーツ練習メニュー 4」水野慎士監修 ポプラ社 2015年4月

「少年サッカー : DVDで一気に上達」福田正博著 新星出版社 2014年4月

「世界のサッカー大百科 3 (サッカーのテクニック)」中西哲生監修 岩崎書店 2010年3月

「知ってる?ハンドボール : クイズでスポーツがうまくなる」水野裕矢著 ベースボール・マガジン社 2016年8月

「知ってる?ミニバスケットボール : クイズでスポーツがうまくなる」鈴木良和監修・著;加賀屋圭子監修・著 ベースボール・マガジン社 2016年2月

「中学サッカー小僧テクニカル ドリブル編 永久保存版」中学サッカー小僧編集部編 ガイドワークス 2016年3月

「部活で差がつく!バスケットボール弱点克服マニュアル 新装版—コツがわかる本」田渡優監修 メイツユニバーサルコンテンツ 2021年6月

なわとび

「はりきり体育ノ介 : TAIIKU DEKIRUTO YOU ARE HAPPY!! 3—NHK for School」NHK「はりきり体育ノ介」制作班編 NHK出版 2022年2月

「体育が嫌いな君たちへ : DVD BOOK—ゴルフダイジェストの本」池上信三著 ゴルフダイジェスト社 2011年3月

バスケットボール

「DVD付きで超カンタンにわかる!ミニバスケットボール : bjリーグアカデミー公認最強トレーニングメソッド—最初の1冊」bjリーグアカデミー監修;主婦の友社編 主婦の友社 2014年10月

「YOUかけがえのない君へ : バスケットを通じて学んだ人生で一番大切なこと」阿部学著 ライティング 2011年8月

「できる!スポーツテクニック 6」阪口裕昭監修 ポプラ社 2010年3月

「はじめてのミニバスケットボール」エルトラック監修 成美堂出版 2010年9月

「バスケットボール = Basketball—勝てる!強くなる!強豪校の部活練習メニュー」高瀬俊也監修 金の星社 2015年3月

「バスケットボール「1対1」に強くなるトレーニングブック：ミニバスから中学・高校バスケまで−実戦に役立つテクニック満載! ハンディ版」岩井貞憲技術指導;鈴木良和監修 ベースボール・マガジン社 2014年10月

「バスケットボール1人でもできるトレーニングブック：全120メニューをわかりやすく紹介!：「最高の自分」を目指そう! ハンディ版」鈴木良和監修 ベースボール・マガジン社 2014年8月

「バスケットボールコーディネーション・トレーニングブック = Basketball Coordination Training Book：7つの運動能力を磨いて効率的にスキルアップ ハンディ版」鈴木良和監修 ベースボール・マガジン社 2018年11月

「バスケットボール器具なしでできる筋力トレーニング：基礎からの142メニュー ハンディ版」窪田邦彦著 ベースボール・マガジン社 2015年2月

「バスケットボール基本と戦術—パーフェクトレッスンブック」近藤義行監修 実業之日本社 2015年2月

「バスケットボール実戦に役立つ「1対1」シュートテクニック = Basketball 1 on 1 Shooting Technique：実戦でシュートを決める!「練習」と「試合」の差をなくすためのA to Z ハンディ版」関谷悠介技術指導;鈴木良和監修 ベースボール・マガジン社 2018年7月

「バスケットボール判断力を高めるトレーニングブック = Basketball Decision Training Book：「認知→判断→実行」練習の意図やピックアンドロールのシチュエーションまでを詳しく解説! ハンディ版」鈴木良和監修 ベースボール・マガジン社 2018年8月

「バスケットボール判断力を養うスペーシングブック = Basketball Spacing Training Book：育成年代から適切なスペーシングを取る習慣づけが大切!」鈴木良和著 ベースボール・マガジン社 2020年4月

「みるみる上達!スポーツ練習メニュー 4」水野慎士監修 ポプラ社 2015年4月

「女子バスケットボール基本と戦術—パーフェクトレッスンブック」楠田香穂里著 実業之日本社 2023年6月

「新スポーツスーパースター伝：夢への扉を開け! 5」ベースボール・マガジン社編 ベースボール・マガジン社 2023年4月

「知ってる?ミニバスケットボール：クイズでスポーツがうまくなる」鈴木良和監修・著;加賀屋圭子監修・著 ベースボール・マガジン社 2016年2月

「動画でわかる!楽しい!うまくなる!ミニバスケットボール」D-EQUIPO 著 日本文芸社 2022年12月

「部活で差がつく!バスケットボール弱点克服マニュアル 新装版—コツがわかる本」田渡優監修 メイツユニバーサルコンテンツ 2021年6月

「部活で差がつく!バスケットボール弱点克服マニュアル—コツがわかる本」田渡優監修 メイツ出版 2016年6月

「部活で大活躍できる!!勝つ!バスケットボール最強のポイント50—コツがわかる本」一ノ瀬和之監修 メイツ出版 2011年4月

「名作マンガでよくわかる夢のスポーツ大図鑑：楽しく見よう!はじめよう! 1巻」夢のスポーツ大図鑑編集委員会編 日本図書センター 2018年11月

バドミントン

「おぼえようバドミントンのルール」上田敏之 著 ベースボール・マガジン社 2022年8月

「バドミントン―ライバルに差をつけろ!自主練習シリーズ」齋藤亘著 ベースボール・マガジン社 2021年7月

「知ってる?バドミントン：クイズでスポーツがうまくなる」中口直人著 ベースボール・マガジン社 2017年3月

「二人でなら、世界一になれる!：金メダリスト・タカマツペア物語」光丘真理著 PHP研究所（PHP心のノンフィクション）2018年3月

「部活で差がつく!勝つバドミントン最強のコツ50 新版―コツがわかる本」名倉康弘監修 メイツユニバーサルコンテンツ 2021年5月

「部活で差がつく!勝つバドミントン最強のコツ50―コツがわかる本」名倉康弘監修 メイツ出版 2017年6月

「部活で大活躍できる!!勝つ!バドミントン最強のポイント50―コツがわかる本」名倉康弘監修 メイツ出版 2011年4月

バレーボール

「おぼえようバレーボールのルール」小柴滋 著 ベースボール・マガジン社 2022年10月

「できる!スポーツテクニック 4」寺廻太監修 ポプラ社 2010年3月

「バレーボール = Volleyball―勝てる!強くなる!強豪校の部活練習メニュー」清水直樹監修 金の星社 2015年3月

「バレーボール入門：初心者もぐんぐんレベルアップ―中学デビューシリーズ」髙橋宏文著 ベースボール・マガジン社 2023年11月

「バレーボール八王子実践高校式メニュー：基本を大事に実戦力を向上させる―強豪校の練習法」貫井直輝著 ベースボール・マガジン社 2023年3月

「みるみる上達!スポーツ練習メニュー 3」藤生栄一郎監修 ポプラ社 2015年4月

「観るまえに読む大修館スポーツルール = RULES FOR SPORTS TAISHUKAN 2019」大修館書店編集部編集 大修館書店 2019年4月

「女子バレーボール基本と戦術―パーフェクトレッスンブック」大山加奈著 実業之日本社 2023年4月

「知ってる?バレーボール：クイズでスポーツがうまくなる」熊田康則著 ベースボール・マガジン社 2016年3月

「部活で差がつく!勝つバレーボール上達のポイント60―コツがわかる本」小川良樹監修 メイツ出版 2017年4月

「部活で大活躍できる!!勝つ!バレーボール最強のポイント50―コツがわかる本」羽田野義博監修 メイツ出版 2011年6月

バレーボール＞シッティングバレーボール

「パラスポーツ大百科：決定版! 4」藤田紀昭監修 岩崎書店 2020年9月

ハンドボール

「知ってる?ハンドボール：クイズでスポーツがうまくなる」水野裕矢著 ベースボール・マガジン社 2016年8月

「部活で差がつく!勝つハンドボール最強のコツ50―コツがわかる本」阿部直人監修 メイツ出版 2017年6月

フィギュアスケート

「ジュニアで差がつく!魅せるフィギュアスケート上達のポイント50―コツがわかる本. ジュニアシリーズ」大森芙美監修 メイツ出版 2019年10月

「スポーツ名場面で考える白熱道徳教室 3」加藤宣行著 汐文社 2020年1月

「羽生結弦は助走をしない：誰も書かなかったフィギュアの世界」高山真著 集英社(集英社新書) 2018年1月

「羽生結弦物語」青嶋ひろの文 KADOKAWA(角川つばさ文庫) 2015年2月

「乗り越える力―15歳の寺子屋」荒川静香著 講談社 2011年5月

「浅田真央さらなる高みへ」吉田順著 学研教育出版 2011年2月

「浅田真央そして、その瞬間へ」吉田順著 学研教育出版 2013年10月

「名作マンガでよくわかる夢のスポーツ大図鑑：楽しく見よう!はじめよう! 3巻」夢のスポーツ大図鑑編集委員会編 日本図書センター 2018年11月

フェイント

「1対1で勝つ!突破のドリブルテクニック50」REGATEドリブル塾著 鉄人社 2021年5月

「サッカーアルゼンチン流個人スキルバイブル = ARGENTINA PERSONAL SKILLS BIBLE」亘崇詞監修 カンゼン 2012年12月

「ボールはともだち!世界を目指せ!キャプテン翼のサッカー教室ー集英社版学習まんが. SPORTS」高橋陽一原作;戸田邦和漫画;岩本義弘監修 集英社 2020年6月

「マンガでよくわかる!99%抜けるドリブル理論」岡部将和著;戸田邦和漫画;大浜寧之原案 東洋館出版社(TOYOKAN BOOKS) 2021年4月

フットサル

「知ってる?フットサル―クイズでスポーツがうまくなる」鈴木隆二著 ベースボール・マガジン社 2017年12月

武道

「外国語でスポーツ 3」こどもくらぶ編集 ベースボール・マガジン社 2015年12月

「日本人の知らない武士道」アレキサンダー・ベネット著 文藝春秋(文春新書) 2013年7月

「武道と日本人：世界に広がる身心鍛練の道」魚住孝至著 青春出版社(青春新書INTELLIGENCE) 2019年11月

武道＞空手

「知ってる?空手道：クイズでスポーツがうまくなる」町田直和著 ベースボール・マガジン社 2017年8月

「武道空手學概論 新世紀編―現代社白鳳選書；109」南郷継正著;朝霧華刃著;神橘美伽著 現代社 2016年9月

武道＞弓道

「ここがスゴイよ!ニッポンの文化大図鑑：名作マンガ100でわかる! 4巻」ニッポンの文化大図鑑編集委員会編 日本図書センター 2018年1月

「部活で差がつく!勝つ弓道上達のポイント50―コツがわかる本」高柳憲昭監修 メイツ出版 2019年10月

「部活で大活躍できる!弓道最強のポイント50―コツがわかる本」高柳憲昭監修 メイツ出版 2012年7月

武道＞剣道

「観るまえに読む大修館スポーツルール = RULES FOR SPORTS TAISHUKAN 2019」大修館書店編集部編集 大修館書店 2019年4月

「宮本武蔵謎多き生涯を解く」渡邊大門著 平凡社(平凡社新書) 2015年4月

「剣道―さあ、はじめよう!日本の武道；2」こどもくらぶ編 岩崎書店 2010年10月

「日本の剣豪：決定版」中嶋繁雄著 文藝春秋(文春新書) 2017年5月

「部活で差がつく!勝つ剣道上達のコツ60 新装改訂版―コツがわかる本」所正孝 監修 メイツユニバーサルコンテンツ 2022年3月

「部活で差がつく!勝つ剣道上達のコツ60―コツがわかる本」所正孝監修 メイツ出版 2017年3月

「部活で大活躍できる!!勝つ!剣道最強のポイント60—コツがわかる本」所正孝監修 メイツ出版 2011年5月

「名作マンガでよくわかる夢のスポーツ大図鑑：楽しく見よう!はじめよう! 2巻」夢のスポーツ大図鑑編集委員会編 日本図書センター 2018年11月

武道＞柔道

「DVDでわかる!部活で差がつく!柔道必勝のコツ50 新版—コツがわかる本」大森淳司監修 メイツユニバーサルコンテンツ 2020年10月

「DVDでわかる!部活で差がつく!柔道必勝のコツ50—コツがわかる本」大森淳司監修 メイツ出版 2016年3月

「ここがスゴイよ!ニッポンの文化大図鑑：名作マンガ100でわかる! 5巻」ニッポンの文化大図鑑編集委員会編 日本図書センター 2018年1月

「できる!スポーツテクニック 10」鮫島元成監修 ポプラ社 2010年3月

「パラスポーツ大百科：決定版! 5」藤田紀昭監修 岩崎書店 2020年10月

「嘉納治五郎物語：逆らわずして勝つ!」真田久著 PHP研究所(PHP心のノンフィクション) 2019年12月

「外国語でスポーツ 3」こどもくらぶ編集 ベースボール・マガジン社 2015年12月

「柔道—さあ、はじめよう!日本の武道；1」こどもくらぶ編 岩崎書店 2010年10月

「女子のための柔道の教科書 = Textbook of Women's Judo」木村昌彦著;斉藤仁著;松岡義之著;園田隆二著;園田教子著;薪谷翠著;谷本歩実著;土屋書店編集部編 滋慶出版/土屋書店 2014年4月

「伝説の天才柔道家西郷四郎の生涯」星亮一著 平凡社(平凡社新書) 2013年6月

「部活で大活躍できる!!勝つ!柔道最強のポイント60—コツがわかる本」林田和孝監修 メイツ出版 2011年6月

「名作マンガでよくわかる夢のスポーツ大図鑑：楽しく見よう!はじめよう! 2巻」夢のスポーツ大図鑑編集委員会編 日本図書センター 2018年11月

武道＞相撲

「10か国語でニッポン紹介：国際交流を応援する本 5」パトリック・ハーラン英語指導;こどもくらぶ編 岩崎書店 2017年3月

「ここがスゴイよ!ニッポンの文化大図鑑：名作マンガ100でわかる! 2巻」ニッポンの文化大図鑑編集委員会編 日本図書センター 2018年1月

「ここがスゴイよ!ニッポンの文化大図鑑：名作マンガ100でわかる! 5巻」ニッポンの文化大図鑑編集委員会編 日本図書センター 2018年1月

「すもう道まっしぐら!」豪栄道豪太郎著 集英社(集英社みらい文庫) 2017年9月

「わくわく大相撲ガイド：ハッキヨイ!せきトリくん」日本相撲協会監修 河出書房新社 2013年1月

「わくわく大相撲ガイド：ハッキヨイ!せきトリくん 押し出し編」日本相撲協会監修 河出書房新社 2014年1月

「わくわく大相撲ガイド：ハッキヨイ!せきトリくん 寄り切り編」日本相撲協会監修 河出書房新社 2015年1月

「一生懸命：相撲が教えてくれたこと」貴乃花光司著 ポプラ社（ポプラ社ノンフィクション）2012年12月

「外国語でスポーツ 3」こどもくらぶ編集 ベースボール・マガジン社 2015年12月

「相撲のルール：超・初級編：feat.Kishiboy—これさえ読めばだいたいわかる」中野良一著;木谷友亮著 ベースボール・マガジン社 2023年12月

「相撲—さあ、はじめよう!日本の武道；3」日本相撲連盟監修;こどもくらぶ編 岩崎書店 2010年10月

「大相撲の見かた」桑森真介著 平凡社（平凡社新書）2013年5月

「天下泰平の時代—シリーズ日本近世史；3」高埜利彦著 岩波書店（岩波新書 新赤版）2015年3月

プロレス

「俺が戦った真に強かった男：″ミスタープロレス″が初めて語る最強論」天龍源一郎著 青春出版社（青春新書INTELLIGENCE）2022年11月

ボクシング

「はじめよう!ボクシング：井上尚弥実演：For U-15 kids and parents,coaches」大橋秀行著 ベースボール・マガジン社 2015年10月

「外国語でスポーツ 1」こどもくらぶ編集 ベースボール・マガジン社 2015年10月

「時代背景から考える日本の6つのオリンピック 3（2020年東京大会）」大熊廣明監修;稲葉茂勝文 ベースボール・マガジン社 2015年9月

「小中学生のためのフィジカルトレーニング：ぼくもわたしもアスリートになる!：体幹+バランス+アジリティーで強い体づくり—GAKKEN SPORTS BOOKS」木場克己著 学研パブリッシング 2015年10月

ボッチャ

「パラスポーツ大百科：決定版! 5」藤田紀昭監修 岩崎書店 2020年10月

ボルダリング

「ジュニアのためのボルダリング実践テク上達バイブル—コツがわかる本. ジュニアシリーズ」小山田大監修 メイツ出版 2017年5月

「スポーツクライミングボルダリング：考える力を身につけながら楽しくレベルアップ!!」ベースボール・マガジン社編集;西谷善子監修 ベースボール・マガジン社 2018年9月

マット運動

「はりきり体育ノ介：TAIIKU DEKIRUTO YOU ARE HAPPY!! 1—NHK for School」NHK「はりきり体育ノ介」制作班編 NHK出版 2022年2月

野球

「「本当の才能」の引き出し方：野村の真髄」野村克也著 青春出版社(青春新書INTELLIGENCE) 2015年10月

「DVDでうまくなる!少年野球練習メニュー210：個人 グループ チーム」YBC野球塾監修 西東社 2012年7月

「おぼえよう野球のルール」片野全康著 ベースボール・マガジン社 2023年9月

「ケガなく野球が上達するメソッド100+：少年野球から中・高生球児まで：最新式」坪井智哉著 主婦の友社 2015年2月

「これで完ぺき!野球ピッチング・守備—DVDブック」平井成二著 ベースボール・マガジン社 2014年2月

「スポーツでひろげる国際理解 4」中西哲生監修 文溪堂 2018年3月

「できる!スポーツテクニック 1」後藤寿彦監修 ポプラ社 2010年3月

「できる!スポーツテクニック 2」後藤寿彦監修 ポプラ社 2010年3月

「パラスポーツ大百科：決定版! 3」藤田紀昭監修 岩崎書店 2020年9月

「ピッチャーズバイブル = PITCHER'S BIBLE：小・中学生のための野球選手育成教書：優れたピッチャーになるために、今、やるべきこと」千葉西リトルシニア編;大田川茂樹著 舵社 2014年2月

「プロ野球で1億円稼いだ男のお金の話—TOKYO NEWS BOOKS」元永知宏著 東京ニュース通信社 講談社 2023年10月

「プロ野球勝ち続ける意識改革」辻発彦著 青春出版社(青春新書INTELLIGENCE) 2012年8月

「みるみる上達!スポーツ練習メニュー 1」池田浩二監修 ポプラ社 2015年4月

「レギュラーになれないきみへ」元永知宏著 岩波書店(岩波ジュニア新書) 2019年10月

「レギュラーになれないきみへ」元永知宏著 岩波書店(岩波ジュニア新書) 2019年10月

「外国語でスポーツ 1」こどもくらぶ編集 ベースボール・マガジン社 2015年10月

「観るまえに読む大修館スポーツルール = RULES FOR SPORTS TAISHUKAN 2019」大修館書店編集部編集 大修館書店 2019年4月

「期待はずれのドラフト1位：逆境からのそれぞれのリベンジ」元永知宏著 岩波書店（岩波ジュニア新書）2016年10月

「栗山魂」栗山英樹著 河出書房新社（14歳の世渡り術）2017年3月

「栗山魂―14歳の世渡り術」栗山英樹著 河出書房新社 2017年3月

「孤独を怖れない力」工藤公康著 青春出版社（青春新書INTELLIGENCE）2014年5月

「甲子園スーパースター列伝」オグマナオト著;『野球太郎』編集部編 集英社（集英社みらい文庫）2016年7月

「考えて勝つ!少年野球―集英社版学習まんが. SPORTS」辻正人監修;茶留たかふみまんが;山本イチロー原作 集英社 2017年3月

「高校球児なら知っておきたい野球医学：肩肘腰痛の予防と対処」馬見塚尚孝著 ベースボール・マガジン社 2015年3月

「私が選んだプロ野球10大「名プレー」」野村克也著 青春出版社（青春新書INTELLIGENCE）2014年9月

「少年野球「よくわかるルール」のすべて：ハンディサイズだからどこでもひける：写真で解説」本間正夫著 主婦の友社（カラージュニアスポーツ文庫）2012年10月

「少年野球「基本と上達」のすべて：ハンディサイズだからどこでもチェック」本間正夫著 主婦の友社（カラージュニアスポーツ文庫）2012年10月

「少年野球ワンポイントレッスン300 = KID'S BASEBALL ONE POINT LESSON：超基本・上達のコツ・練習法―GAKKEN SPORTS BOOKS」長沼孝監修;大坂賢監修 学研パブリッシング 2014年4月

「少年野球監督が使いたい選手がやっている!デキるプレイ56」江藤省三監修 日本文芸社 2021年9月

「少年野球基本・練習・コーチング―少年少女スポーツシリーズ」伊東勤監修 西東社 2010年5月

「少年野球基本とレベルアップ練習法」前田幸長監修 日本文芸社 2012年6月

「少年野球上達パーフェクトマニュアル」ベースボール・マガジン社編;川崎憲次郎;元木大介監修 ベースボール・マガジン社 2010年5月

「松井秀喜：夢への扉を開け!―スポーツスーパースター伝；1」ベースボール・マガジン社編 ベースボール・マガジン社 2010年8月

「新スポーツスーパースター伝：夢への扉を開け! 2」ベースボール・マガジン社 著 ベースボール・マガジン社 2022年4月

「新スポーツスーパースター伝：夢への扉を開け! 3」ベースボール・マガジン社 著・編集 ベースボール・マガジン社 2022年7月

「真夏の甲子園はいらない：問題だらけの高校野球」玉木正之編;小林信也編 岩波書店（岩波ブックレット）2023年4月

スポーツを知る

「知ってる?野球：クイズでスポーツがうまくなる」関口勝己著 ベースボール・マガジン社 2016年10月

「中学野球—ライバルに差をつけろ!自主練習シリーズ」西村晴樹著 ベースボール・マガジン社 2023年3月

「中学野球小僧テクニカル バッティング編 完全保存版」中学野球小僧編集部編集 白夜書房 2012年3月

「中学野球小僧テクニカル ピッチング編 完全保存版」中学野球小僧編集部編集 白夜書房 2012年3月

「田中将大：夢への扉を開け!—スポーツスーパースター伝；5」ベースボール・マガジン社編 ベースボール・マガジン社 2011年2月

「内野手のフィールディング—野球レベルアップ教室；vol.1」大田川茂樹著;西井哲夫監修 舵社 2012年3月

「軟式野球入門：初心者もぐんぐんレベルアップ—中学デビューシリーズ」平井成二著 ベースボール・マガジン社 2023年12月

「二塁手の基本と技術ー野球レベルアップ教室；Vol.3」大田川茂樹著;西井哲夫監修 舵社 2013年3月

「農業高校へ行こう!」全国農業高等学校長協会監修 家の光協会 2019年8月

「配球の考え方と読み方：ピッチャー、キャッチャー、バッターのための野球教書：バッテリーが考える配球 バッターの配球の読み方」大田川茂樹著;西井哲夫監修 舵社 2018年6月

「夢に向かって：十代の君たちへ」泊剛史著 文芸社 2010年3月

「名作マンガでよくわかる夢のスポーツ大図鑑：楽しく見よう!はじめよう! 1巻」夢のスポーツ大図鑑編集委員会編 日本図書センター 2018年11月

「野球 = Baseball—勝てる!強くなる!強豪校の部活練習メニュー」寺﨑裕紀監修 金の星社 2015年3月

「野球と人生：最後に笑う「努力」の極意」野村克也著 青春出版社(青春新書INTELLIGENCE) 2019年11月

「野球のルール：超・初級編：これさえ読めばだいたいわかる：feat.Kishiboy」中野良一 著;木谷友亮 著;全日本軟式野球連盟 監修 ベースボール・マガジン社 2022年10月

「野球少年の食事バイブル：強い選手は食事もスゴイ!：北海道日本ハムファイターズ強さのひみつ」日本ハム株式会社中央研究所著;木村修一監修 女子栄養大学出版部 2010年3月

「野球天理高校式メニュー：基礎・基本を大切に甲子園へ—強豪校の練習法」中村良二著 ベースボール・マガジン社 2023年12月

「優れたバッターになるために、今、やるべきこと：小・中学生のための野球選手育成教書：バッターズバイブル」千葉西リトルシニア編;大田川茂樹著 舵社 2014年11月

野球＞甲子園

「がばいばあちゃんめざせ甲子園：みらい文庫版」島田洋七作;西公平絵 集英社(集英社みらい文庫) 2011年5月

「栗山魂―14歳の世渡り術」栗山英樹著 河出書房新社 2017年3月

「甲子園スーパースター列伝」オグマナオト著;『野球太郎』編集部編 集英社(集英社みらい文庫) 2016年7月

「真夏の甲子園はいらない：問題だらけの高校野球」玉木正之編;小林信也編 岩波書店(岩波ブックレット) 2023年4月

「敗北を力に!：甲子園の敗者たち」元永知宏著 岩波書店(岩波ジュニア新書) 2017年7月

「野球天理高校式メニュー：基礎・基本を大切に甲子園へ―強豪校の練習法」中村良二著 ベースボール・マガジン社 2023年12月

野球＞女子野球

「女の子だって、野球はできる!：「好き」を続ける女性たち―スポーツ」長谷川晶一著 ポプラ社(ポプラ社ノンフィクション) 2018年7月

野球＞軟式野球

「軟式野球入門：初心者もぐんぐんレベルアップ―中学デビューシリーズ」平井成二著 ベースボール・マガジン社 2023年12月

野球＞メジャーリーグ

「4割は打てる!」小野俊哉著 新潮社(新潮新書) 2014年3月

ラグビー

「〈ビジュアル入門〉ラグビーがわかる本」DK社編著;髙橋功一訳 東京書籍 2019年8月

「おぼえようラグビーのルール」原田隆司 著 ベースボール・マガジン社 2022年12月

「スポーツでひろげる国際理解 4」中西哲生監修 文溪堂 2018年3月

「パラスポーツ大百科：決定版! 3」藤田紀昭監修 岩崎書店 2020年9月

「ラグビーのルール：これさえ読めばだいたいわかる：feat.Kishiboy. 超・初級編」中野良一著;木谷友亮著 ベースボール・マガジン社 2023年2月

「外国語でスポーツ 2」こどもくらぶ編集 ベースボール・マガジン社 2015年11月

「新スポーツスーパースター伝：夢への扉を開け! 1」ベースボール・マガジン社 編集 ベースボール・マガジン社 2022年3月

「知ってる?ラグビー：クイズでスポーツがうまくなる」仲西拓著 ベースボール・マガジン社 2017年5月

「仲間を信じて：ラグビーが教えてくれたもの」村上晃一著 岩波書店（岩波ジュニア新書）2011年9月

「判断力を鍛える!ラグビーIQドリル：基本の戦術が身につく50問―コツがわかる本．ジュニアシリーズ」クボタスピアーズ監修 メイツ出版 2019年8月

ランニング、ジョギング

「ひとりあそびの教科書」宇野常寛著 河出書房新社（14歳の世渡り術）2023年4月

「やってはいけないランニング：走りこむだけでは「長く」「速く」走れません」鈴木清和著 青春出版社（青春新書INTELLIGENCE）2012年7月

陸上競技、マラソン、駅伝、リレー

「16歳から知るオリンピックの軌跡 = FOLLOW THE TRACKS OF THE OLYMPICS」清水ひろし著 彩流社 2015年9月

「うっかりオリンピック：ウソでしょ!?」こざきゆう著;フルカワマモる絵 集英社 2020年3月

「ウルトラマラソンのすすめ：100キロを走るための極意」坂本雄次著 平凡社（平凡社新書）2014年9月

「これで完ぺき!陸上競技―DVDブック」繁田進著 ベースボール・マガジン社 2014年2月

「ジュニアアスリートのための最強の跳び方ジャンプ力向上バイブル―コツがわかる本．ジュニアシリーズ」体育指導のスタートライン監修 メイツ出版 2017年6月

「ジュニアアスリートのための走り方の強化書：スポーツに活きる走力アップのコツ55―コツがわかる本．ジュニアシリーズ」石原康至監修 メイツ出版 2019年3月

「スポーツ名場面で考える白熱道徳教室 3」加藤宣行著 汐文社 2020年1月

「ダッシュ博士のスプリント教室：日本陸上競技連盟推奨：スプリンター必読!：自己ベスト更新のヒントが満載」朝原宣治監修;ベースボール・マガジン社編 ベースボール・マガジン社 2015年5月

「できる!スポーツテクニック 9」高野進監修 ポプラ社 2010年3月

「ハードル 第2版―陸上競技入門ブック」谷川聡 著 ベースボール・マガジン社 2022年5月

「パラスポーツ大百科：決定版! 2」藤田紀昭監修 岩崎書店 2020年12月

「はりきり体育ノ介：TAIIKU DEKIRUTO YOU ARE HAPPY!! 2―NHK for School」NHK「はりきり体育ノ介」制作班編 NHK出版 2022年2月

「みるみる上達!スポーツ練習メニュー 8」征矢範子監修 ポプラ社 2015年4月

「みんなちがって、それでいい：パラ陸上から私が教わったこと―スポーツ」宮崎恵理著;重本沙絵監修 ポプラ社（ポプラ社ノンフィクション）2018年8月

「観るまえに読む大修館スポーツルール = RULES FOR SPORTS TAISHUKAN 2019」大修館書店編集部編集 大修館書店 2019年4月

「走ることは、生きること：五輪金メダリスト ジェシー・オーエンスの物語」ジェフ・バーリンゲーム著;古川哲史訳;三浦誉史加訳;井上摩紀訳 晃洋書房 2016年7月

「走るのが速くなる俊足教室：クラスでも、チームでも1位を目指そう!」朝原宣治監修 マイナビ 2014年1月

「足が速くなるこけし走り」齊藤太郎監修 池田書店 2012年4月

「短距離・リレー―陸上競技入門ブック」土江寛裕著 ベースボール・マガジン社 2011年10月

「知ってる?陸上競技：走る 跳ぶ 投げる―クイズでスポーツがうまくなる」朝原宣治著 ベースボール・マガジン社 2017年9月

「中高生の陸上競技―マンガ×動画×写真で3倍よくわかる!」花谷昴著・漫画監修;森本一樹漫画(原作・作画) ベースボール・マガジン社 2023年10月

「中長距離・駅伝 第2版―陸上競技入門ブック」両角速著 ベースボール・マガジン社 2021年4月

「中長距離・駅伝―陸上競技入門ブック」両角速著 ベースボール・マガジン社 2012年9月

「東京五輪マラソンで日本がメダルを取るために必要なこと―未来へのトビラ；File No.008」酒井政人著 ポプラ社(ポプラ選書) 2019年4月

「日大式で差がつく!陸上競技投てき種目トレーニング：砲丸投げ・やり投げ・円盤投げ・ハンマー投げ―コツがわかる本」小山裕三監修 メイツ出版 2017年9月

「日本人は100メートル9秒台で走れるか」深代千之著 祥伝社(祥伝社新書) 2014年4月

「箱根駅伝強豪校の勝ち方」碓井哲雄著 文藝春秋(文春新書) 2018年11月

「部活で大活躍できる!陸上最強のポイント50―コツがわかる本」福間博樹監修 メイツ出版 2012年3月

「名作マンガでよくわかる夢のスポーツ大図鑑：楽しく見よう!はじめよう! 3巻」夢のスポーツ大図鑑編集委員会編 日本図書センター 2018年11月

「話したくなるオリンピックの歴史：オリンピックの謎をひもといてみよう!」コンデックス情報研究所編著 清水書院 2018年7月

【文化研究や国語・言語を知る】

あいさつ

「高校生からの韓国語入門」稲川右樹著 筑摩書房(ちくまプリマー新書) 2021年2月

「中学生のための礼儀・作法読本：これだけは身につけたい：大人への入り口」横浜市教育委員会事務局編 ぎょうせい 2010年9月

「話す・聞く・つながるコミュニケーション上手になろう! 1」藤野博監修;松井晴美イラスト 旬報社 2021年1月

アルファベット・ローマ字

「世界のアルファベットの秘密がわかる!ローマ字学」稲葉茂勝著;倉島節尚監修 今人舎 2019年8月

オノマトペ、擬音語、擬態語

「五つの敬語 第2巻」小池保監修 理論社 2016年12月

「日本語あそび学：平安時代から現代までのいろいろな言葉あそび」稲葉茂勝著;倉島節尚監修;ウノカマキリ絵 今人舎 2016年6月

「日本語を科学する 文法編上巻」塩谷典著 展望社 2017年7月

音韻

「日本語を科学する：言語・音韻編」塩谷典著 ブレーン 2014年12月

音楽学

「ものがたり日本音楽史」徳丸吉彦著 岩波書店(岩波ジュニア新書) 2019年12月

「中学音楽をひとつひとつわかりやすく。」学研教育出版編 学研教育出版 2011年5月

音訓

「漢字が日本語になるまで：音読み・訓読みはなぜ生まれたのか?」円満字二郎著 筑摩書房(ちくまQブックス) 2022年7月

「漢字が日本語になるまで：音読み・訓読みはなぜ生まれたのか?―ちくまQブックス」円満字二郎 著 筑摩書房 2022年7月

「漢字のサーカス 常用漢字編 1」馬場雄二著 岩波書店(岩波ジュニア新書) 2010年12月

「漢字のサーカス 常用漢字編 2」馬場雄二著 岩波書店(岩波ジュニア新書) 2011年1月

「訓読みのはなし：漢字文化と日本語」笹原宏之著 KADOKAWA(角川ソフィア文庫) 2014年4月

外来語

「バカに見えるビジネス語」井上逸兵著 青春出版社（青春新書INTELLIGENCE）2013年12月

「日本語スケッチ帳」田中章夫著 岩波書店（岩波新書 新赤版）2014年4月

歌詞

「あの歌詞は、なぜ心に残るのか：Jポップの日本語力」山田敏弘著 祥伝社（祥伝社新書）2014年2月

カタカナ

「漢字とカタカナとひらがな：日本語表記の歴史」今野真二著 平凡社（平凡社新書）2017年10月

漢字

「STAR WARS漢字の奥義」稲村広香文 講談社 2019年11月

「おもしろ漢字塾 1（漢字の成り立ち）」Willこども知育研究所編・著 金の星社 2010年2月

「おもしろ漢字塾 2（チャレンジ!難読漢字）」Willこども知育研究所編・著 金の星社 2010年3月

「おもしろ漢字塾 3（まちがえやすい漢字）」Willこども知育研究所編・著 金の星社 2010年3月

「おもしろ漢字塾 4」Willこども知育研究所編・著 金の星社 2010年3月

「ハングルの誕生：音から文字を創る」野間秀樹著 平凡社（平凡社新書）2010年5月

「学校では教えてくれないゆかいな漢字の話」今野真二著;丸山誠司イラスト 河出書房新社（14歳の世渡り術）2021年5月

「学校では教えてくれないゆかいな漢字の話―14歳の世渡り術」今野真二著;丸山誠司イラスト 河出書房新社 2021年5月

「学校では教えてくれないゆかいな日本語」今野真二著 河出書房新社（14歳の世渡り術）2016年8月

「漢字からみた日本語の歴史」今野真二著 筑摩書房（ちくまプリマー新書）2013年7月

「漢字が日本語になるまで：音読み・訓読みはなぜ生まれたのか?」円満字二郎著 筑摩書房（ちくまQブックス）2022年7月

「漢字が日本語になるまで：音読み・訓読みはなぜ生まれたのか?―ちくまQブックス」円満字二郎 著 筑摩書房 2022年7月

「漢字とカタカナとひらがな：日本語表記の歴史」今野真二著 平凡社（平凡社新書）2017年10月

「漢字のサーカス 常用漢字編 1」馬場雄二著 岩波書店（岩波ジュニア新書）2010年12月

「漢字のサーカス 常用漢字編 2」馬場雄二著 岩波書店（岩波ジュニア新書）2011年1月

「漢字の歴史：古くて新しい文字の話」笹原宏之著 筑摩書房（ちくまプリマー新書）2014年9月

「漢字ハカセ、研究者になる」笹原宏之 著 岩波書店（岩波ジュニア新書）2022年3月

「漢字文化の世界」藤堂明保著 KADOKAWA（角川ソフィア文庫）2020年3月

「漢字力が身につく熟語練習帳」馬場雄二著 岩波書店（岩波ジュニア新書）2015年5月

「訓読みのはなし：漢字文化と日本語」笹原宏之著 KADOKAWA（角川ソフィア文庫）2014年4月

「五つの敬語 第1巻」小池保監修 理論社 2016年12月

「行不由徑(ゆくにこみちによらず)」諸橋轍次記念館編 新潟日報メディアネット（発売）2023年12月

「高校生のための語彙+漢字2000」円満字二郎著 筑摩書房 2023年10月

「神さまがくれた漢字たち 増補新版」山本史也著;白川静監修 新曜社（よりみちパン!セ）2018年5月

「神さまがくれた漢字たち 続（古代の音）―よりみちパン!セ；P037」山本史也著 イースト・プレス 2012年3月

「神さまがくれた漢字たち―よりみちパン!セ；P004」山本史也著;白川静監修 イースト・プレス 2011年7月

「中学生のための小学漢字総復習ドリル：テーマ別問題で応用力が身につく―コツがわかる本. ジュニアシリーズ」学習漢字研究会著 メイツ出版 2019年8月

「日本人の知らない日本語ドリル全235問」海野凪子監修;造事務所編集・構成 メディアファクトリー 2012年12月

「方言漢字事典」笹原宏之編著 研究社 2023年10月

漢字＞部首

「おもしろ漢字塾 1（漢字の成り立ち）」Willこども知育研究所編・著 金の星社 2010年2月

「おもしろ漢字塾 2（チャレンジ!難読漢字）」Willこども知育研究所編・著 金の星社 2010年3月

「おもしろ漢字塾 3（まちがえやすい漢字）」Willこども知育研究所編・著 金の星社 2010年3月

「おもしろ漢字塾 4」Willこども知育研究所編・著 金の星社 2010年3月

「学校では教えてくれないゆかいな漢字の話―14歳の世渡り術」今野真二著;丸山誠司イラスト 河出書房新社 2021年5月

キーワード

「変わる中国を読む50のキーワード」浅井信雄著 青春出版社（青春新書INTELLIGENCE）2012年11月

言語化

「俳句わくわく51!」西田拓郎編著 岐阜新聞社 2018年3月

言語学

「「自分らしさ」と日本語」中村桃子著 筑摩書房(ちくまプリマー新書) 2021年5月

「ことばと思考」今井むつみ著 岩波書店(岩波新書 新赤版) 2010年10月

「ことばの発達の謎を解く」今井むつみ著 筑摩書房(ちくまプリマー新書) 2013年1月

「悪口ってなんだろう」和泉悠著 筑摩書房(ちくまプリマー新書) 2023年8月

「外国語をはじめる前に」黒田龍之助著 筑摩書房(ちくまプリマー新書) 2012年7月

「韓国語をいかに学ぶか：日本語話者のために」野間秀樹著 平凡社(平凡社新書) 2014年6月

「言語の力：「思考・価値観・感情」なぜ新しい言語を持つと世界が変わるのか?」ビオリカ・マリアン著;今井むつみ監訳・解説;桜田直美訳 KADOKAWA 2023年12月

「世にもあいまいなことばの秘密」川添愛著 筑摩書房(ちくまプリマー新書) 2023年12月

「盗作の言語学：表現のオリジナリティーを考える」今野真二著 集英社(集英社新書) 2015年5月

「日本語が世界を平和にするこれだけの理由」金谷武洋著 飛鳥新社 2014年7月

「翻訳教室：はじめの一歩」鴻巣友季子著 筑摩書房(ちくまプリマー新書) 2012年7月

言語学＞認知言語学

「ことばと思考」今井むつみ著 岩波書店(岩波新書 新赤版) 2010年10月

語彙

「13歳からの「気もちを伝える言葉」事典：語彙力&表現力をのばす心情語600―コツがわかる本. ジュニアシリーズ」矢野耕平著 メイツ出版 2019年3月

「13歳からのことば事典：「まじ、ヤバい!」気もちを正しく伝えるには?：語彙力&表現力をのばす心情語600―コツがわかる本. ジュニアシリーズ」矢野耕平著 メイツ出版 2014年7月

「13歳からの英語ノート：「苦手」が「得意」に変わる超効率トレーニング」小野田博一著 PHPエディターズ・グループ 2010年2月

「5日で学べて一生使える!レポート・論文の教科書」小川仁志著 筑摩書房(ちくまプリマー新書) 2018年11月

「この1冊で言葉力が伸びる!中学生の語彙力アップ徹底学習ドリル1100―コツがわかる本. ジュニアシリーズ」学習国語研究会著 メイツ出版 2017年6月

「のびーる国語無敵の語彙力：分かると差がつく言葉1000—角川まんが学習シリーズ；T8」森山卓郎監修 KADOKAWA 2023年9月

「バカに見える日本語」樋口裕一著 青春出版社（青春新書INTELLIGENCE）2012年4月

「バッチリ身につく英語の学び方」倉林秀男著 筑摩書房（ちくまプリマー新書）2021年12月

「英会話言わなきゃよかったこの単語」デイビッド・セイン著 青春出版社（青春新書INTELLIGENCE）2021年1月

「英語に好かれるとっておきの方法：4技能を身につける」横山カズ著 岩波書店（岩波ジュニア新書）2016年6月

「英語は「語源×世界史」を知ると面白い」清水建二著 青春出版社（青春新書INTELLIGENCE）2023年7月

「完全独学!無敵の英語勉強法」横山雅彦著 筑摩書房（ちくまプリマー新書）2015年11月

「高校生のための語彙+漢字2000」円満字二郎著 筑摩書房 2023年10月

「大人になって困らない語彙力の鍛えかた」今野真二著 河出書房新社（14歳の世渡り術）2017年11月

「地獄の楽しみ方—17歳の特別教室」京極夏彦著 講談社 2019年11月

「東大生と学ぶ語彙力」西岡壱誠著 筑摩書房（ちくまプリマー新書）2023年12月

「日本語の〈書き〉方」森山卓郎著 岩波書店（岩波ジュニア新書）2013年3月

「日本人の知らない日本語ドリル全235問」海野凪子監修;造事務所編集・構成 メディアファクトリー 2012年12月

考古学

「ゲノムでたどる古代の日本列島」斎藤成也監修・著;山田康弘著;太田博樹著;内藤健著;神澤秀明著;菅裕著 東京書籍 2023年10月

「はじめての考古学」松木武彦著 筑摩書房（ちくまプリマー新書）2021年11月

「古代国家はいつ成立したか」都出比呂志著 岩波書店（岩波新書 新赤版）2011年8月

「古代文明と星空の謎」渡部潤一著 筑摩書房（ちくまプリマー新書）2021年8月

「考古学の挑戦：地中に問いかける歴史学」阿部芳郎編著 岩波書店（岩波ジュニア新書）2010年6月

「生活を究める—スタディサプリ三賢人の学問探究ノート：今を生きる学問の最前線読本；5」渡邉恵太著;トミヤマユキコ著;高橋龍三郎著 ポプラ社 2021年3月

「謎解き聖書物語」長谷川修一著 筑摩書房（ちくまプリマー新書）2018年12月

行動科学

「なぜ一流は「その時間」を作り出せるのか」石田淳著 青春出版社（青春新書INTELLIGENCE）2015年4月

「やっぱり見た目が9割」竹内一郎著 新潮社（新潮新書）2013年7月

国語

「〈銀の匙〉の国語授業」橋本武著 岩波書店（岩波ジュニア新書）2012年3月

「「私」を伝える文章作法」森下育彦著 筑摩書房（ちくまプリマー新書）2015年3月

「「予測」で読解に強くなる!」石黒圭著 筑摩書房（ちくまプリマー新書）2010年7月

「13歳からの「気もちを伝える言葉」事典：語彙力&表現力をのばす心情語600―コツがわかる本. ジュニアシリーズ」矢野耕平著 メイツ出版 2019年3月

「13歳からのことば事典：「まじ、ヤバい!」気もちを正しく伝えるには?：語彙力&表現力をのばす心情語600―コツがわかる本. ジュニアシリーズ」矢野耕平著 メイツ出版 2014年7月

「15歳の日本語上達法―15歳の寺子屋」金田一秀穂著 講談社 2010年1月

「5日で学べて一生使える!プレゼンの教科書」小川仁志著 筑摩書房（ちくまプリマー新書）2019年4月

「6ケ月で早慶に受かる超勉強法」城野優著 エール出版社（Yell books）2011年5月

「STAR WARS漢字の奥義」稲村広香文 講談社 2019年11月

「おもしろ漢字塾 1（漢字の成り立ち）」Willこども知育研究所編・著 金の星社 2010年2月

「おもしろ漢字塾 2（チャレンジ!難読漢字）」Willこども知育研究所編・著 金の星社 2010年3月

「おもしろ漢字塾 3（まちがえやすい漢字）」Willこども知育研究所編・著 金の星社 2010年3月

「おもしろ漢字塾 4」Willこども知育研究所編・著 金の星社 2010年3月

「この1冊で言葉力が伸びる!中学生の語彙力アップ徹底学習ドリル1100―コツがわかる本. ジュニアシリーズ」学習国語研究会著 メイツ出版 2017年6月

「ときめき百人一首」小池昌代著 河出書房新社（14歳の世渡り術）2017年2月

「のびーる国語無敵の語彙力：分かると差がつく言葉1000―角川まんが学習シリーズ；T8」森山卓郎監修 KADOKAWA 2023年9月

「プチ革命言葉の森を育てよう」ドリアン助川著 岩波書店（岩波ジュニア新書）2014年7月

「プレミアムカラー国語便覧」足立直子監修;二宮美那子監修;本廣陽子監修;森田貴之監修 数研出版 2023年11月

「ぼっち現代文：わかり合えない私たちのための〈読解力〉入門―14歳の世渡り術」小池陽慈著 河出書房新社 2023年10月

「英語にできない日本の美しい言葉」吉田裕子著 青春出版社(青春新書INTELLIGENCE) 2017年10月

「学校では教えてくれないゆかいな漢字の話」今野真二著;丸山誠司イラスト 河出書房新社(14歳の世渡り術) 2021年5月

「学校では教えてくれないゆかいな日本語」今野真二著 河出書房新社(14歳の世渡り術) 2016年8月

「漢字ハカセ、研究者になる」笹原宏之 著 岩波書店(岩波ジュニア新書) 2022年3月

「橋本式国語勉強法」橋本武著 岩波書店(岩波ジュニア新書) 2012年10月

「古典つまみ読み:古文の中の自由人たち」武田博幸著 平凡社(平凡社新書) 2019年8月

「考える力をつける論文教室」今野雅方著 筑摩書房(ちくまプリマー新書) 2011年4月

「講談―知っておきたい日本の古典芸能」瀧口雅仁編著 丸善出版 2019年10月

「高校生のための語彙+漢字2000」円満字二郎著 筑摩書房 2023年10月

「国語をめぐる冒険」渡部泰明著;平野多恵著;出口智之著;田中洋美著;仲島ひとみ著 岩波書店(岩波ジュニア新書) 2021年8月

「詩の寺子屋」和合亮一著 岩波書店(岩波ジュニア新書) 2015年12月

「自分で考え、自分で書くためのゆかいな文章教室」今野真二著 河出書房新社(14歳の世渡り術) 2019年7月

「辞書をよむ」今野真二著 平凡社(平凡社新書) 2014年12月

「書き出しは誘惑する:小説の楽しみ」中村邦生著 岩波書店(岩波ジュニア新書) 2014年1月

「小説は君のためにある:よくわかる文学案内」藤谷治著 筑摩書房(ちくまプリマー新書) 2018年9月

「常識として知っておきたい日本語ノート」齋藤孝著 青春出版社(青春新書INTELLIGENCE) 2021年9月

「人はなぜ物語を求めるのか」千野帽子著 筑摩書房(ちくまプリマー新書) 2017年3月

「生き延びるための作文教室」石原千秋著 河出書房新社(14歳の世渡り術) 2015年7月

「打倒!センター試験の現代文」石原千秋著 筑摩書房(ちくまプリマー新書) 2014年7月

「中学受験国語記述問題の徹底攻略」若杉朋哉著 エール出版社(Yell books) 2019年9月

「中学受験国語試験で点数を取るための勉強法」神谷璃玖著 エール出版社(Yell books) 2023年6月

「中高生からの論文入門」小笠原喜康著;片岡則夫著 講談社(講談社現代新書) 2019年1月

「超入門!現代文学理論講座」亀井秀雄監修;蓼沼正美著 筑摩書房(ちくまプリマー新書) 2015年10月

「伝えるための教科書」川井龍介著 岩波書店(岩波ジュニア新書) 2015年1月

「東大生100人が教える成績をグングン伸ばす中学生の勉強法」東京大学「学習効率研究会」編 二見書房 2014年3月

「読解力を身につける」村上慎一著 岩波書店(岩波ジュニア新書) 2020年3月

「日本語のニュアンス練習帳」中村明著 岩波書店(岩波ジュニア新書) 2014年7月

「日本語を科学する：言語・音韻編」塩谷典著 ブレーン 2014年12月

「日本語を科学する 文法編下巻」塩谷典著 展望社 2017年9月

「物語のあるところ：月舟町ダイアローグ」吉田篤弘著 筑摩書房(ちくまプリマー新書) 2022年4月

「物語は人生を救うのか」千野帽子著 筑摩書房(ちくまプリマー新書) 2019年5月

「物語もっと深読み教室」宮川健郎著 岩波書店(岩波ジュニア新書) 2013年3月

「文章読解の鉄則：中学受験国語」井上秀和著 エール出版社(Yell books) 2014年1月

「落語―知っておきたい日本の古典芸能」瀧口雅仁編著 丸善出版 2019年10月

国語＞現代文

「打倒!センター試験の現代文」石原千秋著 筑摩書房(ちくまプリマー新書) 2014年7月

国語＞古文

「古典つまみ読み：古文の中の自由人たち」武田博幸著 平凡社(平凡社新書) 2019年8月

国語＞評論

「ONE PIECE STRONG WORDS 上巻―ヴィジュアル版」尾田栄一郎著 集英社(集英社新書) 2011年3月

「ジョジョの奇妙な名言集 = JOJO's Bizarre Words Part1～3―ヴィジュアル版」荒木飛呂彦著; 中条省平解説 集英社(集英社新書) 2012年4月

「頭のいい人の考え方：入試現代文で身につく論理力」出口汪著 青春出版社(青春新書INTELLIGENCE) 2016年1月

語源

「ことわざ練習帳」永野恒雄著 平凡社(平凡社新書) 2013年2月

「英語は「語源×世界史」を知ると面白い」清水建二著 青春出版社(青春新書INTELLIGENCE) 2023年7月

「学校では教えてくれないゆかいな日本語」今野真二著 河出書房新社(14歳の世渡り術) 2016年8月

「語源×図解くらべて覚える英単語」清水建二著;すずきひろしイラスト 青春出版社(青春新書INTELLIGENCE) 2021年5月

「語源でふやそう英単語」小池直己著 岩波書店(岩波ジュニア新書) 2010年7月

「日本語の深層:ことばの由来、心身のむかし」木村紀子著 平凡社(平凡社新書) 2011年2月

「名前で読み解く日本いきもの小百科」平田剛士著 平凡社(平凡社新書) 2012年9月

古語

「いとエモし。:超訳日本の美しい文学」koto著 サンクチュアリ出版(sanctuary books) 2023年2月

古語>現代語訳

「いとエモし。:超訳日本の美しい文学」koto著 サンクチュアリ出版(sanctuary books) 2023年2月

五十音

「学校では教えてくれないゆかいな日本語」今野真二著 河出書房新社(14歳の世渡り術) 2016年8月

言葉、言語一般

「「かったるい」から始まる心の病。:健全な心を保つため、必要なこと。:45分でわかる!—Magazine house 45 minutes series ; #11」春日武彦著;日本精神科看護技術協会監修 マガジンハウス 2010年7月

「「家訓」から見えるこの国の姿」山本眞功著 平凡社(平凡社新書) 2013年5月

「「推し」の文化論:BTSから世界とつながる」鳥羽和久著 晶文社 2023年3月

「「本当の才能」の引き出し方:野村の真髄」野村克也著 青春出版社(青春新書INTELLIGENCE) 2015年10月

「101人が選ぶ「とっておきの言葉」」河出書房新社編 河出書房新社(14歳の世渡り術) 2017年1月

「10代のための古典名句名言」佐藤文隆著;高橋義人著 岩波書店(岩波ジュニア新書) 2013年6月

「5文字で星座と神話」すとうけんたろう著・イラスト;左巻健男監修 講談社 2023年11月

「アドラー心理学を深く知る29のキーワード」梶野真著;岩井俊憲監修 祥伝社(祥伝社新書) 2015年3月

「あなたを丸めこむ「ずるい言葉」:10代から知っておきたい」貴戸理恵著 WAVE出版 2023年7月

「あの歌詞は、なぜ心に残るのか：Jポップの日本語力」山田敏弘著 祥伝社(祥伝社新書) 2014年2月

「うつりゆく日本語をよむ：ことばが壊れる前に」今野真二著 岩波書店(岩波新書 新赤版) 2021年12月

「ガンディーの言葉」マハートマ・ガンディー著;鳥居千代香訳 岩波書店(岩波ジュニア新書) 2011年3月

「きっと大丈夫と思えるスヌーピー」チャールズM.シュルツ作;谷川俊太郎訳 祥伝社(祥伝社新書) 2015年11月

「クセになる禅問答：考えることが楽しくなる珠玉の対話38」山田史生著 ダイヤモンド社 2023年3月

「ことばと思考」今井むつみ著 岩波書店(岩波新書 新赤版) 2010年10月

「ことばの発達の謎を解く」今井むつみ著 筑摩書房(ちくまプリマー新書) 2013年1月

「ついてないとき心が晴れるスヌーピー」チャールズM.シュルツ作;谷川俊太郎訳 祥伝社(祥伝社新書) 2012年4月

「つまらない日も楽しくなるスヌーピー」チャールズM.シュルツ作;谷川俊太郎訳 祥伝社(祥伝社新書) 2019年11月

「テレビの日本語」加藤昌男著 岩波書店(岩波新書 新赤版) 2012年7月

「なぜ人工知能は人と会話ができるのか」三宅陽一郎著 マイナビ出版(マイナビ新書) 2017年8月

「バカに見えるビジネス語」井上逸兵著 青春出版社(青春新書INTELLIGENCE) 2013年12月

「バカに見える日本語」樋口裕一著 青春出版社(青春新書INTELLIGENCE) 2012年4月

「はじめての江戸川柳：「なるほど」と「ニヤリ」を楽しむ」小栗清吾著 平凡社(平凡社新書) 2012年1月

「はじめての哲学」藤田正勝著 岩波書店(岩波ジュニア新書) 2021年6月

「ふしぎなことばことばのふしぎ：ことばってナァニ?」池上嘉彦著 筑摩書房(ちくまQブックス) 2022年8月

「プチ革命言葉の森を育てよう」ドリアン助川著 岩波書店(岩波ジュニア新書) 2014年7月

「ブッダが最後に伝えたかったこと」川辺秀美著 祥伝社(祥伝社新書) 2012年3月

「ものの言いかた西東」小林隆著;澤村美幸著 岩波書店(岩波新書 新赤版) 2014年8月

「リーダーとは「言葉」である：行き詰まりを抜け出す77の名言・名演説」向谷匡史著 青春出版社(青春新書INTELLIGENCE) 2021年1月

「わたしの外国語漂流記：未知なる言葉と格闘した25人の物語」河出書房新社編 河出書房新社(14歳の世渡り術) 2020年2月

「伊藤若冲―よみがえる天才；1」辻惟雄著 筑摩書房（ちくまプリマー新書）2020年4月

「異文化コミュニケーション学」鳥飼玖美子著 岩波書店（岩波新書 新赤版）2021年7月

「英語にできない日本の美しい言葉」吉田裕子著 青春出版社（青春新書INTELLIGENCE）2017年10月

「英語は「リズム」で9割通じる!」竹下光彦著 青春出版社（青春新書INTELLIGENCE）2013年4月

「科学はなぜ誤解されるのか：わかりにくさの理由を探る」垂水雄二著 平凡社（平凡社新書）2014年5月

「気持ちが楽になるスヌーピー」チャールズM.シュルツ作;谷川俊太郎訳 祥伝社（祥伝社新書）2011年4月

「検索禁止」長江俊和著 新潮社（新潮新書）2017年4月

「言葉と歩く日記」多和田葉子著 岩波書店（岩波新書 新赤版）2013年12月

「言葉を生きる：考えるってどういうこと?」池田晶子著 筑摩書房（ちくまQブックス）2022年6月

「国語をめぐる冒険」渡部泰明著;平野多恵著;出口智之著;田中洋美著;仲島ひとみ著 岩波書店（岩波ジュニア新書）2021年8月

「作家たちの17歳」千葉俊二著 岩波書店（岩波ジュニア新書）2022年4月

「四季の名言」坪内稔典著 平凡社（平凡社新書）2015年12月

「詩を書くってどんなこと?：こころの声を言葉にする」若松英輔著 平凡社（中学生の質問箱）2019年3月

「辞書の仕事」増井元著 岩波書店（岩波新書 新赤版）2013年10月

「辞書をよむ」今野真二著 平凡社（平凡社新書）2014年12月

「昭和のことば」鴨下信一著 文藝春秋（文春新書）2016年10月

「笑いの力、言葉の力：井上ひさしのバトンを受け継ぐ」渡邉文幸著 理論社（世界をカエル10代からの羅針盤）2022年7月

「常識として知っておきたい日本語ノート」齋藤孝著 青春出版社（青春新書INTELLIGENCE）2021年9月

「人間関係の99%はことばで変わる!」堀田秀吾著 青春出版社（青春新書INTELLIGENCE）2015年12月

「人類の歴史を変えた8つのできごと 1（言語・宗教・農耕・お金編）」眞淳平著 岩波書店（岩波ジュニア新書）2012年4月

「世界の名前」岩波書店辞典編集部編 岩波書店（岩波新書 新赤版）2016年3月

「中高生からの日本語の歴史」倉島節尚著 筑摩書房（ちくまプリマー新書）2019年3月

「伝える極意」長井鞠子著 集英社（集英社新書）2014年2月

「日本語のへそ：ムダなようで、でも大事なもの」金田一秀穂著 青春出版社（青春新書INTELLIGENCE）2017年12月

「芭蕉のあそび」深沢眞二著 岩波書店（岩波新書 新赤版）2022年11月

「俳句部、はじめました：さくら咲く一度っきりの今を詠む」神野紗希著 岩波書店（岩波ジュニアスタートブックス）2021年3月

「文法いらずの「単語ラリー」英会話」晴山陽一著 青春出版社（青春新書INTELLIGENCE）2014年4月

「名セリフどろぼう」竹内政明著 文藝春秋（文春新書）2011年2月

「余計な一言」齋藤孝著 新潮社（新潮新書）2014年7月

「励まされたいときのスヌーピー」チャールズM.シュルツ作;谷川俊太郎訳 祥伝社（祥伝社新書）2013年11月

「漱石「こころ」の言葉」夏目漱石著;矢島裕紀彦編 文藝春秋（文春新書）2014年6月

言葉選び

「なぜか感じがいい人のかわいい言い方」山﨑拓巳著 サンクチュアリ出版（sanctuary books）2021年12月

「世界はジョークで出来ている」早坂隆著 文藝春秋（文春新書）2018年6月

言葉遣い、敬語

「13歳からの「差がつく!言葉えらび」レッスン：きちんと伝わる言い回し450―コツがわかる本.ジュニアシリーズ」覚来ゆか里著 メイツ出版 2019年5月

「13歳からの「差がつく!言葉えらび」レッスン：きちんと伝わる言い回し450―コツがわかる本.ジュニアシリーズ」覚来ゆか里著 メイツ出版 2019年5月

「いい人間関係は「敬語のくずし方」で決まる」藤田尚弓著 青春出版社（青春新書INTELLIGENCE）2021年9月

「その日本語仕事で恥かいてます」福田健監修 青春出版社（青春新書INTELLIGENCE）2014年4月

「岩波メソッド学校にはない教科書：いま、必要な5×5の学習法」岩波邦明著;押田あゆみ著 岩波書店（岩波ジュニア新書）2015年10月

「五つの敬語 第1巻」小池保監修 理論社 2016年12月

「五つの敬語 第2巻」小池保監修 理論社 2016年12月

「五つの敬語 第3巻」小池保監修 理論社 2016年12月

「五つの敬語 第4巻」小池保監修 理論社 2016年12月

「五つの敬語 第5巻」小池保監修 理論社 2016年12月

「知らずにまちがえている敬語」井上明美著 祥伝社(祥伝社新書) 2013年8月

「中学生のための礼儀・作法読本:これだけは身につけたい:大人への入り口」横浜市教育委員会事務局編 ぎょうせい 2010年9月

「日本語のニュアンス練習帳」中村明著 岩波書店(岩波ジュニア新書) 2014年7月

「日本人の知らない日本語ドリル全235問」海野凪子監修;造事務所編集・構成 メディアファクトリー 2012年12月

ことわざ、熟語、慣用句、故事成語

「ことわざ練習帳」永野恒雄著 平凡社(平凡社新書) 2013年2月

「ネイティブにスッと伝わる英語表現の言い換え700」キャサリン・A・クラフト著;里中哲彦編訳 青春出版社(青春新書INTELLIGENCE) 2023年10月

「ポジティブになれる英語名言101」小池直己著;佐藤誠司著 岩波書店(岩波ジュニア新書) 2019年6月

「やさしい英語のことわざ:このことわざ、英語でどう言うの? 1」安藤邦男編集委員;萱忠義編集委員;CuongHuynh編集委員;JamesWang編集委員 くもん出版 2018年1月

「やさしい英語のことわざ:このことわざ、英語でどう言うの? 2」安藤邦男編集委員;萱忠義編集委員;CuongHuynh編集委員;JamesWang編集委員 くもん出版 2018年1月

「やさしい英語のことわざ:このことわざ、英語でどう言うの? 3」安藤邦男編集委員;萱忠義編集委員;CuongHuynh編集委員;JamesWang編集委員 くもん出版 2018年2月

「やさしい英語のことわざ:このことわざ、英語でどう言うの? 4」安藤邦男編集委員;萱忠義編集委員;CuongHuynh編集委員;JamesWang編集委員 くもん出版 2018年2月

「漢字が日本語になるまで:音読み・訓読みはなぜ生まれたのか?」円満字二郎著 筑摩書房(ちくまQブックス) 2022年7月

「漢字が日本語になるまで:音読み・訓読みはなぜ生まれたのか?―ちくまQブックス」円満字二郎 著 筑摩書房 2022年7月

「漢字のサーカス 常用漢字編 1」馬場雄二著 岩波書店(岩波ジュニア新書) 2010年12月

「漢字のサーカス 常用漢字編 2」馬場雄二著 岩波書店(岩波ジュニア新書) 2011年1月

「漢字力が身につく熟語練習帳」馬場雄二著 岩波書店(岩波ジュニア新書) 2015年5月

「江戸のことわざ遊び:幕末のベストセラーで笑う」南和男著 平凡社(平凡社新書) 2010年8月

「四字熟語の中国史」冨谷至著 岩波書店(岩波新書 新赤版) 2012年2月

「自分を励ます英語名言101」小池直己著;佐藤誠司著 岩波書店(岩波ジュニア新書) 2020年12月

「心を癒す言葉の花束」アルフォンス・デーケン著 集英社(集英社新書) 2012年7月

「生物学の基礎はことわざにあり：カエルの子はカエル?トンビがタカを生む?」杉本正信著 岩波書店（岩波ジュニア新書）2018年3月

「短歌をつくろう」栗木京子著 岩波書店（岩波ジュニア新書）2010年11月

「明日ともだちに話したくなる野菜の話」稲垣栄洋監修;オフィスシバチャン絵 総合法令出版 2018年6月

冗談、ジョーク

「ひらめき!英語迷言教室：ジョークのオチを考えよう」右田邦雄著 岩波書店（岩波ジュニア新書）2022年5月

生活科

「おばけの学校たんけんだん：たいけんしよう生活科 1—NHK for School」NHK「おばけの学校たんけんだん」制作班編;田村学監修 NHK出版 2021年9月

「おばけの学校たんけんだん：たいけんしよう生活科 2—NHK for School」NHK「おばけの学校たんけんだん」制作班編;田村学監修 NHK出版 2021年9月

「おばけの学校たんけんだん：たいけんしよう生活科 3—NHK for School」NHK「おばけの学校たんけんだん」制作班編;田村学監修 NHK出版 2021年9月

「おばけの学校たんけんだん：たいけんしよう生活科 4—NHK for School」NHK「おばけの学校たんけんだん」制作班編;田村学監修 NHK出版 2021年9月

「おばけの学校たんけんだん：たいけんしよう生活科 5—NHK for School」NHK「おばけの学校たんけんだん」制作班編;田村学監修 NHK出版 2021年9月

単語

「語源でふやそう英単語」小池直己著 岩波書店（岩波ジュニア新書）2010年7月

哲学

「「みんな違ってみんないい」のか?：相対主義と普遍主義の問題」山口裕之著 筑摩書房（ちくまプリマー新書）2022年7月

「10代からの哲学図鑑」マーカス・ウィークス著;スティーブン・ロー監修;日暮雅通訳 三省堂 2015年11月

「14歳からの人生哲学：なんでも楽しくなる35のヒント—心の友だち」中谷彰宏著 PHP研究所 2012年3月

「14歳からの哲学サロン：古きをたずねて新しきを知る—銀鈴叢書」板生いくえ著 銀の鈴社 2020年10月

「15歳からはじめる成功哲学：お金は知恵に群がる。—Nanaブックス；0115」千田琢哉著 ナナ・コーポレート・コミュニケーション 2012年6月

「17歳に贈る人生哲学」 葉祥明著 PHP研究所 2015年5月

「SNSの哲学：リアルとオンラインのあいだ―あいだで考える」 戸谷洋志著 創元社 2023年4月

「アウグスティヌス：「心」の哲学者」 出村和彦著 岩波書店（岩波新書 新赤版） 2017年10月

「いかにして個となるべきか?：群衆・身体・倫理」 船木亨著 勁草書房 2023年6月

「おおきく考えよう：人生に役立つ哲学入門」 ペーテル・エクベリ作;イェンス・アールボム絵;枇谷玲子訳 晶文社 2017年10月

「ケアしケアされ、生きていく」 竹端寛著 筑摩書房（ちくまプリマー新書） 2023年10月

「ちゃんと悩むための哲学：偉人たちの言葉ー朝日中学生ウイークリーの本」 小林和久著 朝日学生新聞社 2013年8月

「なぜと問うのはなぜだろう」 吉田夏彦著 筑摩書房（ちくまプリマー新書） 2017年11月

「ナマケモノ教授のムダのてつがく：「役に立つ」を超える生き方とは」 辻信一著 さくら舎 2023年1月

「ニーチェはこう考えた」 石川輝吉著 筑摩書房（ちくまプリマー新書） 2010年11月

「はじめての哲学」 藤田正勝著 岩波書店（岩波ジュニア新書） 2021年6月

「はじめての哲学的思考」 苫野一徳著 筑摩書房（ちくまプリマー新書） 2017年4月

「ひとりで、考える：哲学する習慣を」 小島俊明著 岩波書店（岩波ジュニア新書） 2019年5月

「フィルカル：philosophy & culture Vol.8 No.2」 ミュー 2023年8月

「プラトンとの哲学：対話篇をよむ」 納富信留著 岩波書店（岩波新書 新赤版） 2015年7月

「ヘーゲルとその時代」 権左武志著 岩波書店（岩波新書 新赤版） 2013年11月

「やらかした時にどうするか」 畑村洋太郎 著 筑摩書房（ちくまプリマー新書） 2022年6月

「ルールはそもそもなんのためにあるのか」 住吉雅美著 筑摩書房（ちくまプリマー新書） 2023年11月

「わかりあえない他者と生きる：差異と分断を乗り越える哲学―世界の知性シリーズ」 マルクス・ガブリエル著;大野和基インタビュー・編;月谷真紀訳 PHP研究所（PHP新書） 2022年3月

「悪口ってなんだろう」 和泉悠著 筑摩書房（ちくまプリマー新書） 2023年8月

「一点突破：岩手高校将棋部の勝負哲学―未来へのトビラ；File No.005」 藤原隆史著;大川慎太郎著 ポプラ社（ポプラ選書） 2018年4月

「宇宙はなぜ哲学の問題になるのか」 伊藤邦武著 筑摩書房（ちくまプリマー新書） 2019年8月

「科学哲学―哲学がわかる」 サミール・オカーシャ著;直江清隆訳;廣瀬覚訳 岩波書店 2023年9月

「怪物-わたしたちのべつの顔?―10代の哲学さんぽ；5」 ピエール・ペジュ文;ステファヌ・ブランケ絵;伏見操訳 岩崎書店 2011年9月

「教養として学んでおきたいニーチェ」岡本裕一朗著 マイナビ出版（マイナビ新書） 2021年9月

「教養として学んでおきたい現代哲学者10人」岡本裕一朗著 マイナビ出版（マイナビ新書） 2022年11月

「教養として学んでおきたい哲学」岡本裕一朗著 マイナビ出版（マイナビ新書） 2019年6月

「建築という対話：僕はこうして家をつくる」光嶋裕介著 筑摩書房（ちくまプリマー新書） 2017年5月

「言葉を生きる：考えるってどういうこと?―ちくまQブックス」池田晶子 著 筑摩書房 2022年6月

「死ってなんだろう。死はすべての終わりなの?―10代の哲学さんぽ；7」フランソワーズ・ダステュール文;アンネ・ヘムステッヘ絵;伏見操訳 岩崎書店 2016年6月

「時間ってなに?流れるのは時?それともわたしたち?―10代の哲学さんぽ；10」クリストフ・ブトン文;ジョシェン・ギャルネール絵;伏見操訳 岩崎書店 2017年2月

「自分で考える勇気：カント哲学入門」御子柴善之著 岩波書店（岩波ジュニア新書） 2015年3月

「質問する、問い返す：主体的に学ぶということ」名古谷隆彦著 岩波書店（岩波ジュニア新書） 2017年5月

「神さまと神はどう違うのか?」上枝美典著 筑摩書房（ちくまプリマー新書） 2023年6月

「人がいじわるをする理由はなに?―10代の哲学さんぽ；8」ドゥニ・カンブシュネ文;ギヨーム・デジェ絵;伏見操訳 岩崎書店 2016年10月

「人をつくる読書術」佐藤優著 青春出版社（青春新書INTELLIGENCE） 2019年2月

「人生はゲームなのだろうか?：〈答えのなさそうな問題〉に答える哲学」平尾昌宏著 筑摩書房（ちくまプリマー新書） 2022年2月

「人類哲学序説」梅原猛著 岩波書店（岩波新書 新赤版） 2013年4月

「世界について」戸田剛文著 岩波書店（岩波ジュニア新書） 2011年2月

「世界を動かす「宗教」と「思想」が2時間でわかる」蔭山克秀著 青春出版社（青春新書INTELLIGENCE） 2016年5月

「生きる哲学」若松英輔著 文藝春秋（文春新書） 2014年11月

「生命を究める―スタディサプリ三賢人の学問探究ノート：今を生きる学問の最前線読本；3」福岡伸一著;篠田謙一著;柴田正良著 ポプラ社 2020年3月

「存在とは何か：〈私〉という神秘」小林康夫著 PHP研究所 2023年6月

「尊厳：その歴史と意味」マイケル・ローゼン著;内尾太一訳;峯陽一訳 岩波書店（岩波新書 新赤版） 2021年3月

「体育がきらい」坂本拓弥著 筑摩書房（ちくまプリマー新書） 2023年10月

文化研究や国語・言語を知る

「知の古典は誘惑する―〈知の航海〉シリーズ」小島毅編著 岩波書店(岩波ジュニア新書) 2018年6月

「中学生からの対話する哲学教室」シャロン・ケイ著;ポール・トムソン著;河野哲也監訳;安藤道夫訳;木原弘行訳;土屋陽介訳;松川絵里訳;村瀬智之訳 玉川大学出版部 2012年4月

「中学生の君におくる哲学」斎藤慶典著 講談社 2013年1月

「中学生までに読んでおきたい哲学 1 (愛のうらおもて)」松田哲夫編 あすなろ書房 2012年9月

「中学生までに読んでおきたい哲学 2 (悪のしくみ)」松田哲夫編 あすなろ書房 2012年7月

「中学生までに読んでおきたい哲学 3 (うその楽しみ)」松田哲夫編 あすなろ書房 2012年10月

「中学生までに読んでおきたい哲学 4 (おろか者たち)」松田哲夫編 あすなろ書房 2012年6月

「中学生までに読んでおきたい哲学 5 (自然のちから)」松田哲夫編 あすなろ書房 2012年11月

「中学生までに読んでおきたい哲学 6 (死をみつめて)」松田哲夫編 あすなろ書房 2012年5月

「中学生までに読んでおきたい哲学 7 (人間をみがく)」松田哲夫編 あすなろ書房 2012年8月

「中学生までに読んでおきたい哲学 8 (はじける知恵)」松田哲夫編 あすなろ書房 2012年5月

「中高生のための哲学入門:「大人」になる君へ」小川仁志 著 ミネルヴァ書房 2022年3月

「哲学するタネ:高校倫理が教える70章 西洋思想編1」石浦昌之著 明月堂書店 2020年10月

「哲学するタネ:高校倫理が教える70章 西洋思想編2」石浦昌之著 明月堂書店 2020年10月

「哲学するタネ:高校倫理が教える70章 東洋思想編」石浦昌之著 明月堂書店 2018年10月

「哲学するってどんなこと?」金杉武司著 筑摩書房(ちくまプリマー新書) 2022年7月

「哲学のおやつヘンとふつう:10代からの考えるレッスン」ブリジット・ラベ;デュポン・ブリエ著;西川葉澄訳 汐文社 2010年12月

「哲学のおやつ幸福と不幸:10代からの考えるレッスン」ブリジット・ラベ;ミシェル・ピュエシュ著;西川葉澄訳 汐文社 2010年12月

「哲学のおやつ戦争と平和:10代からの考えるレッスン」ブリジット・ラベ;ミシェル・ピュエシュ著;西川葉澄訳 汐文社 2010年12月

「哲学のヒント」藤田正勝著 岩波書店(岩波新書 新赤版) 2013年2月

「哲学のメガネで世界を見ると:まんがで哲学」菅原嘉子文・構成;河野哲也監修;ながしまひろみ絵・漫画 ポプラ社 2023年3月

「哲学の使い方」鷲田清一著 岩波書店(岩波新書 新赤版) 2014年9月

「哲学の物語:16歳の道しるべ 東洋編」鈴木雅也著 学事出版 2011年3月

「哲学の方法―哲学がわかる」ティモシー・ウィリアムソン著;廣瀬覚訳 岩波書店 2023年1月

「哲学人生問答―17歳の特別教室」岸見一郎著 講談社 2019年10月

「哲学人生問答―17歳の特別教室」岸見一郎著 講談社 2019年10月

「動物には心があるの?人間と動物はどうちがうの?―10代の哲学さんぽ ; 4」エリザベット・ド・フォントネ文;オーロール・カリアス絵;伏見操訳 岩崎書店 2011年7月

「特別授業"死"について話そう」伊沢正名著;遠藤秀紀著;角幡唯介著;川口有美子著;最果タヒ著;酒井順子著;佐々涼子著;佐治晴夫著;島田裕巳著;園子温著;徳永進著;中森明夫著;畑正憲著;本郷和人著;元村有希子著;森川すいめい著;湯山玲子著;和合亮一著 河出書房新社(14歳の世渡り術) 2013年9月

「扉をひらく哲学:人生の鍵は古典のなかにある」中島隆博編著;梶原三恵子編著;納富信留編著;吉水千鶴子編著 岩波書店(岩波ジュニア新書) 2023年5月

「不思議なテレポート・マシーンの話:なぜ「ぼく」が存在の謎を考えることになったか?」飯田隆著 筑摩書房(ちくまQブックス) 2022年9月

「不思議なテレポート・マシーンの話:なぜ「ぼく」が存在の謎を考えることになったか?―ちくまQブックス」飯田隆 著 筑摩書房 2022年9月

「僕らの世界を作りかえる哲学の授業」土屋陽介著 青春出版社(青春新書INTELLIGENCE) 2019年7月

「問う方法・考える方法:「探究型の学習」のために」河野哲也著 筑摩書房(ちくまプリマー新書) 2021年4月

「話がつまらないのは「哲学」が足りないからだ」小川仁志著 青春出版社(青春新書INTELLIGENCE) 2016年3月

「漱石のこころ:その哲学と文学」赤木昭夫著 岩波書店(岩波新書 新赤版) 2016年12月

哲学>西洋哲学

「プラトンとの哲学:対話篇をよむ」納富信留著 岩波書店(岩波新書 新赤版) 2015年7月

「観念説と観念論:イデアの近代哲学史」佐藤義之編著;松枝啓至編著;渡邉浩一編著;安部浩著;内田浩明著;神野慧一郎著;戸田剛文著;冨田恭彦著;松本啓二朗著 ナカニシヤ出版 2023年3月

「西欧デモクラシーの哲学的伝統:アリストテレスにはじまる」山下正男 工作舎 2023年12月

哲学>倫理学

「13歳からの論理トレーニング:正しく考える基礎が身につく145問」小野田博一著 PHPエディターズ・グループ 2011年7月

「いかにして個となるべきか?:群衆・身体・倫理」船木亨著 勁草書房 2023年6月

「フロムに学ぶ「愛する」ための心理学」鈴木晶著 NHK出版(NHK出版新書) 2019年1月

「ぼくたちの倫理学教室」E.トゥーゲントハット著;A.M.ビクーニャ著;C.ロペス著;鈴木崇夫訳 平凡社(平凡社新書) 2016年1月

「偽善のすすめ:10代からの倫理学講座」パオロ・マッツァリーノ著 河出書房新社(14歳の世渡り術) 2014年2月

「偽善のすすめ：10代からの倫理学講座―14歳の世渡り術」パオロ・マッツァリーノ著 河出書房新社 2014年2月

「銀河帝国は必要か?：ロボットと人類の未来」稲葉振一郎著 筑摩書房(ちくまプリマー新書) 2019年9月

「幸福とは何か：思考実験で学ぶ倫理学入門」森村進著 筑摩書房(ちくまプリマー新書) 2018年9月

「心とからだの倫理学：エンハンスメントから考える」佐藤岳詩著 筑摩書房(ちくまプリマー新書) 2021年8月

「尊厳：その歴史と意味」マイケル・ローゼン著;内尾太一訳;峯陽一訳 岩波書店(岩波新書新赤版) 2021年3月

同音異義語

「おもしろ漢字塾 4」Willこども知育研究所編・著 金の星社 2010年3月

「漢字が日本語になるまで：音読み・訓読みはなぜ生まれたのか?」円満字二郎著 筑摩書房(ちくまQブックス) 2022年7月

「漢字が日本語になるまで：音読み・訓読みはなぜ生まれたのか?―ちくまQブックス」円満字二郎 著 筑摩書房 2022年7月

動詞

「14歳の教室：どう読みどう生きるか」若松英輔著 NHK出版 2020年7月

「五つの敬語 第3巻」小池保監修 理論社 2016年12月

「語源×図解くらべて覚える英単語」清水建二著;すずきひろしイラスト 青春出版社(青春新書INTELLIGENCE) 2021年5月

「日本人が言えそうで言えない英語表現650」キャサリン・A・クラフト著;里中哲彦編訳 青春出版社(青春新書INTELLIGENCE) 2022年8月

なまり

「ニホン英語は世界で通じる」末延岑生著 平凡社(平凡社新書) 2010年7月

日本語

「「ナニ様?」な日本語」樋口裕一著 青春出版社(青春新書INTELLIGENCE) 2013年1月

「「国語」から旅立って」温又柔著 新曜社(よりみちパン!セ) 2019年5月

「「私」を伝える文章作法」森下育彦著 筑摩書房(ちくまプリマー新書) 2015年3月

「「自分らしさ」と日本語」中村桃子著 筑摩書房(ちくまプリマー新書) 2021年5月

「「予測」で読解に強くなる!」石黒圭著 筑摩書房(ちくまプリマー新書) 2010年7月

「13歳からの「気もちを伝える言葉」事典：語彙力&表現力をのばす心情語600—コツがわかる本. ジュニアシリーズ」矢野耕平著 メイツ出版 2019年3月

「13歳からの「差がつく!言葉えらび」レッスン：きちんと伝わる言い回し450—コツがわかる本. ジュニアシリーズ」覚来ゆか里著 メイツ出版 2019年5月

「13歳からのことば事典：「まじ、ヤバい!」気もちを正しく伝えるには?：語彙力&表現力をのばす心情語600—コツがわかる本. ジュニアシリーズ」矢野耕平著 メイツ出版 2014年7月

「15歳の日本語上達法—15歳の寺子屋」金田一秀穂著 講談社 2010年1月

「5日で学べて一生使える!プレゼンの教科書」小川仁志著 筑摩書房(ちくまプリマー新書) 2019年4月

「あの歌詞は、なぜ心に残るのか：Jポップの日本語力」山田敏弘著 祥伝社(祥伝社新書) 2014年2月

「うつりゆく日本語をよむ：ことばが壊れる前に」今野真二著 岩波書店(岩波新書 新赤版) 2021年12月

「ことばハンター：国語辞典はこうつくる—生きかた」飯間浩明著 ポプラ社(ポプラ社ノンフィクション) 2019年1月

「ことわざ練習帳」永野恒雄著 平凡社(平凡社新書) 2013年2月

「この1冊で言葉力が伸びる!中学生の語彙力アップ徹底学習ドリル1100—コツがわかる本. ジュニアシリーズ」学習国語研究会著 メイツ出版 2017年6月

「コミュニケーション力を高めるプレゼン・発表術」上坂博亨著;大谷孝行著;里見安那著 岩波書店(岩波ジュニア新書) 2021年3月

「ショートショートでひらめく文章教室」田丸雅智著 河出書房新社(14歳の世渡り術) 2021年4月

「スラスラ書ける小論文の教科書」牛山恭範著 エール出版社(Yell books) 2013年7月

「その日本語仕事で恥かいてます」福田健監修 青春出版社(青春新書INTELLIGENCE) 2014年4月

「テレビの日本語」加藤昌男著 岩波書店(岩波新書 新赤版) 2012年7月

「のびーる国語無敵の語彙力：分かると差がつく言葉1000—角川まんが学習シリーズ；T8」森山卓郎監修 KADOKAWA 2023年9月

「バカに見えるビジネス語」井上逸兵著 青春出版社(青春新書INTELLIGENCE) 2013年12月

「バカに見える日本語」樋口裕一著 青春出版社(青春新書INTELLIGENCE) 2012年4月

「プチ革命言葉の森を育てよう」ドリアン助川著 岩波書店(岩波ジュニア新書) 2014年7月

「ぼっち現代文：わかり合えない私たちのための〈読解力〉入門—14歳の世渡り術」小池陽慈著 河出書房新社 2023年10月

「ものの言いかた西東」小林隆著;澤村美幸著 岩波書店(岩波新書 新赤版) 2014年8月

「やさしい英語のことわざ：このことわざ、英語でどう言うの？ 1」安藤邦男編集委員;萱忠義編集委員;CuongHuynh編集委員;JamesWang編集委員 くもん出版 2018年1月

「やさしい英語のことわざ：このことわざ、英語でどう言うの？ 2」安藤邦男編集委員;萱忠義編集委員;CuongHuynh編集委員;JamesWang編集委員 くもん出版 2018年1月

「やさしい英語のことわざ：このことわざ、英語でどう言うの？ 3」安藤邦男編集委員;萱忠義編集委員;CuongHuynh編集委員;JamesWang編集委員 くもん出版 2018年2月

「やさしい英語のことわざ：このことわざ、英語でどう言うの？ 4」安藤邦男編集委員;萱忠義編集委員;CuongHuynh編集委員;JamesWang編集委員 くもん出版 2018年2月

「やさしい日本語：多文化共生社会へ」庵功雄著 岩波書店（岩波新書 新赤版）2016年8月

「リズムのメディウム：特集」近藤譲著;樋口桂子著;河野哲也著;公益財団法人たばこ総合研究センター編 たばこ総合研究センター 水曜社(発売) 2023年3月

「英語にできない日本の美しい言葉」吉田裕子著 青春出版社（青春新書INTELLIGENCE）2017年10月

「解釈につよくなるための英文50」行方昭夫著 岩波書店（岩波ジュニア新書）2012年2月

「学校では教えてくれないゆかいな日本語」今野真二著 河出書房新社（14歳の世渡り術）2016年8月

「漢字からみた日本語の歴史」今野真二著 筑摩書房（ちくまプリマー新書）2013年7月

「漢字が日本語になるまで：音読み・訓読みはなぜ生まれたのか?」円満字二郎著 筑摩書房（ちくまQブックス）2022年7月

「漢字が日本語になるまで：音読み・訓読みはなぜ生まれたのか?—ちくまQブックス」円満字二郎 著 筑摩書房 2022年7月

「漢字とカタカナとひらがな：日本語表記の歴史」今野真二著 平凡社（平凡社新書）2017年10月

「漢字の歴史：古くて新しい文字の話」笹原宏之著 筑摩書房（ちくまプリマー新書）2014年9月

「漢字ハカセ、研究者になる」笹原宏之 著 岩波書店（岩波ジュニア新書）2022年3月

「橋本式国語勉強法」橋本武著 岩波書店（岩波ジュニア新書）2012年10月

「苦手から始める作文教室：文章が書けたらいいことはある?—ちくまQブックス」津村記久子著 筑摩書房 2022年9月

「訓読みのはなし：漢字文化と日本語」笹原宏之著 KADOKAWA（角川ソフィア文庫）2014年4月

「劇団四季メソッド「美しい日本語の話し方」」浅利慶太著 文藝春秋（文春新書）2013年7月

「古典つまみ読み：古文の中の自由人たち」武田博幸著 平凡社（平凡社新書）2019年8月

「五つの敬語 第1巻」小池保監修 理論社 2016年12月

「五つの敬語 第2巻」小池保監修 理論社 2016年12月

「五つの敬語 第3巻」小池保監修 理論社 2016年12月

「五つの敬語 第4巻」小池保監修 理論社 2016年12月

「五つの敬語 第5巻」小池保監修 理論社 2016年12月

「語感トレーニング：日本語のセンスをみがく55題」中村明著 岩波書店（岩波新書 新赤版）2011年4月

「考える力をつける論文教室」今野雅方著 筑摩書房（ちくまプリマー新書）2011年4月

「行不由徑(ゆくにこみちによらず)」諸橋轍次記念館編 新潟日報メディアネット（発売）2023年12月

「国語をめぐる冒険」渡部泰明著;平野多恵著;出口智之著;田中洋美著;仲島ひとみ著 岩波書店（岩波ジュニア新書）2021年8月

「詩の寺子屋」和合亮一著 岩波書店（岩波ジュニア新書）2015年12月

「詩を書くってどんなこと?：こころの声を言葉にする」若松英輔著 平凡社（中学生の質問箱）2019年3月

「辞書からみた日本語の歴史」今野真二著 筑摩書房（ちくまプリマー新書）2014年1月

「辞書の仕事」増井元著 岩波書店（岩波新書 新赤版）2013年10月

「辞書をよむ」今野真二著 平凡社（平凡社新書）2014年12月

「書き出しは誘惑する：小説の楽しみ」中村邦生著 岩波書店（岩波ジュニア新書）2014年1月

「小説は君のためにある：よくわかる文学案内」藤谷治著 筑摩書房（ちくまプリマー新書）2018年9月

「昭和のことば」鴨下信一著 文藝春秋（文春新書）2016年10月

「常識として知っておきたい日本語ノート」齋藤孝著 青春出版社（青春新書INTELLIGENCE）2021年9月

「人はなぜ物語を求めるのか」千野帽子著 筑摩書房（ちくまプリマー新書）2017年3月

「数字とことばの不思議な話」窪薗晴夫著 岩波書店（岩波ジュニア新書）2011年6月

「世にもあいまいなことばの秘密」川添愛著 筑摩書房（ちくまプリマー新書）2023年12月

「世界のアルファベットの秘密がわかる!ローマ字学」稲葉茂勝著;倉島節尚監修 今人舎 2019年8月

「声に出してよむ漢詩の名作50：中国語と日本語で愉しむ」荘魯迅著 平凡社（平凡社新書）2013年11月

「大人になって困らない語彙力の鍛えかた」今野真二著 河出書房新社（14歳の世渡り術）2017年11月

文化研究や国語・言語を知る

「中高生からの日本語の歴史」倉島節尚著 筑摩書房（ちくまプリマー新書）2019年3月

「超入門!現代文学理論講座」亀井秀雄監修;蓼沼正美著 筑摩書房（ちくまプリマー新書）2015年10月

「通じない日本語：世代差・地域差からみる言葉の不思議」窪薗晴夫著 平凡社（平凡社新書）2017年12月

「伝えるための教科書」川井龍介著 岩波書店（岩波ジュニア新書）2015年1月

「東大生と学ぶ語彙力」西岡壱誠著 筑摩書房（ちくまプリマー新書）2023年12月

「盗作の言語学：表現のオリジナリティーを考える」今野真二著 集英社（集英社新書）2015年5月

「答えより問いを探して—17歳の特別教室」高橋源一郎著 講談社 2019年8月

「読解力を身につける」村上慎一著 岩波書店（岩波ジュニア新書）2020年3月

「日本語が世界を平和にするこれだけの理由」金谷武洋著 飛鳥新社 2014年7月

「日本語スケッチ帳」田中章夫著 岩波書店（岩波新書 新赤版）2014年4月

「日本語と論理：哲学者、その謎に挑む」飯田隆著 NHK出版（NHK出版新書）2019年9月

「日本語の〈書き〉方」森山卓郎著 岩波書店（岩波ジュニア新書）2013年3月

「日本語の「常識」を問う」鈴木貞美著 平凡社（平凡社新書）2011年5月

「日本語のニュアンス練習帳」中村明著 岩波書店（岩波ジュニア新書）2014年7月

「日本語のへそ：ムダなようで、でも大事なもの」金田一秀穂著 青春出版社（青春新書INTELLIGENCE）2017年12月

「日本語の古典」山口仲美著 岩波書店（岩波新書 新赤版）2011年1月

「日本語の考古学」今野真二著 岩波書店（岩波新書 新赤版）2014年4月

「日本語の深層：ことばの由来、心身のむかし」木村紀子著 平凡社（平凡社新書）2011年2月

「日本語を科学する：言語・音韻編」塩谷典著 ブレーン 2014年12月

「日本語を科学する 文法編下巻」塩谷典著 展望社 2017年9月

「日本語を科学する 文法編上巻」塩谷典著 展望社 2017年7月

「日本語を科学する 和歌文学編」塩谷典 著 展望社 2022年7月

「日本語を科学する. 王朝物語文学編」塩谷典著 展望社 2023年7月

「物語は人生を救うのか」千野帽子著 筑摩書房（ちくまプリマー新書）2019年5月

「物語もっと深読み教室」宮川健郎著 岩波書店（岩波ジュニア新書）2013年3月

「文学部で読む日本国憲法」長谷川櫂著 筑摩書房（ちくまプリマー新書）2016年8月

「方言萌え!?：ヴァーチャル方言を読み解く」田中ゆかり著 岩波書店（岩波ジュニア新書） 2016年12月

「名セリフどろぼう」竹内政明著 文藝春秋（文春新書） 2011年2月

「名文どろぼう」竹内政明著 文藝春秋（文春新書） 2010年3月

人間論

「怪物-わたしたちのべつの顔?―10代の哲学さんぽ；5」ピエール・ペジュ文;ステファヌ・ブランケ絵;伏見操訳 岩崎書店 2011年9月

発音

「13歳からの英語ノート：「苦手」が「得意」に変わる超効率トレーニング」小野田博一著 PHPエディターズ・グループ 2010年2月

「ロシア語だけの青春」黒田龍之助著 筑摩書房（ちくま文庫） 2023年6月

「英語が嫌いな中学生のあなたへ：大事なのは入り口です」柊久平著 ブイツーソリューション 2013年10月

「英語の謎：歴史でわかるコトバの疑問」岸田緑渓著;早坂信著;奥村直史著 KADOKAWA（角川ソフィア文庫） 2018年1月

「高校生からの韓国語入門」稲川右樹著 筑摩書房（ちくまプリマー新書） 2021年2月

「身につく英語のためのA to Z」行方昭夫著 岩波書店（岩波ジュニア新書） 2014年8月

「数字とことばの不思議な話」窪薗晴夫著 岩波書店（岩波ジュニア新書） 2011年6月

「日本語のニュアンス練習帳」中村明著 岩波書店（岩波ジュニア新書） 2014年7月

「日本語を科学する 文法編上巻」塩谷典著 展望社 2017年7月

ハングル

「ハングルの誕生：音から文字を創る」野間秀樹著 平凡社（平凡社新書） 2010年5月

反対語、対義語

「のび～る国語無敵の語彙力：分かると差がつく言葉1000―角川まんが学習シリーズ；T8」森山卓郎監修 KADOKAWA 2023年9月

平仮名

「学校では教えてくれないゆかいな日本語」今野真二著 河出書房新社（14歳の世渡り術） 2016年8月

「漢字とカタカナとひらがな：日本語表記の歴史」今野真二著 平凡社（平凡社新書） 2017年10月

文化人類学

「40億年、いのちの旅」伊藤明夫著 岩波書店（岩波ジュニア新書）2018年8月

「ジプシーを訪ねて」関口義人著 岩波書店（岩波新書 新赤版）2011年1月

文法

「〈意味順〉英作文のすすめ」田地野彰著 岩波書店（岩波ジュニア新書）2011年3月

「あの歌詞は、なぜ心に残るのか：Jポップの日本語力」山田敏弘著 祥伝社（祥伝社新書）2014年2月

「ネイティブに伝わる「シンプル英作文」」デイビッド・セイン著;森田修著 筑摩書房（ちくまプリマー新書）2013年3月

「はじめての文学講義：読む・書く・味わう」中村邦生著 岩波書店（岩波ジュニア新書）2015年7月

「バッチリ身につく英語の学び方」倉林秀男著 筑摩書房（ちくまプリマー新書）2021年12月

「ひらめき!英語迷言教室：ジョークのオチを考えよう」右田邦雄著 岩波書店（岩波ジュニア新書）2022年5月

「ポジティブになれる英語名言101」小池直己著;佐藤誠司著 岩波書店（岩波ジュニア新書）2019年6月

「英語の謎：歴史でわかるコトバの疑問」岸田緑渓著;早坂信著;奥村直史著 KADOKAWA（角川ソフィア文庫）2018年1月

「英作文のためのやさしい英文法」佐藤誠司著 岩波書店（岩波ジュニア新書）2010年6月

「英文法練習帳」晴山陽一著 筑摩書房（ちくまプリマー新書）2010年8月

「楽しく習得!英語多読法」クリストファー・ベルトン著;渡辺順子訳 筑摩書房（ちくまプリマー新書）2016年7月

「完全独学!無敵の英語勉強法」横山雅彦著 筑摩書房（ちくまプリマー新書）2015年11月

「古典和歌入門」渡部泰明著 岩波書店（岩波ジュニア新書）2014年6月

「高校生からの韓国語入門」稲川右樹著 筑摩書房（ちくまプリマー新書）2021年2月

「自分を励ます英語名言101」小池直己著;佐藤誠司著 岩波書店（岩波ジュニア新書）2020年12月

「実践日本人の英語」マーク・ピーターセン著 岩波書店（岩波新書 新赤版）2013年4月

「書きたいと思った日から始める!10代から目指すライトノベル作家」榎本秋編著;菅沼由香里著;榎本事務所著 DBジャパン（ES BOOKS）2021年11月

「世界が広がる英文読解」田中健一著 岩波書店（岩波ジュニア新書）2023年7月

「日本語の〈書き〉方」森山卓郎著 岩波書店（岩波ジュニア新書）2013年3月

「日本語のニュアンス練習帳」中村明著 岩波書店(岩波ジュニア新書) 2014年7月

「日本語を科学する 文法編下巻」塩谷典著 展望社 2017年9月

「日本人の知らない日本語ドリル全235問」海野凪子監修;造事務所編集・構成 メディアファクトリー 2012年12月

「俳句を楽しむ」佐藤郁良著 岩波書店(岩波ジュニア新書) 2019年11月

「話すための英文法」小池直己著 岩波書店(岩波ジュニア新書) 2011年9月

方言

「「自分らしさ」と日本語」中村桃子著 筑摩書房(ちくまプリマー新書) 2021年5月

「キャラ絵で学ぶ!都道府県図鑑」伊藤賀一監修;いとうみつる絵;小松事務所文 すばる舎 2021年5月

「マイ・ジャパン:みてみよう日本のくらし」フィリケえつこ作 偕成社 2017年2月

「ものの言いかた西東」小林隆著;澤村美幸著 岩波書店(岩波新書 新赤版) 2014年8月

「通じない日本語:世代差・地域差からみる言葉の不思議」窪薗晴夫著 平凡社(平凡社新書) 2017年12月

「日本語を科学する 文法編上巻」塩谷典著 展望社 2017年7月

「方言漢字事典」笹原宏之編著 研究社 2023年10月

「方言萌え!?:ヴァーチャル方言を読み解く」田中ゆかり著 岩波書店(岩波ジュニア新書) 2016年12月

民俗学

「みんなの民俗学:ヴァナキュラーってなんだ?」島村恭則著 平凡社(平凡社新書) 2020年11月

「日本人はなぜそうしてしまうのか:お辞儀、胴上げ、拍手…の民俗学」新谷尚紀著 青春出版社(青春新書INTELLIGENCE) 2012年10月

「遊動論:柳田国男と山人」柄谷行人著 文藝春秋(文春新書) 2014年1月

名詞

「語源×図解もっとくらべて覚える英単語名詞」清水建二著;すずきひろしイラスト 青春出版社(青春新書INTELLIGENCE) 2022年5月

文字

「すごいタイトル(秘)法則」川上徹也著 青春出版社(青春新書INTELLIGENCE) 2022年5月

「ヨーロッパ文明の起源:聖書が伝える古代オリエントの世界」池上英洋著 筑摩書房(ちくまプリマー新書) 2017年11月

「漢字とカタカナとひらがな：日本語表記の歴史」今野真二著 平凡社(平凡社新書) 2017年10月

「高校生からの韓国語入門」稲川右樹著 筑摩書房(ちくまプリマー新書) 2021年2月

「読み書きは人の生き方をどう変えた?―歴史総合パートナーズ；3」川村肇著 清水書院 2018年8月

「日本語の〈書き〉方」森山卓郎著 岩波書店(岩波ジュニア新書) 2013年3月

文字＞書き順

「漢字のサーカス 常用漢字編 1」馬場雄二著 岩波書店(岩波ジュニア新書) 2010年12月

「漢字のサーカス 常用漢字編 2」馬場雄二著 岩波書店(岩波ジュニア新書) 2011年1月

類語、言い換え

「13歳からの「気もちを伝える言葉」事典：語彙力&表現力をのばす心情語600―コツがわかる本. ジュニアシリーズ」矢野耕平著 メイツ出版 2019年3月

「13歳からの「差がつく!言葉えらび」レッスン：きちんと伝わる言い回し450―コツがわかる本. ジュニアシリーズ」覚来ゆか里著 メイツ出版 2019年5月

「その英語、こう言いかえればササるのに!」関谷英里子著 青春出版社(青春新書INTELLIGENCE) 2013年8月

「ネイティブにスッと伝わる英語表現の言い換え700」キャサリン・A・クラフト著;里中哲彦編訳 青春出版社(青春新書INTELLIGENCE) 2023年10月

「自分で考え、自分で書くためのゆかいな文章教室」今野真二著 河出書房新社(14歳の世渡り術) 2019年7月

「知らずにまちがえている敬語」井上明美著 祥伝社(祥伝社新書) 2013年8月

歴史学

「『徒然草』の歴史学 増補」五味文彦著 KADOKAWA(角川ソフィア文庫) 2014年11月

「シリーズ歴史総合を学ぶ 1」小川幸司編;成田龍一編 岩波書店(岩波新書 新赤版) 2022年3月

「シリーズ歴史総合を学ぶ 2」成田龍一著 岩波書店(岩波新書 新赤版) 2022年6月

「シリーズ歴史総合を学ぶ 3」小川幸司著 岩波書店(岩波新書 新赤版) 2023年6月

「ミュージアムを知ろう：中高生からの美術館・博物館入門」横山佐紀著 ぺりかん社(なるにはBOOKS) 2020年8月

「古代史から読み解く「日本」のかたち」倉本一宏著;里中満智子著 祥伝社(祥伝社新書) 2018年5月

「考古学の挑戦：地中に問いかける歴史学」阿部芳郎編著 岩波書店（岩波ジュニア新書）2010年6月

「新しい世界史へ：地球市民のための構想」羽田正著 岩波書店（岩波新書 新赤版）2011年11月

「人に話したくなる世界史」玉木俊明著 文藝春秋（文春新書）2018年5月

「世界史の新常識」文藝春秋編 文藝春秋（文春新書）2019年3月

「日本史の新常識」文藝春秋編 文藝春秋（文春新書）2018年11月

「劉備と諸葛亮：カネ勘定の『三国志』」柿沼陽平著 文藝春秋（文春新書）2018年5月

「歴史としての戦後史学：ある歴史家の証言」網野善彦著 KADOKAWA（角川ソフィア文庫）2018年9月

「歴史をつかむ技法」山本博文著 新潮社（新潮新書）2013年10月

「歴史を活かす力：人生に役立つ80のQ&A」出口治明著 文藝春秋（文春新書）2020年12月

「歴史を知る楽しみ：史料から日本史を読みなおす」家近良樹著 筑摩書房（ちくまプリマー新書）2018年12月

「歴史学のトリセツ：歴史の見方が変わるとき」小田中直樹著 筑摩書房（ちくまプリマー新書）2022年9月

収録作品一覧（作者の字順→出版社の字順並び）

DVD付きで超カンタンにわかる!ミニバスケットボール：bjリーグアカデミー公認最強トレーニングメソッド―最初の1冊／bjリーグアカデミー監修;主婦の友社編／主婦の友社／2014年10月
踊れる体をつくる!バレエ・エクササイズ／Clara編;木ノ内真百美監修／新書館／2019年8月
動画でわかる!楽しい!うまくなる!ミニバスケットボール／D-EQUIPO 著／日本文芸社／2022年12月
〈ビジュアル入門〉ラグビーがわかる本／DK社編著;髙橋功一訳／東京書籍／2019年8月
ぼくたちの倫理学教室／E.トゥーゲントハット著;A.M.ビクーニャ著;C.ロペス著;鈴木崇夫訳／平凡社（平凡社新書）／2016年1月
新・それってどうなの!? Q&A高校生クリスチャンライフ篇／hi-b.a.高校生聖書伝道協会著／いのちのことば社／2021年4月
いとエモし。：超訳日本の美しい文学／koto著／サンクチュアリ出版（sanctuary books）／2023年2月
10分で読む日本の歴史／NHK「10min.ボックス」制作班編／岩波書店（岩波ジュニア新書）／2016年7月
おばけの学校たんけんだん：たいけんしよう生活科 1―NHK for School／NHK「おばけの学校たんけんだん」制作班編;田村学監修／NHK出版／2021年9月
おばけの学校たんけんだん：たいけんしよう生活科 2―NHK for School／NHK「おばけの学校たんけんだん」制作班編;田村学監修／NHK出版／2021年9月
おばけの学校たんけんだん：たいけんしよう生活科 3―NHK for School／NHK「おばけの学校たんけんだん」制作班編;田村学監修／NHK出版／2021年9月
おばけの学校たんけんだん：たいけんしよう生活科 4―NHK for School／NHK「おばけの学校たんけんだん」制作班編;田村学監修／NHK出版／2021年9月
おばけの学校たんけんだん：たいけんしよう生活科 5―NHK for School／NHK「おばけの学校たんけんだん」制作班編;田村学監修／NHK出版／2021年9月
自分で見つける!社会の課題 2―NHK for School ドスルコスル／NHK「ドスルコスル」制作班編;田村学監修／NHK出版／2021年11月
はりきり体育ノ介：TAIIKU DEKIRUTO YOU ARE HAPPY!! 1―NHK for School／NHK「はりきり体育ノ介」制作班編／NHK出版／2022年2月
はりきり体育ノ介：TAIIKU DEKIRUTO YOU ARE HAPPY!! 2―NHK for School／NHK「はりきり体育ノ介」制作班編／NHK出版／2022年2月
はりきり体育ノ介：TAIIKU DEKIRUTO YOU ARE HAPPY!! 3―NHK for School／NHK「はりきり体育ノ介」制作班編／NHK出版／2022年2月
はりきり体育ノ介体育パーフェクトブック ＝HARIKIRITAIIKUNOSUKE TAIIKU PERFECT BOOK：TAIIKU DEKIRUTO YOU ARE HAPPY!!―教養・文化シリーズ. NHK for School／NHK「はりきり体育ノ介」制作班編／NHK出版／2022年10月
1対1で勝つ!突破のドリブルテクニック50／REGATEドリブル塾著／鉄人社／2021年5月
おもしろ漢字塾 1（漢字の成り立ち）／Willこども知育研究所編・著／金の星社／2010年2月
おもしろ漢字塾 2（チャレンジ!難読漢字）／Willこども知育研究所編・著／金の星社／2010年3月
おもしろ漢字塾 3（まちがえやすい漢字）／Willこども知育研究所編・著／金の星社／2010年3月
おもしろ漢字塾 4／Willこども知育研究所編・著／金の星社／2010年3月
DVDでうまくなる!少年野球練習メニュー210：個人 グループ チーム／YBC野球塾監修／西東社／2012年7月
心を癒す言葉の花束／アルフォンス・デーケン著／集英社（集英社新書）／2012年7月
お釈迦様の物語「ジャータカ」：スマナサーラ長老と読む／アルボムッレ・スマナサーラ監修;藤本竜子文;上杉久代絵;佐藤広基絵;佐藤桃子絵;笛岡法子絵;藤本ほなみ絵／サンガ／2014年5月
13歳のチカラが世界を変える／アルボムッレ・スマナサーラ著／サンガ／2015年3月

日本人の知らない武士道／アレキサンダー・ベネット著／文藝春秋（文春新書）／2013 年 7 月
13 歳からの料理のきほん 34／アントラム栢木利美著／海竜社／2014 年 5 月
美術の進路相談：絵の仕事をするために、描き続ける方法／イトウハジメ著／ポプラ社／2023 年 9 月
魂をゆさぶる歌に出会う：アメリカ黒人文化のルーツへ／ウェルズ恵子著／岩波書店（岩波ジュニア新書）／2014 年 2 月
14 歳から考えたいセクシュアリティ／ヴェロニク・モティエ 著;月沢李歌子 訳／すばる舎／2022 年 11 月
旧約聖書物語 下／ウォルター・デ・ラ・メア作;阿部知二訳／岩波書店（岩波少年文庫）／2012 年 9 月
旧約聖書物語 上／ウォルター・デ・ラ・メア作;阿部知二訳／岩波書店（岩波少年文庫）／2012 年 9 月
動物には心があるの?人間と動物はどうちがうの?―10 代の哲学さんぽ；4／エリザベット・ド・フォントネ文;オーロール・カリアス絵;伏見操訳／岩崎書店／2011 年 7 月
はじめてのミニバスケットボール／エルトラック監修／成美堂出版／2010 年 9 月
がんばれ!ニッポンの星オリンピックのスターたち／オグマナオト著／集英社（集英社みらい文庫）／2020 年 3 月
甲子園スーパースター列伝／オグマナオト著;『野球太郎』編集部編／集英社（集英社みらい文庫）／2016 年 7 月
中学生ブラバン天国：オザワ部長のあるある吹部訪問／オザワ部長著／学研プラス／2016 年 9 月
毛の人類史：なぜ人には毛が必要なのか／カート・ステン著;藤井美佐子訳／太田出版（ヒストリカル・スタディーズ）／2017 年 2 月
スティーブ・ジョブズの生き方／カレン・ブルーメンタール著;渡邉了介訳／あすなろ書房／2012 年 3 月
日本人が言えそうで言えない英語表現 650／キャサリン・A・クラフト著;里中哲彦編訳／青春出版社（青春新書 INTELLIGENCE）／2022 年 8 月
ネイティブにスッと伝わる英語表現の言い換え 700／キャサリン・A・クラフト著;里中哲彦編訳／青春出版社（青春新書 INTELLIGENCE）／2023 年 10 月
判断力を鍛える!ラグビーIQ ドリル：基本の戦術が身につく 50 問―コツがわかる本. ジュニアシリーズ／クボタスピアーズ監修／メイツ出版／2019 年 8 月
時間ってなに?流れるのは時?それともわたしたち?―10 代の哲学さんぽ；10／クリストフ・ブトン文;ジョシェン・ギャルネール絵;伏見操訳／岩崎書店／2017 年 2 月
楽しく習得!英語多読法／クリストファー・ベルトン著;渡辺順子訳／筑摩書房（ちくまプリマー新書）／2016 年 7 月
負けない!：挑戦することは楽しいこと／クルム伊達公子著／ポプラ社（ポプラ社ノンフィクション）／2012 年 3 月
ゴシック美術って、なんだろう?―Rikuyosha Children & YA Books. 図鑑：はじめてであう世界の美術／ケイト・リッグス編／六耀社／2017 年 7 月
ロマン主義って、なんだろう?―Rikuyosha Children & YA Books. 図鑑：はじめてであう世界の美術／ケイト・リッグス編／六耀社／2017 年 8 月
印象派って、なんだろう?―Rikuyosha Children & YA Books. 図鑑：はじめてであう世界の美術／ケイト・リッグス編／六耀社／2017 年 10 月
キュビスムって、なんだろう?―Rikuyosha Children & YA Books. 図鑑：はじめてであう世界の美術／ケイト・リッグス編／六耀社／2017 年 11 月
イラストリビングバイブル：新約―Forest Books／ケリー篠沢挿画／いのちのことば社フォレストブックス／2014 年 2 月
カメラはじめます!／こいしゆうか著;鈴木知子監修／サンクチュアリ出版（sanctuary books）／2018 年 1 月
うっかりオリンピック：ウソでしょ!?／こざきゆう著;フルカワマモる絵／集英社／2020 年 3 月
Q&A 式自転車完全マスター 2／こどもくらぶ企画・編集・著／ベースボール・マガジン社／2012 年 8 月
しらべよう!世界の料理 1／こどもくらぶ著;青木ゆり子監修／ポプラ社／2017 年 4 月
しらべよう!世界の料理 2／こどもくらぶ著;青木ゆり子監修／ポプラ社／2017 年 4 月

しらべよう!世界の料理 3／こどもくらぶ著;青木ゆり子監修／ポプラ社／2017年4月
しらべよう!世界の料理 6／こどもくらぶ著;青木ゆり子監修／ポプラ社／2017年4月
教科書に出てくる遺跡と文化財を訪ねる 1／こどもくらぶ編／あすなろ書房／2019年1月
教科書に出てくる遺跡と文化財を訪ねる 2／こどもくらぶ編／あすなろ書房／2019年1月
教科書に出てくる遺跡と文化財を訪ねる 3／こどもくらぶ編／あすなろ書房／2019年2月
教科書に出てくる遺跡と文化財を訪ねる 4／こどもくらぶ編／あすなろ書房／2019年2月
剣道―さあ、はじめよう!日本の武道；2／こどもくらぶ編／岩崎書店／2010年10月
柔道―さあ、はじめよう!日本の武道；1／こどもくらぶ編／岩崎書店／2010年10月
外国語でスポーツ 1／こどもくらぶ編集／ベースボール・マガジン社／2015年10月
外国語でスポーツ 2／こどもくらぶ編集／ベースボール・マガジン社／2015年11月
外国語でスポーツ 3／こどもくらぶ編集／ベースボール・マガジン社／2015年12月
最後の晩餐の真実／コリン・J・ハンフリーズ著;黒川由美訳／太田出版（ヒストリカル・スタディーズ）／2013年7月
話したくなるオリンピックの歴史：オリンピックの謎をひもといてみよう!／コンデックス情報研究所編著／清水書院／2018年7月
オン・ザ・マップ：地図と人類の物語／サイモン・ガーフィールド著;黒川由美訳／太田出版（ヒストリカル・スタディーズ）／2014年12月
中学サッカー進路ナビ＝Junior Youth Soccer Guide：一都三県東京・神奈川 千葉・埼玉収録／サカママ編集部編著／ソル・メディア／2018年10月
おもしろサッカー世界図鑑 スペイン編／サッカー新聞エル・ゴラッソ編集／スクワッド（ELGOLAZO BOOKS）／2020年2月
科学哲学―哲学がわかる／サミール・オカーシャ著;直江清隆訳;廣瀬覚訳／岩波書店／2023年9月
走ることは、生きること：五輪金メダリスト ジェシー・オーエンスの物語／ジェフ・バーリンゲーム著;古川哲史訳;三浦誉史加訳;井上摩紀訳／晃洋書房／2016年7月
瞽女うた／ジェラルド・グローマー著／岩波書店（岩波新書 新赤版）／2014年5月
音楽について知っておくべき100のこと―インフォグラフィックスで学ぶ楽しいサイエンス／ジェローム・マーティン 作; アリス・ジェームズ 作; ラン・クック 作; アレックス・フリス 作;フェデリコ・マリアーニ 絵; ショウ・ニールセン 絵; ドミニク・バイロン 絵; パルコ・ポロ 絵;竹内薫 訳・監修／小学館／2022年12月
中学生からの対話する哲学教室／シャロン・ケイ著;ポール・トムソン著;河野哲也監訳;安藤道夫訳;木原弘行訳;土屋陽介訳;松川絵里訳;村瀬智之訳／玉川大学出版部／2012年4月
フランス料理の歴史／ジャン=ピエール・プーラン著;エドモン・ネランク著;山内秀文訳・解説／KADOKAWA（角川ソフィア文庫）／2017年3月
印象派の歴史 下／ジョン・リウォルド著;三浦篤訳;坂上桂子訳／KADOKAWA（角川ソフィア文庫）／2019年8月
印象派の歴史 上／ジョン・リウォルド著;三浦篤訳;坂上桂子訳／KADOKAWA（角川ソフィア文庫）／2019年8月
美術ってなあに?："なぜ?"から広がるアートの世界／スージー・ホッジ著;小林美幸訳／河出書房新社／2017年9月
美術ってなあに?："なぜ?"から広がるアートの世界／スージー・ホッジ著;小林美幸訳／河出書房新社／2023年12月
世界のクルマ大百科＝THE ENCYCLOPEDIA OF WORLD CARS：最新600台の解説とデータを完全網羅／スタジオタッククリエイティブ編集／スタジオタッククリエイティブ／2019年11月
5文字で星座と神話／すとうけんたろう著・イラスト;左巻健男監修／講談社／2023年11月
私、日本に住んでいます／スベンドリニ・カクチ著／岩波書店（岩波ジュニア新書）／2017年10月
補欠廃止論―未来へのトビラ；File No.003／セルジオ越後著／ポプラ社（ポプラ選書）／2018年4月
気持ちが楽になるスヌーピー／チャールズM.シュルツ作;谷川俊太郎訳／祥伝社（祥伝社新書）／2011年4

月
ついてないとき心が晴れるスヌーピー／チャールズM.シュルツ作;谷川俊太郎訳／祥伝社（祥伝社新書）／2012年4月
励まされたいときのスヌーピー／チャールズM.シュルツ作;谷川俊太郎訳／祥伝社（祥伝社新書）／2013年11月
きっと大丈夫と思えるスヌーピー／チャールズM.シュルツ作;谷川俊太郎訳／祥伝社（祥伝社新書）／2015年11月
つまらない日も楽しくなるスヌーピー／チャールズM.シュルツ作;谷川俊太郎訳／祥伝社（祥伝社新書）／2019年11月
まんがで読む世界の名作オペラ 1―まんが世界のオペラシリーズ／つづき佳子著／メトロポリタンプレス／2011年12月
まんがで読む世界の名作オペラ 2―まんが世界のオペラシリーズ／つづき佳子著／メトロポリタンプレス／2011年12月
まんがで読む世界の名作オペラ 3―まんが世界のオペラシリーズ／つづき佳子著／メトロポリタンプレス／2012年1月
まんがで読む世界の名作オペラ 4―まんが世界のオペラシリーズ／つづき佳子著／メトロポリタンプレス／2012年1月
まんがで読む世界の名作オペラ 5―まんが世界のオペラシリーズ／つづき佳子著／メトロポリタンプレス／2012年2月
まんがで読む世界の名作オペラ 6―まんが世界のオペラシリーズ／つづき佳子著／メトロポリタンプレス／2012年2月
まんがで読む世界の名作オペラ 7―まんが世界のオペラシリーズ／つづき佳子著／メトロポリタンプレス／2012年3月
まんがで読む世界の名作オペラ 9―まんが世界のオペラシリーズ／つづき佳子著／メトロポリタンプレス／2012年3月
東大留学生ディオンが見たニッポン／ディオン・ン・ジェ・ティン著／岩波書店（岩波ジュニア新書）／2017年4月
英会話言わなきゃよかったこの単語／デイビッド・セイン著／青春出版社（青春新書INTELLIGENCE）／2021年1月
ネイティブに伝わる「シンプル英作文」／デイビッド・セイン著;森田修著／筑摩書房（ちくまプリマー新書）／2013年3月
哲学の方法―哲学がわかる／ティモシー・ウィリアムソン著;廣瀬覚訳／岩波書店／2023年1月
世界を変えた15のたべもの／テレサ・ベネイテス文;フラビア・ソリーリャ絵;轟志津香訳;中野明正日本語版監修／大月書店／2020年2月
人がいじわるをする理由はなに?―10代の哲学さんぽ；8／ドゥニ・カンブシュネ文;ギヨーム・デジェ絵;伏見操訳／岩崎書店／2016年10月
これでできる!スケートボードABC／トランスワールドスケートボーディングジャパン監修／トランスワールドジャパン（TWJ BOOKS）／2016年3月
プチ革命言葉の森を育てよう／ドリアン助川著／岩波書店（岩波ジュニア新書）／2014年7月
「ダンスだいすき!」から生まれた奇跡：アンナ先生とラブジャンクスの挑戦／なかのかおり文・写真／ラグーナ出版／2019年11月
大人になるまでに読みたい15歳の短歌・俳句・川柳 3／なかはられいこ編／ゆまに書房／2016年3月
ここがスゴイよ!ニッポンの文化大図鑑：名作マンガ100でわかる!1巻／ニッポンの文化大図鑑編集委員会編／日本図書センター／2018年1月
ここがスゴイよ!ニッポンの文化大図鑑：名作マンガ100でわかる!2巻／ニッポンの文化大図鑑編集委員会編／日本図書センター／2018年1月
ここがスゴイよ!ニッポンの文化大図鑑：名作マンガ100でわかる!3巻／ニッポンの文化大図鑑編集委員

会編／日本図書センター／2018年1月
ここがスゴイよ!ニッポンの文化大図鑑：名作マンガ100でわかる!4巻／ニッポンの文化大図鑑編集委員会編／日本図書センター／2018年1月
ここがスゴイよ!ニッポンの文化大図鑑：名作マンガ100でわかる!5巻／ニッポンの文化大図鑑編集委員会編／日本図書センター／2018年1月
クスクスの謎：人と人をつなげる粒パスタの魅力／にむらじゅんこ著／平凡社（平凡社新書）／2012年1月
そのとき風がふいた：ド・ロ神父となかまたちの冒険／ニューロック木綿子漫画;中濱敬司監修／オリエンス宗教研究所／2018年7月
あなたの知らない85のネイマール：A to Zで語る僕の素顔／ネイマール・ジュニオール著;藤波真矢訳／フロムワン／2014年6月
部活でスキルアップ!ダンス上達バイブル―コツがわかる本／のりんご☆監修／メイツ出版／2019年5月
偽善のすすめ：10代からの倫理学講座―14歳の世渡り術／パオロ・マッツァリーノ著／河出書房新社／2014年2月
偽善のすすめ：10代からの倫理学講座／パオロ・マッツァリーノ著／河出書房新社（14歳の世渡り術）／2014年2月
ひとはみな、ハダカになる。 増補-よりみちパン!セ；P057／バクシーシ山下著／イースト・プレス／2013年1月
吹奏楽部員のためのココロとカラダの相談室：今すぐできるよくわかるアレクサンダー・テクニーク：バジル先生の メンタルガイド編／バジル・クリッツァー著／学研パブリッシング／2013年9月
吹奏楽部員のためのココロとカラダの相談室：今すぐできるよくわかるアレクサンダー・テクニーク：バジル先生の 楽器演奏編／バジル・クリッツァー著／学研パブリッシング／2013年9月
吹奏楽部員のためのココロとカラダの相談室：今すぐできるよくわかるアレクサンダー・テクニーク：バジル先生の コンクール・本番編／バジル・クリッツァー著／学研パブリッシング／2015年5月
吹奏楽部員のためのココロとカラダの相談室：今すぐできる・よくわかるアレクサンダー・テクニーク：バジル先生の 楽器演奏編 改訂版／バジル・クリッツァー著／学研プラス／2017年3月
音が変わる!うまくなる!たのしい吹奏楽 1／バジル・クリッツァー著;天野正道監修／学研プラス／2018年2月
音が変わる!うまくなる!たのしい吹奏楽 2／バジル・クリッツァー著;天野正道監修／学研プラス／2018年2月
音が変わる!うまくなる!たのしい吹奏楽 3／バジル・クリッツァー著;天野正道監修／学研プラス／2018年2月
10か国語でニッポン紹介：国際交流を応援する本 1／パトリック・ハーラン英語指導;こどもくらぶ編／岩崎書店／2017年1月
10か国語でニッポン紹介：国際交流を応援する本 2／パトリック・ハーラン英語指導;こどもくらぶ編／岩崎書店／2017年1月
10か国語でニッポン紹介：国際交流を応援する本 3／パトリック・ハーラン英語指導;こどもくらぶ編／岩崎書店／2017年2月
10か国語でニッポン紹介：国際交流を応援する本 4／パトリック・ハーラン英語指導;こどもくらぶ編／岩崎書店／2017年2月
10か国語でニッポン紹介：国際交流を応援する本 5／パトリック・ハーラン英語指導;こどもくらぶ編／岩崎書店／2017年3月
ジョージ・ルーカス：「スター・ウォーズ」の生みの親／パム・ポラック著;メグ・ベルヴィソ著;田中奈津子訳／ポプラ社（ポプラ社ノンフィクション）／2015年11月
バカ論／ビートたけし著／新潮社（新潮新書）／2017年10月
怪物-わたしたちのべつの顔?―10代の哲学さんぽ；5／ピエール・ペジュ文;ステファヌ・ブランケ絵;伏見操訳／岩崎書店／2011年9月

言語の力：「思考・価値観・感情」なぜ新しい言語を持つと世界が変わるのか?／ビオリカ・マリアン著;今井むつみ監訳・解説;桜田直美訳／KADOKAWA／2023年12月

マイ・ジャパン：みてみよう日本のくらし／フィリケえつこ作／偕成社／2017年2月

死ってなんだろう。死はすべての終わりなの?—10代の哲学さんぽ；7／フランソワーズ・ダステュール文;アンネ・ヘムステッヘ絵;伏見操訳／岩崎書店／2016年6月

哲学のおやつヘンとふつう：10代からの考えるレッスン／ブリジット・ラベ;デュポン・ブリエ著;西川葉澄訳／汐文社／2010年12月

哲学のおやつ幸福と不幸：10代からの考えるレッスン／ブリジット・ラベ;ミシェル・ピュエシュ著;西川葉澄訳／汐文社／2010年12月

哲学のおやつ戦争と平和：10代からの考えるレッスン／ブリジット・ラベ;ミシェル・ピュエシュ著;西川葉澄訳／汐文社／2010年12月

新スポーツスーパースター伝：夢への扉を開け! 2／ベースボール・マガジン社 著／ベースボール・マガジン社／2022年4月

新スポーツスーパースター伝：夢への扉を開け! 3／ベースボール・マガジン社 著・編集／ベースボール・マガジン社／2022年7月

新スポーツスーパースター伝：夢への扉を開け! 1／ベースボール・マガジン社 編集／ベースボール・マガジン社／2022年3月

新スポーツスーパースター伝：夢への扉を開け! 4／ベースボール・マガジン社 編集／ベースボール・マガジン社／2022年12月

松井秀喜：夢への扉を開け!—スポーツスーパースター伝；1／ベースボール・マガジン社編／ベースボール・マガジン社／2010年8月

宮里藍：夢への扉を開け!—スポーツスーパースター伝；2／ベースボール・マガジン社編／ベースボール・マガジン社／2010年9月

上野由岐子：夢への扉を開け!—スポーツスーパースター伝；3／ベースボール・マガジン社編／ベースボール・マガジン社／2010年10月

中村俊輔：夢への扉を開け!—スポーツスーパースター伝；4／ベースボール・マガジン社編／ベースボール・マガジン社／2010年11月

田中将大：夢への扉を開け!—スポーツスーパースター伝；5／ベースボール・マガジン社編／ベースボール・マガジン社／2011年2月

新スポーツスーパースター伝：夢への扉を開け! 5／ベースボール・マガジン社編／ベースボール・マガジン社／2023年4月

少年野球上達パーフェクトマニュアル／ベースボール・マガジン社編;川崎憲次郎;元木大介監修／ベースボール・マガジン社／2010年5月

スポーツクライミングボルダリング：考える力を身につけながら楽しくレベルアップ!!／ベースボール・マガジン社編集;西谷善子監修／ベースボール・マガジン社／2018年9月

おおきく考えよう：人生に役立つ哲学入門／ペーテル・エクベリ作;イェンス・アールボム絵;枇谷玲子訳／晶文社／2017年10月

ピーテル・ブリューゲル—Rikuyosha Children & YA Books. 世界の名画：巨匠と作品／ポール・ロケット著／六耀社／2016年7月

10代からの哲学図鑑／マーカス・ウィークス著;スティーブン・ロー監修;日暮雅通訳／三省堂／2015年11月

エヴァンジェリカルズ：アメリカ外交を動かすキリスト教福音主義／マーク・R・アムスタッツ著;加藤万里子訳／太田出版（ヒストリカル・スタディーズ）／2014年11月

実践日本人の英語／マーク・ピーターセン著／岩波書店（岩波新書 新赤版）／2013年4月

ゴッホはなぜ星月夜のうねる糸杉をえがいたのか／マイケル・バード著;ケイト・エヴァンズ絵;岡本由香子訳／エクスナレッジ／2018年6月

メッシ＝MESSI：ハンデをのりこえた小さなヒーロー／マイケル・パート著;樋渡正人訳／ポプラ社（ポ

プラ社ノンフィクション）／2013年10月
クリスティアーノ・ロナウド＝C.RONALDO：ヒーローの夢がかなうとき／マイケル・パート著;樋渡正人訳／ポプラ社（ポプラ社ノンフィクション）／2014年5月
ネイマール＝Neymar：ピッチでくりだす魔法／マイケル・パート著;樋渡正人訳／ポプラ社（ポプラ社ノンフィクション）／2014年11月
バロテッリ＝Balotelli：黒い肌のイタリア人エース／マイケル・パート著;樋渡正人訳／ポプラ社（ポプラ社ノンフィクション）／2015年9月
ハメス・ロドリゲス＝J.RODORIGUEZ：世界にいどむニューヒーロー―スポーツ／マイケル・パート著;樋渡正人訳／ポプラ社（ポプラ社ノンフィクション）／2016年11月
尊厳：その歴史と意味／マイケル・ローゼン著;内尾太一訳;峯陽一訳／岩波書店（岩波新書 新赤版）／2021年3月
やさしい聖書物語／マイテ・ロッシュ文・絵;女子パウロ会訳／女子パウロ会／2023年1月
ガンディーの言葉／マハートマ・ガンディー著;鳥居千代香訳／岩波書店（岩波ジュニア新書）／2011年3月
わかりあえない他者と生きる：差異と分断を乗り越える哲学―世界の知性シリーズ／マルクス・ガブリエル著;大野和基インタビュー・編;月谷真紀訳／PHP研究所（PHP新書）／2022年3月
わくわく手芸部 4／ミカ 著;ユカ 著／誠文堂新光社／2022年10月
わくわく手芸部 5／ミカ 著;ユカ 著／誠文堂新光社／2022年10月
わくわく手芸部 6／ミカ 著;ユカ 著／誠文堂新光社／2022年10月
わくわく手芸部 1／ミカ著;ユカ著／誠文堂新光社／2021年11月
わくわく手芸部 2／ミカ著;ユカ著／誠文堂新光社／2021年11月
わくわく手芸部 3／ミカ著;ユカ著／誠文堂新光社／2021年11月
少女のための聖書物語／メリッサ・アレックス文;グスタボ・マザーリ絵;日本聖書協会訳／日本聖書協会／2017年11月
少年のための聖書物語／メリッサ・アレックス文;グスタボ・マザーリ絵;日本聖書協会訳／日本聖書協会／2017年11月
美術館って、おもしろい!：展覧会のつくりかた、働く人たち、美術館の歴史、裏も表もすべてわかる本／モラヴィア美術館著;阿部賢一訳;須藤輝彦訳／河出書房新社／2020年5月
イスラエルとは何か／ヤコヴ・M.ラブキン著;菅野賢治訳／平凡社（平凡社新書）／2012年6月
パスタぎらい／ヤマザキマリ著／新潮社（新潮新書）／2019年4月
木と日本人 2(樹皮と枝・つる)／ゆのきようこ監修・文;長谷川哲雄樹木画／理論社／2015年12月
木と日本人 3／ゆのきようこ監修・文;長谷川哲雄樹木画／理論社／2016年3月
なぜ人間は泳ぐのか?：水泳をめぐる歴史、現在、未来／リン・シェール著;高月園子訳／太田出版（ヒストリカル・スタディーズ）／2013年4月
やってはいけない「長男」の相続：日本一相続を見てきてわかった円満解決の秘訣／レガシィ著／青春出版社（青春新書INTELLIGENCE）／2018年8月
聖書とわたし／ロイス・ロック文;アリーダ・マッサーリ絵;関谷義樹日本語版監修;つばきうたこ訳／ドン・ボスコ社／2017年10月
パラリンピックは世界をかえる：ルートヴィヒ・グットマンの物語／ローリー・アレクサンダー作;アラン・ドラモンド絵;千葉茂樹訳／福音館書店／2021年3月
「和食」って何?／阿古真理著／筑摩書房（ちくまプリマー新書）／2015年5月
YOUかけがえのない君へ：バスケットを通じて学んだ人生で一番大切なこと／阿部学著／ライティング／2011年8月
はじめての水泳：夏までにぜったい泳げる!!―集英社版学習まんが.SPORTS／阿部高明まんが;東京アスレティッククラブ監修／集英社／2017年4月
明日話したくなる元号・改元／阿部泉執筆・監修／清水書院／2019年5月
部活で差がつく!勝つハンドボール最強のコツ50―コツがわかる本／阿部直人監修／メイツ出版／2017年6

月
考古学の挑戦：地中に問いかける歴史学／阿部芳郎編著／岩波書店（岩波ジュニア新書）／2010年6月
故郷の味は海をこえて：「難民」として日本に生きる―平和／安田菜津紀著・写真／ポプラ社（ポプラ社ノンフィクション）／2019年11月
中学生からの数学オリンピック／安藤哲哉著／数学書房／2023年9月
やさしい英語のことわざ：このことわざ、英語でどう言うの? 1／安藤邦男編集委員;萱忠義編集委員;CuongHuynh編集委員;JamesWang編集委員／くもん出版／2018年1月
やさしい英語のことわざ：このことわざ、英語でどう言うの? 2／安藤邦男編集委員;萱忠義編集委員;CuongHuynh編集委員;JamesWang編集委員／くもん出版／2018年1月
やさしい英語のことわざ：このことわざ、英語でどう言うの? 3／安藤邦男編集委員;萱忠義編集委員;CuongHuynh編集委員;JamesWang編集委員／くもん出版／2018年2月
やさしい英語のことわざ：このことわざ、英語でどう言うの? 4／安藤邦男編集委員;萱忠義編集委員;CuongHuynh編集委員;JamesWang編集委員／くもん出版／2018年2月
やさしい日本語：多文化共生社会へ／庵功雄著／岩波書店（岩波新書 新赤版）／2016年8月
特別授業"死"について話そう／伊沢正名著;遠藤秀紀著;角幡唯介著;川口有美子著;最果タヒ著;酒井順子著;佐々涼子著;佐治晴夫著;島田裕巳著;園子温著;徳永進著;中森明夫著;畑正憲著;本郷和人著;元村有希子著;森川すいめい著;湯山玲子著;和合亮一著／河出書房新社（14歳の世渡り術）／2013年9月
少年野球基本・練習・コーチング―少年少女スポーツシリーズ／伊東勤監修／西東社／2010年5月
キャラ絵で学ぶ!都道府県図鑑／伊藤賀一監修;いとうみつる絵;小松事務所文／すばる舎／2021年5月
キャラ絵で学ぶ!日本の世界遺産図鑑／伊藤賀一監修;いとうみつる絵;小松事務所文／すばる舎／2023年6月
ドキュメントテレビは原発事故をどう伝えたのか／伊藤守著／平凡社（平凡社新書）／2012年3月
ランキングマップ世界地理：統計を地図にしてみよう／伊藤智章著／筑摩書房（ちくまプリマー新書）／2023年9月
宇宙はなぜ哲学の問題になるのか／伊藤邦武著／筑摩書房（ちくまプリマー新書）／2019年8月
40億年、いのちの旅／伊藤明夫著／岩波書店（岩波ジュニア新書）／2018年8月
たのしいHIP-HOPダンス入門―BBM48 DVD BOOK；#5／井上さくら監修／ベースボール・マガジン社／2012年8月
バカに見えるビジネス語／井上逸兵著／青春出版社（青春新書INTELLIGENCE）／2013年12月
より良く死ぬ日のために―よりみちパン!セ；P034／井上治代著／イースト・プレス／2012年2月
より良く死ぬ日のために―よりみちパン!セ；52／井上治代著／理論社／2010年3月
文章読解の鉄則：中学受験国語／井上秀和著／エール出版社（Yell books）／2014年1月
神道-日本人の原点を知る。：震災での日本人の団結力は、神道の文化に根ざしているかもしれない。：45分でわかる!―Magazine house 45 minutes series；#15／井上順孝著／マガジンハウス／2011年9月
知らずにまちがえている敬語／井上明美著／祥伝社（祥伝社新書）／2013年8月
絵本画家天才たちが描いた妖精 = FAIRY WORLD OF ARTISTIC GENIUSES／井村君江著／中経出版（ビジュアル選書）／2013年5月
世界を動かす聖者たち：グローバル時代のカリスマ／井田克征著／平凡社（平凡社新書）／2014年3月
巨人たちの俳句：源内から荷風まで／磯辺勝著／平凡社（平凡社新書）／2010年4月
昭和なつかし食の人物誌／磯辺勝著／平凡社（平凡社新書）／2016年9月
文学に描かれた「橋」：詩歌・小説・絵画を読む／磯辺勝著／平凡社（平凡社新書）／2019年9月
部活で大活躍できる!!勝つ!バスケットボール最強のポイント50―コツがわかる本／一ノ瀬和之監修／メイツ出版／2011年4月
明日ともだちに話したくなる野菜の話／稲垣栄洋監修;オフィスシバチャン絵／総合法令出版／2018年6月
仮面ライダー昆虫記 = THE STORIES OF INSECTS & MASKED RIDER／稲垣栄洋著;石森プロ作画／東京書籍／2023年3月
高校生からの韓国語入門／稲川右樹著／筑摩書房（ちくまプリマー新書）／2021年2月

STAR WARS 漢字の奥義／稲村広香文／講談社／2019 年 11 月
江戸落語で知る四季のご馳走／稲田和浩著／平凡社（平凡社新書）／2019 年 11 月
銀河帝国は必要か?：ロボットと人類の未来／稲葉振一郎著／筑摩書房（ちくまプリマー新書）／2019 年 9 月
じゃんけん学 = Rock Paper Scissors：起源から勝ち方・世界のじゃんけんまで／稲葉茂勝著;こどもくらぶ編／今人舎／2015 年 5 月
世界のアルファベットの秘密がわかる!ローマ字学／稲葉茂勝著;倉島節尚監修／今人舎／2019 年 8 月
日本語あそび学：平安時代から現代までのいろいろな言葉あそび／稲葉茂勝著;倉島節尚監修;ウノカマキリ絵／今人舎／2016 年 6 月
世界を動かす「宗教」と「思想」が 2 時間でわかる／蔭山克秀著／青春出版社（青春新書 INTELLIGENCE）／2016 年 5 月
ひらめき!英語迷言教室：ジョークのオチを考えよう／右田邦雄著／岩波書店（岩波ジュニア新書）／2022 年 5 月
農はいのちをつなぐ／宇根豊著／岩波書店（岩波ジュニア新書）／2023 年 11 月
こだわらないとらわれないもう、悩まない。／宇佐美百合子著／サンクチュアリ出版（sanctuary books）／2012 年 10 月
できる!スポーツテクニック 3／宇野勝監修／ポプラ社／2010 年 3 月
ひとりあそびの教科書／宇野常寛著／河出書房新社（14 歳の世渡り術）／2023 年 4 月
SDGs は地理で学べ／宇野仙著／筑摩書房（ちくまプリマー新書）／2022 年 10 月
羽生善治の将棋の教科書／羽生善治著／河出書房新社／2012 年 9 月
羽生善治の攻めの教科書／羽生善治著／河出書房新社／2019 年 6 月
羽生善治の将棋の教科書 改訂版／羽生善治著／河出書房新社／2020 年 2 月
羽生善治の将棋入門：確認テストでステップアップを実感!／羽生善治著／誠文堂新光社／2015 年 3 月
羽生善治の将棋入門／羽生善治著／日本将棋連盟／2011 年 12 月
新しい世界史へ：地球市民のための構想／羽田正著／岩波書店（岩波新書 新赤版）／2011 年 11 月
部活で大活躍できる!!勝つ!バレーボール最強のポイント 50―コツがわかる本／羽田野義博監修／メイツ出版／2011 年 6 月
学校では教えてくれない人生を変える音楽／雨宮処凛著;池谷裕二著;池辺晋一郎著;浦沢直樹著;遠藤秀紀著;大崎善生著;乙武洋匡著;角田光代著;今日マチ子著;清塚信也著;小手鞠るい著;近藤良平著;桜井進著;柴田元幸著;小路幸也著;辛酸なめ子著;高嶋ちさ子著;西研著;林丹丹著;又吉直樹著;町田康著;松井咲子著;みうらじゅん著;宮下奈都著;本川達雄著;山田ズーニー著／河出書房新社（14 歳の世渡り術）／2013 年 5 月
お寺の日本地図：名刹古刹でめぐる 47 都道府県／鵜飼秀徳著／文藝春秋（文春新書）／2021 年 4 月
箱根駅伝強豪校の勝ち方／碓井哲雄著／文藝春秋（文春新書）／2018 年 11 月
上野公園へ行こう：歴史&アート探検／浦井正明著／岩波書店（岩波ジュニア新書）／2015 年 7 月
北斎漫画入門／浦上満著／文藝春秋（文春新書）／2017 年 10 月
図説地図とあらすじでわかる!釈迦の生涯と日本の仏教／瓜生中監修／青春出版社（青春新書 INTELLIGENCE）／2019 年 11 月
図説一度は訪ねておきたい!日本の七宗と総本山・大本山／永田美穂監修／青春出版社（青春新書 INTELLIGENCE）／2018 年 1 月
近代秀歌／永田和宏著／岩波書店（岩波新書 新赤版）／2013 年 1 月
ことわざ練習帳／永野恒雄著／平凡社（平凡社新書）／2013 年 2 月
魚で始まる世界史：ニシンとタラとヨーロッパ／越智敏之著／平凡社（平凡社新書）／2014 年 6 月
書きたいと思った日から始める!10 代から目指すライトノベル作家／榎本秋編著;菅沼由香里著;榎本事務所著／DB ジャパン（ES BOOKS）／2021 年 11 月
「やさしさ」過剰社会：人を傷つけてはいけないのか／榎本博明著／PHP 研究所（PHP 新書）／2016 年 11 月
漢字が日本語になるまで：音読み・訓読みはなぜ生まれたのか?―ちくま Q ブックス／円満字二郎 著／筑

摩書房／2022年7月
高校生のための語彙+漢字2000／円満字二郎著／筑摩書房／2023年10月
漢字が日本語になるまで：音読み・訓読みはなぜ生まれたのか?／円満字二郎著／筑摩書房（ちくまQブックス）／2022年7月
食卓の世界史／遠藤雅司著／筑摩書房（ちくまプリマー新書）／2023年11月
日本語を科学する 和歌文学編／塩谷典 著／展望社／2022年7月
日本語を科学する：言語・音韻編／塩谷典著／ブレーン／2014年12月
日本語を科学する 文法編上巻／塩谷典著／展望社／2017年7月
日本語を科学する 文法編下巻／塩谷典著／展望社／2017年9月
日本語を科学する. 王朝物語文学編／塩谷典著／展望社／2023年7月
麺の歴史：ラーメンはどこから来たか／奥村彪生著;安藤百福監修／KADOKAWA（角川ソフィア文庫）／2017年11月
英語に好かれるとっておきの方法：4技能を身につける／横山カズ著／岩波書店（岩波ジュニア新書）／2016年6月
完全独学!無敵の英語勉強法／横山雅彦著／筑摩書房（ちくまプリマー新書）／2015年11月
行儀作法の教科書／横山験也著／岩波書店（岩波ジュニア新書）／2010年8月
ミュージアムを知ろう：中高生からの美術館・博物館入門／横山佐紀著／ぺりかん社（なるにはBOOKS）／2020年8月
世界に通じるマナーとコミュニケーション：つながる心、英語は翼／横手尚子著;横山カズ著／岩波書店（岩波ジュニア新書）／2017年7月
中学生のための礼儀・作法読本：これだけは身につけたい：大人への入り口／横浜市教育委員会事務局編／ぎょうせい／2010年9月
新・百人一首：近現代短歌ベスト100／岡井隆選;馬場あき子選;永田和宏選;穂村弘選／文藝春秋（文春新書）／2013年3月
漫画親鸞さま／岡橋徹栄作;広中建次画／本願寺出版社／2013年12月
鏡が語る古代史／岡村秀典著／岩波書店（岩波新書 新赤版）／2017年5月
デスマスク／岡田温司著／岩波書店（岩波新書 新赤版）／2011年11月
キリストと性：西洋美術の想像力と多様性／岡田温司著／岩波書店（岩波新書 新赤版）／2023年10月
虹の西洋美術史／岡田温司著／筑摩書房（ちくまプリマー新書）／2012年12月
西洋美術とレイシズム／岡田温司著／筑摩書房（ちくまプリマー新書）／2020年12月
モーツァルト―よみがえる天才；3／岡田暁生著／筑摩書房（ちくまプリマー新書）／2020年9月
ピカソ：型破りの天才画家／岡田好惠文;真斗絵;大髙保二郎監修／講談社（講談社青い鳥文庫）／2017年6月
アニメ!リアルvs.ドリーム／岡田浩行著;武井風太著／岩波書店（岩波ジュニア新書）／2013年1月
マンガでよくわかる!99%抜けるドリブル理論／岡部将和著;戸田邦和漫画;大浜寧之原案／東洋館出版社(TOYOKAN BOOKS）／2021年4月
教養として学んでおきたい哲学／岡本裕一朗著／マイナビ出版（マイナビ新書）／2019年6月
教養として学んでおきたいニーチェ／岡本裕一朗著／マイナビ出版（マイナビ新書）／2021年9月
教養として学んでおきたい現代哲学者10人／岡本裕一朗著／マイナビ出版（マイナビ新書）／2022年11月
サッカーをあきらめない：サッカー部のない高校から日本代表へ-岡野雅行―スポーツノンフィクション. サッカー／岡野雅行著;布施龍太絵／KADOKAWA／2018年5月
マザー・テレサ：あふれる愛／沖守弘文・写真／講談社（講談社青い鳥文庫）／2010年7月
インド神話／沖田瑞穂編訳／岩波書店（岩波少年文庫）／2020年10月
「国語」から旅立って／温又柔著／新曜社（よりみちパン!セ）／2019年5月
ヴェルディ：オペラ変革者の素顔と作品／加藤浩子著／平凡社（平凡社新書）／2013年5月
オペラでわかるヨーロッパ史／加藤浩子著／平凡社（平凡社新書）／2015年12月

バッハ：「音楽の父」の素顔と生涯／加藤浩子著／平凡社（平凡社新書）／2018年6月
オペラで楽しむヨーロッパ史／加藤浩子著／平凡社（平凡社新書）／2020年3月
部活で吹奏楽クラリネット上達BOOK―コツがわかる本／加藤純子監修／メイツ出版／2017年6月
テレビの日本語／加藤昌男著／岩波書店（岩波新書 新赤版）／2012年7月
スポーツ名場面で考える白熱道徳教室 3／加藤宣行著／汐文社／2020年1月
図説浄土真宗の教えがわかる!親鸞と教行信証／加藤智見著／青春出版社（青春新書INTELLIGENCE）／2012年7月
「怖い」が、好き!―よりみちパン!セ；P046／加門七海著／イースト・プレス／2012年6月
漱石「こころ」の言葉／夏目漱石著;矢島裕紀彦編／文藝春秋（文春新書）／2014年6月
歴史を知る楽しみ：史料から日本史を読みなおす／家近良樹著／筑摩書房（ちくまプリマー新書）／2018年12月
生き抜くためのごはんの作り方：悩みに効く16人のレシピ―14歳の世渡り術／河出書房新社 編;有賀薫ほか 著／河出書房新社／2022年2月
101人が選ぶ「とっておきの言葉」／河出書房新社編／河出書房新社（14歳の世渡り術）／2017年1月
人生を変えるアニメ／河出書房新社編／河出書房新社（14歳の世渡り術）／2018年8月
わたしの外国語漂流記：未知なる言葉と格闘した25人の物語／河出書房新社編／河出書房新社（14歳の世渡り術）／2020年2月
14歳からの映画ガイド：世界の見え方が変わる100本／河出書房新社編;朝井リョウほか著／河出書房新社（14歳の世渡り術）／2023年9月
生き抜くためのごはんの作り方：悩みに効く16人のレシピ／河出書房新社編;有賀薫ほか著／河出書房新社（14歳の世渡り術）／2022年2月
装飾古墳の謎／河野一隆著／文藝春秋（文春新書）／2023年1月
問う方法・考える方法：「探究型の学習」のために／河野哲也著／筑摩書房（ちくまプリマー新書）／2021年4月
日本のすごい食材／河﨑貴一著／文藝春秋（文春新書）／2017年11月
中高生の陸上競技―マンガ×動画×写真で3倍よくわかる!／花谷昂著・漫画監修;森本一樹漫画(原作・作画)／ベースボール・マガジン社／2023年10月
万国博覧会の二十世紀／海野弘著／平凡社（平凡社新書）／2013年7月
日本人の知らない日本語ドリル全235問／海野凪子監修;造事務所編集・構成／メディアファクトリー／2012年12月
東南アジアを学ぼう：「メコン圏」入門／柿崎一郎著／筑摩書房（ちくまプリマー新書）／2011年2月
劉備と諸葛亮：カネ勘定の『三国志』／柿沼陽平著／文藝春秋（文春新書）／2018年5月
13歳からの「差がつく!言葉えらび」レッスン：きちんと伝わる言い回し450―コツがわかる本. ジュニアシリーズ／覚来ゆか里著／メイツ出版／2019年5月
13歳からの「差がつく!言葉えらび」レッスン：きちんと伝わる言い回し450―コツがわかる本. ジュニアシリーズ／覚来ゆか里著／メイツ出版／2019年5月
女子高生と魔法のノート：大人も知らない夢の見つけ方／角谷ケンイチ著／ディスカヴァービジネスパブリッシング／2020年7月
青春ハンドメイド＝Seishun Handmade：あこがれスクールライフ 1／学研プラス編／学研プラス／2019年2月
青春ハンドメイド＝Seishun Handmade：あこがれスクールライフ 2／学研プラス編／学研プラス／2019年2月
青春ハンドメイド＝Seishun Handmade：あこがれスクールライフ 3／学研プラス編／学研プラス／2019年2月
中学音楽をひとつひとつわかりやすく。／学研教育出版編／学研教育出版／2011年5月
スポーツ感動物語 第2期 3／学研教育出版編集／学研教育出版／2012年2月
スポーツ感動物語 第2期 4／学研教育出版編集／学研教育出版／2012年2月

スポーツ感動物語 第2期 6／学研教育出版編集／学研教育出版／2012年2月
スポーツ感動物語 第2期 8／学研教育出版編集／学研教育出版／2012年2月
中学生のための小学漢字総復習ドリル：テーマ別問題で応用力が身につく―コツがわかる本. ジュニアシリーズ／学習漢字研究会著／メイツ出版／2019年8月
この1冊で言葉力が伸びる!中学生の語彙力アップ徹底学習ドリル1100―コツがわかる本. ジュニアシリーズ／学習国語研究会著／メイツ出版／2017年6月
アドラー心理学を深く知る29のキーワード／梶野真著;岩井俊憲監修／祥伝社（祥伝社新書）／2015年3月
いつかすべてが君の力になる／梶裕貴著／河出書房新社（14歳の世渡り術）／2018年5月
教養として学んでおきたい能・狂言／葛西聖司著／マイナビ出版（マイナビ新書）／2020年4月
教養として学んでおきたい歌舞伎／葛西聖司著／マイナビ出版（マイナビ新書）／2021年8月
〈スポーツ感動物語〉アスリートの原点 2／株式会社学研プラス編／学研プラス／2016年2月
〈スポーツ感動物語〉アスリートの原点 6／株式会社学研プラス編／学研プラス／2016年2月
図説地図とあらすじでわかる!山の神々と修験道／鎌田東二監修／青春出版社（青春新書INTELLIGENCE）／2015年5月
昭和のことば／鴨下信一著／文藝春秋（文春新書）／2016年10月
バレーボール八王子実践高校式メニュー：基本を大事に実戦力を向上させる―強豪校の練習法／貫井直輝著／ベースボール・マガジン社／2023年3月
ジプシーを訪ねて／関口義人著／岩波書店（岩波新書 新赤版）／2011年1月
知ってる?野球：クイズでスポーツがうまくなる／関口勝己著／ベースボール・マガジン社／2016年10月
現地取材!世界のくらし 2／関根淳監修・原著;李香鎮監修・原著／ポプラ社／2020年4月
現地取材!世界のくらし 4／関根淳著・写真;尾崎孝宏監修／ポプラ社／2020年4月
現地取材!世界のくらし 6／関根淳文・写真;寺田勇文監修／ポプラ社／2020年4月
その英語、こう言いかえればササるのに!／関谷英里子著／青春出版社（青春新書INTELLIGENCE）／2013年8月
バスケットボール実戦に役立つ「1対1」シュートテクニック ＝Basketball 1 on 1 Shooting Technique：実戦でシュートを決める!「練習」と「試合」の差をなくすためのA to Z ハンディ版／関谷悠介技術指導;鈴木良和監修／ベースボール・マガジン社／2018年7月
みるみる上達!スポーツ練習メニュー 6／丸田耕平監修;武川征一郎監修／ポプラ社／2015年4月
哲学人生問答―17歳の特別教室／岸見一郎著／講談社／2019年10月
はじめての沖縄／岸政彦著／新曜社（よりみちパン!セ）／2018年5月
勝つ!百人一首「競技かるた」完全マスター―コツがわかる本. ジュニアシリーズ／岸田諭監修／メイツ出版／2016年12月
英語の謎：歴史でわかるコトバの疑問／岸田緑渓著;早坂信著;奥村直史著／KADOKAWA（角川ソフィア文庫）／2018年1月
NARUTO-ナルト-名言集絆-KIZUNA- 地ノ巻―ヴィジュアル版／岸本斉史著／集英社（集英社新書）／2013年3月
バスケットボール「1対1」に強くなるトレーニングブック：ミニバスから中学・高校バスケまで-実戦に役立つテクニック満載! ハンディ版／岩井貞憲技術指導;鈴木良和監修／ベースボール・マガジン社／2014年10月
好きなのにはワケがある：宮崎アニメと思春期のこころ／岩宮恵子著／筑摩書房（ちくまプリマー新書）／2013年12月
ワールドカップで見た南アフリカ体験記／岩崎龍一著／ポプラ社（ポプラ社ノンフィクション）／2010年10月
世界の名前／岩波書店辞典編集部編／岩波書店（岩波新書 新赤版）／2016年3月
岩波メソッド学校にはない教科書：いま、必要な5×5の学習法／岩波邦明著;押田あゆみ著／岩波書店（岩波ジュニア新書）／2015年10月

出羽三山：山岳信仰の歴史を歩く／岩鼻通明著／岩波書店（岩波新書 新赤版）／2017年10月
部活で大活躍できる!サッカー最強のポイント50―コツがわかる本／岩本輝雄監修／メイツ出版／2011年7月
日本とベルギー：交流の歴史と文化／岩本和子編著;中條健志編著;石部尚登ほか著／松籟社／2023年12月
ワールドカップ：伝説を生んだヒーローたち／岩崎龍一著／ポプラ社（ポプラ社ノンフィクション）／2014年4月
あなたを丸めこむ「ずるい言葉」：10代から知っておきたい／貴戸理恵著／WAVE出版／2023年7月
一生懸命：相撲が教えてくれたこと／貴乃花光司著／ポプラ社（ポプラ社ノンフィクション）／2012年12月
超入門!現代文学理論講座／亀井秀雄監修;蓼沼正美著／筑摩書房（ちくまプリマー新書）／2015年10月
日本の地方財閥30家：知られざる経済名門／菊地浩之著／平凡社（平凡社新書）／2012年2月
47都道府県別日本の地方財閥／菊地浩之著／平凡社（平凡社新書）／2014年2月
〈超・多国籍学校〉は今日もにぎやか!：多文化共生って何だろう／菊池聡著／岩波書店（岩波ジュニア新書）／2018年11月
図説どこから読んでも想いがつのる!恋の百人一首／吉海直人監修／青春出版社（青春新書INTELLIGENCE）／2016年1月
94歳から10代のあなたへ伝えたい大切なこと／吉沢久子著／海竜社／2012年4月
マメな豆の話：世界の豆食文化をたずねて／吉田よし子著／KADOKAWA（角川ソフィア文庫）／2018年11月
なぜと問うのはなぜだろう／吉田夏彦著／筑摩書房（ちくまプリマー新書）／2017年11月
浅田真央さらなる高みへ／吉田順著／学研教育出版／2011年2月
浅田真央そして、その瞬間へ／吉田順著／学研教育出版／2013年10月
オタクを武器に生きていく／吉田尚記 著／河出書房新社（14歳の世渡り術）／2022年11月
現地取材!世界のくらし 5／吉田忠正著・写真;藤倉達郎監修;ジギャン・クマル・タパ監修／ポプラ社／2020年4月
現地取材!世界のくらし 3／吉田忠正著・写真;藤野彰監修／ポプラ社／2020年4月
物語のあるところ：月舟町ダイアローグ／吉田篤弘著／筑摩書房（ちくまプリマー新書）／2022年4月
英語にできない日本の美しい言葉／吉田裕子著／青春出版社（青春新書INTELLIGENCE）／2017年10月
ライフスキル・フィットネス：自立のためのスポーツ教育／吉田良治著／岩波書店（岩波ジュニア新書）／2013年4月
14歳からの新しい音楽入門：どうして私たちには音楽が必要なのか／久保田慶一著／スタイルノート／2021年7月
中高生のための定番コーラスレパートリー／久隆信編曲・ピアノ伴奏／シンコーミュージック・エンタテイメント／2016年3月
一枚の絵で学ぶ美術史カラヴァッジョ《聖マタイの召命》／宮下規久朗著／筑摩書房（ちくまプリマー新書）／2020年2月
みんなちがって、それでいい：パラ陸上から私が教わったこと―スポーツ／宮崎恵理著;重本沙絵監修／ポプラ社（ポプラ社ノンフィクション）／2018年8月
物語もっと深読み教室／宮川健郎著／岩波書店（岩波ジュニア新書）／2013年3月
演劇は道具だ―よりみちパン!セ；P029／宮沢章夫著／イースト・プレス／2012年1月
テニス―ライバルに差をつけろ!自主練習シリーズ／宮尾英俊著／ベースボール・マガジン社／2023年5月
映画はネコである：はじめてのシネマ・スタディーズ／宮尾大輔著／平凡社（平凡社新書）／2011年4月
世界遺産で考える5つの現在-歴史総合パートナーズ；11／宮澤光著／清水書院／2020年2月
スラスラ書ける小論文の教科書／牛山恭範著／エール出版社（Yell books）／2013年7月
武道と日本人：世界に広がる身心鍛練の道／魚住孝至著／青春出版社（青春新書INTELLIGENCE）／2019年11月

地獄の楽しみ方―17 歳の特別教室／京極夏彦著／講談社／2019 年 11 月
はじめての聖書／橋爪大三郎著／河出書房新社（14 歳の世渡り術）／2014 年 12 月
いまさら聞けないキリスト教のおバカ質問／橋爪大三郎著／文藝春秋（文春新書）／2022 年 4 月
〈銀の匙〉の国語授業／橋本武著／岩波書店（岩波ジュニア新書）／2012 年 3 月
橋本式国語勉強法／橋本武著／岩波書店（岩波ジュニア新書）／2012 年 10 月
牡牛座の君へ：You can fulfill everything―STARMAP；TAURUS／鏡リュウジ著／サンクチュアリ出版（sanctuary books）／2013 年 1 月
魚座の君へ：Believe in your heart―STARMAP；PISCES／鏡リュウジ著／サンクチュアリ出版（sanctuary books）／2013 年 1 月
双子座の君へ：Never Stop,keep rolling!―STARMAP；GEMINI／鏡リュウジ著／サンクチュアリ出版（sanctuary books）／2013 年 5 月
乙女座の君へ：You can ask perfection―STARMAP；VIRGO／鏡リュウジ著／サンクチュアリ出版（sanctuary books）／2013 年 7 月
獅子座の君へ：Born to be special―STARMAP；LEO／鏡リュウジ著／サンクチュアリ出版（sanctuary books）／2013 年 7 月
天秤座の君へ：Only you can reach out to the truth―STARMAP；LIBRA／鏡リュウジ著／サンクチュアリ出版（sanctuary books）／2013 年 9 月
蠍座の君へ：Say hello to your new self!―STARMAP；SCORPION／鏡リュウジ著／サンクチュアリ出版（sanctuary books）／2013 年 9 月
山羊座の君へ：Wake up your true self!―STARMAP；CAPRICORN／鏡リュウジ著／サンクチュアリ出版（sanctuary books）／2013 年 12 月
水瓶座の君へ：Deconstruct the existing world!―STARMAP；AQUARIUS／鏡リュウジ著／サンクチュアリ出版（sanctuary books）／2013 年 12 月
あなたの願いをかなえる、星座案内／鏡リュウジ著／サンクチュアリ出版（sanctuary books）／2015 年 7 月
誰よりも先に動け ＝ARIES MOVE BEFORE ANYONE ELSE.：牡羊座の君へ贈る言葉／鏡リュウジ著／サンクチュアリ出版（sanctuary books）／2022 年 1 月
流れるままに進め ＝PISCES GO WITH THE FLOW.：魚座の君へ贈る言葉／鏡リュウジ著／サンクチュアリ出版（sanctuary books）／2022 年 1 月
時を味方に頂上へ ＝CAPRICORN TIME IS ON YOUR SIDE TO THE TOP.：山羊座の君へ贈る言葉／鏡リュウジ著／サンクチュアリ出版（sanctuary books）／2023 年 1 月
心の震えを信じろ ＝TAURUS BELIEVE IN YOUR HEART MOVED.：牡牛座の君へ贈る言葉／鏡リュウジ著／サンクチュアリ出版（sanctuary books）／2023 年 1 月
君は誰よりも特別 ＝LEO YOU ARE TRULY SPECIAL.：獅子座の君へ贈る言葉／鏡リュウジ著／サンクチュアリ出版（sanctuary books）／2023 年 4 月
迷いも君の力になる ＝LIBRA YOUR HESITATION WILL HELP YOU.：天秤座の君へ贈る言葉／鏡リュウジ著／サンクチュアリ出版（sanctuary books）／2023 年 5 月
奇跡は限界の先に ＝SCORPIO FIND YOURSELF BEYOND THE EDGE.：蠍座の君へ贈る言葉／鏡リュウジ著／サンクチュアリ出版（sanctuary books）／2023 年 7 月
まだ見ぬ彼方へ放て ＝SAGITTARIUS AIM FOR THE TARGET YOU CAN'T YET SEE.：射手座の君へ贈る言葉／鏡リュウジ著／サンクチュアリ出版（sanctuary books）／2023 年 8 月
人に話したくなる世界史／玉木俊明著／文藝春秋（文春新書）／2018 年 5 月
真夏の甲子園はいらない：問題だらけの高校野球／玉木正之編;小林信也編／岩波書店（岩波ブックレット）／2023 年 4 月
バスケットボール基本と戦術―パーフェクトレッスンブック／近藤義行監修／実業之日本社／2015 年 2 月
武具の日本史／近藤好和著／平凡社（平凡社新書）／2010 年 8 月
撮りたい写真が撮れる!デジカメ撮影のコツ：カラー版／近藤純夫著／平凡社（平凡社新書）／2010 年 9

月
ものがたり西洋音楽史／近藤譲著／岩波書店（岩波ジュニア新書）／2019 年 3 月
リズムのメディウム：特集／近藤譲著;樋口桂子著;河野哲也著;公益財団法人たばこ総合研究センター編／たばこ総合研究センター 水曜社(発売)／2023 年 3 月
旅に出よう：世界にはいろんな生き方があふれてる／近藤雄生著／岩波書店（岩波ジュニア新書）／2010 年 4 月
哲学するってどんなこと?／金杉武司著／筑摩書房（ちくまプリマー新書）／2022 年 7 月
K-POP：新感覚のメディア／金成玟著／岩波書店（岩波新書 新赤版）／2018 年 7 月
日本語が世界を平和にするこれだけの理由／金谷武洋著／飛鳥新社／2014 年 7 月
15 歳の日本語上達法―15 歳の寺子屋／金田一秀穂著／講談社／2010 年 1 月
日本語のへそ：ムダなようで、でも大事なもの／金田一秀穂著／青春出版社（青春新書 INTELLIGENCE）／2017 年 12 月
数字とことばの不思議な話／窪薗晴夫著／岩波書店（岩波ジュニア新書）／2011 年 6 月
通じない日本語：世代差・地域差からみる言葉の不思議／窪薗晴夫著／平凡社（平凡社新書）／2017 年 12 月
バスケットボール器具なしでできる筋力トレーニング：基礎からの 142 メニュー ハンディ版／窪田邦彦著／ベースボール・マガジン社／2015 年 2 月
知ってる?バレーボール：クイズでスポーツがうまくなる／熊田康則著／ベースボール・マガジン社／2016 年 3 月
うま味って何だろう／栗原堅三著／岩波書店（岩波ジュニア新書）／2012 年 1 月
栗山魂―14 歳の世渡り術／栗山英樹著／河出書房新社／2017 年 3 月
栗山魂／栗山英樹著／河出書房新社（14 歳の世渡り術）／2017 年 3 月
NO LIMIT：自分を超える方法／栗城史多著／サンクチュアリ出版（sanctuary books）／2010 年 11 月
短歌をつくろう／栗木京子著／岩波書店（岩波ジュニア新書）／2010 年 11 月
大相撲の見かた／桑森真介著／平凡社（平凡社新書）／2013 年 5 月
ヘーゲルとその時代／権左武志著／岩波書店（岩波新書 新赤版）／2013 年 11 月
やさしい旧約聖書物語／犬養道子著／河出書房新社／2021 年 2 月
やさしい新約聖書物語／犬養道子著／河出書房新社／2021 年 2 月
期待はずれのドラフト 1 位：逆境からのそれぞれのリベンジ／元永知宏著／岩波書店（岩波ジュニア新書）／2016 年 10 月
敗北を力に!：甲子園の敗者たち／元永知宏著／岩波書店（岩波ジュニア新書）／2017 年 7 月
レギュラーになれないきみへ／元永知宏著／岩波書店（岩波ジュニア新書）／2019 年 10 月
プロ野球で 1 億円稼いだ男のお金の話―TOKYO NEWS BOOKS／元永知宏著／東京ニュース通信社 講談社／2023 年 10 月
和食とはなにか：旨みの文化をさぐる／原田信男著／KADOKAWA（角川ソフィア文庫）／2014 年 5 月
おぼえようラグビーのルール／原田隆司 著／ベースボール・マガジン社／2022 年 12 月
くらしをくらべる戦前・戦中・戦後 1／古舘明廣著／岩崎書店／2021 年 1 月
くらしをくらべる戦前・戦中・戦後 3／古舘明廣著／岩崎書店／2021 年 3 月
食べるってどんなこと?：あなたと考えたい命のつながりあい―中学生の質問箱／古沢広祐著／平凡社／2017 年 11 月
SNS の哲学：リアルとオンラインのあいだ―あいだで考える／戸谷洋志著／創元社／2023 年 4 月
世界について／戸田剛文著／岩波書店（岩波ジュニア新書）／2011 年 2 月
日本の神様の「家系図」：あの神様の由来と特徴がよくわかる／戸部民夫著／青春出版社（青春新書 INTELLIGENCE）／2020 年 12 月
『徒然草』の歴史学 増補／五味文彦著／KADOKAWA（角川ソフィア文庫）／2014 年 11 月
日本の歴史を旅する／五味文彦著／岩波書店（岩波新書 新赤版）／2017 年 9 月
ワールドカップは誰のものか：FIFA の戦略と政略／後藤健生著／文藝春秋（文春新書）／2010 年 5 月

オリンピック・パラリンピックを学ぶ／後藤光将編著／岩波書店（岩波ジュニア新書）／2020年1月
できる!スポーツテクニック 1／後藤寿彦監修／ポプラ社／2010年3月
できる!スポーツテクニック 2／後藤寿彦監修／ポプラ社／2010年3月
自分で考える勇気：カント哲学入門／御子柴善之著／岩波書店（岩波ジュニア新書）／2015年3月
二人でなら、世界一になれる!：金メダリスト・タカマツペア物語／光丘真理著／PHP研究所（PHP心のノンフィクション）／2018年3月
建築という対話：僕はこうして家をつくる／光嶋裕介著／筑摩書房（ちくまプリマー新書）／2017年5月
食の街道を行く／向笠千恵子著／平凡社（平凡社新書）／2010年7月
名僧たちは自らの死をどう受け入れたのか／向谷匡史著／青春出版社（青春新書INTELLIGENCE）／2016年7月
浄土真宗ではなぜ「清めの塩」を出さないのか：知っておきたい七大宗派のしきたり／向谷匡史著／青春出版社（青春新書INTELLIGENCE）／2017年8月
リーダーとは「言葉」である：行き詰まりを抜け出す77の名言・名演説／向谷匡史著／青春出版社（青春新書INTELLIGENCE）／2021年1月
孤独を怖れない力／工藤公康著／青春出版社（青春新書INTELLIGENCE）／2014年5月
吹奏楽部員のための楽典がわかる本／広瀬勇人著／ヤマハミュージックメディア／2015年4月
「カルト」はすぐ隣に：オウムに引き寄せられた若者たち／江川紹子著／岩波書店（岩波ジュニア新書）／2019年6月
少年野球監督が使いたい選手がやっている!デキるプレイ56／江藤省三監修／日本文芸社／2021年9月
アレルギーは「砂糖」をやめればよくなる!／溝口徹著／青春出版社（青春新書INTELLIGENCE）／2013年2月
「うつ」は食べ物が原因だった!：4000人の「うつ」が改善した栄養医学の新事実 最新版／溝口徹著／青春出版社（青春新書INTELLIGENCE）／2018年12月
発達障害は食事でよくなる：腸から脳を整える最新栄養医学／溝口徹著／青春出版社（青春新書INTELLIGENCE）／2019年9月
皇室事典 文化と生活／皇室事典編集委員会編著／KADOKAWA（角川ソフィア文庫）／2019年4月
乗り越える力―15歳の寺子屋／荒川静香著／講談社／2011年5月
ジョジョの奇妙な名言集 = JOJO's Bizarre Words Part1～3―ヴィジュアル版／荒木飛呂彦著;中条省平解説／集英社（集英社新書）／2012年4月
解釈につよくなるための英文50／行方昭夫著／岩波書店（岩波ジュニア新書）／2012年2月
身につく英語のためのA to Z／行方昭夫著／岩波書店（岩波ジュニア新書）／2014年8月
10人のお坊さんにきいてみた／講談社編／講談社／2023年10月
生物多様性と私たち：COP10から未来へ／香坂玲著／岩波書店（岩波ジュニア新書）／2011年5月
有機農業で変わる食と暮らし：ヨーロッパの現場から／香坂玲著;石井圭一著／岩波書店（岩波ブックレット）／2021年4月
聖書物語 旧約編 新装版／香山彬子文;藤田香絵／講談社（講談社青い鳥文庫）／2016年7月
聖書物語 新約編 新装版／香山彬子文;藤田香絵／講談社（講談社青い鳥文庫）／2016年11月
答えより問いを探して―17歳の特別教室／高橋源一郎著／講談社／2019年8月
ソフトテニス = Soft Tennis―勝てる!強くなる!強豪校の部活練習メニュー／高橋茂監修／金の星社／2015年3月
ソフトテニス練習メニュー200―指導者と選手が一緒に学べる!／高橋茂監修／池田書店／2023年12月
ボールはともだち!世界を目指せ!キャプテン翼のサッカー教室-集英社版学習まんが. SPORTS／高橋陽一原作;戸田邦和漫画;岩本義弘監修／集英社／2020年6月
歌謡曲：時代を彩った歌たち／高護著／岩波書店（岩波新書 新赤版）／2011年2月
羽生結弦は助走をしない：誰も書かなかったフィギュアの世界／高山真著／集英社（集英社新書）／2018年1月
ファッション・ライフのはじめ方／高村是州著／岩波書店（岩波ジュニア新書）／2010年10月

ファッション・ライフの楽しみ方／高村是州著／岩波書店（岩波ジュニア新書）／2015年4月
他人と比べずに生きるには／高田明和著／PHP研究所（PHP新書）／2011年5月
スポーツからみる東アジア史：分断と連帯の20世紀／高嶋航著／岩波書店（岩波新書 新赤版）／2021年12月
天下泰平の時代―シリーズ日本近世史；3／高埜利彦著／岩波書店（岩波新書 新赤版）／2015年3月
スポーツ教養入門／高峰修編著／岩波書店（岩波ジュニア新書）／2010年2月
将棋の駒はなぜ歩が金になるの?／高野秀行著／少年写真新聞社（ちしきのもり）／2019年9月
できる!スポーツテクニック 9／高野進監修／ポプラ社／2010年3月
部活で大活躍できる!弓道最強のポイント50―コツがわかる本／高柳憲昭監修／メイツ出版／2012年7月
部活で差がつく!勝つ弓道上達のポイント50―コツがわかる本／高柳憲昭監修／メイツ出版／2019年10月
バスケットボール = Basketball―勝てる!強くなる!強豪校の部活練習メニュー／高瀬俊也監修／金の星社／2015年3月
翻訳教室：はじめの一歩／鴻巣友季子著／筑摩書房（ちくまプリマー新書）／2012年7月
すもう道まっしぐら!／豪栄道豪太郎著／集英社（集英社みらい文庫）／2017年9月
大伴家持と紀貫之：万葉集 土佐日記 古今和歌集 伊勢物語ほか／国土社編集部編／国土社（人物で探る!日本の古典文学）／2018年3月
ビジュアル忍者図鑑 2(忍者のくらし)／黒井宏光監修／ベースボール・マガジン社／2011年8月
大人になるまでに読みたい15歳の短歌・俳句・川柳 1／黒瀬珂瀾編／ゆまに書房／2016年1月
外国語をはじめる前に／黒田龍之助著／筑摩書房（ちくまプリマー新書）／2012年7月
ロシア語だけの青春／黒田龍之助著／筑摩書房（ちくま文庫）／2023年6月
ことばと思考／今井むつみ著／岩波書店（岩波新書 新赤版）／2010年10月
ことばの発達の謎を解く／今井むつみ著／筑摩書房（ちくまプリマー新書）／2013年1月
あいうべ体操で息育なるほど呼吸学／今井一彰著／少年写真新聞社／2017年9月
部活で俳句／今井聖著／岩波書店（岩波ジュニア新書）／2012年8月
ブッダが説いた幸せな生き方／今枝由郎著／岩波書店（岩波新書 新赤版）／2021年5月
考える力をつける論文教室／今野雅方著／筑摩書房（ちくまプリマー新書）／2011年4月
学校では教えてくれないゆかいな日本語／今野真二著／河出書房新社（14歳の世渡り術）／2016年8月
大人になって困らない語彙力の鍛えかた／今野真二著／河出書房新社（14歳の世渡り術）／2017年11月
自分で考え、自分で書くためのゆかいな文章教室／今野真二著／河出書房新社（14歳の世渡り術）／2019年7月
日本語の考古学／今野真二著／岩波書店（岩波新書 新赤版）／2014年4月
うつりゆく日本語をよむ：ことばが壊れる前に／今野真二著／岩波書店（岩波新書 新赤版）／2021年12月
盗作の言語学：表現のオリジナリティーを考える／今野真二著／集英社（集英社新書）／2015年5月
漢字からみた日本語の歴史／今野真二著／筑摩書房（ちくまプリマー新書）／2013年7月
辞書からみた日本語の歴史／今野真二著／筑摩書房（ちくまプリマー新書）／2014年1月
辞書をよむ／今野真二著／平凡社（平凡社新書）／2014年12月
リメイクの日本文学史／今野真二著／平凡社（平凡社新書）／2016年4月
漢字とカタカナとひらがな：日本語表記の歴史／今野真二著／平凡社（平凡社新書）／2017年10月
学校では教えてくれないゆかいな漢字の話―14歳の世渡り術／今野真二著;丸山誠司イラスト／河出書房新社／2021年5月
学校では教えてくれないゆかいな漢字の話／今野真二著;丸山誠司イラスト／河出書房新社（14歳の世渡り術）／2021年5月
それでもテレビは終わらない／今野勉著;是枝裕和著;境真理子著;音好宏著／岩波書店（岩波ブックレット）／2010年11月
ホテルオークラ総料理長の美食帖／根岸規雄著／新潮社（新潮新書）／2012年8月
アートで平和をつくる：沖縄・佐喜眞美術館の軌跡／佐喜眞道夫著／岩波書店（岩波ブックレット）／

2014年7月
妖怪がやってくる／佐々木高弘著／岩波書店（岩波ジュニアスタートブックス）／2021年7月
マンガで読む14歳のための現代物理学と般若心経／佐治晴夫著;赤池キョウコイラスト／春秋社／2021年10月
してやられた大家さん：落語で学ぶ物理入門／佐藤旭著／清風堂書店／2012年11月
俳句を楽しむ／佐藤郁良著／岩波書店（岩波ジュニア新書）／2019年11月
心とからだの倫理学：エンハンスメントから考える／佐藤岳詩著／筑摩書房（ちくまプリマー新書）／2021年8月
観念説と観念論：イデアの近代哲学史／佐藤義之編著;松枝啓至編著;渡邉浩一編著;安部浩著;内田浩明著;神野慧一郎著;戸田剛文著;冨田恭彦著;松本啓二朗著／ナカニシヤ出版／2023年3月
聞いてみました!日本にくらす外国人 1／佐藤郡衛監修／ポプラ社／2018年4月
聞いてみました!日本にくらす外国人 2／佐藤郡衛監修／ポプラ社／2018年4月
聞いてみました!日本にくらす外国人 3／佐藤郡衛監修／ポプラ社／2018年4月
聞いてみました!日本にくらす外国人 4／佐藤郡衛監修／ポプラ社／2018年4月
聞いてみました!日本にくらす外国人 5／佐藤郡衛監修／ポプラ社／2018年4月
故郷の風景：もの神・たま神と三つの時空／佐藤正英著／筑摩書房（ちくまプリマー新書）／2010年9月
英作文のためのやさしい英文法／佐藤誠司著／岩波書店（岩波ジュニア新書）／2010年6月
高校生のための英語学習ガイドブック／佐藤誠司著／岩波書店（岩波ジュニア新書）／2012年3月
大人になるまでに読みたい15歳の短歌・俳句・川柳 2／佐藤文香編／ゆまに書房／2016年2月
10代のための古典名句名言／佐藤文隆著;高橋義人著／岩波書店（岩波ジュニア新書）／2013年6月
人をつくる読書術／佐藤優著／青春出版社（青春新書INTELLIGENCE）／2019年2月
13歳からのキリスト教／佐藤優著／青春出版社（青春新書INTELLIGENCE）／2021年8月
教養としてのダンテ「神曲」 地獄篇／佐藤優著／青春出版社（青春新書INTELLIGENCE）／2022年9月
知ろう食べよう世界の米／佐藤洋一郎著／岩波書店（岩波ジュニア新書）／2012年7月
和食の文化史：各地に息づくさまざまな食／佐藤洋一郎著／平凡社（平凡社新書）／2023年10月
手足のないチアリーダー／佐野有美著;山田デイジー絵／KADOKAWA（角川つばさ文庫）／2014年8月
中学生の君におくる哲学／斎藤慶典著／講談社／2013年1月
ゲノムでたどる古代の日本列島／斎藤成也監修・著;山田康弘著;太田博樹著;内藤健著;神澤秀明著;菅裕著／東京書籍／2023年10月
やってはいけないストレッチ：「伸ばしたい筋肉を意識する」のは逆効果!／坂詰真二著／青春出版社（青春新書INTELLIGENCE）／2013年5月
スジ論／坂上忍著／新潮社（新潮新書）／2016年10月
父の家で：イエス様のおはなし／坂倉圭文;あんのうゆうこ絵／論創社／2020年1月
図説地図とあらすじでわかる!万葉集 新版／坂本勝監修／青春出版社（青春新書INTELLIGENCE）／2019年6月
体育がきらい／坂本拓弥著／筑摩書房（ちくまプリマー新書）／2023年10月
ウルトラマラソンのすすめ：100キロを走るための極意／坂本雄次著／平凡社（平凡社新書）／2014年9月
できる!スポーツテクニック 6／阪口裕昭監修／ポプラ社／2010年3月
いけばな：知性で愛でる日本の美／笹岡隆甫著／新潮社（新潮新書）／2011年11月
漢字ハカセ、研究者になる／笹原宏之 著／岩波書店（岩波ジュニア新書）／2022年3月
訓読みのはなし：漢字文化と日本語／笹原宏之著／KADOKAWA（角川ソフィア文庫）／2014年4月
漢字の歴史：古くて新しい文字の話／笹原宏之著／筑摩書房（ちくまプリマー新書）／2014年9月
方言漢字事典／笹原宏之編著／研究社／2023年10月
できる!スポーツテクニック 10／鮫島元成監修／ポプラ社／2010年3月
遠野物語へようこそ／三浦佑之著;赤坂憲雄著／筑摩書房（ちくまプリマー新書）／2010年1月

運を開く神社のしきたり／三橋健著／青春出版社（青春新書 INTELLIGENCE）／2018 年 3 月
パラリンピックとある医師の挑戦／三枝義浩漫画／講談社／2018 年 8 月
一流はなぜ「シューズ」にこだわるのか／三村仁司著／青春出版社（青春新書 INTELLIGENCE）／2016 年 8 月
なぜ人工知能は人と会話ができるのか／三宅陽一郎著／マイナビ出版（マイナビ新書）／2017 年 8 月
人を見捨てない国、スウェーデン／三瓶恵子著／岩波書店（岩波ジュニア新書）／2013 年 2 月
女たちの韓流：韓国ドラマを読み解く／山下英愛著／岩波書店（岩波新書 新赤版）／2013 年 5 月
西欧デモクラシーの哲学的伝統：アリストテレスにはじまる／山下正男／工作舎／2023 年 12 月
キリスト教入門／山我哲雄著／岩波書店（岩波ジュニア新書）／2014 年 12 月
美意識を磨く：オークション・スペシャリストが教えるアートの見方／山口桂著／平凡社（平凡社新書）／2020 年 8 月
福ねこお豆のなるほど京暮らし／山口珠瑛著;田中昇監修;松井薫監修／京都新聞出版センター／2018 年 12 月
自分の顔が好きですか?：「顔」の心理学／山口真美著／岩波書店（岩波ジュニア新書）／2016 年 5 月
日本語の古典／山口仲美著／岩波書店（岩波新書 新赤版）／2011 年 1 月
「みんな違ってみんないい」のか?：相対主義と普遍主義の問題／山口裕之著／筑摩書房（ちくまプリマー新書）／2022 年 7 月
仏教の世界をひらく物語大いなる道／山口辨清著／幻冬舎ルネッサンス／2011 年 9 月
キャラ絵で学ぶ!仏教図鑑／山折哲雄監修;いとうみつる絵;小松事務所文／すばる舎／2019 年 8 月
キャラ絵で学ぶ!神道図鑑／山折哲雄監修;いとうみつる絵;小松事務所文／すばる舎／2020 年 4 月
キャラ絵で学ぶ!キリスト教図鑑／山折哲雄監修;いとうみつる絵;小松事務所文／すばる舎／2020 年 11 月
図解でわかる 14 歳から知るキリスト教―シリーズ世界の宗教と文化／山折哲雄監修;インフォビジュアル研究所著／太田出版／2023 年 9 月
図解でわかる 14 歳から知る日本人の宗教と文化―シリーズ世界の宗教と文化／山折哲雄監修;インフォビジュアル研究所著;大角修著／太田出版／2023 年 7 月
クセになる禅問答：考えることが楽しくなる珠玉の対話 38／山田史生著／ダイヤモンド社／2023 年 3 月
世界珍食紀行／山田七絵編／文藝春秋（文春新書）／2022 年 7 月
あの歌詞は、なぜ心に残るのか：J ポップの日本語力／山田敏弘著／祥伝社（祥伝社新書）／2014 年 2 月
ヘタウマ文化論／山藤章二著／岩波書店（岩波新書 新赤版）／2013 年 2 月
「オフ・ザ・ボール」でめざせ!最強の少年サッカー―集英社版学習まんが. SPORTS／山本イチロー原作;池内豊監修;茶留たかふみまんが／集英社／2018 年 1 月
14 歳からのリスク学／山本弘著／楽工社／2015 年 2 月
神さまがくれた漢字たち 続（古代の音)―よりみちパン!セ；P037／山本史也著／イースト・プレス／2012 年 3 月
神さまがくれた漢字たち―よりみちパン!セ；P004／山本史也著;白川静監修／イースト・プレス／2011 年 7 月
神さまがくれた漢字たち 増補新版／山本史也著;白川静監修／新曜社（よりみちパン!セ）／2018 年 5 月
おぼえよう卓球のルール／山本道雄監修／ベースボール・マガジン社／2023 年 1 月
浮世絵でわかる!江戸っ子の二十四時間／山本博文監修／青春出版社（青春新書 INTELLIGENCE）／2014 年 6 月
歴史をつかむ技法／山本博文著／新潮社（新潮新書）／2013 年 10 月
「家訓」から見えるこの国の姿／山本眞功著／平凡社（平凡社新書）／2013 年 5 月
なぜか感じがいい人のかわいい言い方／山﨑拓巳著／サンクチュアリ出版（sanctuary books）／2021 年 12 月
教科書に出てくる日本の画家 2／糸井邦夫監修／汐文社／2013 年 2 月
できる!スポーツテクニック 4／寺廻太監修／ポプラ社／2010 年 3 月
音楽の話をしよう：10 代のための音楽講座／寺内大輔著／ふくろう出版／2011 年 9 月

ポプラディアプラス日本の地理＝POPLAR ENCYCLOPEDIA PLUS Geography of Japan 1／寺本潔監修／ポプラ社／2020年4月
ポプラディアプラス日本の地理＝POPLAR ENCYCLOPEDIA PLUS Geography of Japan 2／寺本潔監修／ポプラ社／2020年4月
ポプラディアプラス日本の地理＝POPLAR ENCYCLOPEDIA PLUS Geography of Japan 3／寺本潔監修／ポプラ社／2020年4月
ポプラディアプラス日本の地理＝POPLAR ENCYCLOPEDIA PLUS Geography of Japan 4／寺本潔監修／ポプラ社／2020年4月
ポプラディアプラス日本の地理＝POPLAR ENCYCLOPEDIA PLUS Geography of Japan 5／寺本潔監修／ポプラ社／2020年4月
ポプラディアプラス日本の地理＝POPLAR ENCYCLOPEDIA PLUS Geography of Japan 6／寺本潔監修／ポプラ社／2020年4月
ポプラディアプラス日本の地理＝POPLAR ENCYCLOPEDIA PLUS Geography of Japan 7／寺本潔監修／ポプラ社／2020年4月
野球＝Baseball―勝てる!強くなる!強豪校の部活練習メニュー／寺﨑裕紀監修／金の星社／2015年3月
カンタン実験で環境を考えよう／篠原功治著／岩波書店（岩波ジュニア新書）／2011年7月
サッカー勝利につながる体づくり：「速・力・技」に効くフィジカルトレーニング―コツがわかる本／篠田洋介 監修／メイツユニバーサルコンテンツ／2022年6月
日本はなぜ世界で認められないのか：「国際感覚」のズレを読み解く／柴山哲也著／平凡社（平凡社新書）／2012年4月
中高生のソフトテニス：マンガ×動画×写真で3倍よくわかる!／柴田章平著・漫画監修;しのと漫画／ベースボール・マガジン社／2023年7月
14歳の教室：どう読みどう生きるか／若松英輔著／NHK出版／2020年7月
内村鑑三をよむ／若松英輔著／岩波書店（岩波ブックレット）／2012年7月
生きる哲学／若松英輔著／文藝春秋（文春新書）／2014年11月
詩を書くってどんなこと?：こころの声を言葉にする／若松英輔著／平凡社（中学生の質問箱）／2019年3月
中学受験国語記述問題の徹底攻略／若杉朋哉著／エール出版社（Yell books）／2019年9月
中東から世界が見える：イラク戦争から「アラブの春」へ―〈知の航海〉シリーズ／酒井啓子著／岩波書店（岩波ジュニア新書）／2014年3月
中東から世界が見える：イラク戦争から「アラブの春」へ―〈知の航海〉シリーズ／酒井啓子著／岩波書店（岩波ジュニア新書）／2014年3月
部活で吹奏楽フルート上達BOOK―コツがわかる本／酒井秀明監修／メイツ出版／2019年4月
東京五輪マラソンで日本がメダルを取るために必要なこと―未来へのトビラ；File No.008／酒井政人著／ポプラ社（ポプラ選書）／2019年4月
これで完ぺき!ソフトボール―DVDブック／宗方貞徳著／ベースボール・マガジン社／2014年1月
世界はデザインでできている／秋山具義著／筑摩書房（ちくまプリマー新書）／2019年11月
文化系部活動アイデアガイド美術部／秋山浩子文;納田繁イラスト／汐文社／2010年3月
文化系部活動アイデアガイド合唱部／秋山浩子文;納田繁イラスト;山崎朋子監修／汐文社／2010年2月
ルールはそもそもなんのためにあるのか／住吉雅美著／筑摩書房（ちくまプリマー新書）／2023年11月
名画とあらすじでわかる!美女と悪女の世界史／祝田秀全監修／青春出版社（青春新書INTELLIGENCE）／2014年9月
名画とあらすじでわかる!英雄とワルの世界史／祝田秀全監修／青春出版社（青春新書INTELLIGENCE）／2015年2月
歴史を活かす力：人生に役立つ80のQ&A／出口治明著／文藝春秋（文春新書）／2020年12月
頭のいい人の考え方：入試現代文で身につく論理力／出口汪著／青春出版社（青春新書INTELLIGENCE）／2016年1月

波乗り入門／出川三千男著／筑摩書房（ちくまプリマー新書）／2010 年 6 月
アウグスティヌス：「心」の哲学者／出村和彦著／岩波書店（岩波新書 新赤版）／2017 年 10 月
鬼才五社英雄の生涯／春日太一著／文藝春秋（文春新書）／2016 年 8 月
「かったるい」から始まる心の病。：健全な心を保つため、必要なこと。：45 分でわかる!―Magazine house 45 minutes series；#11／春日武彦著;日本精神科看護技術協会監修／マガジンハウス／2010 年 7 月
元号：年号から読み解く日本史／所功著;久禮旦雄著;吉野健一著／文藝春秋（文春新書）／2018 年 3 月
部活で差がつく!勝つ剣道上達のコツ 60 新装改訂版―コツがわかる本／所正孝 監修／メイツユニバーサルコンテンツ／2022 年 3 月
部活で大活躍できる!!勝つ!剣道最強のポイント 60―コツがわかる本／所正孝監修／メイツ出版／2011 年 5 月
部活で差がつく!勝つ剣道上達のコツ 60―コツがわかる本／所正孝監修／メイツ出版／2017 年 3 月
行不由徑(ゆくにこみちによらず)／諸橋轍次記念館編／新潟日報メディアネット（発売)／2023 年 12 月
きみのまちに未来はあるか?：「根っこ」から地域をつくる／除本理史著;佐無田光著／岩波書店（岩波ジュニア新書）／2020 年 3 月
将棋を初めてやる人の本：グングン腕が上がる!：初歩の初歩から詰め将棋まで／将棋をたのしむ会編／土屋書店／2011 年 8 月
中高生からの論文入門／小笠原喜康著;片岡則夫著／講談社（講談社現代新書 ）／2019 年 1 月
やっぱりいらない東京オリンピック／小笠原博毅著;山本敦久著／岩波書店（岩波ブックレット）／2019 年 2 月
はじめての江戸川柳：「なるほど」と「ニヤリ」を楽しむ／小栗清吾著／平凡社（平凡社新書）／2012 年 1 月
江戸川柳おもしろ偉人伝一〇〇／小栗清吾著／平凡社（平凡社新書）／2013 年 2 月
一神教とは何か：キリスト教、ユダヤ教、イスラームを知るために／小原克博著／平凡社（平凡社新書）／2018 年 2 月
現地取材!世界のくらし 10／小原佐和子監修;馬場雄司監修／ポプラ社／2020 年 4 月
現地取材!世界のくらし 9／小原佐和子著・写真;古田元夫監修／ポプラ社／2020 年 4 月
鬼と日本人の歴史／小山聡子著／筑摩書房（ちくまプリマー新書）／2023 年 3 月
ジュニアのためのボルダリング実践テク上達バイブル―コツがわかる本. ジュニアシリーズ／小山田大監修／メイツ出版／2017 年 5 月
日大式で差がつく!陸上競技投てき種目トレーニング：砲丸投げ・やり投げ・円盤投げ・ハンマー投げ―コツがわかる本／小山裕三監修／メイツ出版／2017 年 9 月
おぼえようバレーボールのルール／小柴滋 著／ベースボール・マガジン社／2022 年 10 月
音楽に自然を聴く／小沼純一著／平凡社（平凡社新書）／2016 年 4 月
漱石と煎茶／小川後楽著／平凡社（平凡社新書）／2017 年 1 月
シリーズ歴史総合を学ぶ 3／小川幸司著／岩波書店（岩波新書 新赤版）／2023 年 6 月
シリーズ歴史総合を学ぶ 1／小川幸司編;成田龍一編／岩波書店（岩波新書 新赤版）／2022 年 3 月
フォークソングが教えてくれた／小川真一著／マイナビ出版（マイナビ新書）／2020 年 8 月
中高生のための哲学入門：「大人」になる君へ／小川仁志 著／ミネルヴァ書房／2022 年 3 月
話がつまらないのは「哲学」が足りないからだ／小川仁志著／青春出版社（青春新書 INTELLIGENCE）／2016 年 3 月
5 日で学べて一生使える!レポート・論文の教科書／小川仁志著／筑摩書房（ちくまプリマー新書 ）／2018 年 11 月
5 日で学べて一生使える!プレゼンの教科書／小川仁志著／筑摩書房（ちくまプリマー新書）／2019 年 4 月
部活で差がつく!勝つバレーボール上達のポイント 60―コツがわかる本／小川良樹監修／メイツ出版／2017 年 4 月
キノコの教え／小川眞著／岩波書店（岩波新書 新赤版）／2012 年 4 月

世界一くさい食べもの：なぜ食べられないような食べものがあるのか?／小泉武夫著／筑摩書房（ちくまQブックス）／2021年11月
発酵食品と戦争／小泉武夫著／文藝春秋（文春新書）／2023年8月
小泉八雲と妖怪―日本の伝記：知のパイオニア／小泉凡著／玉川大学出版部／2023年8月
ビジュアル日本の住まいの歴史 2／小泉和子監修;家具道具室内史学会著／ゆまに書房／2019年7月
スポーツ脳はこう鍛えろ!：授業時間100%活用：文武両道でサッカーがみるみる上手くなる!／小倉勉著／中央経済社／2014年5月
俳句世がたり／小沢信男著／岩波書店（岩波新書 新赤版）／2016年12月
天国と地獄：死後の世界と北方ルネサンス―美術っておもしろい!；3／小池寿子監修／彩流社／2015年10月
ときめき百人一首／小池昌代著／河出書房新社（14歳の世渡り術）／2017年2月
語源でふやそう英単語／小池直己著／岩波書店（岩波ジュニア新書）／2010年7月
話すための英文法／小池直己著／岩波書店（岩波ジュニア新書）／2011年9月
ポジティブになれる英語名言101／小池直己著;佐藤誠司著／岩波書店（岩波ジュニア新書）／2019年6月
自分を励ます英語名言101／小池直己著;佐藤誠司著／岩波書店（岩波ジュニア新書）／2020年12月
五つの敬語 第1巻／小池保監修／理論社／2016年12月
五つの敬語 第2巻／小池保監修／理論社／2016年12月
五つの敬語 第3巻／小池保監修／理論社／2016年12月
五つの敬語 第4巻／小池保監修／理論社／2016年12月
五つの敬語 第5巻／小池保監修／理論社／2016年12月
ぼっち現代文：わかり合えない私たちのための〈読解力〉入門―14歳の世渡り術／小池陽慈著／河出書房新社／2023年10月
打楽器イ・ロ・ハ／小田もゆる著／教育出版／2012年11月
歴史学のトリセツ：歴史の見方が変わるとき／小田中直樹著／筑摩書房（ちくまプリマー新書）／2022年9月
短歌部、ただいま部員募集中!／小島なお著;千葉聡著／岩波書店（岩波ジュニアスタートブックス）／2022年4月
短歌に親しもう―声に出して楽しもう俳句・短歌／小島ゆかり監修／金の星社／2017年3月
知の古典は誘惑する―〈知の航海〉シリーズ／小島毅編著／岩波書店（岩波ジュニア新書）／2018年6月
ひとりで、考える：哲学する習慣を／小島俊明著／岩波書店（岩波ジュニア新書）／2019年5月
おぼえようサッカーのルール／小幡真一郎著／ベースボール・マガジン社／2023年7月
4割は打てる!／小野俊哉著／新潮社（新潮新書）／2014年3月
13歳からの英語ノート：「苦手」が「得意」に変わる超効率トレーニング／小野田博一著／PHPエディターズ・グループ／2010年2月
13歳からの論理トレーニング：正しく考える基礎が身につく145問／小野田博一著／PHPエディターズ・グループ／2011年7月
存在とは何か：〈私〉という神秘／小林康夫著／PHP研究所／2023年6月
日本プラモデル六〇年史／小林昇著／文藝春秋（文春新書）／2018年12月
ものの言いかた西東／小林隆著;澤村美幸著／岩波書店（岩波新書 新赤版）／2014年8月
ちゃんと悩むための哲学：偉人たちの言葉-朝日中学生ウイークリーの本／小林和久著／朝日学生新聞社／2013年8月
図説「合戦図屏風」で読み解く!戦国合戦の謎／小和田哲男監修／青春出版社（青春新書INTELLIGENCE）／2015年8月
通訳になりたい!：ゼロからめざせる10の道／松下佳世著／岩波書店（岩波ジュニア新書）／2016年4月
サッカー――勝てる!強くなる!強豪校の部活練習メニュー／松下義生監修／金の星社／2015年2月
吹奏楽部のトリセツ!／松元宏康 監修／学研プラス／2022年2月
法句経(きょう)入門：釈尊のことば／松原泰道著／祥伝社（祥伝社新書）／2010年3月

ストライカーを科学する：サッカーは南米に学べ!／松原良香著／岩波書店（岩波ジュニア新書）／2019年9月
中学生までに読んでおきたい哲学 6(死をみつめて)／松田哲夫編／あすなろ書房／2012年5月
中学生までに読んでおきたい哲学 8(はじける知恵)／松田哲夫編／あすなろ書房／2012年5月
中学生までに読んでおきたい哲学 4(おろか者たち)／松田哲夫編／あすなろ書房／2012年6月
中学生までに読んでおきたい哲学 2(悪のしくみ)／松田哲夫編／あすなろ書房／2012年7月
中学生までに読んでおきたい哲学 7(人間をみがく)／松田哲夫編／あすなろ書房／2012年8月
中学生までに読んでおきたい哲学 1(愛のうらおもて)／松田哲夫編／あすなろ書房／2012年9月
中学生までに読んでおきたい哲学 3(うその楽しみ)／松田哲夫編／あすなろ書房／2012年10月
中学生までに読んでおきたい哲学 5(自然のちから)／松田哲夫編／あすなろ書房／2012年11月
破戒と男色の仏教史／松尾剛次著／平凡社（平凡社ライブラリー）／2023年10月
知られざる親鸞／松尾剛次著／平凡社（平凡社新書）／2012年9月
落語の聴き方楽しみ方／松本尚久著／筑摩書房（ちくまプリマー新書）／2010年12月
藤井聡太 天才はいかに生まれたか／松本博文著／NHK出版（NHK出版新書）／2017年10月
はじめての考古学／松木武彦著／筑摩書房（ちくまプリマー新書）／2021年11月
中高生が自分で作るお弁当：暮らしを楽しむためのお弁当レッスン／沼端恵美子 編／try-x.jp／2022年1月
コミュニケーション力を高めるプレゼン・発表術／上坂博亨著;大谷孝行著;里見安那著／岩波書店（岩波ジュニア新書）／2021年3月
神さまと神はどう違うのか?／上枝美典著／筑摩書房（ちくまプリマー新書）／2023年6月
おぼえようバドミントンのルール／上田敏之 著／ベースボール・マガジン社／2022年8月
みるみる上達!スポーツ練習メニュー 7／上野広治監修／ポプラ社／2015年4月
入門万葉集／上野誠著／筑摩書房（ちくまプリマー新書）／2019年9月
6ケ月で早慶に受かる超勉強法／城野優著／エール出版社（Yell books）／2011年5月
現地取材!世界のくらし 7／常見藤代監修;倉沢愛子監修／ポプラ社／2020年4月
現地取材!世界のくらし 1／常見藤代著・写真;アルバロ・ダビド・エルナンデス・エルナンデス監修／ポプラ社／2020年4月
今を生きるための仏教100話／植木雅俊著／平凡社（平凡社新書）／2019年11月
日本人はなぜそうしてしまうのか：お辞儀、胴上げ、拍手…の民俗学／新谷尚紀著／青春出版社（青春新書INTELLIGENCE）／2012年10月
自転車で行こう／新田穂高著／岩波書店（岩波ジュニア新書）／2011年3月
正しい目玉焼きの作り方：きちんとした大人になるための家庭科の教科書―14歳の世渡り術／森下えみこイラスト;毎田祥子監修;井出杏海監修;木村由依監修;クライ・ムキ監修／河出書房新社／2016年12月
正しい目玉焼きの作り方：きちんとした大人になるための家庭科の教科書／森下えみこイラスト;毎田祥子監修;井出杏海監修;木村由依監修;クライ・ムキ監修／河出書房新社（14歳の世渡り術）／2016年12月
「私」を伝える文章作法／森下育彦著／筑摩書房（ちくまプリマー新書）／2015年3月
のびーる国語無敵の語彙力：分かると差がつく言葉1000―角川まんが学習シリーズ；T8／森山卓郎監修／KADOKAWA／2023年9月
日本語の〈書き〉方／森山卓郎著／岩波書店（岩波ジュニア新書）／2013年3月
イラストで読むAI入門／森川幸人著／筑摩書房（ちくまプリマー新書）／2019年3月
幸福とは何か：思考実験で学ぶ倫理学入門／森村進著／筑摩書房（ちくまプリマー新書）／2018年9月
「美しい」ってなんだろう?：美術のすすめ―よりみちパン!セ；P023／森村泰昌著／イースト・プレス／2011年11月
ビジュアル入門江戸時代の文化 [1]／深光富士男著／河出書房新社／2020年4月
ビジュアル入門江戸時代の文化 [2]／深光富士男著／河出書房新社／2020年4月
日本人は100メートル9秒台で走れるか／深代千之著／祥伝社（祥伝社新書）／2014年4月
芭蕉のあそび／深沢眞二著／岩波書店（岩波新書 新赤版）／2022年11月

さし絵で楽しむ江戸のくらし／深谷大著／平凡社（平凡社新書）／2019年8月
真宗児童聖典／真宗大谷派青少幼年センター著／東本願寺／2023年6月
嘉納治五郎物語：逆らわずして勝つ!／真田久著／PHP研究所（PHP心のノンフィクション）／2019年12月
卓球＝Table Tennis／真田浩二監修／金の星社（勝てる!強くなる!強豪校の部活練習メニュー）／2018年2月
「おじぎ」の日本文化／神崎宣武著／KADOKAWA（角川ソフィア文庫）／2016年3月
中学受験国語試験で点数を取るための勉強法／神谷璃玖著／エール出版社（Yell books）／2023年6月
茶の湯の歴史／神津朝夫著／KADOKAWA（角川ソフィア文庫）／2021年4月
人生を豊かにしたい人のための講談／神田松鯉著／マイナビ出版（マイナビ新書）／2020年10月
戦国と宗教／神田千里著／岩波書店（岩波新書 新赤版）／2016年9月
俳句部、はじめました：さくら咲く一度っきりの今を詠む／神野紗希著／岩波書店（岩波ジュニアスタートブックス）／2021年3月
できる!スポーツテクニック 7／神和住純監修／ポプラ社／2010年3月
インド史：南アジアの歴史と文化／辛島昇著／KADOKAWA（角川ソフィア文庫）／2021年11月
部活で吹奏楽ホルン上達BOOK―コツがわかる本／須山芳博監修／メイツ出版／2018年4月
みるみる上達!スポーツ練習メニュー 2／須田芳正監修;岩崎陸監修／ポプラ社／2015年4月
大絵馬ものがたり 4(祭日の情景)／須藤功著／農山漁村文化協会／2010年3月
科学はなぜ誤解されるのか：わかりにくさの理由を探る／垂水雄二著／平凡社（平凡社新書）／2014年5月
21歳男子、過疎の山村に住むことにしました／水柿大地著／岩波書店（岩波ジュニア新書）／2014年5月
イスラームの善と悪／水谷周著／平凡社（平凡社新書）／2012年5月
台湾の若者を知りたい／水野俊平著／岩波書店（岩波ジュニア新書）／2018年5月
みるみる上達!スポーツ練習メニュー 4／水野慎士監修／ポプラ社／2015年4月
カレーになりたい!―よりみちパン!セ；P045／水野仁輔著／イースト・プレス／2012年6月
知ってる?ハンドボール：クイズでスポーツがうまくなる／水野裕矢著／ベースボール・マガジン社／2016年8月
部活でスキルアップ!演劇上達バイブル―コツがわかる本／杉山純じ監修／メイツ出版／2018年4月
難民選手団：オリンピックを目指した7人のストーリー／杉田七重文;国連UNHCR協会監修;ちーこ絵／KADOKAWA（角川つばさ文庫）／2021年7月
生物学の基礎はことわざにあり：カエルの子はカエル?トンビがタカを生む?／杉本正信著／岩波書店（岩波ジュニア新書）／2018年3月
哲学のメガネで世界を見ると：まんがで哲学／菅原嘉子文・構成;河野哲也監修;ながしまひろみ絵・漫画／ポプラ社／2023年3月
短歌で読む昭和感情史：日本人は戦争をどう生きたのか／菅野匡夫著／平凡社（平凡社新書）／2011年12月
2時間でおさらい超日本史：ニッポン人ならおさえておきたい：新編集―出版芸術ライブラリー；014／菅野祐孝著／出版芸術社／2021年11月
アブラハムの信仰―家庭連合が贈る聖書ものがたり；5／世界平和統一家庭連合「聖書ものがたり」制作チーム編／光言社／2020年5月
エサウとヤコブ 後編―家庭連合が贈る聖書ものがたり；7／世界平和統一家庭連合「聖書ものがたり」制作チーム編／光言社／2020年11月
ヨセフの夢とき―家庭連合が贈る聖書ものがたり；8／世界平和統一家庭連合「聖書ものがたり」制作チーム編／光言社／2021年3月
ヨセフの涙―家庭連合が贈る聖書ものがたり；9／世界平和統一家庭連合「聖書ものがたり」制作チーム編／光言社／2021年9月
思い出のアメリカテレビ映画：『スーパーマン』から『スパイ大作戦』まで／瀬戸川宗太著／平凡社（平

凡社新書）／2014 年 2 月
『サウンド・オブ・ミュージック』の秘密／瀬川裕司著／平凡社（平凡社新書）／2014 年 12 月
みるみる上達!スポーツ練習メニュー 8／征矢範子監修／ポプラ社／2015 年 4 月
シリーズ歴史総合を学ぶ 2／成田龍一著／岩波書店（岩波新書 新赤版）／2022 年 6 月
数字で学ぶ仏教語。：「一念」「四天王」「七宝」…、なにげなく使っているけど仏教語です!：45 分でわかる!―Magazine house 45 minutes series；#14／星飛雄馬著／マガジンハウス／2011 年 9 月
伝説の天才柔道家西郷四郎の生涯／星亮一著／平凡社（平凡社新書）／2013 年 6 月
文法いらずの「単語ラリー」英会話／晴山陽一著／青春出版社（青春新書 INTELLIGENCE）／2014 年 4 月
「中学英語」を学び直すイラスト教科書／晴山陽一著／青春出版社（青春新書 INTELLIGENCE）／2022 年 4 月
英文法練習帳／晴山陽一著／筑摩書房（ちくまプリマー新書）／2010 年 8 月
16 歳から知るオリンピックの軌跡 = FOLLOW THE TRACKS OF THE OLYMPICS／清水ひろし著／彩流社／2015 年 9 月
北斎漫画：日本マンガの原点／清水勲著／平凡社（平凡社新書）／2014 年 7 月
英語は「語源×世界史」を知ると面白い／清水建二著／青春出版社（青春新書 INTELLIGENCE）／2023 年 7 月
語源×図解くらべて覚える英単語／清水建二著;すずきひろしイラスト／青春出版社（青春新書 INTELLIGENCE）／2021 年 5 月
語源×図解もっとくらべて覚える英単語名詞／清水建二著;すずきひろしイラスト／青春出版社（青春新書 INTELLIGENCE）／2022 年 5 月
スター・ウォーズ学／清水節著;柴尾英令著／新潮社（新潮新書）／2015 年 12 月
バレーボール = Volleyball―勝てる!強くなる!強豪校の部活練習メニュー／清水直樹監修／金の星社／2015 年 3 月
農業がわかると、社会のしくみが見えてくる：高校生からの食と農の経済学入門／生源寺眞一著／家の光協会／2010 年 10 月
農業がわかると、社会のしくみが見えてくる：高校生からの食と農の経済学入門 新版／生源寺眞一著／家の光協会／2018 年 4 月
スポーツを仕事にする!／生島淳著／筑摩書房（ちくまプリマー新書）／2010 年 9 月
ゲッチョ先生のトンデモ昆虫記：セミチョコはいかが?―動物／盛口満著／ポプラ社（ポプラ社ノンフィクション）／2019 年 3 月
東大生と学ぶ語彙力／西岡壱誠著／筑摩書房（ちくまプリマー新書）／2023 年 12 月
紛争・対立・暴力：世界の地域から考える―〈知の航海〉シリーズ／西崎文子編著;武内進一編著／岩波書店（岩波ジュニア新書）／2016 年 10 月
折り紙学：起源から現代アートまで／西川誠司著;こどもくらぶ編／今人舎／2017 年 5 月
中学野球―ライバルに差をつけろ!自主練習シリーズ／西村晴樹著／ベースボール・マガジン社／2023 年 3 月
秋吉敏子と渡辺貞夫／西田浩著／新潮社（新潮新書）／2019 年 8 月
サッカー―ライバルに差をつけろ!自主練習シリーズ／西田勝彦 著／ベースボール・マガジン社／2022 年 5 月
俳句わくわく 51!／西田拓郎編著／岐阜新聞社／2018 年 3 月
文化系部活動アイデアガイド演劇部／西野泉文;納田繁イラスト／汐文社／2010 年 3 月
漫画キリシタン大名高山右近／青山むぎ著／いのちのことば社フォレストブックス（Forest Books）／2015 年 12 月
誰でもできるやさしい作曲術。：「やりたい」と思ったら、必ずできるようになる!：45 分でわかる!―Magazine house 45 minutes series；#22／青島広志著／マガジンハウス／2011 年 12 月
音楽家をめざす人へ／青島広志著／筑摩書房（ちくまプリマー新書）／2011 年 8 月

羽生結弦物語／青嶋ひろの文／KADOKAWA（角川つばさ文庫）／2015年2月
しらべよう!世界の料理 4／青木ゆり子著;こどもくらぶ編集／ポプラ社／2017年4月
しらべよう!世界の料理 5／青木ゆり子著;こどもくらぶ編集／ポプラ社／2017年4月
しらべよう!世界の料理 7／青木ゆり子著;こどもくらぶ編集／ポプラ社／2017年4月
できる!スポーツテクニック 8／青木剛監修／ポプラ社／2010年3月
小林一茶：時代を詠んだ俳諧師／青木美智男著／岩波書店（岩波新書 新赤版）／2013年9月
光のメッセージ：日本から世界へ照明デザイナーの冒険／石井幹子著／NHK出版（発売）／2023年3月
(禅)ZENスタイルでいこう!／石井清純監修;水口真紀子編著／キーステージ21／2018年12月
禅ってなんだろう?：あなたと知りたい身心を調えるおしえ／石井清純著／平凡社（中学生の質問箱）／2020年3月
哲学するタネ：高校倫理が教える70章 東洋思想編／石浦昌之著／明月堂書店／2018年10月
哲学するタネ：高校倫理が教える70章 西洋思想編1／石浦昌之著／明月堂書店／2020年10月
哲学するタネ：高校倫理が教える70章 西洋思想編2／石浦昌之著／明月堂書店／2020年10月
ジュニアアスリートのための最強の走り方55のポイント：誰でも足が速くなる!—コツがわかる本. ジュニアシリーズ／石原康至監修／メイツ出版／2013年2月
ジュニアアスリートのための走り方の強化書：スポーツに活きる走力アップのコツ55—コツがわかる本. ジュニアシリーズ／石原康至監修／メイツ出版／2019年3月
生き延びるための作文教室／石原千秋著／河出書房新社（14歳の世渡り術）／2015年7月
打倒!センター試験の現代文／石原千秋著／筑摩書房（ちくまプリマー新書）／2014年7月
「予測」で読解に強くなる!／石黒圭著／筑摩書房（ちくまプリマー新書）／2010年7月
ニーチェはこう考えた／石川輝吉著／筑摩書房（ちくまプリマー新書）／2010年11月
ジュニア選手の「勝負食」：10代から始める勝つ!カラダづくり：プロが教えるスポーツ栄養コツのコツ—コツがわかる本. ジュニアシリーズ／石川三知監修／メイツ出版／2015年1月
ジュニア選手の「勝負食」：10代から始める勝つ!カラダづくり：プロが教えるスポーツ栄養コツのコツ—コツがわかる本. ジュニアシリーズ／石川三知監修／メイツ出版／2015年1月
大阪の逆襲：万博・IRで見えてくる5年後の日本／石川智久著;多賀谷克彦著;関西近未来研究会著／青春出版社（青春新書INTELLIGENCE）／2020年6月
いま生きているという冒険 増補新版／石川直樹著／新曜社（よりみちパン!セ）／2019年5月
宗教を「信じる」とはどういうことか／石川明人著／筑摩書房（ちくまプリマー新書）／2022年11月
欧米人の見た開国期日本：異文化としての庶民生活／石川榮吉著／KADOKAWA（角川ソフィア文庫）／2019年9月
なぜ一流は「その時間」を作り出せるのか／石田淳著／青春出版社（青春新書INTELLIGENCE）／2015年4月
漱石のこころ：その哲学と文学／赤木昭夫著／岩波書店（岩波新書 新赤版）／2016年12月
15歳からはじめる成功哲学：お金は知恵に群がる。—Nanaブックス；0115／千田琢哉著／ナナ・コーポレート・コミュニケーション／2012年6月
人はなぜ物語を求めるのか／千野帽子著／筑摩書房（ちくまプリマー新書）／2017年3月
物語は人生を救うのか／千野帽子著／筑摩書房（ちくまプリマー新書）／2019年5月
作家たちの17歳／千葉俊二著／岩波書店（岩波ジュニア新書）／2022年4月
ピッチャーズバイブル＝PITCHER'S BIBLE：小・中学生のための野球選手育成教書：優れたピッチャーになるために、今、やるべきこと／千葉西リトルシニア編;大田川茂樹著／舵社／2014年2月
優れたバッターになるために、今、やるべきこと：小・中学生のための野球選手育成教書：バッターズバイブル／千葉西リトルシニア編;大田川茂樹著／舵社／2014年11月
短歌は最強アイテム：高校生活の悩みに効きます／千葉聡著／岩波書店（岩波ジュニア新書）／2017年11月
伝えるための教科書／川井龍介著／岩波書店（岩波ジュニア新書）／2015年1月
すごいタイトル(秘)法則／川上徹也著／青春出版社（青春新書INTELLIGENCE）／2022年5月

読み書きは人の生き方をどう変えた?―歴史総合パートナーズ；3／川村肇著／清水書院／2018年8月
紀貫之と古今和歌集―ビジュアルでつかむ!古典文学の作家たち／川村裕子監修／ほるぷ出版／2023年2月
平安女子の楽しい!生活／川村裕子著／岩波書店（岩波ジュニア新書）／2014年5月
世にもあいまいなことばの秘密／川添愛著／筑摩書房（ちくまプリマー新書）／2023年12月
耳を澄ませば世界は広がる／川畠成道著／集英社（集英社新書）／2011年8月
知ってる?ソフトテニス―クイズでスポーツがうまくなる／川並久美子著／ベースボール・マガジン社／2017年11月
ブッダが最後に伝えたかったこと／川辺秀美著／祥伝社（祥伝社新書）／2012年3月
里山で木を織る：藤布がおしえてくれた宝物／川北亮司作;山田花菜絵／汐文社／2016年10月
会社に頼らず生きるために知っておくべきお金のこと／泉正人著／サンクチュアリ出版（sanctuary books）／2011年11月
変わる中国を読む50のキーワード／浅井信雄著／青春出版社（青春新書INTELLIGENCE）／2012年11月
劇団四季メソッド「美しい日本語の話し方」／浅利慶太著／文藝春秋（文春新書）／2013年7月
これがオリンピックだ：決定版：オリンピズムがわかる100の真実／舛本直文著／講談社／2018年10月
いかにして個となるべきか?：群衆・身体・倫理／船木亨著／勁草書房／2023年6月
できる!スポーツテクニック 5／前原正浩監修／ポプラ社／2010年3月
みるみる上達!スポーツ練習メニュー 5／前原正浩監修／ポプラ社／2015年4月
少年野球基本とレベルアップ練習法／前田幸長監修／日本文芸社／2012年6月
職場体験学習に行ってきました。：中学生が本物の「仕事」をやってみた! 13／全国中学校進路指導・キャリア教育連絡協議会監修／学研プラス／2016年2月
農業高校へ行こう!／全国農業高等学校長協会監修／家の光協会／2019年8月
ジュニアのためのスケートボード完全上達バイブル：ムービー付き―コツがわかる本. ジュニアシリーズ／全日本スケートボード協会監修／メイツ出版／2017年4月
中高生からの日本語の歴史／倉島節尚著／筑摩書房（ちくまプリマー新書）／2019年3月
古代史から読み解く「日本」のかたち／倉本一宏著;里中満智子著／祥伝社（祥伝社新書）／2018年5月
バッチリ身につく英語の学び方／倉林秀男著／筑摩書房（ちくまプリマー新書）／2021年12月
世界はジョークで出来ている／早坂隆著／文藝春秋（文春新書）／2018年6月
夢のつかみ方、挑戦し続ける力：元宝塚トップスターが伝える／早霧せいな著／河出書房新社（14歳の世渡り術）／2019年8月
音楽で生きる方法：高校生からの音大受験、留学、仕事と将来／相澤真一著;髙橋かおり著;坂本光太著;輪湖里奈著／青弓社／2020年11月
美術館へ行こう／草薙奈津子著／岩波書店（岩波ジュニア新書）／2013年3月
声に出してよむ漢詩の名作50：中国語と日本語で愉しむ／荘魯迅著／平凡社（平凡社新書）／2013年11月
辞書の仕事／増井元著／岩波書店（岩波新書 新赤版）／2013年10月
ビジュアル日本の服装の歴史 3／増田美子監修／ゆまに書房／2018年7月
ビジュアル日本の服装の歴史 1／増田美子監修／ゆまに書房／2018年10月
ビジュアル日本の服装の歴史 2／増田美子監修／ゆまに書房／2019年4月
プレミアムカラー国語便覧／足立直子監修;二宮美那子監修;本廣陽子監修;森田貴之監修／数研出版／2023年11月
図説生き方を洗いなおす!地獄と極楽／速水侑監修／青春出版社（青春新書INTELLIGENCE）／2013年3月
仲間を信じて：ラグビーが教えてくれたもの／村上晃一著／岩波書店（岩波ジュニア新書）／2011年9月
読解力を身につける／村上慎一著／岩波書店（岩波ジュニア新書）／2020年3月
知ってる?水泳―クイズでスポーツがうまくなる／村上二美也著／ベースボール・マガジン社／2017年10月

勝つために9割捨てる仕事術：元・日本テレビ敏腕プロデューサーが明かす／村上和彦著／青春出版社（青春新書INTELLIGENCE）／2019年10月
宮崎駿再考：『未来少年コナン』から『風立ちぬ』へ／村瀬学著／平凡社（平凡社新書）／2015年7月
めざせ!ダンスマスター 1／村田芳子監修／岩崎書店／2012年4月
高校生レストランまごの店おいしい和食のキホン／村林新吾著;相可高校調理クラブ著／岩波書店（岩波ジュニア新書）／2015年3月
言葉と歩く日記／多和田葉子著／岩波書店（岩波新書 新赤版）／2013年12月
ジュニアアスリートのための最強の跳び方ジャンプ力向上バイブル―コツがわかる本. ジュニアシリーズ／体育指導のスタートライン監修／メイツ出版／2017年6月
岡倉天心と思想―日本の伝記：知のパイオニア／大久保喬樹著／玉川大学出版部／2021年6月
北斎：カラー版／大久保純一著／岩波書店（岩波新書 新赤版）／2012年5月
はじめよう!ボクシング：井上尚弥実演：For U-15 kids and parents,coaches／大橋秀行著／ベースボール・マガジン社／2015年10月
時代背景から考える日本の6つのオリンピック 1(1940年東京・札幌&1964年東京大会)／大熊廣明監修;稲葉茂勝文／ベースボール・マガジン社／2015年7月
時代背景から考える日本の6つのオリンピック 2(1972年札幌大会&1998年長野大会)／大熊廣明監修;稲葉茂勝文／ベースボール・マガジン社／2015年8月
時代背景から考える日本の6つのオリンピック 3(2020年東京大会)／大熊廣明監修;稲葉茂勝文／ベースボール・マガジン社／2015年9月
女子バレーボール基本と戦術―パーフェクトレッスンブック／大山加奈著／実業之日本社／2023年4月
観るまえに読む大修館スポーツルール ＝RULES FOR SPORTS TAISHUKAN 2019／大修館書店編集部編集／大修館書店／2019年4月
DVDでわかる!部活で差がつく!柔道必勝のコツ50 新版–コツがわかる本／大森淳司監修／メイツユニバーサルコンテンツ／2020年10月
DVDでわかる!部活で差がつく!柔道必勝のコツ50―コツがわかる本／大森淳司監修／メイツ出版／2016年3月
ジュニアで差がつく!魅せるフィギュアスケート上達のポイント50―コツがわかる本. ジュニアシリーズ／大森芙美監修／メイツ出版／2019年10月
シルクロード歴史と今がわかる事典／大村次郷著／岩波書店（岩波ジュニア新書）／2010年7月
万葉集に出会う／大谷雅夫著／岩波書店（岩波新書 新赤版）／2021年8月
仏像なんでも事典：修学旅行・事前学習／大谷徹奘監修;織田明イラスト／理論社／2017年11月
平成日本の音楽の教科書／大谷能生著／新曜社（よりみちパン!セ）／2019年5月
知ってる?サッカー：クイズでスポーツがうまくなる／大槻邦雄著／ベースボール・マガジン社／2017年6月
内野手のフィールディング―野球レベルアップ教室；vol.1／大田川茂樹著;西井哲夫監修／舵社／2012年3月
二塁手の基本と技術–野球レベルアップ教室；Vol.3／大田川茂樹著;西井哲夫監修／舵社／2013年3月
配球の考え方と読み方：ピッチャー、キャッチャー、バッターのための野球教書：バッテリーが考える配球 バッターの配球の読み方／大田川茂樹著;西井哲夫監修／舵社／2018年6月
聖書人物おもしろ図鑑 旧約編／大島力監修;古賀博編;真壁巌編;吉岡康子編;金斗鉉イラスト／日本キリスト教団出版局／2015年11月
10代から始めるキリスト教教理／大嶋重德 著／いのちのことば社／2022年10月
作家のごちそう帖：悪食・鯨飲・甘食・粗食／大本泉著／平凡社（平凡社新書）／2014年9月
3語で話せる!英語で日本を紹介しよう 3／大門久美子 編著／汐文社／2022年1月
3語で話せる!英語で日本を紹介しよう 1／大門久美子編著／汐文社／2021年10月
3語で話せる!英語で日本を紹介しよう 2／大門久美子編著／汐文社／2021年12月
オリンピックヒーローたちの物語 ＝Olympic Stories／大野益弘著／ポプラ社（ポプラ社ノンフィクショ

ン）／2012 年 6 月
きみに応援歌(エール)を古関裕而物語−14 歳からの地図／大野益弘著／講談社／2020 年 3 月
落語・寄席芸—日本の伝統芸能を楽しむ／大友浩著／偕成社／2017 年 4 月
学校で教えてくれない音楽／大友良英著／岩波書店（岩波新書 新赤版）／2014 年 12 月
未来へつなぐ食のバトン：映画『100 年ごはん』が伝える農業のいま／大林千茱萸著／筑摩書房（ちくまプリマー新書）／2015 年 6 月
社会の今を見つめて：TV ドキュメンタリーをつくる／大脇三千代著／岩波書店（岩波ジュニア新書）／2012 年 10 月
歌舞伎—知っておきたい日本の古典芸能／瀧口雅仁編著／丸善出版／2019 年 10 月
講談—知っておきたい日本の古典芸能／瀧口雅仁編著／丸善出版／2019 年 10 月
忠臣蔵—知っておきたい日本の古典芸能／瀧口雅仁編著／丸善出版／2019 年 10 月
落語—知っておきたい日本の古典芸能／瀧口雅仁編著／丸善出版／2019 年 10 月
浪曲・怪談—知っておきたい日本の古典芸能／瀧口雅仁編著／丸善出版／2019 年 10 月
ハードル 第 2 版—陸上競技入門ブック／谷川聡 著／ベースボール・マガジン社／2022 年 5 月
イラストでわかる日本の伝統行事・行事食／谷田貝公昭監修;坂本廣子著／合同出版／2017 年 1 月
スポーツ科学の教科書：強くなる・うまくなる近道／谷本道哉編著;石井直方監修／岩波書店（岩波ジュニア新書）／2011 年 12 月
西洋美術史入門／池上英洋著／筑摩書房（ちくまプリマー新書）／2012 年 2 月
西洋美術史入門 実践編／池上英洋著／筑摩書房（ちくまプリマー新書）／2014 年 3 月
ヨーロッパ文明の起源：聖書が伝える古代オリエントの世界／池上英洋著／筑摩書房（ちくまプリマー新書）／2017 年 11 月
レオナルド・ダ・ヴィンチ—よみがえる天才；2／池上英洋著／筑摩書房（ちくまプリマー新書）／2020 年 5 月
ふしぎなことばことばのふしぎ：ことばってナァニ?／池上嘉彦著／筑摩書房（ちくま Q ブックス）／2022 年 8 月
お菓子でたどるフランス史／池上俊一著／岩波書店（岩波ジュニア新書）／2013 年 11 月
王様でたどるイギリス史／池上俊一著／岩波書店（岩波ジュニア新書）／2017 年 2 月
情熱でたどるスペイン史／池上俊一著／岩波書店（岩波ジュニア新書）／2019 年 1 月
フィレンツェ：比類なき文化都市の歴史／池上俊一著／岩波書店（岩波新書 新赤版）／2018 年 5 月
池上彰の世界の見方 =Akira Ikegami,How To See the World：15 歳に語る現代世界の最前線／池上彰著／小学館／2015 年 11 月
池上彰の世界の見方 =Akira Ikegami,How To See the World アメリカ／池上彰著／小学館／2016 年 4 月
池上彰の世界の見方 =Akira Ikegami,How To See the World 中国・香港・台湾／池上彰著／小学館／2016 年 11 月
池上彰の世界の見方 =Akira Ikegami,How To See the World 中東／池上彰著／小学館／2017 年 8 月
池上彰の世界の見方 =Akira Ikegami,How To See the World ドイツと EU／池上彰著／小学館／2017 年 11 月
池上彰の世界の見方 =Akira Ikegami,How To See the World 朝鮮半島／池上彰著／小学館／2018 年 4 月
池上彰の世界の見方 =Akira Ikegami,How To See the World ロシア／池上彰著／小学館／2018 年 11 月
池上彰の世界の見方 =Akira Ikegami,How To See the World 東南アジア／池上彰著／小学館／2019 年 4 月
池上彰の世界の見方 =Akira Ikegami,How To See the World イギリスと EU／池上彰著／小学館／2019 年 12 月
池上彰の世界の見方 =Akira Ikegami,How To See the World インド／池上彰著／小学館／2020 年 7 月
池上彰の世界の見方 =Akira Ikegami,How To See the World アメリカ 2／池上彰著／小学館／2021 年 3 月
池上彰の世界の見方 =Akira Ikegami,How To See the World 中国／池上彰著／小学館／2021 年 10 月

池上彰の世界の見方 =Akira Ikegami,How To See the World 東欧・旧ソ連の国々／池上彰著／小学館／2022年4月
池上彰の世界の見方 =Akira Ikegami,How To See the World 中南米／池上彰著／小学館／2022年12月
池上彰の世界の見方 =Akira Ikegami,How To See the World 北欧／池上彰著／小学館／2023年8月
なぜ世界を知るべきなのか／池上彰著／小学館（小学館YouthBooks）／2021年7月
池上彰の宗教がわかれば世界が見える／池上彰著／文藝春秋（文春新書）／2011年7月
世界史で読み解く現代ニュース 宗教編―未来へのトビラ；File No.006／池上彰著;増田ユリヤ著／ポプラ社（ポプラ選書）／2019年4月
体育が嫌いな君たちへ：DVD BOOK―ゴルフダイジェストの本／池上信三著／ゴルフダイジェスト社／2011年3月
みるみる上達!スポーツ練習メニュー 1／池田浩二監修／ポプラ社／2015年4月
図説地図とあらすじでわかる!最澄と比叡山／池田宗譲監修／青春出版社（青春新書INTELLIGENCE）／2012年8月
言葉を生きる：考えるってどういうこと?―ちくまQブックス／池田晶子 著／筑摩書房／2022年6月
言葉を生きる：考えるってどういうこと?／池田晶子著／筑摩書房（ちくまQブックス）／2022年6月
音楽ってなんだろう?：知れば知るほど楽しくなる／池辺晋一郎著／平凡社（中学生の質問箱）／2019年12月
日本なんでもランキング図鑑：驚き発見がいっぱい!／池野範男監修;久保哲朗監修／ミネルヴァ書房（ランキング図鑑シリーズ）／2019年2月
英語は「リズム」で9割通じる!／竹下光彦著／青春出版社（青春新書INTELLIGENCE）／2013年4月
ケアしケアされ、生きていく／竹端寛著／筑摩書房（ちくまプリマー新書）／2023年10月
やっぱり見た目が9割／竹内一郎著／新潮社（新潮新書）／2013年7月
知ってる?テニス：クイズでスポーツがうまくなる／竹内映二著／ベースボール・マガジン社／2017年7月
名文どろぼう／竹内政明著／文藝春秋（文春新書）／2010年3月
名セリフどろぼう／竹内政明著／文藝春秋（文春新書）／2011年2月
巨大おけを絶やすな!：日本の食文化を未来へつなぐ／竹内早希子著／岩波書店（岩波ジュニア新書）／2023年1月
14歳からの文楽のすゝめ =AN ENCOURAGEMENT OF BUNRAKU FROM FOURTEEN YEARS OLD／竹本織太夫 監修／実業之日本社／2022年4月
武満徹：現代音楽で世界をリードした作曲家：作曲家〈日本〉―ちくま評伝シリーズ〈ポルトレ〉／筑摩書房編集部著／筑摩書房／2016年1月
中学サッカー小僧テクニカル ドリブル編 永久保存版／中学サッカー小僧編集部編／ガイドワークス／2016年3月
中学サッカー小僧テクニカル ドリブル編 完全保存版／中学サッカー小僧編集部編／白夜書房／2012年3月
中学野球小僧テクニカル バッティング編 完全保存版／中学野球小僧編集部編集／白夜書房／2012年3月
中学野球小僧テクニカル ピッチング編 完全保存版／中学野球小僧編集部編集／白夜書房／2012年3月
知ってる?バドミントン：クイズでスポーツがうまくなる／中口直人著／ベースボール・マガジン社／2017年3月
江戸っ子はなぜこんなに遊び上手なのか／中江克己著／青春出版社（青春新書INTELLIGENCE）／2016年6月
アイドルになりたい!／中森明夫著／筑摩書房（ちくまプリマー新書）／2017年4月
日本人は植物をどう利用してきたか／中西弘樹著／岩波書店（岩波ジュニア新書）／2012年6月
サッカーの歴史―世界のサッカー大百科；1／中西哲生監修／岩崎書店／2010年1月
世界のサッカー大百科 2(ワールド・サッカー)／中西哲生監修／岩崎書店／2010年2月
世界のサッカー大百科 5(Jリーガーになりたい!)／中西哲生監修／岩崎書店／2010年2月

世界のサッカー大百科 3(サッカーのテクニック)／中西哲生監修／岩崎書店／2010 年 3 月
世界のサッカー大百科 4(サッカーのルールと試合運び)／中西哲生監修／岩崎書店／2010 年 3 月
スポーツでひろげる国際理解 3／中西哲生監修／文溪堂／2018 年 2 月
スポーツでひろげる国際理解 4／中西哲生監修／文溪堂／2018 年 3 月
スポーツでひろげる国際理解 5／中西哲生監修／文溪堂／2018 年 3 月
クラシック音楽の歴史／中川右介著／KADOKAWA（角川ソフィア文庫）／2017 年 9 月
歌舞伎一年生：チケットの買い方から観劇心得まで／中川右介著／筑摩書房（ちくまプリマー新書）／2016 年 8 月
お絵かき算数：東大卒のお母さんが教える!／中村希著／エール出版社（Yell books）／2021 年 5 月
教養として学んでおきたい 5 大宗教／中村圭志著／マイナビ出版（マイナビ新書）／2020 年 2 月
教養として学んでおきたいギリシャ神話／中村圭志著／マイナビ出版（マイナビ新書）／2021 年 2 月
教養として学んでおきたい聖書／中村圭志著／マイナビ出版（マイナビ新書）／2022 年 4 月
ビジュアルでわかるはじめての〈宗教〉入門：そもそもどうして、いつからあるの?—14 歳の世渡り術／中村圭志著;カヤヒロヤイラスト／河出書房新社／2023 年 9 月
ビジュアルでわかるはじめての〈宗教〉入門：そもそもどうして、いつからあるの?／中村圭志著;カヤヒロヤイラスト／河出書房新社（14 歳の世渡り術）／2023 年 9 月
部活で差がつく!勝つソフトテニス最強のコツ 55—コツがわかる本／中村謙監修／メイツユニバーサルコンテンツ／2020 年 7 月
部活で大活躍できる!ソフトテニス最強のポイント 55—コツがわかる本／中村謙監修／メイツ出版／2011 年 7 月
部活で差がつく!ソフトテニス必勝のコツ—コツがわかる本／中村謙監修／メイツ出版／2016 年 3 月
部活で大活躍できる!水泳最強のポイント 50—コツがわかる本／中村真衣監修／メイツ出版／2011 年 7 月
「自分らしさ」と日本語／中村桃子著／筑摩書房（ちくまプリマー新書）／2021 年 5 月
女性差別はどう作られてきたか／中村敏子著／集英社（集英社新書）／2021 年 1 月
書き出しは誘惑する：小説の楽しみ／中村邦生著／岩波書店（岩波ジュニア新書）／2014 年 1 月
はじめての文学講義：読む・書く・味わう／中村邦生著／岩波書店（岩波ジュニア新書）／2015 年 7 月
日本語のニュアンス練習帳／中村明著／岩波書店（岩波ジュニア新書）／2014 年 7 月
語感トレーニング：日本語のセンスをみがく 55 題／中村明著／岩波書店（岩波新書 新赤版）／2011 年 4 月
野球天理高校式メニュー：基礎・基本を大切に甲子園へ—強豪校の練習法／中村良二著／ベースボール・マガジン社／2023 年 12 月
14 歳からの人生哲学：なんでも楽しくなる 35 のヒント—心の友だち／中谷彰宏著／PHP 研究所／2012 年 3 月
強豪校に学ぶ!東北高校ソフトテニス部㊙練習法 150／中津川澄男著／ベースボール・マガジン社／2013 年 9 月
扉をひらく哲学：人生の鍵は古典のなかにある／中島隆博編著;梶原三恵子編著;納富信留編著;吉水千鶴子編著／岩波書店（岩波ジュニア新書）／2023 年 5 月
中高生のためのサッカーボディ革命／中嶋慧著／ベースボール・マガジン社／2015 年 4 月
日本の剣豪：決定版／中嶋繁雄著／文藝春秋（文春新書）／2017 年 5 月
3 年間ホケツだった僕がドイツでサッカー指導者になった話—世界をカエル 10 代からの羅針盤／中野吉之伴著;早川世詩男絵／理論社／2023 年 8 月
3 年間ホケツだった僕がドイツでサッカー指導者になった話／中野吉之伴著;早川世詩男絵／理論社（世界をカエル 10 代からの羅針盤）／2023 年 8 月
聖書人物おもしろ図鑑 新約編／中野実監修;古賀博編;真壁巌編;吉岡康子編;金斗鉉イラスト／日本キリスト教団出版局／2016 年 11 月
ベートーヴェン：音楽の革命はいかに成し遂げられたか／中野雄著／文藝春秋（文春新書）／2020 年 11 月

野球のルール：超・初級編：これさえ読めばだいたいわかる：feat.Kishiboy／中野良一 著;木谷友亮 著;全日本軟式野球連盟 監修／ベースボール・マガジン社／2022年10月
ラグビーのルール：これさえ読めばだいたいわかる：feat.Kishiboy. 超・初級編／中野良一著;木谷友亮著／ベースボール・マガジン社／2023年2月
相撲のルール：超・初級編：feat.Kishiboy―これさえ読めばだいたいわかる／中野良一著;木谷友亮著／ベースボール・マガジン社／2023年12月
いのちのヴァイオリン：森からの贈り物／中澤宗幸著／ポプラ社（ポプラ社ノンフィクション）／2012年12月
知ってる?ラグビー：クイズでスポーツがうまくなる／仲西拓著／ベースボール・マガジン社／2017年5月
中国のエリート高校生日本滞在記／張雲裳;人見豊編著／日本僑報社／2011年10月
走るのが速くなる俊足教室：クラスでも、チームでも1位を目指そう!／朝原宣治監修／マイナビ／2014年1月
ダッシュ博士のスプリント教室：日本陸上競技連盟推奨：スプリンター必読!：自己ベスト更新のヒントが満載／朝原宣治監修;ベースボール・マガジン社編／ベースボール・マガジン社／2015年5月
知ってる?陸上競技：走る 跳ぶ 投げる―クイズでスポーツがうまくなる／朝原宣治著／ベースボール・マガジン社／2017年9月
教養としての10年代アニメ―未来へのトビラ；File No.001／町口哲生著／ポプラ社（ポプラ選書）／2018年4月
名画とあらすじでわかる!旧約聖書／町田俊之監修／青春出版社（青春新書INTELLIGENCE）／2013年11月
名画とあらすじでわかる!新約聖書／町田俊之監修／青春出版社（青春新書INTELLIGENCE）／2014年3月
英語で学び, 考える今日は何の日 around the world 世界のトピック10月11月12月／町田淳子著／光村教育図書／2016年9月
英語で学び,考える今日は何の日 around the world：世界のトピック1月2月3月／町田淳子著／光村教育図書／2016年11月
英語で学び,考える今日は何の日 around the world：世界のトピック4月5月6月／町田淳子著／光村教育図書／2016年11月
英語で学び,考える今日は何の日 around the world：世界のトピック7月8月9月／町田淳子著／光村教育図書／2016年12月
知ってる?空手道：クイズでスポーツがうまくなる／町田直和著／ベースボール・マガジン社／2017年8月
伝える極意／長井鞠子著／集英社（集英社新書）／2014年2月
お金ってなんだろう?：あなたと考えたいこれからの経済―中学生の質問箱／長岡慎介著／平凡社／2017年5月
検索禁止／長江俊和著／新潮社（新潮新書）／2017年4月
14歳の生命論：生きることが好きになる生物学のはなし―tanQブックス；13. 14歳の教室／長沼毅著／技術評論社／2011年12月
少年野球ワンポイントレッスン300＝KID'S BASEBALL ONE POINT LESSON：超基本・上達のコツ・練習法―GAKKEN SPORTS BOOKS／長沼孝監修;大坂賢監修／学研パブリッシング／2014年4月
私のフォト・ジャーナリズム：戦争から人間へ／長倉洋海著／平凡社（平凡社新書）／2010年11月
13歳からのイスラーム／長沢栄治監修／かもがわ出版／2021年5月
謎解き聖書物語／長谷川修一著／筑摩書房（ちくまプリマー新書）／2018年12月
女の子だって、野球はできる!：「好き」を続ける女性たち―スポーツ／長谷川晶一著／ポプラ社（ポプラ社ノンフィクション）／2018年7月
現地取材!日本の国土と人々のくらし. 1／長谷川直子監修;山本健太監修;宇根寛監修協力／ポプラ社／2023

年11月
現地取材!日本の国土と人々のくらし. 2／長谷川直子監修;山本健太監修;宇根寛監修協力／ポプラ社／2023年11月
現地取材!日本の国土と人々のくらし. 3／長谷川直子監修;山本健太監修;宇根寛監修協力／ポプラ社／2023年11月
現地取材!日本の国土と人々のくらし. 4／長谷川直子監修;山本健太監修;宇根寛監修協力／ポプラ社／2023年11月
現地取材!日本の国土と人々のくらし. 5／長谷川直子監修;山本健太監修;宇根寛監修協力／ポプラ社／2023年11月
現地取材!日本の国土と人々のくらし. 6／長谷川直子監修;山本健太監修;宇根寛監修協力／ポプラ社／2023年11月
現地取材!日本の国土と人々のくらし. 7／長谷川直子監修;山本健太監修;宇根寛監修協力／ポプラ社／2023年11月
現地取材!日本の国土と人々のくらし. 8／長谷川直子監修;山本健太監修;宇根寛監修協力／ポプラ社／2023年11月
俳句と人間／長谷川櫂著／岩波書店（岩波新書 新赤版）／2022年1月
文学部で読む日本国憲法／長谷川櫂著／筑摩書房（ちくまプリマー新書）／2016年8月
部活で差がつく!勝つ卓球上達のポイント50‐コツがわかる本／長谷部攝監修／メイツユニバーサルコンテンツ／2020年6月
部活で大活躍できる!!勝つ!卓球最強のポイント50―コツがわかる本／長谷部攝監修／メイツ出版／2011年5月
中学生・高校生に贈る古代オリンピックへの旅：遺跡・藝術・神話を訪ねて／長田亨一著／悠光堂／2020年7月
復活の力：絶望を栄光にかえたアスリート／長田渚左著／新潮社（新潮新書）／2010年12月
「推し」の文化論：BTSから世界とつながる／鳥羽和久著／晶文社／2023年3月
写真のなかの「わたし」：ポートレイトの歴史を読む／鳥原学著／筑摩書房（ちくまプリマー新書）／2016年3月
異文化コミュニケーション学／鳥飼玖美子著／岩波書店（岩波新書 新赤版）／2021年7月
アニメーション学入門 新版／津堅信之著／平凡社（平凡社新書）／2017年2月
新海誠の世界を旅する：光と色彩の魔術／津堅信之著／平凡社（平凡社新書）／2019年7月
苦手から始める作文教室：文章が書けたらいいことはある?―ちくまQブックス／津村記久子 著／筑摩書房／2022年9月
伊藤若冲―よみがえる天才；1／辻惟雄著／筑摩書房（ちくまプリマー新書）／2020年4月
ナマケモノ教授のムダのてつがく：「役に立つ」を超える生き方とは／辻信一著／さくら舎／2023年1月
考えて勝つ!少年野球―集英社版学習まんが. SPORTS／辻正人監修;茶留たかふみまんが;山本イチロー原作／集英社／2017年3月
プロ野球勝ち続ける意識改革／辻発彦著／青春出版社（青春新書INTELLIGENCE）／2012年8月
ケガなく野球が上達するメソッド100+：少年野球から中・高生球児まで：最新式／坪井智哉著／主婦の友社／2015年2月
四季の名言／坪内稔典著／平凡社（平凡社新書）／2015年12月
阿修羅のジュエリー―よりみちパン!セ；P026／鶴岡真弓著／イースト・プレス／2011年12月
新・日本のすがた ＝Japan by Region 4―帝国書院地理シリーズ／帝国書院編集部編集／帝国書院／2021年3月
新・世界の国々 ＝World Countries 1／帝国書院編集部編集／帝国書院（帝国書院地理シリーズ）／2020年3月
新・世界の国々 ＝World Countries 10／帝国書院編集部編集／帝国書院（帝国書院地理シリーズ）／2020年3月

新・世界の国々 ＝World Countries 2／帝国書院編集部編集／帝国書院（帝国書院地理シリーズ）／2020年3月
新・世界の国々 ＝World Countries 3／帝国書院編集部編集／帝国書院（帝国書院地理シリーズ）／2020年3月
新・世界の国々 ＝World Countries 4／帝国書院編集部編集／帝国書院（帝国書院地理シリーズ）／2020年3月
新・世界の国々 ＝World Countries 5／帝国書院編集部編集／帝国書院（帝国書院地理シリーズ）／2020年3月
新・世界の国々 ＝World Countries 6／帝国書院編集部編集／帝国書院（帝国書院地理シリーズ）／2020年3月
新・世界の国々 ＝World Countries 7／帝国書院編集部編集／帝国書院（帝国書院地理シリーズ）／2020年3月
新・世界の国々 ＝World Countries 8／帝国書院編集部編集／帝国書院（帝国書院地理シリーズ）／2020年3月
新・世界の国々 ＝World Countries 9／帝国書院編集部編集／帝国書院（帝国書院地理シリーズ）／2020年3月
壁を壊す!!：サッカー・ワールドカップ北朝鮮代表として／鄭大世著／岩波書店（岩波ブックレット）／2010年12月
吹奏楽部員のための和声がわかる本／天野正道著／ヤマハミュージックメディア／2014年3月
俺が戦った真に強かった男："ミスタープロレス"が初めて語る最強論／天龍源一郎著／青春出版社（青春新書INTELLIGENCE）／2022年11月
伝統工芸のきほん 1／伝統工芸のきほん編集室著／理論社／2017年11月
伝統工芸のきほん 2／伝統工芸のきほん編集室著／理論社／2017年12月
伝統工芸のきほん 3／伝統工芸のきほん編集室著／理論社／2018年1月
伝統工芸のきほん 4／伝統工芸のきほん編集室著／理論社／2018年2月
伝統工芸のきほん 5／伝統工芸のきほん編集室著／理論社／2018年2月
ショートショートでひらめく文章教室／田丸雅智著／河出書房新社（14歳の世渡り術）／2021年4月
こころはどう捉えられてきたか：江戸思想史散策／田尻祐一郎著／平凡社（平凡社新書）／2016年3月
〈意味順〉英作文のすすめ／田地野彰著／岩波書店（岩波ジュニア新書）／2011年3月
方言萌え!?：ヴァーチャル方言を読み解く／田中ゆかり著／岩波書店（岩波ジュニア新書）／2016年12月
世界が広がる英文読解／田中健一著／岩波書店（岩波ジュニア新書）／2023年7月
ニッポンの肉食：マタギから食肉処理施設まで／田中康弘著／筑摩書房（ちくまプリマー新書）／2017年12月
成人式とは何か／田中治彦著／岩波書店（岩波ブックレット）／2020年11月
日本語スケッチ帳／田中章夫著／岩波書店（岩波新書 新赤版）／2014年4月
いま、「靖国」を問う意味／田中伸尚著／岩波書店（岩波ブックレット）／2015年7月
お茶と権力：信長・利休・秀吉／田中仙堂著／文藝春秋（文春新書）／2022年2月
芸者と遊び：日本的サロン文化の盛衰／田中優子著／KADOKAWA（角川ソフィア文庫）／2016年12月
グローバリゼーションの中の江戸─〈知の航海〉シリーズ／田中優子著／岩波書店（岩波ジュニア新書）／2012年6月
部活で差がつく!バスケットボール弱点克服マニュアル 新装版─コツがわかる本／田渡優監修／メイツユニバーサルコンテンツ／2021年6月
部活で差がつく!バスケットボール弱点克服マニュアル─コツがわかる本／田渡優監修／メイツ出版／2016年6月
モーツァルトの台本作者：ロレンツォ・ダ・ポンテの生涯／田之倉稔著／平凡社（平凡社新書）／2010年8月
「君が代」日本文化史から読み解く／杜こなて著／平凡社（平凡社新書）／2015年1月

部活でもっとステップアップ合唱のコツ50：楽しみながらうまくなる!-コツがわかる本／渡瀬昌治監修／メイツ出版／2013年9月
部活でレベルアップ!合唱上達のポイント50―コツがわかる本／渡瀬昌治監修／メイツ出版／2019年4月
古代文明と星空の謎／渡部潤一著／筑摩書房（ちくまプリマー新書）／2021年8月
古典和歌入門／渡部泰明著／岩波書店（岩波ジュニア新書）／2014年6月
古今和歌集／渡部泰明著;日本放送協会編集;NHK出版編集／NHK出版／2023年11月
国語をめぐる冒険／渡部泰明著;平野多恵著;出口智之著;田中洋美著;仲島ひとみ著／岩波書店（岩波ジュニア新書）／2021年8月
勝負心／渡辺明著／文藝春秋（文春新書）／2013年11月
部活で大活躍できる!ソフトボール最強のポイント50―コツがわかる本／渡辺和久監修／メイツ出版／2014年7月
部活で差がつく!勝つソフトボール必勝のポイント50―コツがわかる本／渡辺和久監修／メイツ出版／2018年3月
あなただけの人生をどう生きるか：若い人たちに遺した言葉／渡辺和子著／筑摩書房（ちくまプリマー新書）／2018年8月
生活を究める―スタディサプリ三賢人の学問探究ノート：今を生きる学問の最前線読本；5／渡邊恵太著;トミヤマユキコ著;高橋龍三郎著／ポプラ社／2021年3月
宮本武蔵謎多き生涯を解く／渡邊大門著／平凡社（平凡社新書）／2015年4月
笑いの力、言葉の力：井上ひさしのバトンを受け継ぐ／渡邉文幸著／理論社（世界をカエル10代からの羅針盤）／2022年7月
古代国家はいつ成立したか／都出比呂志著／岩波書店（岩波新書 新赤版）／2011年8月
ええかげん論―MSLive!BOOKS／土井善晴著;中島岳志著／ミシマ社／2022年10月
僕らの世界を作りかえる哲学の授業／土屋陽介著／青春出版社（青春新書INTELLIGENCE）／2019年7月
短距離・リレー―陸上競技入門ブック／土江寛裕著／ベースボール・マガジン社／2011年10月
スプリント・リレー―陸上競技入門ブック／土江寛裕著／ベースボール・マガジン社／2023年6月
柳宗悦と美―日本の伝記：知のパイオニア／土田眞紀 著／玉川大学出版部／2022年6月
宗教ってなんだろう?／島薗進著／平凡社（中学生の質問箱）／2017年2月
みんなの民俗学：ヴァナキュラーってなんだ?／島村恭則著／平凡社（平凡社新書）／2020年11月
宗教の地政学／島田裕巳著／エムディエヌコーポレーション（MdN新書）／2022年10月
教養として学んでおきたい仏教／島田裕巳著／マイナビ出版（マイナビ新書）／2019年4月
教養として学んでおきたい神社／島田裕巳著／マイナビ出版（マイナビ新書）／2020年12月
なぜ人は宗教にハマるのか／島田裕巳著／河出書房新社（14歳の世渡り術）／2010年3月
仏像鑑賞入門／島田裕巳著／新潮社（新潮新書）／2014年1月
人は死んだらどこに行くのか／島田裕巳著／青春出版社（青春新書INTELLIGENCE）／2017年2月
がばいばあちゃんめざせ甲子園：みらい文庫版／島田洋七作;西公平絵／集英社（集英社みらい文庫）／2011年5月
現地取材!世界のくらし 8／東海林美紀監修;新井卓治監修／ポプラ社／2020年4月
東大生100人が教える成績をグングン伸ばす中学生の勉強法／東京大学「学習効率研究会」編／二見書房／2014年3月
しびれる短歌／東直子著;穂村弘著／筑摩書房（ちくまプリマー新書）／2019年1月
パズル学入門：パズルで愛を伝えよう／東田大志著／岩波書店（岩波ジュニア新書）／2011年4月
聖徳太子：ほんとうの姿を求めて／東野治之著／岩波書店（岩波ジュニア新書）／2017年4月
希望の大地：「祈り」と「知恵」をめぐる旅：フォトエッセイ／桃井和馬著／岩波書店（岩波ブックレット）／2012年6月
「文様」のしきたり：暮らしを彩る日本の伝統／藤依里子著／青春出版社（青春新書INTELLIGENCE）／2022年4月

知ってる?卓球：クイズでスポーツがうまくなる／藤井寛子著／ベースボール・マガジン社／2016年9月
中高生の卓球：マンガ×動画×写真で3倍よくわかる!／藤井寛子著・漫画監修;アメハシ漫画／ベースボール・マガジン社／2023年8月
藤井聡太の将棋入門：勝つための指し方が学べる!／藤井聡太 監修;書籍編集部 編集／日本将棋連盟／2022年9月
世界の教科書でよむ〈宗教〉／藤原聖子著／筑摩書房（ちくまプリマー新書）／2011年7月
日本人無宗教説：その歴史から見えるもの／藤原聖子編著／筑摩書房（筑摩選書）／2023年5月
給食の歴史／藤原辰史著／岩波書店（岩波新書 新赤版）／2018年11月
一点突破：岩手高校将棋部の勝負哲学―未来へのトビラ；File No.005／藤原隆史著;大川慎太郎著／ポプラ社（ポプラ選書）／2018年4月
聖書のおはなし：藤城清治影絵聖画集 新版-Forest Books／藤城清治絵;野田秀文／いのちのことば社ライフ・クリエイション／2013年12月
みるみる上達!スポーツ練習メニュー 3／藤生栄一郎監修／ポプラ社／2015年4月
くらしをべんりにする新・情報化社会の大研究 2／藤川大祐監修／岩崎書店／2021年2月
くらしをべんりにする新・情報化社会の大研究 1／藤川大祐監修／岩崎書店／2021年3月
小説は君のためにある：よくわかる文学案内／藤谷治著／筑摩書房（ちくまプリマー新書）／2018年9月
パラスポーツ大百科：決定版! 3／藤田紀昭監修／岩崎書店／2020年9月
パラスポーツ大百科：決定版! 4／藤田紀昭監修／岩崎書店／2020年9月
パラスポーツ大百科：決定版! 5／藤田紀昭監修／岩崎書店／2020年10月
パラスポーツ大百科：決定版! 6／藤田紀昭監修／岩崎書店／2020年11月
パラスポーツ大百科：決定版! 1／藤田紀昭監修／岩崎書店／2020年12月
パラスポーツ大百科：決定版! 2／藤田紀昭監修／岩崎書店／2020年12月
いい人間関係は「敬語のくずし方」で決まる／藤田尚弓著／青春出版社（青春新書 INTELLIGENCE）／2021年9月
ビジュアルでつかむ!俳句の達人たち. [1]／藤田真一監修／ほるぷ出版／2023年12月
俳句のきた道：芭蕉・蕪村・一茶／藤田真一著／岩波書店（岩波ジュニア新書）／2021年9月
はじめての哲学／藤田正勝著／岩波書店（岩波ジュニア新書）／2021年6月
哲学のヒント／藤田正勝著／岩波書店（岩波新書 新赤版）／2013年2月
日本文化をよむ：5つのキーワード／藤田正勝著／岩波書店（岩波新書 新赤版）／2017年8月
漢字文化の世界／藤堂明保著／KADOKAWA（角川ソフィア文庫）／2020年3月
話す・聞く・つながるコミュニケーション上手になろう! 1／藤野博監修;松井晴美イラスト／旬報社／2021年1月
話す・聞く・つながるコミュニケーション上手になろう! 2／藤野博監修;松井晴美イラスト／旬報社／2021年1月
ビジュアル日本の音楽の歴史. 1／徳丸吉彦監修／ゆまに書房／2023年4月
ビジュアル日本の音楽の歴史. 2／徳丸吉彦監修／ゆまに書房／2023年7月
ビジュアル日本の音楽の歴史. 3／徳丸吉彦監修／ゆまに書房／2023年8月
ものがたり日本音楽史／徳丸吉彦著／岩波書店（岩波ジュニア新書）／2019年12月
はじめての哲学的思考／苫野一徳著／筑摩書房（ちくまプリマー新書）／2017年4月
空海-波乱に満ちておもしろい!ストーリーで楽しむ伝記；1／那須田淳著;十々夜絵／岩崎書店／2020年3月
昆虫食入門／内山昭一著／平凡社（平凡社新書）／2012年4月
靖国参拝の何が問題か／内田雅敏著／平凡社（平凡社新書）／2014年8月
教えて!タリバンのこと：世界の見かたが変わる緊急講座―MSLive!BOOKS／内藤正典著／ミシマ社／2022年3月
トルコから世界を見る：ちがう国の人と生きるには?／内藤正典著／筑摩書房（ちくまQブックス）／2022年10月

イスラームから世界を見る／内藤正典著／筑摩書房（ちくまプリマー新書）／2012年8月
世界史で深まるクラシックの名曲／内藤博文著／青春出版社（青春新書INTELLIGENCE）／2022年2月
世界史で読み解く名画の秘密／内藤博文著／青春出版社（青春新書INTELLIGENCE）／2022年9月
武道空手學概論 新世紀編―現代社白鳳選書；109／南郷継正著;朝霧華刃著;神橘美伽著／現代社／2016年9月
江戸のことわざ遊び：幕末のベストセラーで笑う／南和男著／平凡社（平凡社新書）／2010年8月
女子バスケットボール基本と戦術―パーフェクトレッスンブック／楠田香穂里著／実業之日本社／2023年6月
未来力養成教室／日本SF作家クラブ編／岩波書店（岩波ジュニア新書）／2013年7月
福音み～つけた!：「宗教」「倫理」を考えるために 高校編／日本カトリック教育学会編／燦葉出版社／2016年10月
福音み～つけた!：「宗教」「倫理」を考えるために 中学編／日本カトリック教育学会編／燦葉出版社／2016年10月
ジュニアのためのサーフィン最強上達バイブル：トップを目指す次世代サーファー必読!!―コツがわかる本. ジュニアシリーズ／日本サーフィン連盟監修／メイツ出版／2016年6月
めざせ!ダンスマスター 3／日本ストリートダンス協会監修;エイベックス・プランニング&デベロップメント監修／岩崎書店／2012年4月
野球少年の食事バイブル：強い選手は食事もスゴイ!：北海道日本ハムファイターズ強さのひみつ／日本ハム株式会社中央研究所著;木村修一監修／女子栄養大学出版部／2010年3月
めざせ!ダンスマスター 2／日本フォークダンス連盟監修／岩崎書店／2012年4月
タクマ的な日々：中高生のためのディボーション・ブック：青年・初心者の方にも最適／日本ホーリネス教団出版部編／日本ホーリネス教団／2014年3月
伝統工芸ってなに?：見る・知る・楽しむガイドブック／日本工芸会東日本支部編／芸艸堂／2013年7月
わくわく大相撲ガイド：ハッキヨイ!せきトリくん／日本相撲協会監修／河出書房新社／2013年1月
わくわく大相撲ガイド：ハッキヨイ!せきトリくん 押し出し編／日本相撲協会監修／河出書房新社／2014年1月
わくわく大相撲ガイド：ハッキヨイ!せきトリくん 寄り切り編／日本相撲協会監修／河出書房新社／2015年1月
相撲―さあ、はじめよう!日本の武道；3／日本相撲連盟監修;こどもくらぶ編／岩崎書店／2010年10月
プラトンとの哲学：対話篇をよむ／納富信留著／岩波書店（岩波新書 新赤版）／2015年7月
誰でもわかる日本の二十四節気と七十二候／脳トレーニング研究会編／黎明書房（図書館版誰でもわかる古典の世界）／2020年2月
高校球児なら知っておきたい野球医学：肩肘腰痛の予防と対処／馬見塚尚孝著／ベースボール・マガジン社／2015年3月
漢字のサーカス 常用漢字編 1／馬場雄二著／岩波書店（岩波ジュニア新書）／2010年12月
漢字のサーカス 常用漢字編 2／馬場雄二著／岩波書店（岩波ジュニア新書）／2011年1月
漢字力が身につく熟語練習帳／馬場雄二著／岩波書店（岩波ジュニア新書）／2015年5月
人類哲学序説／梅原猛著／岩波書店（岩波新書 新赤版）／2013年4月
まんがで読む世界の名作オペラ 10―まんが世界のオペラシリーズ／梅本さちお著／メトロポリタンプレス／2012年3月
まんがで読む世界の名作オペラ 8―まんが世界のオペラシリーズ／梅本さちお著／メトロポリタンプレス／2012年3月
図説地図とあらすじでわかる!おくのほそ道／萩原恭男監修／青春出版社（青春新書INTELLIGENCE）／2013年6月
少年サッカー必勝バイブル：スタメンを勝ちとる!試合に勝てる!／柏レイソル監修／主婦の友社／2012年3月

少年サッカー必勝バイブル＝The Bible of Soccer：スタメンを勝ちとる!試合に勝てる! 最新版／柏レイソル監修／主婦の友社／2017年2月
夢に向かって：十代の君たちへ／泊剛史著／文芸社／2010年3月
ファッションの仕事で世界を変える：エシカル・ビジネスによる社会貢献／白木夏子著／筑摩書房（ちくまプリマー新書）／2021年9月
やらかした時にどうするか／畑村洋太郎 著／筑摩書房（ちくまプリマー新書）／2022年6月
日本の神様 増補―よりみちパン!セ；P024／畑中章宏著／イースト・プレス／2011年11月
部活でもっとステップアップ吹奏楽上達のコツ50：楽しみながらうまくなる!―コツがわかる本／畠田貴生監修／メイツ出版／2015年1月
部活でレベルアップ!吹奏楽上達のコツ50―コツがわかる本／畠田貴生監修／メイツ出版／2019年5月
「系図」を知ると日本史の謎が解ける／八幡和郎著／青春出版社（青春新書INTELLIGENCE）／2017年10月
14歳からの哲学サロン：古きをたずねて新しきを知る-銀鈴叢書／板生いくえ著／銀の鈴社／2020年10月
これで完ぺき!陸上競技―DVDブック／繁田進著／ベースボール・マガジン社／2014年2月
ことばハンター：国語辞典はこうつくる―生きかた／飯間浩明著／ポプラ社（ポプラ社ノンフィクション）／2019年1月
時をこえる仏像：修復師の仕事／飯泉太子宗著／筑摩書房（ちくまプリマー新書）／2011年12月
不思議なテレポート・マシーンの話：なぜ「ぼく」が存在の謎を考えることになったか?―ちくまQブックス／飯田隆 著／筑摩書房／2022年9月
日本語と論理：哲学者、その謎に挑む／飯田隆著／NHK出版（NHK出版新書）／2019年9月
不思議なテレポート・マシーンの話：なぜ「ぼく」が存在の謎を考えることになったか?／飯田隆著／筑摩書房（ちくまQブックス）／2022年9月
ヒグトレ：10代のための新しいトレーニング：背中を柔らかく鍛えるとサッカーはうまくなる／樋口敦著／カンゼン／2019年6月
音楽で人は輝く：愛と対立のクラシック／樋口裕一著／集英社（集英社新書）／2011年1月
バカに見える日本語／樋口裕一著／青春出版社（青春新書INTELLIGENCE）／2012年4月
「ナニ様?」な日本語／樋口裕一著／青春出版社（青春新書INTELLIGENCE）／2013年1月
この一冊で芸術通になる大人の教養力／樋口裕一著／青春出版社（青春新書INTELLIGENCE）／2017年4月
ONE PIECE STRONG WORDS 上巻―ヴィジュアル版／尾田栄一郎著／集英社（集英社新書）／2011年3月
13歳にもわかるキリスト教―キリスト教スタディーブック・シリーズ；4／美濃部信著／新教出版社／2016年1月
英語が嫌いな中学生のあなたへ：大事なのは入り口です／柊久平著／ブイツーソリューション／2013年10月
明日ともだちに自慢できる日本と世界のモノ歴史113／冨士本昌恵著;此林ミサ画／パルコエンタテインメント事業部／2017年12月
四字熟語の中国史／冨谷至著／岩波書店（岩波新書 新赤版）／2012年2月
諏訪大社と武田信玄：戦国武将の謎に迫る!／武光誠著／青春出版社（青春新書INTELLIGENCE）／2012年10月
ブラジル人の処世術：ジェイチーニョの秘密／武田千香著／平凡社（平凡社新書）／2014年6月
上機嫌のすすめ／武田双雲著／平凡社（平凡社新書）／2010年5月
古典つまみ読み：古文の中の自由人たち／武田博幸著／平凡社（平凡社新書）／2019年8月
ビートルズは音楽を超える／武藤浩史著／平凡社（平凡社新書）／2013年7月
大仏はなぜこれほど巨大なのか：権力者たちの宗教建築／武澤秀一著／平凡社（平凡社新書）／2014年11月

つくってみよう!和食弁当 野菜のお弁当―Rikuyosha Children & YA Books／服部栄養料理研究会監修;一枚田清行料理指導;こどもくらぶ編／六耀社／2017年1月
つくってみよう!和食弁当 肉のお弁当―Rikuyosha Children & YA Books／服部栄養料理研究会監修;杉浦仁志料理指導;こどもくらぶ編／六耀社／2016年11月
つくってみよう!和食弁当 魚のお弁当―Rikuyosha Children & YA Books／服部栄養料理研究会監修;西澤辰男料理指導;こどもくらぶ編／六耀社／2016年12月
童謡はどこへ消えた：子どもたちの音楽手帖／服部公一著／平凡社（平凡社新書）／2015年6月
What is 和食 WASHOKU?：英文対訳付／服部幸應監修;服部津貴子監修;こどもくらぶ編／ミネルヴァ書房／2016年7月
世界遺産になった食文化 1（くらしを豊かにするフランス料理）／服部津貴子監修;こどもくらぶ編／WAVE出版／2013年3月
世界遺産になった食文化 2（健康的な食生活地中海料理）／服部津貴子監修;こどもくらぶ編／WAVE出版／2013年3月
世界遺産になった食文化 3（文明の十字路に息づくトルコ料理）／服部津貴子監修;こどもくらぶ編／WAVE出版／2013年3月
世界遺産になった食文化 4（マヤ文明から伝わるメキシコ料理）／服部津貴子監修;こどもくらぶ編／WAVE出版／2013年3月
世界遺産になった食文化 5（世界のワインのルーツはグルジア!グルジア料理）／服部津貴子監修;こどもくらぶ編／WAVE出版／2015年3月
世界遺産になった食文化 6（クロアチア・ポルトガル・キプロス地中海料理）／服部津貴子監修;こどもくらぶ編／WAVE出版／2015年3月
世界遺産になった食文化 7（わかちあいのキムジャン文化韓国料理）／服部津貴子監修;こどもくらぶ編／WAVE出版／2015年3月
世界遺産になった食文化 8（日本人の伝統的な食文化和食）／服部津貴子監修;こどもくらぶ編／WAVE出版／2015年3月
18歳の著作権入門／福井健策著／筑摩書房（ちくまプリマー新書）／2015年1月
鉄道写真をはじめよう!：撮影テクからスポット選びまで完全マスター―コツがわかる本. ジュニアシリーズ／福園公嗣監修／メイツ出版／2016年9月
生命を究める―スタディサプリ三賢人の学問探究ノート：今を生きる学問の最前線読本；3／福岡伸一著;篠田謙一著;柴田正良著／ポプラ社／2020年3月
部活で大活躍できる!陸上最強のポイント50―コツがわかる本／福間博樹監修／メイツ出版／2012年3月
少年サッカーのテクニック：DVDでレベルアップ!―GAKKEN SPORTS BOOKS／福西崇史監修／学研パブリッシング／2013年9月
その日本語仕事で恥かいてます／福田健監修／青春出版社（青春新書INTELLIGENCE）／2014年4月
少年サッカー：DVDで一気に上達／福田正博著／新星出版社／2014年4月
サッカーがもっと楽しくなる40のヒント：なぜカメはウサギに勝てたのか／福富信也著;鳥越大智イラスト／東京法令出版／2023年6月
聖書／福万広信著／日本キリスト教団出版局／2013年11月
日本遺産 =JAPAN HERITAGE：地域の歴史と伝統文化を学ぶ 1／文化庁著／ポプラ社／2019年11月
日本遺産 =JAPAN HERITAGE：地域の歴史と伝統文化を学ぶ 2／文化庁著／ポプラ社／2019年11月
日本遺産 =JAPAN HERITAGE：地域の歴史と伝統文化を学ぶ 3／文化庁著;日本遺産連盟著／ポプラ社／2021年4月
「食」の探求と社会への広がり：中学生用食育教材／文部科学省 著／健学社／2022年8月
日本史の新常識／文藝春秋編／文藝春秋（文春新書）／2018年11月
世界史の新常識／文藝春秋編／文藝春秋（文春新書）／2019年3月
これで完ぺき!野球ピッチング・守備―DVDブック／平井成二著／ベースボール・マガジン社／2014年2月

軟式野球入門：初心者もぐんぐんレベルアップ―中学デビューシリーズ／平井成二著／ベースボール・マガジン社／2023年12月
13歳からの仏教塾／平井正修著／海竜社／2016年2月
99%の人が速くなる走り方／平岩時雄著／筑摩書房（ちくまプリマー新書）／2018年5月
裏読み世界遺産／平山和充著／筑摩書房（ちくまプリマー新書）／2010年1月
ひとりひとりの味―よりみちパン!セ；P18／平松洋子著／イースト・プレス／2011年10月
黒髪と美の歴史／平松隆円著／KADOKAWA（角川ソフィア文庫）／2019年7月
世界のシェー!!：フジオプロ公認―よりみちパン!セ；P039／平沼正弘著;塩崎昌江著／イースト・プレス／2012年3月
名前で読み解く日本いきもの小百科／平田剛士著／平凡社（平凡社新書）／2012年9月
神社ってどんなところ?／平藤喜久子著／筑摩書房（ちくまプリマー新書）／2015年2月
人生はゲームなのだろうか?：〈答えのなさそうな問題〉に答える哲学／平尾昌宏著／筑摩書房（ちくまプリマー新書）／2022年2月
「太陽の塔」新発見!／平野暁臣著／青春出版社（青春新書INTELLIGENCE）／2018年4月
部活でスキルアップ!勝つ卓球動画でわかる最強のコツ50―コツがわかる本／平亮太監修／メイツユニバーサルコンテンツ／2023年4月
DVDでわかる!部活で大活躍!卓球最強のコツ50―コツがわかる本／平亮太監修／メイツ出版／2014年6月
DVDでわかる!部活で大活躍!卓球最強のコツ50 改訂版―コツがわかる本／平亮太監修／メイツ出版／2018年3月
遊動論：柳田国男と山人／柄谷行人著／文藝春秋（文春新書）／2014年1月
冒険登山のすすめ：最低限の装備で自然を楽しむ／米山悟著／筑摩書房（ちくまプリマー新書）／2016年1月
ベートーヴェンを聴けば世界史がわかる／片山杜秀著／文藝春秋（文春新書）／2018年11月
洞察力UP!東大式将棋勝つための上達法 入門編／片上大輔監修;東京大学将棋部構成・原稿執筆／理論社／2019年8月
おぼえよう野球のルール／片野全康著／ベースボール・マガジン社／2023年9月
よみがえる昭和天皇：御製で読み解く87年／辺見じゅん著;保阪正康著／文藝春秋（文春新書）／2012年2月
自伝でわかる現代アート：先駆者8人の生涯／暮沢剛巳著／平凡社（平凡社新書）／2012年8月
マザー・テレサ：命をてらす愛 新装版／望月正子文;丹地陽子絵／講談社（講談社火の鳥伝記文庫 ）／2018年3月
伊賀の人・松尾芭蕉／北村純一著／文藝春秋（文春新書）／2022年1月
放射能汚染と学校給食／牧下圭貴著／岩波書店（岩波ブックレット）／2013年6月
教養として学んでおきたい落語／堀井憲一郎著／マイナビ出版（マイナビ新書）／2019年8月
地野菜/伝統野菜―47都道府県ビジュアル文化百科／堀知佐子監修;こどもくらぶ編／丸善出版／2016年12月
少年サッカー基本・練習・コーチング―少年少女スポーツシリーズ／堀池巧監修／西東社／2011年7月
人間関係の99%はことばで変わる!／堀田秀吾著／青春出版社（青春新書INTELLIGENCE）／2015年12月
女性画家10の叫び／堀尾真紀子著／岩波書店（岩波ジュニア新書）／2013年7月
富士百句で俳句入門／堀本裕樹著／筑摩書房（ちくまプリマー新書）／2014年8月
少年野球「よくわかるルール」のすべて：ハンディサイズだからどこでもひける：写真で解説／本間正夫著／主婦の友社（カラージュニアスポーツ文庫）／2012年10月
少年野球「基本と上達」のすべて：ハンディサイズだからどこでもチェック／本間正夫著／主婦の友社（カラージュニアスポーツ文庫）／2012年10月
新生EXILE―素顔のアーティスト／本郷陽二著／汐文社／2011年2月

Perfume―素顔のアーティスト／本郷陽二著／汐文社／2011 年 3 月
「日本」ってどんな国?：国際比較データで社会が見えてくる／本田由紀著／筑摩書房（ちくまプリマー新書）／2021 年 10 月
決まり・ならわし：暮らしのルール!―日本文化キャラクター図鑑／本木洋子文;いとうみき絵／玉川大学出版部／2015 年 3 月
神さま・ほとけさま：宗教ってなんだ!―日本文化キャラクター図鑑／本木洋子文;柳下ミキ絵／玉川大学出版部／2015 年 5 月
ニホン英語は世界で通じる／末延岑生著／平凡社（平凡社新書）／2010 年 7 月
不登校でも大丈夫／末富晶著／岩波書店（岩波ジュニア新書）／2018 年 8 月
名作マンガでよくわかる夢のスポーツ大図鑑：楽しく見よう!はじめよう! 1 巻／夢のスポーツ大図鑑編集委員会編／日本図書センター／2018 年 11 月
名作マンガでよくわかる夢のスポーツ大図鑑：楽しく見よう!はじめよう! 2 巻／夢のスポーツ大図鑑編集委員会編／日本図書センター／2018 年 11 月
名作マンガでよくわかる夢のスポーツ大図鑑：楽しく見よう!はじめよう! 3 巻／夢のスポーツ大図鑑編集委員会編／日本図書センター／2018 年 11 月
質問する、問い返す：主体的に学ぶということ／名古谷隆彦著／岩波書店（岩波ジュニア新書）／2017 年 5 月
スカートはかなきゃダメですか?：ジャージで学校／名取寛人著／理論社（世界をカエル 10 代からの羅針盤）／2017 年 8 月
部活で差がつく!勝つバドミントン最強のコツ 50 新版―コツがわかる本／名倉康弘監修／メイツユニバーサルコンテンツ／2021 年 5 月
部活で大活躍できる!!勝つ!バドミントン最強のポイント 50―コツがわかる本／名倉康弘監修／メイツ出版／2011 年 4 月
部活で差がつく!勝つバドミントン最強のコツ 50―コツがわかる本／名倉康弘監修／メイツ出版／2017 年 6 月
図説地図とあらすじでわかる!伊勢参りと熊野詣で／茂木貞純監修／青春出版社（青春新書 INTELLIGENCE）／2013 年 5 月
歴史としての戦後史学：ある歴史家の証言／網野善彦著／KADOKAWA（角川ソフィア文庫）／2018 年 9 月
小中学生のためのフィジカルトレーニング：ぼくもわたしもアスリートになる!：体幹+バランス+アジリティーで強い体づくり―GAKKEN SPORTS BOOKS／木場克己著／学研パブリッシング／2015 年 10 月
日本語の深層：ことばの由来、心身のむかし／木村紀子著／平凡社（平凡社新書）／2011 年 2 月
女子のための柔道の教科書 = Textbook of Women's Judo／木村昌彦著;斉藤仁著;松岡義之著;園田隆二著;園田教子著;薪谷翠著;谷本歩実著;土屋書店編集部編／滋慶出版/土屋書店／2014 年 4 月
ハングルの誕生：音から文字を創る／野間秀樹著／平凡社（平凡社新書）／2010 年 5 月
韓国語をいかに学ぶか：日本語話者のために／野間秀樹著／平凡社（平凡社新書）／2014 年 6 月
将棋 400 年史／野間俊克著／マイナビ出版（マイナビ新書）／2019 年 2 月
誰でも 2 オクターブ出せるヴォイストレーニング／野口千代子著／平凡社（平凡社新書）／2012 年 11 月
私が選んだプロ野球 10 大「名プレー」／野村克也著／青春出版社（青春新書 INTELLIGENCE）／2014 年 9 月
「本当の才能」の引き出し方：野村の真髄／野村克也著／青春出版社（青春新書 INTELLIGENCE）／2015 年 10 月
野球と人生：最後に笑う「努力」の極意／野村克也著／青春出版社（青春新書 INTELLIGENCE）／2019 年 11 月
にっぽん鉄道 100 景／野田隆著／平凡社（平凡社新書）／2013 年 3 月
47 都道府県ビジュアル文化百科 伝統食／野﨑洋光監修;こどもくらぶ編／丸善出版／2016 年 11 月
部活で大活躍できる!テニス最強のポイント 50―コツがわかる本／矢崎篤監修／メイツ出版／2012 年 6 月

部活で差がつく!勝つテニス最強のポイント50―コツがわかる本／矢崎篤監修／メイツ出版／2019年4月
12歳の約束：そして世界の頂点へ／矢内由美子著;寺野典子著／小学館（小学館ジュニア文庫）／2016年8月
一瞬で体が柔らかくなる動的ストレッチ／矢部亨著／青春出版社（青春新書INTELLIGENCE）／2015年12月
13歳からのことば事典：「まじ、ヤバい!」気もちを正しく伝えるには?：語彙力&表現力をのばす心情語600―コツがわかる本. ジュニアシリーズ／矢野耕平著／メイツ出版／2014年7月
13歳からの「気もちを伝える言葉」事典：語彙力&表現力をのばす心情語600―コツがわかる本. ジュニアシリーズ／矢野耕平著／メイツ出版／2019年3月
13歳からの「気もちを伝える言葉」事典：語彙力&表現力をのばす心情語600―コツがわかる本. ジュニアシリーズ／矢野耕平著／メイツ出版／2019年3月
落語が教えてくれること―15歳の寺子屋／柳家花緑著／講談社／2011年3月
世界一美味しいご飯をわが家で炊く／柳原尚之著／青春出版社（青春新書INTELLIGENCE）／2018年2月
沖縄文化論集／柳田国男著;折口信夫著;伊波普猷著;柳宗悦著;稲垣国三郎著;ニコライ・ネフスキー著;幣原坦著;小原一夫著;石井正己編・解説／KADOKAWA（角川ソフィア文庫）／2022年6月
柳田美幸の楽しい女子サッカー／柳田美幸著／南雲堂／2017年6月
ジャズの歴史物語／油井正一著／KADOKAWA（角川ソフィア文庫）／2018年3月
少年少女のみなさんに俳句とお話／友岡子郷著／本阿弥書店／2015年12月
論語生き方を求め：中学生・高校生・おとな／有田桂子著／講談社エディトリアル／2023年3月
17歳に贈る人生哲学／葉祥明著／PHP研究所／2015年5月
教養として学んでおきたいビートルズ／里中哲彦著／マイナビ出版（マイナビ新書）／2020年6月
中長距離・駅伝―陸上競技入門ブック／両角速著／ベースボール・マガジン社／2012年9月
中長距離・駅伝 第2版―陸上競技入門ブック／両角速著／ベースボール・マガジン社／2021年4月
部活で大活躍できる!!勝つ!柔道最強のポイント60―コツがわかる本／林田和孝監修／メイツ出版／2011年6月
日本全国ゆるゆる神社の旅／鈴木さちこ著／サンクチュアリ出版（sanctuary books）／2010年10月
哲学の物語：16歳の道しるべ 東洋編／鈴木雅也著／学事出版／2011年3月
藤井聡太の軌跡：400年に一人の天才はいかにして生まれたか／鈴木宏彦著／マイナビ出版（マイナビ新書）／2021年5月
フロムに学ぶ「愛する」ための心理学／鈴木晶著／NHK出版（NHK出版新書）／2019年1月
やってはいけないランニング：走りこむだけでは「長く」「速く」走れません／鈴木清和著／青春出版社（青春新書INTELLIGENCE）／2012年7月
禅と日本文化：新訳完全版／鈴木大拙著;碧海寿広訳／KADOKAWA（角川ソフィア文庫）／2022年9月
日本語の「常識」を問う／鈴木貞美著／平凡社（平凡社新書）／2011年5月
スタジオジブリ物語―ノンフィクション／鈴木敏夫責任編集／集英社（集英社新書）／2023年6月
仕事道楽：スタジオジブリの現場 新版／鈴木敏夫著／岩波書店（岩波新書 新赤版）／2014年5月
天才の思考：高畑勲と宮崎駿／鈴木敏夫著／文藝春秋（文春新書）／2019年5月
知ってる?フットサル―クイズでスポーツがうまくなる／鈴木隆二著／ベースボール・マガジン社／2017年12月
バスケットボール1人でもできるトレーニングブック：全120メニューをわかりやすく紹介!：「最高の自分」を目指そう! ハンディ版／鈴木良和監修／ベースボール・マガジン社／2014年8月
バスケットボール判断力を高めるトレーニングブック ＝Basketball Decision Training Book：「認知→判断→実行」練習の意図やピックアンドロールのシチュエーションまでを詳しく解説! ハンディ版／鈴木良和監修／ベースボール・マガジン社／2018年8月
バスケットボールコーディネーション・トレーニングブック ＝Basketball Coordination Training Book：7つの運動能力を磨いて効率的にスキルアップ ハンディ版／鈴木良和監修／ベースボール・マガジン社／

2018年11月
知ってる?ミニバスケットボール：クイズでスポーツがうまくなる／鈴木良和監修・著;加賀屋圭子監修・著／ベースボール・マガジン社／2016年2月
バスケットボール判断力を養うスペーシングブック ＝Basketball Spacing Training Book：育成年代から適切なスペーシングを取る習慣づけが大切!／鈴木良和著／ベースボール・マガジン社／2020年4月
詩の寺子屋／和合亮一著／岩波書店（岩波ジュニア新書）／2015年12月
悪口ってなんだろう／和泉悠著／筑摩書房（ちくまプリマー新書）／2023年8月
哲学の使い方／鷲田清一著／岩波書店（岩波新書 新赤版）／2014年9月
サッカーアルゼンチン流個人スキルバイブル ＝ARGENTINA PERSONAL SKILLS BIBLE／亘崇詞監修／カンゼン／2012年12月
部活で吹奏楽トランペット上達BOOK―コツがわかる本／佛坂咲千生監修／メイツ出版／2017年6月
ショパン：花束の中に隠された大砲／崔善愛著／岩波書店（岩波ジュニア新書）／2010年9月
卑弥呼は何を食べていたか／廣野卓著／新潮社（新潮新書）／2012年12月
日本マンガ全史：「鳥獣戯画」から「鬼滅の刃」まで／澤村修治著／平凡社（平凡社新書）／2020年6月
なでしこキャプテン!：夢は見るものではなく、かなえるもの／澤穂希作;早草紀子写真／集英社（集英社みらい文庫）／2012年1月
教養として学んでおきたいクラシック音楽／澤和樹著／マイナビ出版（マイナビ新書）／2022年3月
京都かがみ／濱崎加奈子著／エムディエヌコーポレーション（MdN新書）／2021年12月
人類の歴史を変えた8つのできごと 1(言語・宗教・農耕・お金編)／眞淳平著／岩波書店（岩波ジュニア新書）／2012年4月
日本人は本当に無宗教なのか／礫川全次著／平凡社（平凡社新書）／2019年10月
14歳からの「孫子の兵法」／齋藤孝 監修;ヤギワタル 漫画／SBクリエイティブ／2022年2月
14歳からの「論語」／齋藤孝 監修;ヤギワタル 漫画／SBクリエイティブ／2022年2月
余計な一言／齋藤孝著／新潮社（新潮新書）／2014年7月
常識として知っておきたい日本語ノート／齋藤孝著／青春出版社（青春新書INTELLIGENCE）／2021年9月
バドミントン―ライバルに差をつけろ!自主練習シリーズ／齋藤亘著／ベースボール・マガジン社／2021年7月
足が速くなるこけし走り／齊藤太郎監修／池田書店／2012年4月
知ってる?ソフトボール：クイズでスポーツがうまくなる／齊藤優季著／ベースボール・マガジン社／2017年4月
バレーボール入門：初心者もぐんぐんレベルアップ―中学デビューシリーズ／髙橋宏文著／ベースボール・マガジン社／2023年11月
新鮮!ファッションビジネス入門／髙原昌彦著／繊研新聞社／2013年6月
キャラで楽しく学ぼう!音楽記号図鑑／髙倉弘光監修;とくながあきこイラスト／シンコーミュージック・エンタテイメント／2019年4月

中高生のための文化の謎を知る本
ヤングアダルトBOOKS 2

2025年1月31日　第1刷発行

発行者	道家佳織
編集・発行	株式会社 DB ジャパン 〒151-0073 東京都渋谷区笹塚1-52-6 千葉ビル1001
電話	03-6304-2431
ファクス	03-6369-3686
e-mail	books@db-japan.co.jp
装丁	DB ジャパン
電算漢字処理	DB ジャパン
印刷・製本	大日本法令印刷株式会社

ISBN 978-4-86140-572-3
Printed in Japan

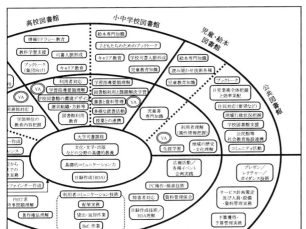

全釈 日蔵夢記

菊地 真

学術研究出版

序　文

今日、天神伝説と言えば、『大鏡』や『北野天神縁起』所載の話のことと思われている。漢学者の家に生まれ、幼少時から神童の誉れ高かった菅原道真が、才能を評価されて大臣にまで出世する。しかし、これをねたんだ政敵・藤原時平によって左遷される。左遷されても道真は仕えていた醍醐天皇を慕い続け忠実な心を持ち続けていたが、二年後、左遷地で失意のうちに没する。その霊魂は生前の怨みをはらすべく、時平一族とその一党を襲い、次々と死滅させていく。しかし道真霊を敬い北野社に祭る人々にとっては善神となり、やがて学問の神として全国津々浦々に知られていく。学問の神としての天神さまは、後世になればなるほど信者層は広まり、江戸時代の寺子屋では、菅原道真の絵姿は漢学に優れた先人として祭られていた。今日では「受験生の守護神」である。

「そんな天神伝説の一異説として、『扶桑略記』に引用された『道賢上人冥途記』の天神伝説がある。」というのが、ある時期から今日までの通行の理解であった。実は『道賢上人冥途記』は抄出本であった。そのもととなった広本こそ『日蔵夢記』である。その天神伝説には、①道真霊の報復対象を時平ではなく醍醐天皇であるとする　②醍醐天皇は道真左遷の責任をとらされて命を縮められ、地獄に堕ちた　③道真霊は冥界で高位について大きな力を持っている　④道真霊は自ら俗世に現れず、冥界の配下が意を受けて災害を現世にもたらす、などの現代通行の天神伝説にはない特徴がある。そして『日蔵夢記』の天神伝説は、十世紀中頃から十一世紀にかけて有力であったのだ。

『大鏡』に記述されている天神認識は、こうした「従来の」天神概念を懸命に打破して打ち立てられた「新説」であった。換言すれば、後世の我々は、『大鏡』の巧妙なペテンにかかっていたのである。こう言っても、それは『大鏡』の価値を貶めるものではない。むしろ『大鏡』の日本文化史に落とす影の巨大さを、改めて思い知ることでもある。しかし研究者として、『大鏡』のペテンに気づかないままではいられない。『かげろふ日記』や『源氏物語』・『枕草子』・『栄花物語』(正編)などは、『日蔵夢記』の天神伝説が有力であった時代の作品である。また、『日蔵夢記』の記述内容とほぼ一致する『道賢銘経筒』が五台山から出土し、現在、中国国家博物館に収蔵されている。その真贋はともかくとして、『日蔵夢記』の天神伝説は、東アジア世界に流布していたことは間違いないのである。『日蔵夢記』の文化史における意義は大きい。にもかかわらず、これまで本格的な注釈書がなかったがために、文学・歴史・文化・民間伝承などの研究に支障をきたしてきた。本書の刊行により、日本文化諸分野に関心あるすべての人々の為に一隅が照らされんことを。またかような重責を担いながらも浅学非才、至らぬところを、広く大方のご叱正を乞う次第である。

令和元年九月　カイロにて　菊地 真

目次

序文……3
本文影印／翻刻本文……7
解説……25
内容概説……27
登場人物……28
舞台……32
昌泰の変……33
文化史的意義……34
成立……35
永久寺本『日蔵夢記』書誌……36
道賢銘経筒……37
主な研究文献……41
本文篇（語釈／本文／口語訳）……49
一　道賢の冥土巡行まで《一丁オモテ～一ウラ》……51
二　蔵王菩薩の教え《一ウラ～三ウラ》……56

三　日本太政威徳天《三ウラ～六オモテ》……65
四　兜卒天《五ウラ～七オモテ》……74
五　地獄《七オモテ～十一ウラ》……81
六　満徳法主天《十一ウラ～十五オモテ》……100
七　日蔵蘇生《十五オモテ～十五ウラ》……115

研究篇（翻刻本文／校訂文／補注）……119
一　道賢の冥土巡行まで《一丁オモテ～一ウラ》……121
二　蔵王菩薩の教え《一ウラ～三ウラ》……126
三　日本太政威徳天《三ウラ～六オモテ》……134
四　兜卒天《五ウラ～七オモテ》……142
五　地獄《七オモテ～十一ウラ》……150
六　満徳法主天《十一ウラ～十五オモテ》……167
七　日蔵蘇生《十五オモテ～十五ウラ》……178

索　引……181
索引項目一覧……183
索引……188

あとがき……215

本文影印／翻刻本文

【凡例】

- 通行字によって翻刻した。但し、異体字・略体字などで影印とかけ離れすぎている場合には便宜上、原状のまま示して付記をつけた。付記のある字には＊を傍に附した。
- 影印を見ればわかる書誌情報は極力省略した。
- 朱筆は傍記・補記の別なく、［　］でくくって示した。
- ミセケチには波線を付した
- 傍記等は原典の状況にかかわらず、全て右側に記した。
- 原典は『北野文叢』巻十一の、十八丁オモテから三十二丁ウラまでに所収されているが、便宜上、原典十八丁オモテをもって「一丁オモテ」としている。

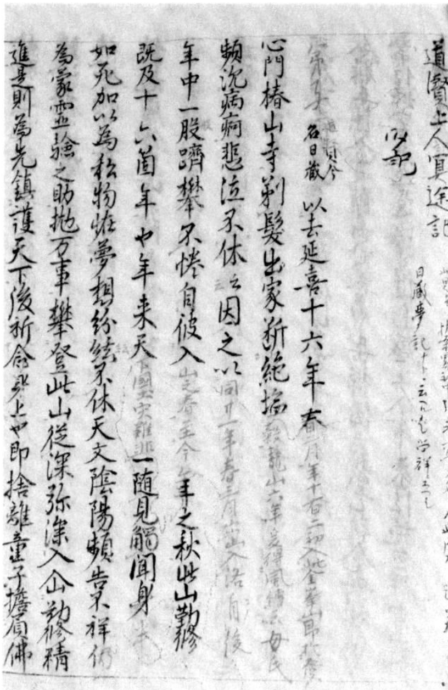

〈1丁オ〉

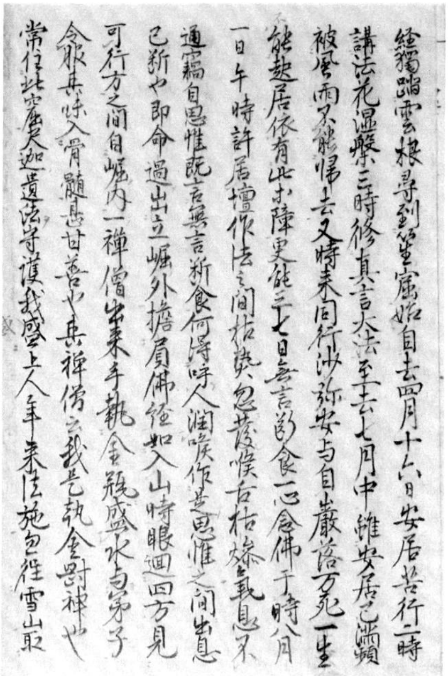

〈1丁ウ〉

道賢上人冥土記　此題号ハ扶桑略紀中引文ニ所云者也今此原本題虫損之甚 日蔵夢記ナト云ヘル也尚祥ニスベシ
[夢]記
[弟子道]賢今名日蔵以去延喜十六年[春二月年十有二初入此金
峯山即於発]
心門椿山寺剃髪出家断絶塩[穀篭山六年爰得風伝云母氏]
頻沈病痾悲泣不休云云因之以[同廿一年春三月出山入洛自後]
年中一股[般]躋攀不倦自彼入[山之春至今]年秋此山勤修
既及十六箇年也年来天[下国土災難非]一随見触聞身[半]
如死加以為私物怪夢想紛絃[紜]不休天文陰陽頻告不祥[仍]
為蒙霊験之助抛万事攀登此山従深弥深入企勤修精
進是則為先鎮護天下後祈念身上也即捨離童子担負仏

経独踏雲根尋到笙窟始自去四月十六日安居苦行二時
講法花湿[涅]槃三時修真言大法至去七月中雖安居已満頻
被風雨不能帰去又時来同行沙弥安与自巖落万死一生
[不]能起居依有此等障更能三七日無言断食一心念仏于時八月
一日午時許居壇作法之間枯熱忽発喉舌枯燥気息不
通窃自思惟既言無言断食何得呼人潤喉作是思惟之間出息
已断也即命過出立崛外担負仏経如入山時眼廻四方見
可行方之間自崛内一禅僧出来手執金瓶盛水与弟子
令服其味入骨髄甚甘善也其禅僧云我是執金剛神也
常住此窟釈迦遺法守護我盛[感]上人年来法施忽往雪山取

〈2丁オ〉

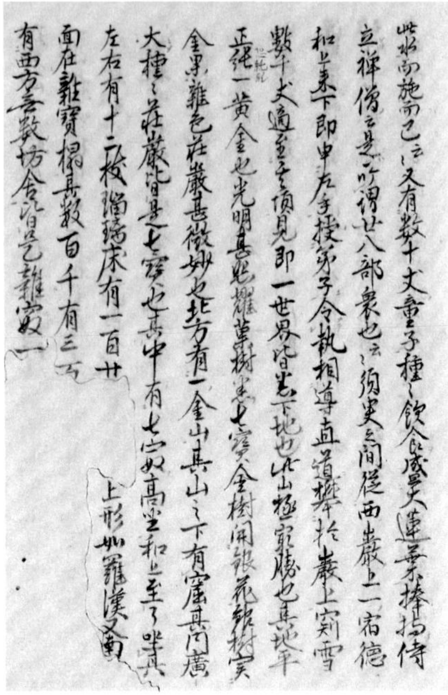

此水而施而已云々又有数十丈童子種々飲食盛大蓮葉棒持侍
立禅僧云所謂廿八部衆也云々須臾之間従西巌上一宿徳
和上来下即申左手授弟子令執相導直道攀於巌上窺雪
数千丈適至其頂見即一世界皆悉下地也此山極最勝也其地平
正純一黄金也光明甚照耀果樹悉七宝金樹開銀花銀樹実
金果雑色荘厳甚微妙也北方有一金山其山之下有窟其門広
大種々荘厳皆是七宝也其中有七宝高座和上至了座其
左右有十二枝瑠璃床有一百廿「　」上形如羅漢又南「　」
面在雑宝榻其数百千有三百「　」
有西方無数坊舎皆是雑宝「　」

〈2丁ウ〉

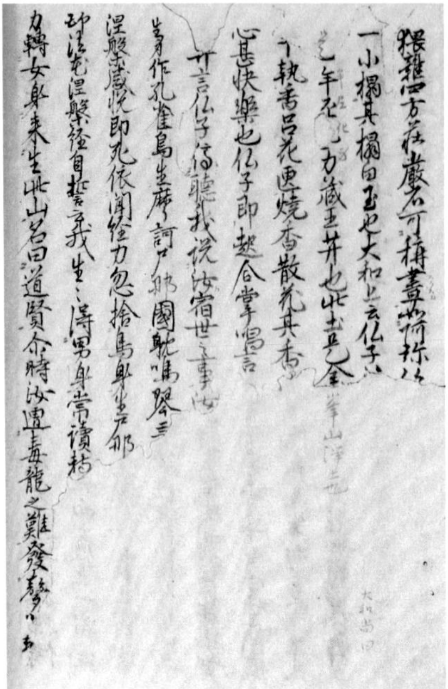

猥雑四方荘厳不可称尽如阿弥「　」
一小榻其榻白玉也大和上云仏子「　」[大和上云]
[牟尼化身]
[是]年□□力蔵王菩薩也此土是金[峯山浄土也]「　」
□執香呂花匣焼香散花其香「　」
心甚快楽也仏子即起合掌唱言「　」
□言仏子停聴我説汝宿世之事汝「　」
生身作孔雀鳥生摩訶尸那国耽鳴琴「　」
涅槃感悦即死依聞経力忽捨鳥身生尸那「　」
師即法花涅槃経自誓云我生々得男身常転読「　」
力転女身来生此山名曰道賢爾時汝遭毒龍之難、発声□□「　」

〈３丁オ〉

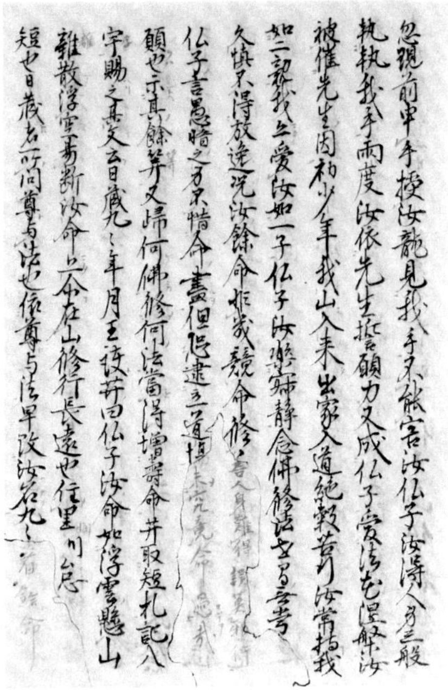

〈３丁ウ〉

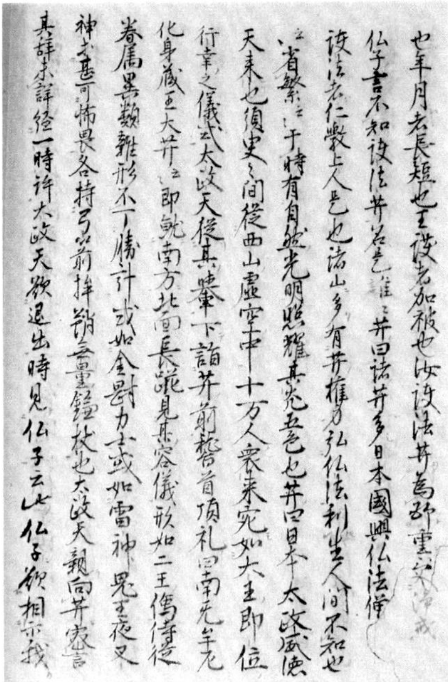

忽現前申手授汝龍見我手不能害汝仏子汝得人身三般
執執我手両度汝依先生誓願力又成仏子愛法花涅槃汝
被催先生因初少年我山入来出家入道絶穀苦行汝持我
如二親我亦愛汝如一子仏子汝楽寂静念仏修法世間無常□□
久慎不得放逸況汝余命非幾哉競命修［善人身難得誤莫邪行］
仏子言愚暗之身不惜命尽但恐建立道場［未究竟命過哉］
願也示其余算又帰何仏修行何法当得増寿命菩薩取短札記入
字賜之其文云曰日蔵九々年月王護菩薩曰仏子汝寿命如浮雲懸山
雑［離］散浮空易断汝命亦爾在山修行長遠也住里□［懈］怠□□
短也日蔵者所問尊与法也依尊与法早改汝名九々［　　］

也年月者長短也王護者加被也汝護法菩薩為師重［受浄戒］
仏子言不知護法菩薩名是誰々菩薩曰諸菩薩多日本国興仏法僧［　　］
護法者仁斅上人是也諸山多有菩薩権身弘仏法利生人間不知也
云々省繁云々于時有自然光明照耀其炎五色也菩薩曰日本太政威徳
天来也須臾之間従西山虚空中十万人衆来宛如大王即位
行幸之儀式太政天従其輿下詣菩薩前稽首頂礼曰南無牟尼
化身蔵王大菩薩云々即就南方北面長跪見其容儀形如二王像侍従
眷属異類雑形不可勝計或如金剛力士或如雷神鬼王夜叉
神等甚可怖畏各持弓箭桙鞘無量鎌杖也太政天親向菩薩密言
其辞未詳経一時許大［太］政天欲退出時見仏子云此仏子欲相示我

〈4丁オ〉

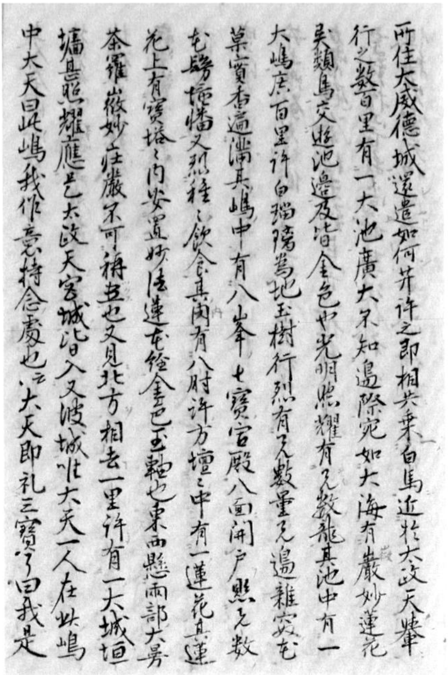

所住大威徳城還遣如何菩薩許之即相共乗[一]白馬近於太政天輿
行之数百里有一大池広大不知辺際宛如大海有巌[微]妙蓮花
異類鳥交遊池辺及皆金色也光明照燿有無数龍其池中有一
大嶋広百里許白瑠璃為地玉樹行烈有無数量無辺雑宝花
菓実香遍満其嶋中有八峯七宝宮殿八面開戸懸無数
花鬘*幢幡又烈種々飲食其内[内]有八肘許方壇々中有一蓮花其蓮
花上有宝塔々内安置妙法蓮花経金色玉軸也東西懸両部大曼
荼羅微妙荘厳不可称尽也又見北方相去一里許有一大城垣
墻甚照燿応是太政天宮城皆入又彼城唯大天一人在此嶋
中大天曰此嶋我作意持念処也云々大天即礼三宝了曰我是

＊原状は「髟」の下に「万」であるが、「万」は「曼」の略字

〈4丁ウ〉

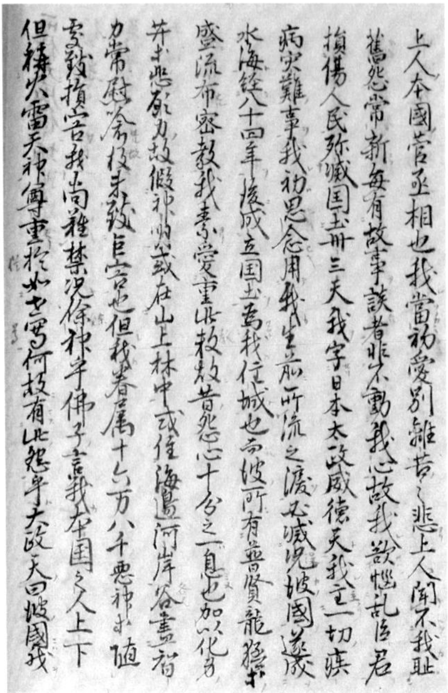

上人本国菅丞相也我当初愛別離苦之悲上人聞不我恥
旧怨常新毎有故事談者非不動我心故我欲悩乱臣君
損傷人民殄滅国土三十三天我字日本太政威徳天我主[主]一切疾
病災難事我初思念用我生前所流之涙必滅[没]況彼国遂成
水海経八十四年後成立国土為我住城也而彼所有普賢龍猛等
盛流布密教我素愛重此敕[教]故昔怨心十分之一息也加以化身
菩薩等悲願力故仮神明或在山上林中或住海辺河岸谷[各歟]尽智
力常慰喩枚[故]未致巨害也但我眷属十六万八千悪神等随
処致損害我尚難禁況徐[余]神乎仏子言我本国之人上下
但称火雷天神尊重[猶]於如世[尊]写何故有此怨乎大政天曰彼国我

〈５丁オ〉

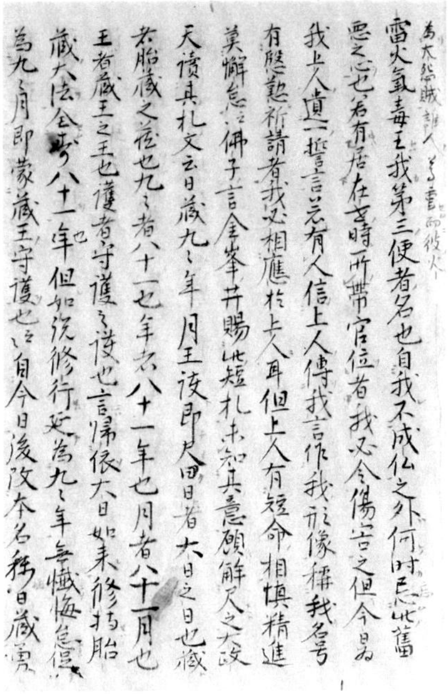

〈５丁ウ〉

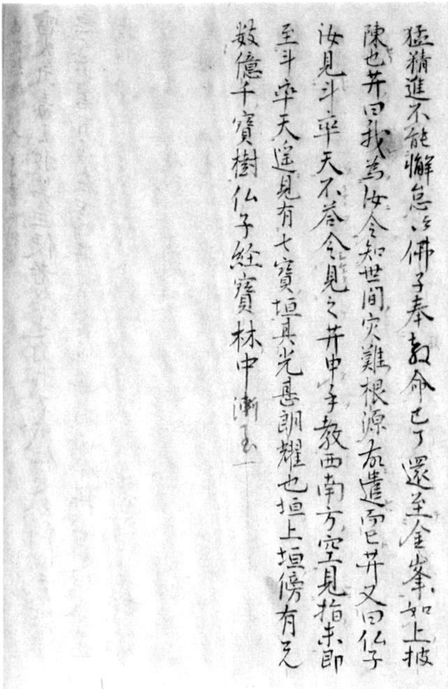

為大怨賊誰人尊重而彼火
雷火気毒王我第三使者名也自我不成仏之外何時忌［忘］此旧
悪之心也若有居在世時所帯官位者我必令傷害之但今日為
我上人遺一誓言若有人信上人伝我言作我形像称我名号
有慇懃祈請者我必相応於上人耳但上人有短命相慎精進
莫懈怠云々仏子言金峯菩薩賜此短札未知其意願解尺之大政
天読其札文云日蔵九々年月王護即尺曰日者大日之日也蔵
者胎蔵之蔵也九々者八十一也年者八十一年也月者八十一月也
王者蔵王之王也護者守護之護也言帰依大日如来修持胎
蔵大法全寿八十一也但如説修行延為九々年無懺悔怠促
為九々月即蒙蔵王守護也云々自今日後改本名称［称］日蔵勇

猛精進不能懈怠云々仏子奉教［教］命已了［了］還至金峯如上披
陳也菩薩曰我為汝令知世間災難根源故遣而已菩薩又曰仏子
汝見斗率天不答令見之菩薩申手教西南方空見指末即
至斗率天遥見有七宝垣其光甚朗耀也垣上垣傍有無　。
数億千宝樹仏子経宝林中漸至一

〈6丁オ〉

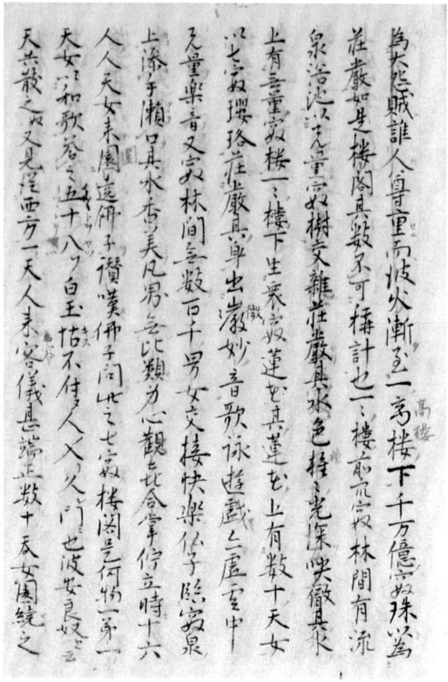

〈6丁ウ〉

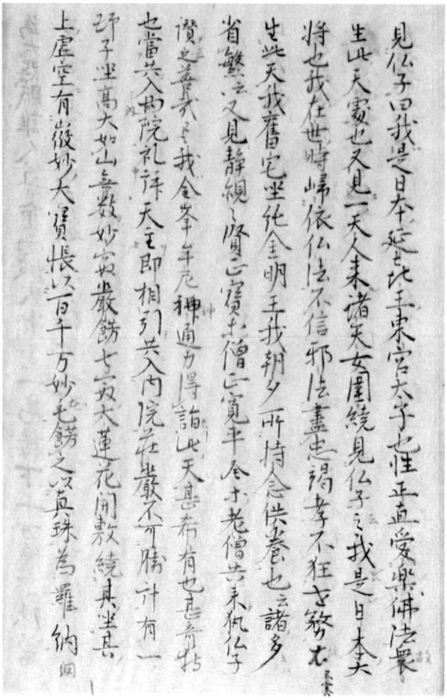

為大怨賊誰人尊重而彼火漸至一高楼［高楼］下千万億宝珠以為
荘厳如是楼閣其数不可称計也一々楼前衆宝林間有流
泉浴池以無量宝樹交雑荘厳其水色種々光深映徹其水
上有無量宝楼一々楼下生衆宝蓮花其蓮花上有数十天女
以七宝瓔珞荘厳其身出厳［微］妙音歌詠遊戯亦虚空中
無量楽音又宝林間無数百千男女交接快楽仏子臨宝泉
上滲手瀬口其水香美凡界無比類身心観［歓］喜合掌佇立時十六
人人天女来園［囲］繞仏子讃嘆仏子問此之七宝楼閣是何物一第一
天女以和歌答之五十八ツ白玉瑕不付ヌ人ノ入リ久ル門ニ
也波安良奴止云
天共散之奴又見従西方一天人来客［容］儀甚端正数十天女囲繞之

見仏子曰我是日本延喜王東宮太子也性正直愛楽仏法衆［故］※
生此天処也又見一天人来諸天女囲繞見仏子之［云］我是日本大
将也我在世時帰依仏法不信邪法尽忠竭孝不狂世務尤［故］不審※2
生此天我旧宅坐純金明王我朝夕所持念供養也云諸多
省繁云々又見静観々賢正宝等僧正寛平全等老僧共来執仏子
讃［云］之善哉々々我金峯牟尼神［神］通力得詣此天甚希有也甚奇特
也当共入内※3院礼拝天主即相引共入内院荘厳不可勝計有一
師子坐高大如山無数妙法厳飾七宝大蓮花［花］開敷繞其坐其
上虚空有微妙大宝帳以百千万妙毛餝之以真珠為羅納［網］

※「衆」は朱でミセケチとされ、「故」と訂正されているが、朱書は無視して本文に従った。　※2「不審」に朱線あり　※3「内」に朱線あり

〈7丁ウ〉　〈7丁オ〉

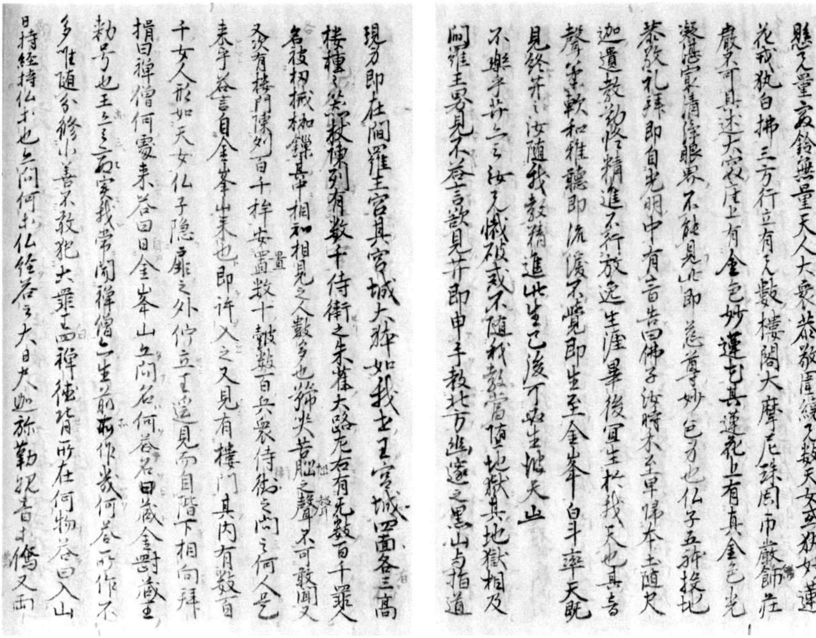

懸無量宝鈴無量天人大衆恭敬囲繞無数天女或執妙蓮
花或執白払三方行立有無数楼閣太摩尼珠周匝厳飾荘
厳不可具述大宝座上有金色妙蓮花其蓮花上有真金色光
凝湛最清浄眼界不能見此即慈尊妙色身也仏子五体投地
恭敬礼拝即自光明中有音告曰仏子汝時禾[未]至早帰本土随尺[釈]
迦遺教勤恪精進不行放逸生涯畢後宜生於我天也其音
声柔軟和雅聴即流涙不覚即生至金峯白斗率天既
見終菩薩之[云]汝随我教精進此生巳後可必生彼天[豈]
不楽乎菩薩亦云汝無懺破戒不随我教当堕地獄其地獄相及
閻羅王界見不答言欲見菩薩即申手教北方幽邃之黒山与指道

現身即在閻羅王宮其宮城大体如我世王宮城四面各三[有]高
楼種々器杖陳列有数千侍衛之朱雀大路左右有無数百千罪人
名[各]被杻械枷鎖其中相知相見之人数多也号哭苦脳悩之声声不可
敢聞又
又次有楼門陳列百千梓安置置数十鼓数百兵衆侍衛[衛]之問之[云]何
人是
来乎答言自金峯山来也即許入之又見有楼門其内有数百
千女人形如天女仏子隠扉之外佇立王遥見而自階下相向拝
揖曰禅僧何処来答曰日[自カ]金峯山亦問名何答名曰[日]蔵金剛蔵王
勅号也王亦云[亦之カ]最実我常聞禅僧亦生前所所作幾何答所作不
多唯随分修小善不敢犯大罪王[曰]四禅徳背所在何物答曰入山
日持経持仏等也亦問何等仏経答云大日尺迦弥勒観音等僑[像]又両

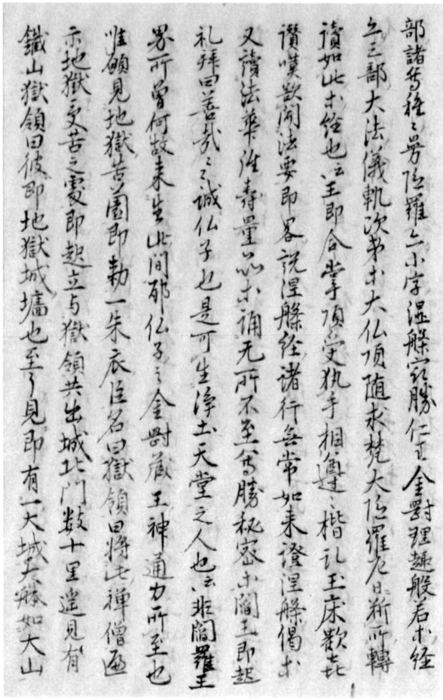

〈8丁オ〉

部諸尊種々曼陀羅亦小字涅槃最勝仁王金剛理趣般若等経亦三部大法儀軌次第等大仏頂随求梵大陀羅尼日料所転読如此等経也云々王即合掌頂受執手相遵々楷礼玉床歓喜讃嘆欲聞法要即略説涅槃経諸行無常如来証涅槃偈等又読法華経寿量品等誦無所不至尊勝秘密等閻王即起礼拝曰善哉々々誠仏子也是可生浄土天堂之人也云々非閻羅王界所曾何故来生此間耶仏子云金剛蔵王神通力所至也唯願見地獄苦園*即勅一朱衣臣名曰獄領曰将此禅僧遍示地獄受苦之処即起立与獄領共出城北門数十里遥見有鉄山獄領曰彼即地獄城墻也至了見即有一大城大体如大山

＊原状「薗」は「園」の異体字

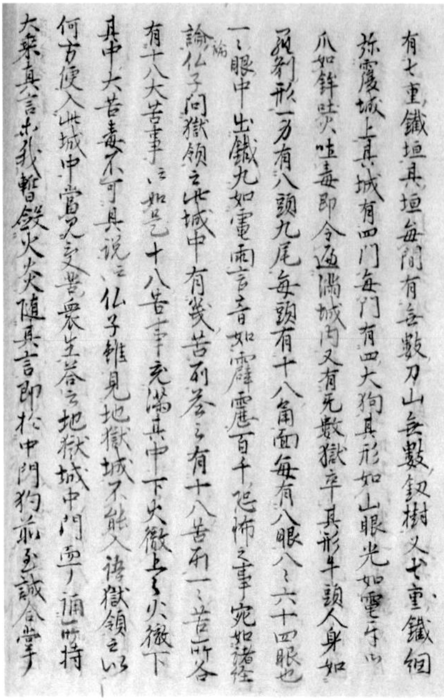

〈8丁ウ〉

有七重鉄垣其垣毎間有無数刀山無数剣樹又七重鉄網弥覆城上其城有四門毎門有四大狗其形如山眼光如電牙御爪如鉾吐火吐毒即令遍満城内又有無数獄卒其形牛頭人身如羅刹形一身有八頭九尾毎頭有十八角面毎有八眼八々六十四眼也一々眼中出鉄九[丸]如電雨言音如霹靂百千恐怖之事宛如諸経[論]論仏子問獄領云此城中有幾苦所答云有十八苦所一々苦所各有十八大苦事云々如是十八苦事充満其中下火徹上々火徹下其中大苦毒不可具説云々仏子雖見地獄城不能入語獄領云以何方便入此城中当見受苦衆生答云地獄城中門而丁誦所持大乗真言等我暫斂火災随其言即於中門狗前至誠合掌

〈9丁オ〉

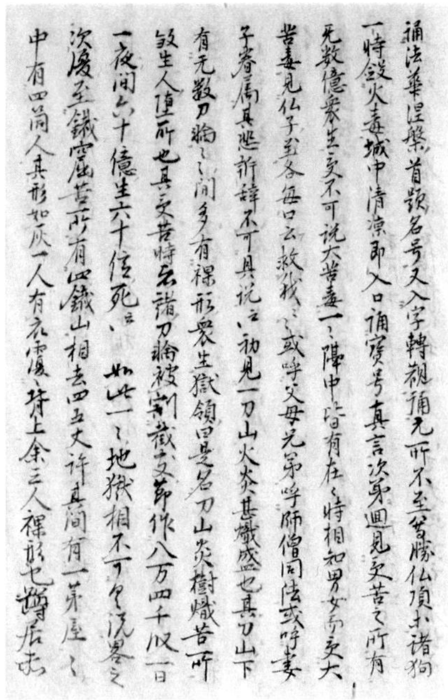

〈9丁ウ〉

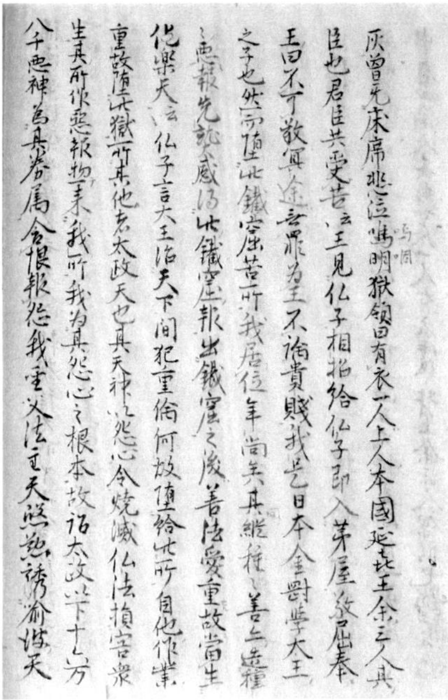

誦法華涅槃首題名号又入字転観誦無所不至尊勝仏頂等諸狗一時斂火毒城中清涼即入口誦宝号真言次第廻見受苦之所有無数億衆生受不可説大苦毒一々隔中皆有在々時相知男女而受大苦毒見仏子至各毎口云救我々々或呼父母兄弟呼師僧同法或呼妻子眷属其悲訴辞不可具説云々初見一刀山火炎甚熾盛也其刀山下有無数刀輪々々間多有裸形衆生獄領曰是名刀山炎樹熾苦所殺生人堕所也其受苦時者諸刀輪被割截支節作八万四千版一日一夜間六十億生六十億死云々　如此一々地獄相不可具説略之次復至鉄窟苦所有四鉄山相去四五丈許其間有一茅屋々中有四箇人其形如灰一人有衣覆々背上余三人裸形也蹲居赤

灰曾無床席悲泣鳴明[嗚咽]獄領曰有衣一人上人本国延喜王余三人其臣也君臣共受苦云々王見仏子相招給仏子即入茅屋敬屈奉王曰不可敬冥途無罪為王不論貴賤我是日本金剛学大王之子也然而堕此鉄窟苦所我居位年尚矣其[間]縦種々善亦造種々悪報先熟感得此鉄窟報出鉄窟之後善法愛重故当生化楽天云々仏子言大王治天下間犯重倫何故堕給此所自他作業重故堕此獄所其他者太政天也其天神以怨心令焼滅仏法損害衆生其所作悪報惣来我所我為其怨心之根本故詔太政以下十六万八千悪神為其眷属含恨報怨我聖父法主天慇懃誘喩彼天

〈10丁オ〉

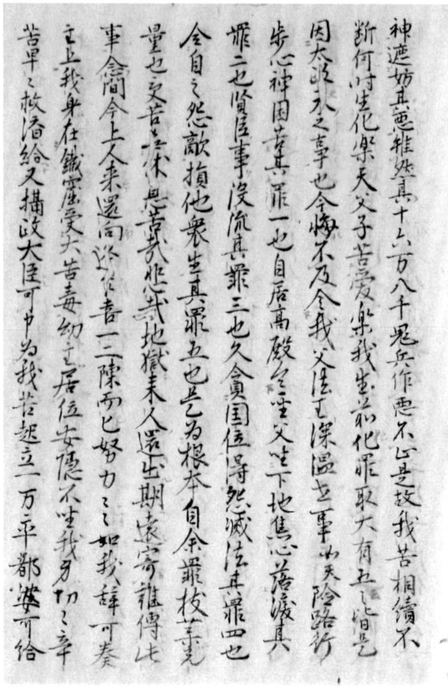

〈10丁ウ〉

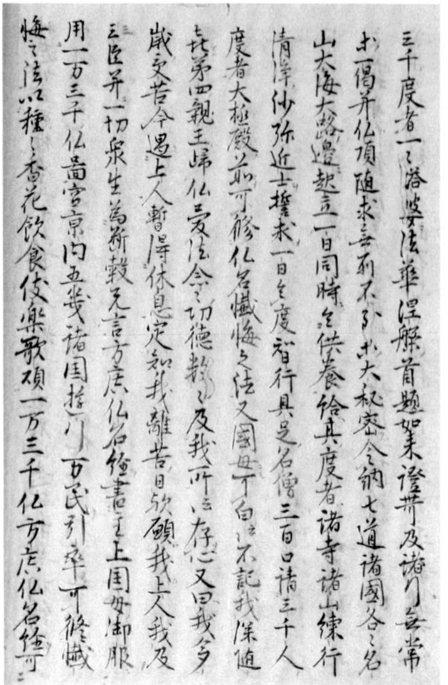

〈10丁オ〉

神遮妨其悪雖然其十六万八千鬼兵作悪不止是故我苦相続不
断何時生化楽天父子苦愛楽我生前化[犯]罪取大有五[云]々皆是
因太政□[天]之事也今悔不及令我父法王深温世事如天険路行
歩心神困苦其罪一也自居高殿令聖父坐下地焦心落涙其
罪二也賢臣事没流其罪三也久貪国位得怨滅法其罪四也
令自之怨敵損他衆生其罪五也是為根本自余罪枝葉无
量也受苦無休息苦哉悲哉地獄来人還出期遠寄誰伝此
事念間今上人来還向逢□[而]喜一二陳而匕[巳]努力々々如我辞可奏
主上我身在鉄窟受大苦毒幼主居位安穏不坐我身切々辛
苦早々救済給又摂政大臣可申為我苦起立一万卒塔婆可給

〈10丁ウ〉

三千度者一々塔婆法華涅槃首題如来証菩提及諸行無常
等一偈並仏頂随求無所不至等大秘密令納七道諸国各々名
山大海大路辺起立一日同時令供養給其度者諸寺諸山練行
清浄沙弥近士誓求一日令度智行具足名僧三百口請三千人
度者大極殿前可修仏名懺悔之法又国母可白云々不記我深随
喜第四親王帰仏愛法念々功徳数々及我所云々存心又曰我多
歳受苦今遇上人暫得休息定知我離苦日歟願我上人我及
三[三]臣并一切衆生為断穀无言方広仏名経書主上国母御服
用一万三千仏図宮京内五畿諸国遊行万民引率可修懺
悔之法以種々香花飲食伎楽歌頌一万三千仏方広仏名経可

〈11丁オ〉

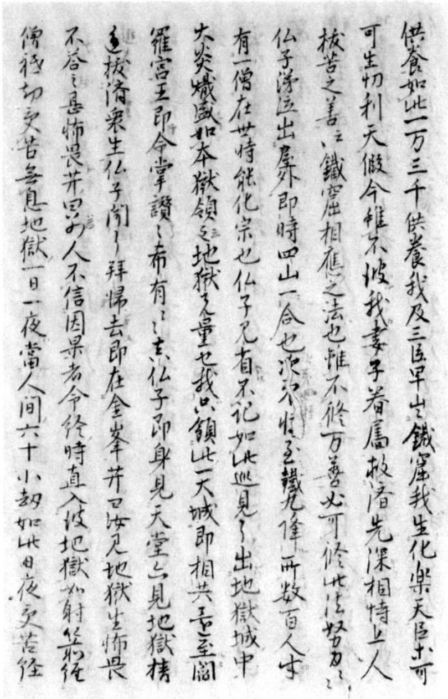

〈11丁ウ〉

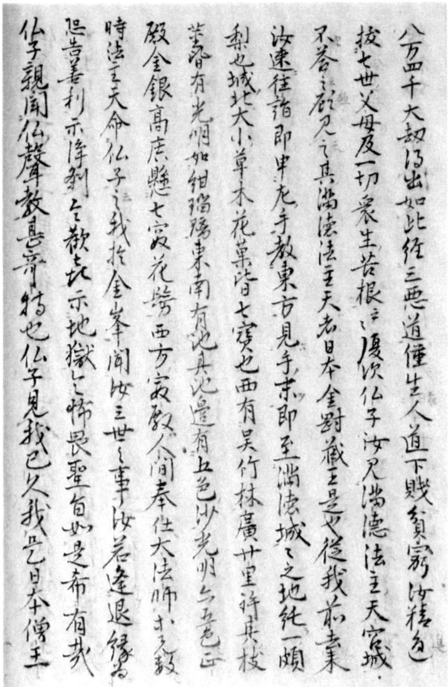

供養如此一万三千供養我及三臣早出鉄窟我生化楽天臣等可
可生忉利天仮令雖不彼我妻子眷属救済先深相恃上人
抜苦之善云々鉄窟相応之法也雖不修万善必可修此法努〔丸〕力々々
仏子悌泣出屋外即時四山一合也〔次第廻転〕至鉄九降所数
〔中〕
百人中
有一僧在世時能化宗也仏子見省不記如此巡見了出地獄城中
火炎熾盛如本獄〔云〕領之地獄无量也我只領此一大城即相共還至閻
羅宮王即合掌讃〔了〕々希有々々真仏子即身見天堂亦見地獄精
〔進〕
進抜済衆生仏子聞了拝帰去即在金峯菩薩〔若〕曰汝見地獄生怖畏
不答〔云〕之甚怖畏菩薩曰若人不信因果者令終時直入彼地獄如
射箭経
僧祇劫受苦無息地獄一日一夜当人間六十小劫如此日夜受苦経

八万四千大劫得出如此経三悪道僅生人道下賎貧窮汝精進〔進〕
抜七世父母及一切衆生苦根云々復次仏子汝見満徳法主天宮城
〔云願　之〕
不答之願見之其満徳法主天者日本金剛蔵王是也従我前去来
汝速往詣即申左手教東方見手末即至満徳城々之地純一頗
梨也城北大小草木花菓皆七宝也西有呉竹林広廿里許其枝
茎皆有光明如紺瑠璃東南有池其池辺有五色沙光明亦五色正
殿金銀高広懸七宝花鬘西方宝殿人間奉仕大法師等无数
〔云〕
時法主天命仏子之我於金峯聞汝三世之事汝若逢退縁為
恐告善利示浄刹令歓喜示地獄令怖畏聖旨如是希有哉
仏子親聞仏声教甚奇特也仏子見我已久我是日本僧王

〈12丁オ〉

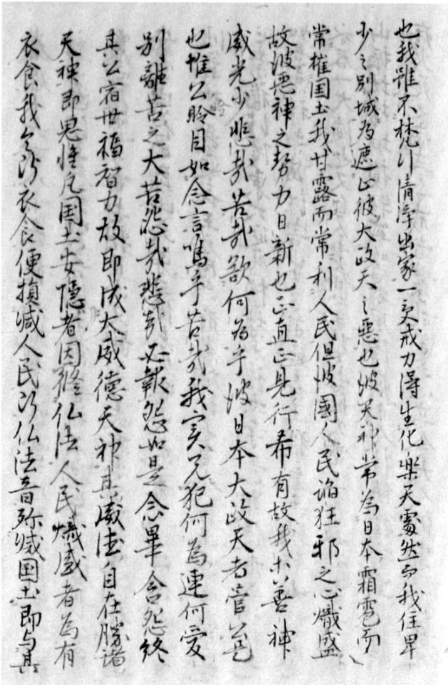

〈12丁ウ〉

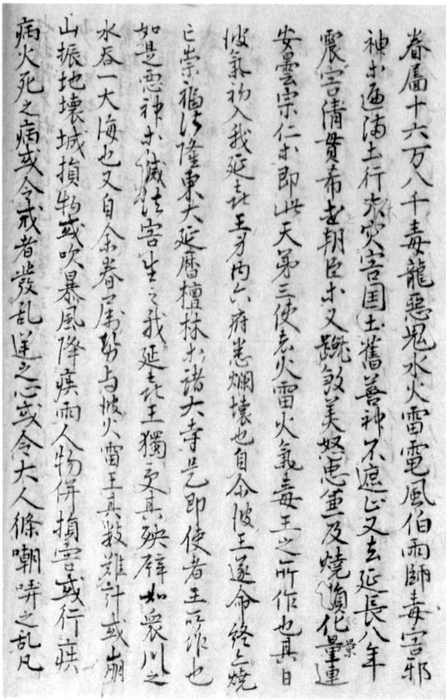

1 也我雖不梵行清浄出家一受戒力得生化楽天処然而我住卑
2 少之別城為遮止彼大政天之悪也彼天神常為日本霜雹而
3 常摧国土我甘露而常利人民但彼国人民諂狂邪之心熾盛
4 故彼悪神之勢力日新也正直正見行希有故我等善神
5 威光少悲哉苦哉欲何為乎彼日本大政天者菅公是
6 也惟公聆[験]目如念言嗚乎苦哉我実无犯何為連何愛
7 別離苦之大苦怨哉悲哉必報怨如是念畢含怨終
8 其公宿世福智力故即成大威徳天神其威徳自在勝諸
9 天神即思惟凡国土安穏者因修仏法人民熾盛者為有
10 衣食我令断衣食便損減人民断仏法音殄滅国土即与其

1 眷属十六万八千毒龍悪鬼水火雷電風伯雨師毒害邪
2 神等遍満土行大[大]災害国土旧善神不遮止又去延長八年
3 震害清貫希世[世]朝臣等又蹴殺美怒忠兼及焼損化[紀]景量連
4 安曇宗仁等即此天第三使者火雷火気毒王之所作也其日
5 彼気初入我延喜王身内六府悉爛壊也自爾彼王遂命終亦焼
6 亡崇福法隆東大延暦檀林等諸大寺是即使者王所作也
7 如是悪神等滅法害生之我延喜王独受其殃辟如衆川之
8 水呑一大海也又自余眷属勢与彼火雷王其数難計或崩
9 山振地壊城損物或吹暴風降疾雨人物併損害或行疾
10 病火死之病或令戒者発乱逆之心或令大人条＊嘲哢之乱凡

＊原状は「条」の旧字「條」の人偏の部分が「イ」となっている。

〈13丁オ〉

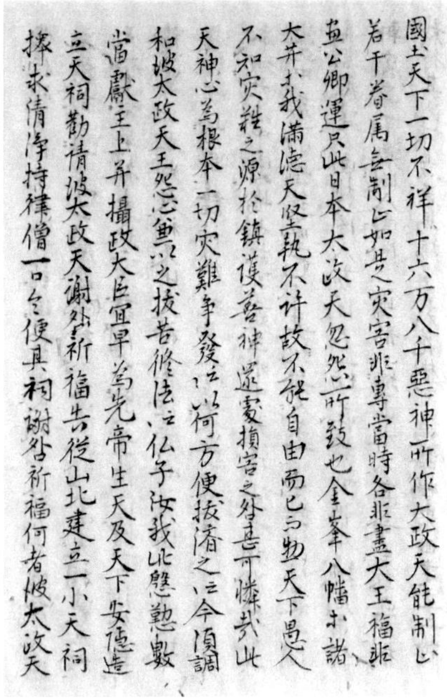

〈13丁ウ〉

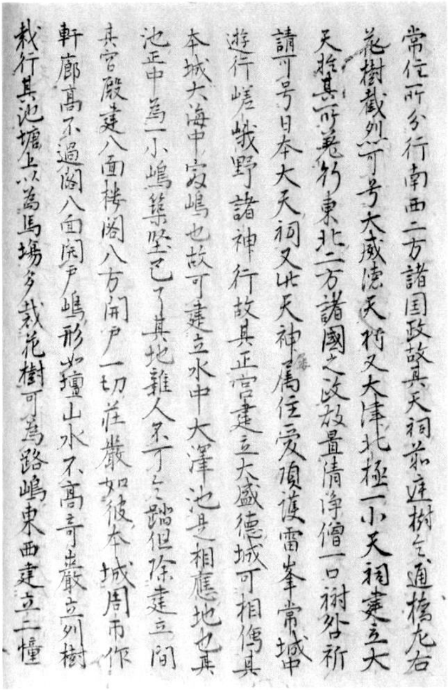

国土天下一切不祥十六万八千悪神所作大政天能制止
若干眷属無制止如是災害非専当時各非尽大王福非
尽公卿運只此日本太政天忽怨所致也金峯八幡等諸
大菩薩等我満徳天堅執不許故不能自由而已而惣天下愚人
不知災難之源於鎮護善神還処損害之咎甚可憐哉此
天神心為根本一切災難争発云々以何方便抜済之云々今須調
和彼太政天王怨心兼以之抜苦修法云々仏子汝我此慇懃数
当献主上並摂政大臣宜早為先帝生天及天下安隠造
立天祠勧請彼太政天謝咎祈福告従山北建立一小天祠
択求清浄持律僧一口令便其祠謝咎祈福何者彼太政天

常住所分行南西二方諸国政故其天祠前庭樹令通橋左右
花樹裁烈可号大威徳天祠又大津北極一小天祠建立大
天於其所差行東北二方諸国之政故置［屡］清浄僧一口謝咎祈
請可号日本大天祠又此天神属住爰頂護雷峯常城中
遊行嵯峨野諸神行故其正宮建立大盛徳城可相像其
本城大海中宝嶋也故可建立水中大沢池是相応地也其
池正中為一小嶋築堅已了其地雑人不可令踏但除建立間
其宮殿建八面楼閣八方開戸一切荘厳如彼本城周匝*作
軒廊高不過閣八面開戸嶋形如壇山水不高奇巌立列樹
栽行其池塘上以為馬場多栽花樹可為路嶋東西建立二幢

*原状「市」は「匝」の異体字

〈14丁オ〉

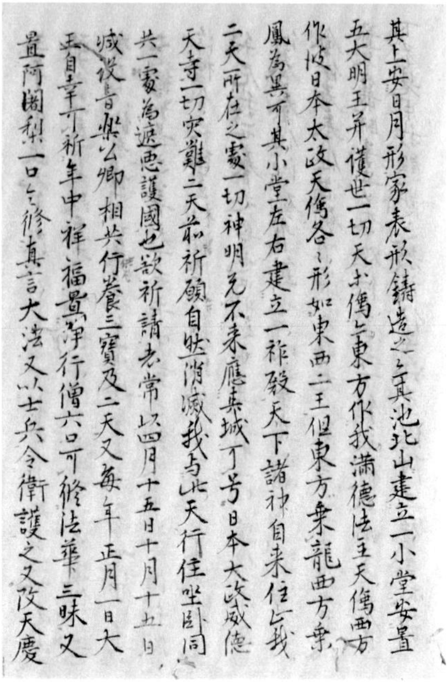

〈14丁ウ〉

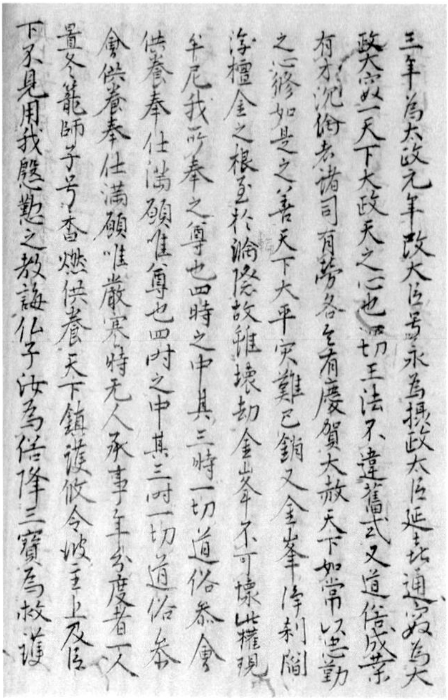

其上安日月形家表形鋳造之亦其池北山建立一小堂安置
五大明王并護世一切天等像亦東方作我満徳法主天像西方
作彼日本太政天像各々形如東西二王但東方乗龍西方乗
鳳為異耳其小堂左右建立一祚殿天下諸神自来住止我
二天所在之所一切神明無不来応其城可号日本太政威徳
天寺一切災難二天前祈願自然消滅我与此天行住坐臥同
共一處為遮悪護国也欲祈請者常以四月十五日十月十五日
＊滅設音楽公卿相[共歟]共行養三宝及二天又毎年正月一日大
王自幸可祈年中祥福置浄行僧六口可修法華三昧又
置阿闍梨一口令修真言大法又以士兵令衛護之又改天慶

＊原状「滅」は「減」の俗字

三年為太政元年改大臣号永為摂政大臣延喜通宝為大
政大宝一天下大政天之心也一切王法不違旧式又道俗成業
有才沈倫者諸司有労各令有慶賀大赦天下如常以忠勤
之心修如是之善天下大平災難已銷又金峯浄刹閻
浮檀金之根至於淪[輪]際故雖壊劫金峯不可壊此権現
牟尼我所奉之尊也四時之中其三時一切道俗参会
供養奉仕満願唯尊也四時之中其三時一切道俗参会
供養奉仕満願唯厳寒時無人承事年分度者一人
置冬篭師子号香燃供養天下鎮護攸令彼主上及臣
下不見用我慇懃之教誨仏子汝為俗降三宝為救護

〈15丁オ〉

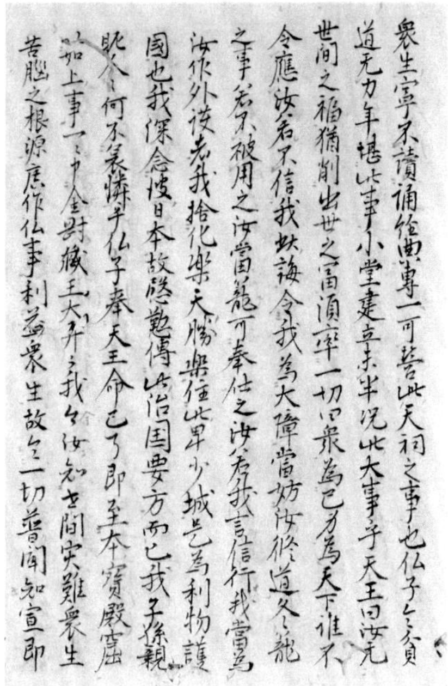

〈15丁ウ〉

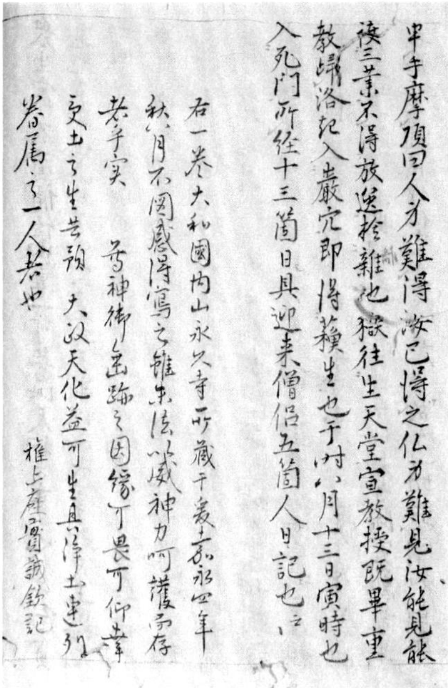

衆生寧不読誦経典専一可営此天祠之事也仏子言貧
道無力年堪此事小堂建立未半況此大事乎天王曰汝無
世間之福猶削出世之富須率一切四衆為己身為天下誰不
令応汝若不信我此誨令我為大障当妨汝修道冬竃
之事若不被用之汝当竃可奉仕之汝若我言信行我当為
汝作外護者我捨化楽天勝楽住此卑少城是為利物護
国也我深念彼日本故慇懃伝此治国要方而已我子孫親
眤人々何不哀憐乎仏子奉天王命已了即至本宝殿窟
以如上事一々申金剛蔵王大菩薩云我令[今]汝知世間災難衆生
苦脳之根源広作仏事利益衆生故令一切普聞知宜即

申手摩頂曰人身難得汝已得之仏身難見汝能見能
護三業不得放逸捨[離]雑地獄往生天堂宣教授已畢重
教帰洛起入巌穴即得蘇生也于時八月十三日寅時也
入死門所経十三箇日具迎来僧侶五箇人日記也云々
右一巻大和国内山永久寺所蔵于爰嘉永四年
秋八月不図感得写之雖末法以威神力呵護而存
者乎実□□尊神御垂跡之因縁可畏可仰幸
受土之生共預□大政天化益可生具浄土連列
眷属之一人者也　　権上座実誠欽記

『日蔵夢記』解説

【内容概説】

道賢法師は十二歳から金峯山で修行に励んでいた。母の病気で一度下山したものの、以後は修行を続けた。天慶三（九四〇）年、天変地異や疫病が相次いだ。道賢は世間救済の為に、金峯山の奥深く入って岩窟で無言断食のまま座り続ける修行を続けたが、絶命した。

道賢の霊魂が身体から遊離すると、執金剛神が霊水を持ってきてくれた。さらに蔵王菩薩があらわれ、高山の頂上で全世界を見せてくれた後、金峯山浄土に連れていき、道賢に前世の功徳と現世の修行で自分に会うことを得たと告げる。

そこへ日本大威徳天（菅原道真）がやってきて、道賢を自分の居城へ連れて行った。威徳天は自分の生前が道真であったこと、日本に怨みをはらしたいこと等を語った。威徳天は、菩薩が道賢にくれた札の意味を解きあかし、道賢に「日蔵」と改名させた。

戻った日蔵は菩薩の命令で兜卒天に行く。そこはすばらしい世界で、日蔵に天女が和歌を送ってくれた。保明親王、藤原保忠や静賢などの知った人もいる。日蔵は内院に詣で、この浄土の主である弥勒菩薩から死後ここに往生できると告げられた。

そこから復命した日蔵は、次に地獄へ行く。閻羅王に会い、地獄巡見を願うと案内係をつけてくれた。案内係について行くと、地獄の城門内に火と毒が充満していた。日蔵は火毒をおさめて入り、鉄窟苦所にいる醍醐帝霊と会い、地獄に堕ちたいきさつと帝を地獄から救済する方法を聞く。

日蔵がこれを菩薩に復命すると、次に満徳法主天城へ行き、法主天（醍醐天皇の父の宇多法皇）に会う。法主天は日蔵に天変地異の原因が道真霊の怨心にあることと、これをおさめる方法を指示した。

日蔵は金峯山頂に帰って、蔵王菩薩に復命すると、菩薩は現世に戻り天変地異をくい止めて人々を救済せよと命じた。日蔵はもとの岩窟に戻ると、蘇生していた。

【登場人物】

『日蔵夢記』の主人公・日蔵については確たる史実根拠は乏しいが、本作品や『扶桑略記』の他にも『本朝神仙伝』（大江匡房）、『元亨釈書』（虎関師錬）に伝記がある。それによれば延喜五（九〇五）年の生まれで、十二歳で金峯山に入り出家、三十七歳の時に本作品にあるような冥界廻りをした。その後、五十三歳の時に東寺で伝法灌頂を受け、寛和元（九八五）年八十一歳で没した。しかし、百余歳まで生きていたという伝承もある。『今昔物語集』・『宇治拾遺物語』などにも伝説が記されている。それらの文献からシャーマン的な真言行者として実在していたとも推測されている。道賢から日蔵に改名したいきさつは本書に詳しい。吉野の如意輪寺の開基となり、吉野・威徳天満宮を建立したという伝承もある。

仁斆（八七五〜九四九）は興福寺の法相宗僧で、台密も兼学。円宗・如無・玄宗に師事、一乗院定昭の師。『尊卑分脈』によると内麿流藤原氏で俗名永房、但馬守教守の孫で従五位下・藤原在淵（あきふか）の子とあり、『勅撰作者部類』には藤原教守の子とある。延長五（九二七）年の維摩会講師を始めに、三会已講を勤め、承平元（九三一）年に権律師、天慶二（九三九）年に勅司法務、同三（九四〇）年に権少僧都、天暦二（九四八）年に権大僧都法務、天暦三（九四九）年六月二十二日に七十五歳で没。『後拾遺往生伝』巻中に承平五（九三五）年の維摩会で若年の良源の資質を見抜いた逸話がある。竹井明男氏は、仁斆が『東寺長者補任』に嵯峨僧都と号したことと本文献後段にある嵯峨野、大沢池との関連を指摘する（竹井明男「永久寺本『道賢上人冥土記』に関する二、三の問題」『古代文化』39−1　一九八七年）。山本五月氏は仁斆の弟子の定昭が本文献の創作にかかわっているのではないかと推論する（山本五月「道賢（日蔵）伝承の展開」（『アジア遊学22論争道賢経筒の真贋』二〇〇〇年））。仁斆は『後撰和歌集』入集歌の詞書から察するに、関白・藤原実頼と親交があったようである。本文献中、醍醐帝霊・宇多帝霊がともに藤原忠平（実頼の父）あての伝言を道賢に託している。道賢に伝言を託し、道賢に仁斆に師事させようというのは、摂関家に親しく出入りする僧としての仁斆に期する何かがあったにちがいない。

菅原道真（八四五〜九〇三）は平安時代の政治家・漢学者・漢詩人・歌人。父は是善。母は伴氏。奈良時代以来の学問の家に生まれる。厳格な教育を受け、十一歳で詩を賦し、十八歳で文章生、五年後に文章得業生。元慶元（八七七）年式部少輔・文章博士。元慶七（八八四）年、加賀に到着した渤海客使と詩を唱和した。仁和二（八八六）年から寛平二（八九〇）年まで讃岐守。その後、蔵人頭・左中弁に累進。寛平六（八九四）年遣唐大使に任ぜられるが、道真自身の奏上により派遣停止。但し遣唐大使の職を称することは数年に及んでいて、この官歴が彼の死後数百年を経て渡唐天神伝説を生み出す基盤となった。昌泰二（八九九）年右大臣・右大将に至るが、昌泰の変（九〇一）により大宰権帥に左遷される。延喜三（九〇三）年二月二十五日大宰府で没した。道真は修史事業として『類従国史』を編纂した。これは宇多天皇の命を奉じて六国史の記事を事項別に分類して年代順に収録した類書である。また、『日本三代実録』には撰者として藤原時平と大蔵善行の名が序文にあるが、実際は道真の関与が大きく、左遷ゆえに撰者から名を削られたと言われている。文学作品として、漢詩集・『菅家文草』十二巻と『菅家後草』一巻がある。題材・修辞を中国の詩文に仰ぎつつ単なる模倣引用の域を脱し、主体的な自己表現の方法として独自の格調高い風体を樹立したと評される。歌人としても『古今集』以下の勅撰集に三十四首が入集している。『新撰万葉集』にも撰者の一人として関与した。

保明親王（延喜三（九〇三）年〜延長元（九二三）年）は、本文献で「日本延喜王東宮太子」と呼ばれている。醍醐天皇皇子で、母は藤原基経女で醍醐天皇女御の穏子。皇太子のまま二十一歳で早世したが、『扶桑略記』に「皇太子保明親王、無病而薨」と、『日本紀略』には「挙レ世云、菅帥霊魂宿忿所レ為也」と、死因は道真の祟りであるとされている。

藤原保忠（寛平二（八九〇）年〜承平六（九三六）年）は、本文献で「日本大将」と呼ばれている。藤原時平の長男で、母は一品式部卿・本康親王女の廉子女王である。延長八（九三〇）年正三位・大納言、承平二（九三二）年、大納言に右大将を兼ねる。本文献始め多くの記録書・史料に伝記がある。音楽に長じた理想的な文化人という伝がある一方で、『大鏡』

は対照的な人物像を伝えている。『大鏡』では、治病のための薬師経読経の「所謂宮毘羅大将」という声を、自分を「くびる」と聞き誤り、臆病心の余りに息絶えたと記述している。要するに仏典にくらい愚者として死んだというのである。

静観は本文献の兜卒天場面で登場する。「増命」という名もある。承和十（八四三）年に生まれ、延長五（九二七）年に没した。延暦寺座主。円仁に天台の灌頂を、円珍に密教の灌頂を受けた。天台宗の僧であるが、密教僧である聖宝の師でもある。

同じく兜卒天場面に登場する正宝は、「聖宝」と表記する文献が多い。理源大師。天長九（八三二）年に生まれ、延喜九（九〇九）年に没した。貞観寺真雅に従って出家、元興寺の願暁に三論を、東大寺の平仁に法相を、東大寺の玄永に華厳を学び、金剛峯寺の真然、源仁に密教を学んだ。金峯山で修行し、大峯修験道を再興した。貞観十六（八七四）年に横尾明神の示現により醍醐水の霊泉を得、ここに堂宇を建立したことで醍醐寺の開祖となった。貞観寺座主・東寺長者も歴任。金峯山派修験道の一派・小野流の祖とされる。

同じく兜卒天場面に登場する観賢は、斉衡元（八五四）年に生まれ、延長三（九二五）年に没した。真言宗の僧。讃岐で聖宝に見出され、その弟子・後継者となった。延喜九（九〇九）年、聖宝の入滅後、その跡を継ぎ東寺第九代長者となった。延喜十九（九一九）年九月、醍醐寺初代座主。同年十一月高野山金剛峯寺座主兼任。

以上の静観ら三人は僧正という地位まで上った一方で、修験道と関わった僧である。そして静観～正宝（聖宝）～観賢は、三代の師弟関係にある。（興福寺本『僧綱補任』巻二裏書「静観僧正伝」逸文、醍醐寺蔵本「伝法灌頂資師相承血脈」）聖宝は、承平七（九三七）年に勅命によって書かれた『醍醐根本僧正伝』に、その事績として「於二金峯山一建レ堂、并造二居高六尺金色如意輪観音、并彩色一丈多門天王、金剛蔵王菩薩像一、於二現光寺一、造二弥勒丈六、并一丈地蔵菩薩像一、金峯山要路吉野河辺設レ船、申二-置渡子傜丁六人一…」と記録されている。本文献にこれら醍醐寺系真言僧の名が並んでいることは、『日蔵夢記』を書いた人物を推定していく上で重要な示唆となる。『東寺長者補任』には「日蔵夢記」のこの箇所の引用がある。（☞山本五月「『道賢上人冥途記』の成立」（『仏教文学』22、平成十年三月）。

醍醐天皇は本文では「延喜王」と呼ばれている。他の平安時代の文献でも、「延喜」は醍醐天皇の年号なので、天皇自身の称として使われている。「延喜の御子・中務の宮の子ぞかし」（『栄花物語』「月の宴」）「延喜の世間の作法したためさせたまひしかど」（『大鏡』時平伝）などの用例がある。仁和元（八八五）年に生まれ、寛平九（八九七）年即位、延長八（九三〇）年退位・出家・崩御。父は宇多天皇、母は内大臣藤原高藤の娘・胤子皇太后。醍醐天皇は平安時代で最長期間、在位した。在位中に摂政・関白が置かれることはなかった。この治世は「延喜の治」と呼ばれている。日本最古の勅撰和歌集『古今和歌集』は醍醐天皇の下命によって編纂された。また後世まで律令制度の基本として重視された『延喜式』も、醍醐天皇治世時に制定された。延喜の治は後世、天皇親政の理想の聖代と見なされ続けた。例えば後醍醐天皇は「延喜の治」に憧れたゆえに在世中に自分の諡号を「後醍醐」と指定した。しかし、醍醐天皇が即位してまもなく昌泰の変があり、その後、藤原時平・源光・保明親王などが早世したことで「醍醐天皇に左遷された道真の怨霊が跳梁している」と世間に不気味な噂が広まっていた。そして天皇の最晩年、延長八（九三〇）年六月、皇居清涼殿に落雷が直撃し、大納言藤原清貫・右中弁平希世・右兵衛佐美努忠包が亡くなり、紀景連・安曇宗仁が重傷を負った。それ以来天皇自身も病床に臥し、九月二十二日、皇太子寛明親王（朱雀天皇）に譲位する。二十九日天台座主・尊意を戒師として出家し、金剛宝の戒名を得たが、同日四十六歳で崩御。世間は醍醐天皇の死も道真怨霊の仕業と噂した。

宇多天皇は本文では「日本金剛学大王」と呼ばれている。金剛学は宇多天皇の法名である。貞観九（八六七）年生まれ、元慶八（八八四）年臣籍降下。仁和三（八八七）年に皇籍復帰し即位。寛平九（八九七）年退位。昌泰二（八九九）年出家。承平元（九三一）年崩御。日本史上唯一の、いったん臣籍降下しながら即位できた天皇である。また退位後、益信（真言僧）を戒師として出家し、史上初の法皇となった。また今日確認できる最古の飼い猫記録を、日記（宇多天皇宸記）に記した天皇でもある。（☞菊地真『招き猫の文化誌』二〇〇一年／同『招き猫の宮』二〇〇四年）

【舞台】

『日蔵夢記』の舞台・金峯山は、現在の奈良県吉野郡大峰山脈北端部にあたる山域である。別名、御金（みかね）ノ御岳という。古代より山岳信仰の対象であり、七世紀頃から金が地下にあると信じられるようになっていた。金は降魔の霊力があるということで、密教的な浄土信仰とも結びついたと言われる。金峯山は修験道の成立とともに全国の蔵王信仰の中心として修験者たちの崇拝を集めた。

現在も金峯山寺は金峯山修験本宗総本山である。役小角（えんのおづの）（七〜八世紀）の開山と伝えられる。聖宝（八三二〜九〇九）の中興により蔵王菩薩像などが整えられ、平安貴族からは「金峯山域は弥勒の浄土」と言われ、信仰された。中世にも修験道の道場として、また一方では吉野大衆と呼ばれる僧兵軍団を擁して権威と勢力を保ち続けた。金峯山の南に旧式内社の金峯神社があり、役小角が入峯前に祈願したという伝承がある。

金峯山の山名には密教的な意味がある。「阿難陀汝当受二持五十二諸大山王所レ有二名字一。若識知者或在二山谷曠野之処一。除二諸恐怖一随レ意安楽。其名曰、妙高山王、雪山王…摩羅耶山王、金峰山王、頻陀山王」（『大孔雀咒王経』巻下）とあるように、阿難陀が受持することを指示された三十一番目の山王が金峯山王である。ちなみに『孔雀咒王呪』は平安中期頃の山岳修験道者に、よく唱えられていた。

金峯山は平安時代、「金峯山浄土」とも呼ばれていた。この用語は経典には見あたらないが、平安時代の日本文献には散見する。『拾芥抄』下「本朝五奇異」に「金峯山、大和国、慈尊出二世其土一石可レ為二能金一」とあるように、金峯山を閻浮檀金の埋まる聖地とする認識は通行していた。この『拾芥抄』記事と類似した伝説を『宇治拾遺物語』巻二ノ四「金峯山薄打事」、『壒嚢抄』六が伝えている。

道賢が出家し、仏道修行を始めたのは「発心門椿山寺」と本文にある。発心門については、現在、金峯山の蔵王堂北西三百メートルにある銅の鳥居とも言われている。発心門あたりは大峰山寺を中心になだらかな道がしばらく続き、寺社も集中している。ここから奥山に向かって少し行くと登り道になり、寺社聚落もなくなり、鬱蒼とした林に囲まれた山道となる。「発心門」とは銅の鳥居そのものというより、銅の鳥居あたりの聚落一帯を意味していると考えられる。

「椿山寺」について、『笠置山縁起』には「大和国金峯山椿本大明神」と、これに似た名が見える。また「道賢銘経筒」にも「椿谷椿山寺」とある。この「椿本大明神」も「椿谷」も詳細は不明ながら、金峯山域内に「椿…」と呼ばれた一画があるので、その地名をとった寺社の通称であったのかもしれない。竹林院は現在、大峰山寺の護持院としてあるが、本来は聖徳太子が吉野来訪時に「椿谷」に建てた「椿山寺」だったとも伝えられている。その後、空海が入り、常泉寺と改称した。現在でも「椿山慈救殿」がある。また現在の如意輪寺の院号は「椿花院」で、延喜年間に道賢(日蔵)によって草創されたと伝えられている。竹林院も如意輪寺も銅の鳥居からは少し距離がある。しかし、道賢が籠もって修行した吉野の奥山や笙の岩屋などから見れば、竹林院とか如意輪寺は銅の鳥居(発心門)あたりにある寺院とも言える。

道賢(日蔵)が息絶えて、霊界巡歴後にまたもどってきたという笙の窟は大峰山脈中にある岩屋である。「笙」には「細い・小さい」という意味があるから、本来は「小さい洞窟」の意味であったのであろう。『大日本国法華経験記』にも、僧の修行する「笙石室」の記事がある、「登二金峯山一尋二仙旧室一…又籠二笙石室一、有下行二安居一僧上」(巻中第四十四)。

【昌泰の変】

『日蔵夢記』の背景となった昌泰の変は、藤原時平一派の陰謀により菅原道真が失脚させられた事件である。昌泰四(九〇一)年、即位四年目で十七歳の醍醐天皇を、左大臣藤原時平と右大臣菅原道真が補佐していた。時平は関白基経と人康親王女の間に生まれた重代の執政家の嫡男であり当然の起用であった。一方、宇多法皇の信任によって、学問の家の人間として大臣まで累進した道真には、旧勢力から「成り上がり者」と冷たい視線が注がれていた。昌泰四年正月二十五日、時平一派は、道真が醍醐天皇を廃して女婿の斉世親王(醍醐天皇弟)擁立を企てていると讒言した。詔により道真は右大臣の官を剥奪され大宰権帥に左遷された。変を聞いて宇多法皇が皇居に駆けつけたが、醍醐天皇と時平の命を受けた衛士は法皇を門に入れなかった。法皇は門外にすわり込み、一晩中、天皇に面会を求め続けたが、聞き入れられなかった。宇多法皇が諦めて退出した日に、道真は大宰府へ護送されていった。道真の子息たちも左遷され、それぞれの地方へ分かれ分かれに下向させられていった。邸宅には妻と年長の女子を残して、一家は離散したのであった。延喜三（九〇三）年道真は大宰府で病死した。

【文化史的意義】

数多く作られた天神伝説の中にあって、『日蔵夢記』の道真伝説は単に「一異説」にすぎなかったのだろうか。道真のような死に方をした貴族が死後も怨みを持ち現世に仇をなす、人々がそう考えることはいかなる権力者にもどうすることができなかったであろう。問題はこの怨霊のあり方である。為政者にとって、怨む対象が天皇であるよりは、家系の絶えた一家であったほうがよいのに、そうでなければ困る。また、道真霊が現世とは別の、強力な冥界組織の支配者としてあっては現世のコントロールが及びようがない。現世に報復するにしても、現世に自ら現れて報復するのでなければ慰撫しようもない。このように、『大鏡』・『北野天神縁起』の天神伝説に比べて、『日蔵夢記』の天神像は、為政者にとってははなはだ不都合なものであった。

そのことは伝本の数の差としても現れている。『大鏡』は鎌倉時代まで遡ることのできる最古の完本を始め、おびただしい写本が伝わり、近世には版本も作られた。『北野天神縁起』もその写本として最古の承久本、それに次ぐメトロポリタン美術館本も共に鎌倉時代に作られている。一方、『日蔵夢記』は近世後期、大和国内山田永久寺にあった写本が、完本として今日まで伝わっている（現在北野天満宮蔵）以外に有力な写本や逸文も少ない。権力に迎合することを拒んだものの宿命というべきか。要するに『日蔵夢記』に写本が少ないのはこの文献の文化的価値が低いことを意味するものではなく、むしろそのことにこそ本来の天神伝説とは何であったのかを考察する緒があると考えるべきであろう。

十世紀に流布した天神伝説の何が優勢であったかを論ずるにあたって、今日に残った伝本の数の比較だけで推測することは学術的でない。『日蔵夢記』所載の天神伝説が、『大鏡』・『北野天神縁起』所載のそれに対抗し得る勢力があったと考えられる根拠もいくつかある。その一つに、『源氏物語』「明石」巻に成仏できずに現世を彷徨する桐壺帝霊の記述がある。前世に十善の徳を積んだ天子が成仏できないという「不敬な」話がなぜ容認されたのか。周知の通り『源氏物語』は、世捨人が人目を忍びつつこっそり書いたような文献ではない。一条天皇始め道長・公任など当代最高の権力者・文化人の注目する物語であったことが、『紫式部日記』に伝えられている。紫式部は時の中宮の教育係も仰せつかる女官である。『源氏物語』に先行して「天皇も成仏できない事があり得る」伝説として『日蔵夢記』があったことは、この「容認された不敬」の謎を解く有力な手がかりの一つとなるだろう。

この一方、古代日本が手本としてきた中国では『幽明録』や『冥詳記』などの冥界巡り説話が盛んに作られていた。このことも、この問題を考察するにあたり、見落としてはならない。

【成立】

『日蔵夢記』は『扶桑略記』に、その抄出文があるのであるから、少なくともその前に成立したものであることは間違いない。「六　満徳法主天」に、宇多法皇霊である満徳法主天の指示として「延喜通宝、為㆓太政大宝㆒。」とあるが、この指示は現世に受け容れられることなく、十二番目の乾元大宝が、天徳二（九五八）年に発行された。こうした点から見ると、『日蔵夢記』の予言は、天徳二（九五八）年以後は破綻していることになる。最初から破綻している言説をわざわざ創るわけはなく、『日蔵夢記』の成立時期は、両通貨発行の間しかありえない（加畠吉春「『日蔵夢記』解題と諸問題」（『アジア遊学』二十二号二〇〇〇年十二月）。本文を詳しく見ると、「三　日本太政威徳天」に、菅原道真霊の言葉として「若有㆘居㆓在世時所㆑帯官位㆒者、我必令㆑傷㆓害之㆒」とある。道真の官であった右大臣は天慶元（九三八）年から、同七（九四四）年まで欠員のままである。ゆえに本文献が天慶七（九四四）年以降に成立したと考えづらい。「六　満徳法主天」で、法主天の「改㆓大臣号㆒、永為㆓摂政大臣㆒。」という指示も、翌天慶四（九四一）年冬に、摂政大臣・藤原忠平が関白大臣となることで、実現されなかった。

さらに満徳法主天は「又改㆓天慶三年㆒、為㆓太政元年㆒。」と言っているがこれも無視されている。これらの予言が破綻していることから、この書は天慶三(九四〇)年内に書かれたと考えざるを得ない(竹居明男氏は異見を提唱されている(同氏「『道賢上人冥途記』『日蔵夢記』備考」一七六号二〇〇四年十二月)。

また「五　地獄」に「我身、在㆓鉄窟㆒受㆓大苦毒㆒、幼主、居㆑位、安穏不㆑坐。…又摂政大臣可㆑申。」という記述がある。律令時代、天皇が「幼主」の場合、補佐する一の大臣は「摂政」なのである。天皇が成人すると、摂政は関白に転じ、補佐業務の内容も若干異なる。「幼主～摂政」は切り離せない関係なのだ。つまりこの記事は、天皇を補佐していた大臣・藤原忠平が摂政の地位にいた時にしか成り立たない。藤原忠平は天慶四(九四一)年十一月には関白に転じている。このことからも、本文献の原本はそれ以前に書かれていたはずである。

これらに加えて「一　道賢の冥土巡行まで」に見られる道賢が奥山に足止めされた事情を述べている記事と、天慶三年初秋の豪雨の史実が一致している。これは天慶三年に実際に豪雨の現場にいた者が、まだ記憶が新しい時に書いたと考えるのが自然であろう。以上のことから、本文献の底本としている写本は十九世紀書写本であっても、原本は天慶三(九四〇)年内に書かれたと考える。

作者について、「六　満徳法主天」に「大沢池、是相応地也。其池正中為㆓一小嶋㆒。…」の記事に照応して現在の京都・大沢池には天満島があり、その由来も中世・中古に遡れることから、本文献を、平安中期に荒廃していた大覚寺再建を目指す醍醐寺を中心とした真言僧による作と推定する説(山本五月「『道賢上人冥途記』の成立」(『仏教文学』二二号　平成十年))が有力である(竹居明男氏はこの説に従うことに慎重であるべきことを提唱している(同氏前掲二〇〇四年論文)。

【永久寺本『日蔵夢記』書誌】

本文献は現在、京都北野天満宮所蔵の宗淵編『北野文叢』の巻十一に収録されている。『北野文叢』は宗淵が道真と天神伝説に関する諸史料を集大成したもので、文政元(一八一八)年以来三十年を費やして完成した。

『日蔵夢記』はそもそも書名すらも不詳である。『日蔵夢記』とは外題になく、内題の始めに「道賢上人冥土記」という題号を割注で否定して「改行して大字で「［　］記」とあるだけだ。つまり、虫喰いになっている一字の下に「記」とあるだけなのである。原本の状況を見る限り、一字以上の字があったとは考えられず、本来は単に『夢記』と題されていたようである。但し、原本にある題が、今日の文学史で通行の書名になるとは必ずしも言いきれるものでもなく、原本の題を復元することか書名を決定するすべてでない。本文献奥書に「…内山永久寺所蔵」とあることから、『内山永久寺本道賢上人冥途記』と称する研究者もいる。しかし今日では『北野文叢』巻十一所収『道賢上人冥途記』の内題に「此の題号は扶桑略記中に引く文による所と云々。今此の原本題は虫損し、蓋し日蔵夢記など云へるか、尚詳かにすべし」と、『北野文叢』編者・宗淵がした注に従い、『日蔵夢記』と称するのが学界の通行となっている。

『日蔵夢記』と『扶桑略記』所収「道賢上人冥途記」とは広本・略本の関係にあるとはいいながら、その記事量の差は大きく、校合可能な異本関係とはとても言えない。

原典は青色の表紙（タテ二五七ミリ×ヨコ一七四ミリ）の中央に「北野文叢」と墨書されている。本文巻頭題書は「北野文叢巻十一　沙門宗淵輯」とある。尾題は三十五丁ウラに『北野文叢』巻第十一とある。本文は袋綴じの楮紙に書かれている。全三十五丁。『日蔵夢記』は十八丁オモテから三十二丁ウラまで。但し、本書では、便宜的に原典十八丁オモテをもって「一丁オモテ」とした。

【道賢銘経筒】

『日蔵夢記』を巡る研究の興味は、こうした同時代文献との関連、後代の文献への影響の考察、さらに中国文化との関連などにも及ぶ。この文献の国際的な性格の一端を示す例をあげると、『日蔵夢記』の主人公である道賢の銘の入った経筒が中国国家博物館に蔵されている。この経筒は「延長三年」の銘を持つ日本最古の貴重な文物として厳重に保管されていて、一般には公開展示されていない。故田中隆昭（早稲田大学）教授をリーダーとする研究グループが、王勇教授（当時浙江大学）

の尽力で、二〇〇〇年七月三十一日この経筒を直接見る機会にめぐまれた。

この経筒の真偽については中国と日本の研究者間で意見がわかれている。真物なら言うまでもなく、本作品の主人公の実在を示す資料であるし、偽物なら偽物で中国においてまで道賢＝日蔵逸話が伝搬していたことの証拠となる。この経筒の存在が重要であることに変わりはない。

その経筒は銅製金メッキ仕上げ。蓋はなく、筒口の付近に小さな穴が二つあいている。底部は少し上げ底気味。全体的に緑青やサビは見られず、良好な保存状況といえる。刻文もきわめてよく見ることができた。刻文は以下のとおりである。

倭國椿谷椿山寺奉納三部經一巻
爲父母菩提敬白
延長三乙酉年八月十三日　道賢法師

［校訂文］

倭国椿谷椿山寺、三部経一巻を奉納。父母の菩提（ぼだい）の為に、敬白（きやうびやく）す。　延長三乙酉年八月十三日　道賢法師

［語釈］

―倭国　日本国。古代日本人は中国からこう呼ばれることを好まなかったが、日本から中国の仏教聖地へ持参するので謙遜の意味でこういったものか。

―椿谷椿山寺　『日蔵夢記』に道賢が金峯山の「発心門椿山寺」で出家したとある。

―三部経　経典で関連ある経を三部まとめて「〜三部経」と称する。この三部経の内容は不明。

―菩提　彼岸の楽土に往生すること。

―敬白　願文・書簡文などの末尾に用いる敬語。「匡衡、病中右筆、伏レ地敬白」（『朝野群載』「献供物於北野廟」）

―延長三年八月　この月二十三日、醍醐天皇が勧修寺で母后の追善法要を営み、宸筆経が納められた（『勧修寺文書』二十一）

［口語訳］

倭国椿谷椿山寺の僧たる私は、三部経一巻を奉納します。これは父母の菩提（ぼだい）の為のものであると、謹んで申し上げます。

延長三（九二五）年八月十三日　道賢法師

［補説］

この経筒は元来五台山（顕通寺）にあったものを、一九三四年、李泰棻氏が山西省の古美術商から入手、現在は中国・北京市の中国国家博物館に蔵されている。但し、李氏が古美術商から購買するまでの経緯、発見された状況については不詳である。

形状は丸い菅状で、高さ一七・四センチ、口径五センチ、重さ二〇〇グラム。紅銅の地金に外側は全体が鍍金されている。筒の胴体は一枚の銅板を丸めてつないだもので、外側の面には開口部から底に沿って一本のつなぎ目が見える。開口部近くに二つの小さな丸穴が開いている。

この経筒にある延長三（九二五）年は醍醐朝後期にあたる。その二年前に皇太子・保明親王が亡くなった。それは道真の祟りによるとの噂があがった（「菅帥霊魂宿忿所㆑為也」（『日本紀略』延長元年三月七日））。朝廷もこれを放置できず、道真左遷の詔書を焼き、道真の官を右大臣に復して、正二位を追贈した（同四月二十日）。こうした道真霊への畏れとか天神信仰が盛り上がりつつある世情にあって、道賢が亡き両親供養のために納経をしたというのである。『日蔵夢記』によれば、道賢は延喜十六（九一六）年に十二歳で金峯山の椿山寺に入山して、修行を始めた。入山してから六年めの延喜二一（九二一）年、母が病気と聞き京都に戻り看護した。延長三（九二五）年は母の発病後、五年目のことで、この年の春に母親は亡くなったようである。

これまで日本最古の埋蔵経筒は金峯山から出土した藤原道長銘入り経筒（以下「金峯山経筒」と略する）とされてきた。それには寛弘四（一〇〇七）年八月十一日の日付がある。中国国家博物館所蔵の経筒が刻文のとおりのものであるなら、日本最古の経筒に関する定説を変えることになるが、これについて日本と中国の考古学者間で議論がわかれる。日本側は後代の偽作を主張する見解が多い一方で、中国側は銘文のとおりに作られた日本最古の経筒であるとしている。

この経筒文の最大の謎は「延長三年八月十三日」という日付であろう。八月十三日という日は『日蔵夢記』(一五丁ウ)によれば日蔵(道賢)が冥界巡りを終えて蘇生した日でもあった。一方、平安中期の貴顕にとって八月十三日あたりは彼岸への関心が高まるころである。八月十一日から十七日までの間は、比叡山の不断念仏の期間にあたる(念仏ハ慈覚大師ノモロコシヨリ伝テ、貞観七年ヨリ始行ヘルナリ。四趣三昧ノ中ニハ常行三昧トナヅク。仲秋ノ風スヾシキ時、中旬ノ月明ナルホド、十一日ノ暁ヨリ十七日ノ夜ニイタルマデ、不断ニ令行也。(『三宝絵』下「比叡不断念仏」))。『慈覚大師伝』によると慈覚大師・円仁が仁寿元(八六五)年五台山念仏三昧の法を移し、諸弟子に伝授し、その没後に相応が貞観七年東塔常行三昧堂で行って以来続いた。八月十三日は常行念仏の期間である。経筒は先祖供養に縁のあるものである。経筒はそのような時期に、彼岸の父母の菩提の為に、五台山へ納経されても、不自然なところはない。

また延長三年八月に醍醐天皇が亡母后の追善供養を勧修寺で行っている。この際、あまり例のない宸筆経を納めるということがあった(廿三日癸未、七寺小諷誦。参向勧修寺御態。…神(宸)筆経・縫仏甚希有也。(『貞信公記抄』延長三年八月同旨『日本紀略』・『扶桑略紀』))。この時の納経は、王者の法要に相応しい荘厳に飾られた儀式のもとに行われた(延長三年八月廿三日、上供三―養御手書法華経及繍曼陀羅於二勧修寺一…其経櫃、紫檀地螺鈿金置口蘇芳螺鈿机承レ之…(『勧修寺文書』廿一雑々事))。これが当時の貴顕の話題であったことは明かである。この時の宸筆経は納経の目的で写経された(安元三年七月五日…倩検二我朝之旧貫一。被レ行二宸筆法華八講之例一四箇度…此外醍醐聖主、延長三年奉レ為二母后一、雖二書写一乗一、其経無量義経、心経、阿弥陀経。皆紺綾、以二紺紙一著レ表、紺綾標紙、金字金界、水精軸、組帯標紙。仁教法師勘申不レ勤二―修八講一也。(『玉葉』二十五))。こうした母后の供養のために経を納めるあり方は、経筒文から伺える道賢のあり方と似ている。しかも施主は、『日蔵夢記』で道賢と地獄で出会う醍醐天皇である。これは『日蔵夢記』と何らかの関連性が秘められていることが感じられる。この経筒の写真など、さらに詳しいデータは、『アジア遊学22号』〈特集〉論争道賢銘経筒の真贋―天神伝説の新展開(二〇〇〇年十二月)を参照いただきたい。

【主な研究文献】

・梅津次郎「天神縁起絵巻―津田本と光信本―」（『美術研究』一二六）一九四二年九月
・水原一「平家物語「六道」の形成―特に日蔵説話との交渉について―」（『解釈』六ノ六）一九六〇年
・中野玄三「北野天神縁起日蔵六道廻りの段の成立について」（『仏教芸術』四九）一九六二年（一部加筆『悔過の芸術―仏教美術の思想史―』所収一九八二年法蔵館）
・村瀬実恵子「研究資料・メトロポリタン本天神縁起絵巻（詞書校刊）」（円美術研究』二四七・二四八）一九六六年
・吉田友之「北野本地絵について」（『人文論究』一六ノ四）一九六六年
・川口久雄「敦煌変文の素材と日本文学―唐太宗と北野天神縁起」（『仏教文学研究』第五集所収）一九六七年
・吉田友之「天神縁起絵初期の問題―メトロポリタン美術館本道賢巡歴の巻を巡って―」（『MUSEUM』二八四）一九七四年
・今井正之助「日蔵上人蘇生譚をめぐって」（『軍記研究ノート』五）一九七五年
・吉田友之「北野天神根本縁起絵私考―所謂〈古編縁起八軸〉をめぐって―」（『美術史』九〇・九一・九二合併号）一九七六年二月
・竹居明男「日蔵冥界遍歴譚覚え書」（『古代文化』二八ノ三）一九七六年三月
・吉田友之「天神縁起絵の系譜」（『新修日本絵巻物全集』九所収）一九七七年
・真壁俊信「猪熊本『北野天神御託宣記文』」（『日本歴史』三四五）一九七七年（『天神信仰の基礎的研究』所収一九八四年近藤出版社）
・竹居明男「日蔵伝展開の一側面―とくに真言密教との関連について―」（『古代文化』二九ノ六）一九七七年六月
・真壁俊信校注・解題『神道大系神社編十一北野』一九七八年神道大系編纂会
・笠井昌昭「天神縁起のかげに隠れて」（『神道大系月報』二所収）一九七八年神道大系編纂会
・竹居明男「〈教訓抄〉研究ノート―美術史関係資料について」（『文化史学』三四）一九七八年十二月

・中野玄三「〈北野天神縁起〉の展開―承久本から弘安本へ―」（『日本絵巻大成』二一所収）一九七八年（『日本仏教絵画研究』所収一九八二年）
・志村有弘「日蔵説話の成立と展開―〈十訓抄〉編者菅原為長に関連して―」（『説話文学研究』二所収）一九七九年笠間書院
・勝部香代子「天神信仰と醍醐天皇周辺」（『文学・史学』二）一九八〇年
・村瀬実恵子「メトロポリタン本天神縁起絵巻」〈『新修日本絵巻物全集』別巻二所収〉一九八一年角川書店
・竹居明男「日蔵上人伝記関係逸文（拾遺・覚書）」（『国書逸文研究』六）一九八一年
・真壁俊信「天神縁起と日蔵の伝承」（『神道古典研究会報』三）一九八一年（一部補訂・改題「日蔵上人の伝承にみえる天神信仰」（『天神信仰の基礎的研究』所収）一九八四年近藤出版社）
・山崎裕人「日蔵上人蘇生譚に関する考察」〈『国文学論考』一七〉一九八一年二月
・真壁俊信「日蔵上人伝記史料（拾遺・覚書）」〈『国書逸文研究』八〉一九八二年
・南里みち子「日蔵上人の説話」（『福岡女子短大紀要』二三）一九八二年六月
・阿部泰郎「中世太子伝の伎楽伝来説話―中世芸能の縁起叙述をめぐりて―」（『芸能史研究』七八）一九八二年
・中野玄三「北野天神縁起日蔵六道巡りの段の成立」（『悔恨の芸術』）一九八二年法蔵館
・真壁俊信『天神信仰の基礎的研究』一九八四年近藤出版社
・竹居明男「永久寺本『道賢上人冥途記』に関する二、三の問題」（『古代文化』三九ノ一）一九八七年
・山崎裕人「日蔵上人冥途記」（『日本の説話』二所収）一九八七年大修館書店
・真保亨「道賢上人冥途記と北野天神縁起」〈『筑波大学芸術年報』八八〉一九八八年十月
・村上學「日蔵の地獄巡り―道賢上人冥途記と北野天神縁起」（『解釈と鑑賞』五五ノ八）一九九〇年八月
・藤原克己「天神信仰を支えたもの」（『国語と国文学』）一九九〇年十一月
・山下哲郎「和歌の流転―真如親王の〈いふならく〉の歌をめぐって―」（『明治大学日本文学』一九）一九九一年八月

・山崎裕人「日蔵上人蘇生説話に関する考察」（『平成四年度静岡西部高等学校国語教育研究会会報』所収）一九九二年六月
・岩田由美子「メトロポリタン美術館本天神縁起の伝来について―京都市立芸術大学蔵模本による知見から―」（『MUSEUM』四九八）一九九二年
・新井弘順「醍醐寺蔵本『真言声明血脈』解説」（『研究紀要』一三）一九九三年醍醐寺文化財研究所
・竹内光浩「天神信仰の原初的形態―『道賢上人冥途記』の成立をめぐって―」（十世紀研究会編『中世成立期の歴史像』所収）一九九三年五月
・真保亨『北野聖廟絵の研究』一九九四年中央公論美術出版
・真壁俊信『天神信仰史の研究』一九九四年続群書類従完成会
・生杉朝子『杉谷本北野天神縁起絵巻』（私家版）一九九四年
・須賀実穂「北野天神縁起承久本第九巻白描下絵に関する研究」（『美術史』一三五）一九九四年二月
・山崎裕人「日蔵蘇生説話について―『内山永久寺本』を中心として―」（『説話と伝承と略縁起』所収）一九九六年新典社
・南里みち子『怨霊と修験の説話』一九九六年ぺりかん社
・須賀実穂「北野天神縁起光起本の考察」（『国華』一二〇九）一九九六年八月
・中山通子「建礼門院の見た六道―玄奘・日蔵の六道と比較して」（『かほよとり』五）一九九七年
・阿部泰郎「『慈円作旬六道釈』をめぐりて―慈円における宗教と歴史および文学―」（『文学』八―四）一九九七年十月
・橋本正俊「中世説話集における日蔵上人蘇生譚」（『国語国文』六七ノ二）一九九八年二月
・鶴巻由美「日蔵説話小考―北野天神縁起と舞曲伝承」（『宝物集研究』二）一九九八年三月
・相澤正彦「初期狩野派の北野天神縁起絵巻（上・下）」（円神奈川県立博物館研究報告』二四・二七）一九九八年三月・二〇〇一年三月

・橋本正俊「中世説話における日蔵上人蘇生譚」(『国語国文』六七－二、通巻七六二)一九九八年二月
・山本五月『道賢上人冥途記』の成立─『北野文叢』所収永久寺本を中心に─」(『仏教文学』二二)一九九八年三月
・須賀みほ「弘安本北野天神縁起絵巻再考─系統諸本の検討から─」(『美術史』一四六)一九九九年三月
・須賀みほ「米国所在天神縁起絵巻の研究─ニューヨークパブリック・ライブラリー所蔵スペンサー本を中心に─」(『鹿島美術研究』年報第一六号別冊)一九九九年十一月
・生杉朝子『建保本天神縁起』(私家版)二〇〇〇年
・今堀太逸「日本太政威徳天と災害－『道賢上人冥途記』の成立」(大隅和雄編『文化史の構想』)二〇〇〇年二月
・『アジア遊学二十二号』〈特集〉論争道賢銘経筒の真贋─天神伝説の新展開(二〇〇〇年十二月)
石志廉(丁莉訳)「中日友好往来の遺産」
王育成(河野貴美子訳)「五台山に奉納された経筒」
梁豊「海を渡った日本最古の経筒」
王勇「遣唐使廃止後の海外渡航の物証」
関秀夫「中国にある道賢法師の経筒」
時枝務「海を渡った経筒」の考古学」
藏中進「延長三年道賢法師経筒」管見」
菊地真『源氏物語』時代の経筒文」
山本五月「道賢(日蔵)伝承の展開」
加畠吉春『日蔵夢記』解題と諸問題」
河野貴美子「日蔵(道賢)上人と五台山」
山本五月『日蔵夢記』書誌」

・京都国立博物館編同特別展菅原道真公一一〇〇年祭記念北野天満宮神宝展』二〇〇一年四月東京新聞
・田中隆昭監修山本五月・菊地真編『天神さまの起源』（『museo』三）二〇〇一年四月
田中隆昭「奇書の再評価と発見された遺物」
吉原浩人「天神信仰」
河野貴美子「冥界巡り」
山本五月「日蔵伝説」
加畠吉春「奇書『日蔵夢記』」
菊地真「文学史上の『日蔵夢記』」
渡辺雅子「メトロポリタン天神絵巻」
勝木言一郎「日蔵が巡歴した六道」
三橋健「神道における北野天神の位置」
加藤晃靖「今日の北野天満宮」
味酒安則「太宰府天満宮の祭り」
・東京国立博物館他編『菅原道真没後千百年天神さまの美術』二〇〇一年NHK・東京新聞
・竹居明男「『日蔵夢記』逸文考－円新訂増補国書逸文』所収「道賢上人冥途記」の補遺をかねて―」（所功先生還暦記念会編『国書・逸文の研究』所収）二〇〇一年十二月
・山本五月「天神信仰」（小峯和明編『宝鏡寺蔵『妙法天神経解釈』全注釈と研究』所収）二〇〇一年七月
・山本五月「日蔵説話の変容と『北野天神縁起』―メトロポリタン美術館本を中心に―」（『立教大学日本文学』八七）二〇〇一年十二月
・山本五月「『道賢上人冥途記』に見る道真像―太政威徳天の姿―」（『国文学解釈と鑑賞』六七ノ四）二〇〇二年四月

・袴田光康「『源氏物語』と『日蔵夢記』―延喜王堕地獄説話の再検討」（『中古文学』六九）二〇〇二年五月
・村上學「『日蔵夢記』の言説の戦略」（平成十四年度大谷大学文芸学会発表資料）二〇〇二年七月四日
・須賀みほ「天神縁起絵巻初期の問題」（『日本歴史』六五二）二〇〇二年九月
・竹居明男「『道賢上人冥途記』・『日蔵夢記』備考（続）―醍醐天皇崩御前後・醍醐寺・僧貞崇両書が「隠した」もの」（『人文学』一七二）二〇〇二年十一月
・吉田修作「『道賢冥途記』を読む―唱導・託宣・記述」（『古代文学四一』）二〇〇二年
・田中隆昭「源氏物語と道真と天神説話―『日蔵夢記』を中心に」（『菅原道真論集』二〇〇三年二月）
・山本五月「追憶する神―延慶本における天神の託宣―」（『平家物語の転生と再生』）二〇〇三年三月
・竹内光浩「『太平記』の時代にみる天神縁起物語」（『歴史評論』六～一七）二〇〇三年五月
・山本五月「『北野天神縁起』「日蔵冥界巡歴」の段をめぐって―室町絵巻に描かれた帝釈天」（『奈良絵本・絵巻研究』通巻一）二〇〇三年九月
・竹居明男「『道賢上人冥途記』『日蔵夢記』備考」（『人文学』一七六号）二〇〇四年十二月
・中島俊博「日蔵前世譚と『日蔵夢記』」（『日本古代文学と東アジア』）二〇〇四年三月
・山本五月「『日蔵夢記』と天神信仰の形成」（『説話文学研究』三九）二〇〇四年六月
・竹居明男「『道賢上人冥途記』・『日蔵夢記』備考―史実との関係、ならびに登場人物、全体構成、表現の相違等をめぐって」（『人文学』一七六）二〇〇四年十二月
・菊地真　鷲山郁子訳「『大鏡』の天神伝説（Le leggenda di Tenjin nell' Okagami 伊文）」（Associazione Italiana per gli Studi "Il Giappone che cambia" 二七）二〇〇五年九月
・村上學「縁起以前―『日蔵夢記』の言説の戦略」（『海王宮』）二〇〇五年十月
・菊地真「『日蔵夢記』の経典受容―冥界巡歴譚としての比較研究」（『仏教文学』三三）二〇〇八年三月

・清水由美子「『源平闘諍録』における醍醐天皇堕地獄説話」(『清泉女子大学人文科学研究所紀要』二九)二〇〇八年三月
・菊地真「『日蔵夢記』をめぐる東アジア冥界巡歴譚の比較考証」(韓国日語日文学会『日語日文研究』第65輯2巻)二〇〇八年五月
・菊地真「浄土巡歴攷～『日蔵夢記』について」(『東アジアの人文伝統と力学』)二〇〇八年十月
・尾崎勇「『愚管抄』と『日蔵夢記』」(『熊本学園大学文学・言語学論集』十五ノ一ノ二十九)二〇〇八年
・尾崎勇「慈円と承久本『北野聖廟絵』制作―承久元年・六道絵」(『仏教文学』三三)二〇〇九年三月
・横田隆志「太政威徳天としての天神」(『古典化するキャラクター』)二〇一〇年三月
・清水由美子「『源平闘諍録』における醍醐天皇堕地獄説話」(『『源平闘諍録』を基軸とした古代中世東国をめぐる軍記文学の基礎的研究』)二〇一〇年三月
・酒井香帆里「六道思想の系譜―建礼門院「六道語り」を中心に」(『文学の新しい波』九)二〇一〇年五月
・菊地真「『日蔵夢記』の世界観」(台湾大学日本語文学系・和漢比較文学会『二〇一〇和漢比較文学研討会論文集』)二〇一〇年九月
・『中世文学と寺院資料・聖教』(中世文学と隣接諸学二)二〇一〇年十月
　荒木浩「宗教的体験としてのテクスト―夢記・冥途蘇生記・託宣記の存立と周辺」
　阿部美香「浄土巡歴譚とその絵画化―メトロポリタン美術館本『北野天神縁起』をめぐって」
・岡田真裕美「日蔵上人蘇生譚に関する考察」(『高知大国文』四一)二〇一〇年十二月
・山崎裕人「「日蔵説話」の表現上の差異について」(『説話』十一)二〇一一年六月
・本多潤子「『釈教三十六人歌仙絵』日蔵の「寂寞の」歌について―行尊歌との関係を中心に」(『平安文学研究・衣笠編』三)二〇一一年
・菊地真「『日蔵夢記』の世界観・続　～須弥山世界観をめぐって～」(西北大学・和漢比較文学会『二〇一一和漢比較文学

研討会論文集』）二〇一一年八月

・山本五月『天神の物語・和歌・絵画—中世の道真像—』（勉誠出版）二〇一二年三月

・高岸輝 ルイス・クック訳「交差する縁起絵巻と仏教絵画（英文）」（『JapanesVisualCulture』七三）二〇一三年三月

・西沢美仁「〈シンポジウム〉 天神信仰と「西行」」（『西行学』六）二〇一五年八月

・阿部美香「〈翻・複〉示水遺影本『日蔵夢記』—解題と影印・翻刻」（『学苑』九〇一）二〇一五年十一月

・菊地真「不敬典籍の譜—『日蔵夢記』について—」（北京理工大学『二〇一八和漢比較文学研討会論文集』二〇一八年十二月）

本文篇

一　道賢の冥土巡行まで《一丁オモテ～一ウラ》

道賢法師は延喜十六年・十二歳の時から金峯山で修行に励む。しかし、それから六年たった後、母親が病気と聞いて下山して看護をつとめた。母の死後、また金峯山に戻り修行を続けた。天慶三年・道賢三十七歳の時、天変地異や疫病の相次ぐ世間を救うため、金峯山奥での勤行を決意する。四月から三ヶ月安居の行を続けたが、修行仲間が負傷したりしたため、最後には一人で、岩窟で無言断食の行を続けていた。すると、突如、正体不明の熱気に襲われ、頓死した。

【本文】

道賢上人冥途記　此の題号は扶桑略紀中引文に云ふ所のものなり。今、此の原本題、虫損の甚し。日蔵夢記など云へるなり。尚ほ祥にすべし。

夢記

弟子道賢、今の名は日蔵去ぬる延喜十六年春二月、年十有二を以て、初めて此の金峯山に入り、即ち発心門椿山寺に

【口語訳】

私（この当時は道賢、今の名・日蔵）は、去る延喜十六（九一六）年春二月、十二歳の時から、この金峯山の道場に入り、発心門の椿山寺で剃髪出家し、塩や穀物を口にするのをやめ、山に篭って六年修行しました。

その六年目の時、「(私の)母がしきりに長患いに苦しみ、悲しみ、泣き続けてい

【語釈】

—道賢　☞解説参照。

—弟子　本来は一人称として年少者・門人が、父母とか師匠に向かって言う言葉。「弟子入則孝、出則弟」(『論語』「学而」)。「仏の弟子」の意味として仏教儀礼冒頭で「弟子某乙等、一心帰命十方三世尽虚空界諸仏世尊…」(『礼懺文』)と用いられる。道賢は蔵王菩薩に会うまでは「弟子」と、会って以後は「仏子」と自称している。

—延喜　醍醐天皇の年号。西暦九〇一～九二三年。延喜十六年は九一六年。

—金峯山　☞解説

—発心門椿山寺　☞解説

おいて、髪を剃り、出家。塩穀を断絶し、山に篭(こも)ること六年。
爰(ここ)に風(つた)ふる伝(つたへ)を得(う)。云(い)はく「母氏(もし)、頻(しばしば)病痾(びやうあ)に沈み、悲泣(ひきふ)休(や)まず」と云々。之(これ)に因りて、同二十一年春三月を以て、山を出(い)で、洛(みやこ)に入る。自後、年中一般、躋攀(せいはん)して倦(う)まず。彼(か)の入定の春より今年の秋に至りて、此(こ)の山に勤修(ごんじゅ)すること、既に十六箇年に及ぶなり。
年来(としごろ)、天下国土の災難、一つに非ず。見るに随い、聞くに触れ、身半ば死するが如し。加ふるに以て、私の為に、物怪(もののけ)の夢想、紛紜(ふんうん)して休(や)まず。天文(てんもん)・陰陽(おんやう)、頻りに不祥を告ぐ。

る」と伝え聞きました。そこで延喜二十一（九二一）年春三月、金峯山を出て、都に入りました。その後は年中飽くことなく修行を続けました。母の死んだ年(延長三（九二五）年）の春から今年(天慶三(九四〇)年)の秋まで、この山で精進して修行すること十六年になります。
数年このかた、天下国土の災難は、一つにとどまるものではなく、見るにつけ、聞くにつけ、この身も半ば死んでしまうような思いがします。加えて私個人に妖怪が、様々に夢で乱れがましくもうるさく告知するので、心休まることがありません。天文道や陰陽道の専門官も、しきりに不吉なきざしがあると朝廷に奏上しています。
そこで私は仏の霊験による救済を求めるため、万事

—剃髪出家…修行　☞補注①
—断塩穀　仏道修行の一つで、塩味と穀物を口にしないこと。☞補注②
—初入此金峯山　「初入山」「初登山」は山岳修験道者がその山で修行を始める時の常套表現。「仏既出家…入レ山隠在二鹿苑一。仏初成道則為二説法一」（『無量寿経義疏』）。
—母氏　母親。「耶舍、家中巨富広有二財宝一。母氏眷屬皆国中豪族。」（『仏説衆許摩訶帝経』）☞補注③
—自後　爾後。その後。「菩薩報言「我今於二汝誠一無レ所レ嫌。汝自後来、宝器尽耳。」」（『方広大荘厳経』）
—一般　その範囲ではすべて。「衆中一般漢。乱踏二向前一問…」（『明覺禪師語録／附、明州雪竇山資聖寺第六祖明覺大師塔銘（呂夏卿）』／『大燈國師語録』）。
—躋攀　山に登る。「一丘蔵二曲折一、緩歩有二躋攀一」（杜甫「早起詩」）。「…十載相従レ話歳寒。刀山剣樹慣二躋攀一。風雲会合機輪転」（『密菴和尚語録』「送聴首座兼簡陳寺丞」）。
—今年　天慶三（九四〇）年　☞解説
—秋　語り時点は八月一日。旧暦八月は仲秋。
—勤修　仏道修行に励むこと。「勤修精進」と熟語で用いられることが多い。「仏子菩薩摩訶薩有二十種勤修精進一」（『大方広仏華厳経』）
—既及十六箇年也　「及」は「至」と同義。「及、至也」（『広雅』釈詁一／『儀礼』燕礼）。☞補注④
—年来　数年このかた。「跡去夢一覚　年来事百般」（杜牧「初春有レ感詩」）
—天下国土の災難　☞補注⑤
—如死　死ぬほど苦しむ。「衆苦逼レ身数悶如レ死」（『倶舎論疏』）
—為私　公的／仏道の為でなく、自分個人の為。「有二比丘一字阿吒毘。為レ私作レ房故自伐二林木一」

仍(よ)って、霊験の助を蒙(かうぶ)らんが為に万事を抛(なげう)ちて、この山に攀登(はんと)し、深きより弥(いよい)よ深く入り、勤修精進(ごんじゆしやうじん)を企(くはだ)つ。是(こ)れ則(すなは)ち、先(さき)に天下を鎮護し、後(のち)に身の上を祈念せんが為なり。即(すなは)ち童子(どうじ)を捨離(しやり)し、仏・経を担負(たんぷ)し、独り雲根(うんこん)を踏み、尋(つい)で笙(しやう)の窟(いはや)に到る。

去(い)ぬる四月十六日より始めて安居(あんご)苦行(くぎやう)す。二時に法花(ほつけ)・涅槃(ねはん)を講(かう)じ、三時に真言の大法を修す。去(い)ぬる七月中ごろに至り、安居已に満つと雖(いへ)ども、頻(しばしば)風雨を被(かうふ)り、帰去する能はず。又時来、同行(どうぎやう)の沙弥(しやみ)安与、巖(いはを)より落ち、万死一生(まんしいつしやう)たるも、起居する能はず。

を捨て、この山に登り、山奥のさらに奥深く入り、修行しようと決意しました。これは、第一に天下の鎮護を、次に我が身の救済を祈念しようと考えてのことです。童子を後に残して、仏と経を背負って、人の助けも借りず、山の高嶺を踏みしめて進んでいるうちに、笙の窟にたどりつきました。

ここで、四月十六日より安居苦行を始めました。正午の頃には法華経と涅槃経を誦経し、日没頃に真言の大法を修法しました。私はこの七月に安居苦行を勤めあげましたが、風雨が激しくて、帰れませんでした。その時、修行仲間の沙弥・安与が岩から落ちてしまいました。安与はかろうじて一命はとりとめたものの、日常生活に不自由するほどの大けがです。こうした事

(『毘尼母経』)

—物怪　妖怪「依二物怪一、欲三以到二諸侯一」(『史記』封禅書)

—夢想　神仏や物怪が夢に現れて告げること。「不思議の夢想を蒙り」(『平治物語』)

—紛紜　うるさく乱れる。「異説紛紜、無レ労叙レ記」(『十二門論宗致義記』)

—天文陰陽　陰陽寮は天文・暦数・風雲気色の異変があれば密奏する。陰陽博士も天文博士も陰陽寮所属。(『職原抄』)。

—霊験　神仏の神通力で生ずる不思議な現象。「以レ表レ縁二其霊験不可思議一也」(『常暁和尚請来目録』)

—攀登此山従深弥深入　「攀登」はよじ登ること、「願二攀登一而無レ階」(曹植「九愁賦」)。☞補注⑥

—精進　ひたすら仏道修行に励むこと。☞「勤修」

—鎮護天下　神仏などの力で天下を救う。「臣…今為二魂魄一鎮二護邦国一。」(『三国遺事』)「若諸衆生、愛二…統鬼神一救二…護国土一。我於彼前現二天大将軍身一」(『首楞厳義疏注経』)

—天下　全世界。「皆布二…施天下十方人民父母・蜎飛蠕動之類両足之類・四足之類・多足之類一。」(『舎利弗悔過経』)

—祈念　現世的で個人的な願望を神仏に願うこと「母日夜祈念。頃之有レ娠。生二信行一。」(『冥報記』)

—捨離　清浄になることを志す者が、俗塵から遠ざかること。「由下護二浄戒一及行中恵施上。恒処諸天捨二…離諸垢一」(『聖念処経』)「菩薩摩訶薩有二十種捨一…離憂悩、心無レ厭レ悔」(『大方広仏華厳経』)

—童子　剃髪せずに仏道を学びながら僧侶の雑用を勤める召使い。「問二童子一曰「汝等何縁得レ住二於此一」。童子報曰「我舅二於此釈子中一出家」」(『根本説一切有部毘奈耶』)

—担負　背に負う。「大家牛車、小家担負」(『後漢書』章帝紀)

此等(これら)の障(さはり)有るに依(よ)り、更に能(よ)く三七日、無言・断食(だんじき)し、一心念仏す。

時に八月一日午時ばかり、壇に居(ゐ)て作法の間(あひだ)、枯(かは)く。熱(ほとぼり)忽ち発(おこ)り、喉舌(こうぜつ)枯燥(こそう)し、気息(きそく)通ぜず。窃(ひそか)に自ら思惟(しゆい)すらく、

「既に無言・断食を言(まう)すに、何(な)ぞ人を呼びて、喉(のむと)を潤すを得んや」と。この思惟(しゆい)を作(な)すの間(あひだ)、出づる息、已に断ゆるなり。

故が起こったので、私は更に二十一日間、無言・断食し、念仏に専念しました。

八月一日の正午ごろ、壇で修法している時、喉が枯れました。急に熱気が起こったのです。喉や舌がからからに乾いて呼吸できません。私は、

「無言・断食の行を誓ったというのに、どうして今さら人を呼んで（無言戒を破り）喉を潤す（断食戒を破る）ことができようか」と心の内で考えました。そうしているうちに、呼吸が止まりました。

—雲根　山の高嶺。「数峰青翠処。孰委是雲根」（『註華厳経題法界観門頌』）

—笙の窟　金峯山にある岩屋。☞解説　☞「七」補注①

—安居　四月十六日から七月十五日の間、一定の場所に籠もり修行すること。「時波斯匿王請二仏及僧一於九十日夏坐二安居一…牛乳供レ仏。」…爾時世尊於夏四月安居已訖。」（『大荘厳論経』）

—苦行　悟りを得るため、自分の身を苦しめる行。『源平盛衰記』第十八に文覚上人の那智瀑下の荒行の、『仁和寺日次記』承久元年閏二月十四日に滝水に毎日六時間立つ荒行百日の記録がある。

—二時／三時　一昼夜は晨朝・日中・日没・初夜・中夜・後夜の六時に分けられる。「仏初成道、菩薩夜三昼三、六時礼請」（『大智度論』）。二時は日中、三時は日没にあたる。「謂入二五更一以後為二初時一。午時已後是第二時。黄昏已後至二初夜一為二第三時一」（『六字神咒経』）

—真言大法　真言密教の尊称。「爾時尊者薄伽梵…処二宝蓮花師子之座一而説二大法一」（『不空羂索神変真言経』）

—頻風雨を被り帰去する能はず　☞補注⑦

—時来　「その時に（来た／おこった）」という意味。「香風時来吹二珠柱上一雨二宝瓔珞一」。（『仏祖統紀』）

—同行　仏道における伴侶。「切磋琢磨同心斎心如二一乗一云々是名二同行一」（『摩訶止観』）

—沙弥　十戒は受持し、具足戒は受けていない出家者。「為二沙門一者、初修二十誡一、曰二沙弥一」（『魏志』釈老志）

—万死一生　ほとんど助かりそうもない状態に陥りながら、なんとか生き永らえる。「沙河雪嶺迷二朝径一、巨海鴻崖乱二夜津一。入二万死一求二一生一。」（『大唐西域求法高僧伝』）

—起居　健常な日常生活。「安快無レ病。起居軽便」（『中阿含経』）。

―無言　言葉を発しない修行。「無言種種業精進怒堅持」（『金剛頂一切如来真実摂大乗現証大教王経』）

―断食　一切の飲食物を断つ修行。「和上七日断食行道。樹再滋茂」（『貞元新定釈教目録』）

―一心念仏　念仏に専念すること「又当三東向説二弥陀像一。勧二－令一心念仏一」。（『廬山蓮宗宝鑑念仏往生正訣』）

―壇　密教修法を行うための、仏像等を安置し、供物や法具を置く住器。「居壇地四方各十六肘。……一切智智説二此壇法一。」（『大方広菩薩蔵文殊師利根本儀軌経』）

―作法　受戒・懺悔・祈願等を経典通りにする儀式。「供養物等並於二壇外一安置、勿二於壇内一。作法七日」（『仏頂尊勝陀羅尼別法』）

―窃かに　私事や私見を述べる場合の謙譲表現。「窃為二大王一不レ取也」（『史記』項羽本紀）

―出息　息を出すこと「出息長知二息長一、入息長亦知二息長一」（『増一阿含経』）本文では「呼吸」のこと。

二　蔵王菩薩の教え《一ウラ～三ウラ》

絶命したはずの道賢は、窟の外へ出てみた。そこへ食べ物を捧げ持つ童子達を従え、執金剛神が霊水を持ってきてくれた。さらに別の高貴な僧が道賢の手を取り、高い山頂に導き、さらにその北の山の麓の窟へ行く。そこが金峯山浄土で、高僧は蔵王菩薩であった。菩薩は道賢に、前世の功徳と現世での修行のおかげで自分に会うことを得たとあかした。菩薩は道賢に今後の精進の方向を指示し、札を渡した。

【本文】

即ち命、過ぎて、崛（いはや）の外に出で立つ。仏・経を担負（たんぷ）すること山に入る時の如し。眼（まなこ）四方を廻（めぐ）り、行くべき方を見る間（あひだ）、崛（いはや）の内より、一（ひとり）の禅僧、出で来て、手づから金瓶（こんびやう）の水を盛るを執（と）り、弟子（ていし）に与へて服せしむ。其（そ）の味（あぢはひ）骨髄に入り、

【口語訳】

こうして私は死んで（霊となって）笙の窟から外に出ました。仏と経を背負う姿は、この山に入った時と同じです。四方を見渡して、行く方向を見さだめているうちに、窟の内から一人の僧が出て来ました。僧は霊水の入った金の瓶を私に手渡し、飲ませてくれます。その味は骨の髄にまでしみ入るように、とても甘くお

【語釈】

―命過　今生の命が尽きること「若昔有二梵志一寿終命過。誦二‐持経書一」（『中阿含経』）。

―禅僧　高徳の僧。「是年（興皇五年）昭伝二位太子一。…与二禅僧数百一習レ学禅定」（『仏祖統紀』）

―金瓶　霊水（八功徳水）の満たされた瓶「四門各各置二一金瓶一。悉用レ満レ盛二八功徳水一…持二金瓶水一授二其夫主一而用二盥漱一」（『金色童子因縁経』）

甚だ甘く善し。其(そ)の禅僧云(い)はく、「我は是(こ)れ、執金剛神(しゅうこんごうじん)なり。常に此(こ)の窟(いはや)に住む。釈迦の遺法(ゆゐほふ)の守護たり。我、上人の年来(としごろ)の法施(はふせ)に感ず。忽ち雪山(せっせん)に往きて、此(こ)の水を取りて施すのみ」と云々。又数十丈の童子の種々(くさぐさ)の飲食(おんじき)を大いなる蓮の葉に盛り、捧げ持ちて侍りて立つあり。禅僧云はく、「所謂(いはゆる)二十八部衆なり」と云々。須臾(しゆゆ)の間、西の巌(いはを)の上より、一(ひとり)の宿徳(しうとく)の和上、来下(らいげ)す。即ち左手を申(の)べて、弟子に授けて執らしめ、直道(ぢきだう)を相導き巌上に攀(よ)づるに、雪数千丈を窺ふも、適(すなは)ち其の頂に至れり。見れば、即ち一世界、

いしいのです。僧は、「私は執金剛神です。常にこの窟に住んでいて、釈迦如来の遺された法の守護者です。私は、上人の長年の読経や念仏の功徳に感動していました。（上人の災難を見て）急いで雪山に行き、この水を汲み、差し上げました」などと言いました。また背が数十丈もある童子で、いろいろな食物を大きな蓮の葉に盛り、捧げ持ち、控えて立っている童子たちがいます。僧の姿の執金剛神は彼らを、「いわゆる二十八部衆です」などと教えてくれました。しばらくして、西の岩の上から、一人の堂々とした僧が下りてきました。僧は左手を差し出して、私につかませると、まっすぐ通っている道を岩の上に引っ張りあげてくれます。上を窺うと雪の高さが数千

―甘善　美味しい。霊妙な滋養を与える飲食物に用いる表現。「爾時地餅…色相殊妙、其味甘善」（『衆許摩訶帝経』）

―執金剛神　仏法の守護神。金剛杵を持つ。「或時現二作執金剛神一守二護諸仏一」（『大方広仏華厳経』）。☞補注①

―常住此窟　執金剛神は、兜卒天等の浄土に至る霊界入口の巌窟に常在する。「宜往二駄那羯磔迦国城南山巌一、執金剛神所。」（『大唐西域記』）

―釈迦遺法　釈迦如来の後世に伝えた法。仏法。「釈迦遺法終限レ相」（『釈迦氏譜』）

―守護　守ること。「諸仏世尊之所二守護一従レ昔已来」（『妙法蓮華経』）

―上人　本来は徳の優れた人のこと。中国では転じて僧侶の尊称に用いられ、それが日本にも伝わった。「唐人多以レ僧為二上人一是也」（『通俗編』釈道）

―法施　仏教の僧や教団に財物を布施することを「財施」、仏に向かい読経したり念仏したりすることを「法施」という。「如来弟子以好二法施一。不レ貪レ思二欲之施一。是謂、比丘、当レ念二法施一。」（『増一阿含経』）。

―感　仏神が信心に感応すること「道俗咸二一歎神感一」（『法華経伝記』）

―雪山　☞補注②

―二十八部衆　密教行者の守護神。「乾闥緊那羅、二十八部衆、及余諸大仙」（『無量寿仏化身大忿迅倶摩羅金剛念誦瑜伽儀軌法』）「我遣二金色孔雀王二十八部大仙衆一、常当擁二一護受持者一。」（『千手千眼観世音菩薩広大円満無礙大悲心陀羅尼経』）千手観音は蔵王権現の本地の一つ。

―須臾之間　たちまち。「即受二其教（法華経）一乃至須臾間聞是人功徳」（『妙法蓮華経』）

―宿徳　落ち着いて重々しい様子。「詣二金峯山一…一老人宿徳奇異、此即神人…我是五台山文殊眷属名于蘭王…」（『大日本国法華経験記』）

皆悉く下地（げぢ）なり。此（こ）の山、極めて最勝なり。其の地、平正（たひらか）にして純一（もはら）黄金なり。光明、甚だ照耀（せうえう）し、果樹悉く七宝（しつぱう）なり。金樹（こんじゆ）は銀花（ぎんけ）開く。銀樹（ぎんじゆ）は金果（こんくわ）実る。雑色荘厳（ざふしきしやうごん）甚だ微妙（みめう）なり。
北方に一（ひと）つの金山（こんせん）あり。其（そ）の山の下に窟（いはや）あり。其（そ）の門、広大にして、種々（くさぐさ）の荘厳（しやうごん）、皆是れ七宝（しつぱう）なり。其（そ）の中に七宝（しつぱう）の高座あり。和上、座に至り了（をは）る。其（そ）の左右に十二枝の紺瑠璃の床あり。一百廿口の僧有りて、其（そ）の座上に坐して、形、羅漢の如し。又南面に雑宝榻（ざふはうたふ）在り。其（そ）の数百千。三百人許（はか）りの人有りて、其（そ）の榻上に侍るを見れば、形、

丈に達していたのに、あっという間に山頂に到達していました。見ると世界はみな下界にありました。この山は極めて景色がよいのです。その山頂は平らで、まじりけのない黄金です。すばらしく照り輝いていました。そこに生えている果樹はことごとく七宝です。金の樹には銀の花が咲いています。銀の樹には金の実が実っていました。さまざまな色に飾りつけられているさまは、筆舌に尽くし難く美しい。
　北方に金の山が一つありました。その山の下に窟があります。そこの門は広大で、様々にほどこされた装飾はみな七宝でした。門の内側に七宝の高座があります。高僧はそこに行き、腰をおろしました。左右に十二枝霊樹の枝が広がるようにして、紺瑠璃の床があ

—和上　高僧の称号。後にある「和尚」と同義。「乃於二興善寺一三蔵和上求授二大仏頂随求等真言一」。（『大唐青龍寺三朝供奉大徳行狀』）。
—申　「伸」と同義。まっすぐにのばす。「臨二寿終一皆悉見二八十億拘利佛申レ手授レ一生二尊処一」（『阿難陀目佉尼呵離陀経』）仏が衆生に自ら手をさしのべて安楽土に導く記事は経典に多い。
—相導　「二つが導く／互いに導く」の意味もあるが、ここでは単に「導く」。「六者覩十方人。展転相二一導善悪一。心無レ有レ異」（『菩薩十住経』）。
—適至　すぐに着く。仏の神通力で数千丈の雪壁を一瞬で登る。「同見二白鶴一群一。随行數里。適至二台首一」（『古清涼伝』）
—一世界　仏教の須弥山世界観では、須弥山を囲む四大陸があり、周囲を九つの大山と八つの大海が囲む。その上の梵世、下は風輪までの空間が一世界。「於金輪上有二九大山一。…第七山外有二大洲等一。此外復有二鉄輪圍山一、周匝如レ輪圍二一世界一」。（『阿毘達磨倶舎論』）
—下地　高地や中天に対して下界をいう。「此大三災（火水風）逼二有情類一、令下捨二下地一集中上天中上」。（『阿毘達磨倶舎論』）
—最勝　最も素晴らしい、最も力がある。「尊者最勝種…大乗理最勝」（『仏説文殊菩薩最勝真実名義経』）
—山極最勝也…　金峯山浄土記事は須弥山関連経典の文言と類似する。「此須弥山極高広大」（『増一阿含経』）。
—平正　平らか。浄土の景としてよく用いられる。「彼閻浮提有二十万大城一、其地平正、広博清浄、無二諸雑穢一衆宝為レ地」（『大方広仏華厳経』）
—地平正…黄金　浄土の地面は平らかな黄金。「東方一切無量世界、地平如レ掌、無二諸堆阜丘陵荊棘一。琉璃為レ地黄金間レ側」。（『仏説観普賢菩薩行法経』）。「彼仏国土…黄金為レ地」（『阿弥陀経』）
—純一黄金　混じりけのない金「有二純一宝池一

者」(『大阿弥陀経』)
―果樹　浄土の果樹は生き物に恒久的に食料を提供する「生㆓四天王㆒…復詣㆓果樹㆒。樹為㆓曲躬㆒。取㆓自然果㆒。或食或含。或漉㆑汁而飲」。(『長阿含経』)
―七宝　最高の装飾材　☞補注③
―金樹銀樹　浄土に生ずる樹。「須弥山王頂上有㆓三十三天城㆒…其金樹者、金根金枝銀葉花実。其銀樹者、銀根銀枝金葉花実」。(『長阿含経』)
―雑色荘厳　雑色は複数入り交じった色。「金楼闕雑色」(『後漢書』西域伝)。荘厳は装飾。「荘厳有㆓二義㆒、一是具㆑徳義、二交㆑飾義」(『探玄記』三)
―微妙　奥深く、人智も及びがたくすばらしい。「彼仏国土…出㆓微妙音㆒、譬如㆓百千種楽㆒」(『阿弥陀経』)
―金山　浄土世界の黄金の山。「於㆓池四面㆒各有㆓八行宝樹㆒。四角各有㆓金山㆒」(『中天竺舎衛国祇洹寺図経』)
―七宝高座　精舎で講師の座る七宝仕立ての最上座。「時大迦葉、即使㆓阿難昇七宝高座㆒」(『法苑珠林』)
―十二枝　十二の枝を持つ霊樹「華厳寺東北…在㆓金剛窟側㆒一身迴㆓出一十二枝㆒。高㆓踰百尺㆒」(『広清涼伝』)蔵王菩薩の座る高座の左右に、霊樹の十二枝のごとく床が配置されている。
―瑠璃床　「床」は座るための家具。「浄修㆓梵行㆒已。又起㆓之水精交露㆒。坐㆓琉璃床㆒」(『般泥洹経』)瑠璃床は浄土世界の住器。「殿中有八萬四千床。黄金床白銀床。琉璃床水精床。」(『仏般泥洹経』)
―羅漢　仏教の聖人。☞補注④
―雑宝榻　様々な宝玉で飾られた腰掛け。☞補注⑤
―百千　数の多いこと。無数。「如是無数百千歳。雨其水漸長高無数百千由旬。」(『長阿含経』)
―侍榻上　榻(腰掛け)に座る。「集㆓大衆㆒諷観経。

舞童の如し。

又、西方に無数の坊舎有り。皆是(こ)れ雑宝にして、照耀(せうえう)たること例ならず。遙かに見れば、無数の人、充満し猥雑(わいざつ)たり。四方の荘厳、称(あ)げて尽くすべからず。阿弥陀経の花蔵世界実報浄土(けざうせかいじつはうじやうど)を説くが如し。一小榻(たふ)あり。其(そ)の榻(たふ)白玉なり。大和上云はく、

「仏子汝、我を知るやいなや」と。答へて云はく、

「知らず」と。大和尚、云はく、

「我は是(こ)れ、牟尼の化身、蔵王(ざわう)菩薩なり。此(こ)の土(ど)は是(こ)れ金峯山浄土なり」と。時に左右の大衆、手毎に香呂(かうろ)・花筥(はなばこ)を執

ります。百二十人の僧がその座の上に座っていて、その姿は羅漢のようでした。

また南面には、様々な宝玉で飾られた榻（腰掛け）があります。その数は多い。三百人ほどの人が居て、その腰掛けの上にいます。見ると姿は舞童のようでした。西の方には無数の坊舎があり、みな様々な宝で、この上なく照り輝いています。はるかに見ると、無数の人で満ちあふれていました。四方の装飾のすばらしさは言い尽くせません。阿弥陀経が、花蔵世界・実報浄土を説いている通りです。腰掛けが一つあり、それは白玉づくりです。高僧は、

「仏子、そなたは私のことを知っていますか」と仰いました。私は、

「知りません」と答えました。すると高僧は、

りて焼香(しやうかう)・散花(さんげ)す。其(そ)の香色、人間の香色に非ず。香を聞(か)ぎ色をみるに身心甚だ快楽(けらく)なり。仏子即ち起(た)ちて、合掌して唱へて言はく、

「南無牟尼化身(なむむにけしん)蔵王菩薩」と。又菩薩言はく、

「仏子、停(や)めよ。我が汝の宿世の事を説くを聴け。汝、久しく、悪趣(あくしゅ)の中に輪廻(りんね)して、最後に蓄生身とて、孔雀鳥となりて、摩訶尸那(マカシナ)国に生まる。琴を鳴らす音に耽(ふ)けり、一(ひとり)の禅僧に近づきて法花・涅槃を聴きて、感悦(かんえつ)す。即ち死すや、経を聞く力に依りて、忽ち鳥身を捨て尸那国に生じて女身(にょじん)を得(え)、仏

「私は釈迦牟尼の化身、蔵王菩薩です。この地は金峯山浄土なのです」と言いました。その時、左右の侍僧は、手ごとに香炉と花籠を取り、焼香して花を撒きました。お香の匂いも花の色も現世のものではありません。お香の匂いをかぎ、花の色を見ていると、身も心もとても快くなります。私はすぐさま立って合掌して、

「南無牟尼化身蔵王菩薩」

と唱えました。すると菩薩は、

「仏弟子よ、それはおやめなさい。これからする、そなたの宿世の話をよくお聞きなさい。そなたは長い時をかけて、地獄界、餓鬼界、畜生界と転生をくり返し、最後は畜生の身を得て孔雀となって、クシナ国（釈尊涅槃の地）に生まれました。孔雀であったそなたは琴を鳴らす音にうっと

趺坐二榻上一奄忽如レ蛻」（『仏祖統紀』）

―舞童　舞を舞う童　☞補注⑥

―無数人充満　数多くの人がいることは、土地が平坦なこと、地面が黄金や宝玉から成ること同様、浄土世界の特徴である。「其仏世界厳浄、豊楽、天人充満。其土平正、琉璃為レ地」（『自在王菩薩経』）

―猥雑　人の多い様子「城市猥雑。出レ道清修」（『四分律行事鈔批』）

―花蔵世界　蓮華の中に含蔵されている浄土。「若華厳説相好之数有二十華蔵世界一微。」（『観無量寿仏経疏妙宗鈔』）『阿弥陀経要解』（『阿弥陀経』の注釈書）にもこの語がある。

―実報浄土　極楽浄土のこと。「実報浄土此等荘厳」（『阿弥陀経要解』）

―仏子　「仏弟子」つまり仏教徒の称で、菩薩や天人にも用いられる。「金剛蔵菩薩、語二解脱月菩薩一言、「仏子、菩薩摩訶薩已…」」（『大方広仏華厳経』）。この箇所以後道賢は自らを「弟子」と言うのをやめ、「仏子」と称する。

―牟尼化身　釈迦牟尼如来の化身（仏が衆生に現す姿）。「三身謂二法報化一也。法身毘盧遮那。此云二遍一切処一。報身盧舎那。此云二浄満一。化身釈迦牟尼。此云能三仁寂黙在二衆生身中一」（『人天眼目』）。

―蔵王菩薩　金峯山寺の本尊。☞補注⑦

―金峯山　☞解説

―大衆　説教主をとりまく人々「爾時尊者舎利弗二於大衆中一即従レ座起…向レ佛合掌」（『八仏名号経』）

―花匣　「花籠／花筐（けご）」。花を摘み入れる籠。「於下レ画行者。右執二香爐一左持二華籠一。瞻二仰大威力一、於二此像前一毎日誦二二十一遍一」（『大威力烏樞瑟摩明王経』）

―執香炉　聖人・貴人に会う時に柄香炉（柄のついた、携帯用の香炉）を捧げ持つ。「画レ持咒者、長跪瞻仰、手把二香爐一、観二頂輪王一」（『五仏頂

三昧陀羅尼経』）。
―焼香・散花　香を焚き、花を散布する供養。「我常早起掃二仏塔地一…散華焼香、如是レ供養」（『無垢優婆夷問経』）
―人間　世間。「従レ天来下、生二人間一、即長寿」（『兜調経』）。
―聞香　香をかぐ。「是人鼻清浄…種種所レ塗香、聞レ香知二其身一」（『妙法蓮華経』）。
―快楽　浄刹や仏恩に感激する場面に用いられる。「厭二一悪蛇身一得二来生此受レ天快楽一。今当還報二仏世尊恩一」（『法苑珠林』）
―南無牟尼化身蔵王大菩薩　「南無」は仏を拝する時に唱える梵語の音訳。
―宿世　現世に因縁のある前世の事柄。「世尊、諸菩薩衆各自説二宿世因縁一」（『千仏因縁経』）
―悪趣　地獄・餓鬼・畜生の三世界。「堕二悪趣一生二泥犁中一」（『梵志計水浄経』）～「泥犁」は地獄）。
―輪廻　生き物が様々な姿に、何度も生まれ変わること。「輪転」とも。「所二一有諸悪不善之業一、三世輪轉、苦果無レ窮沈溺無レ辺」（『慈悲水懺法』）
―孔雀　☞補注⑧
―摩訶戸那国　クシナ国。釈迦如来涅槃の地。☞補注⑨
―依聞経力忽捨鳥身　鳥が経典を聞いた功徳で人や天人に転生する。☞補注⑩
―依聞経力　「依（由）～力…」とは「～のおかげで…できた」。「由二神呪力一銷二其愛欲一」（『楞厳経』）。
―師法花涅槃　法華経・涅槃経から仏教を学ぶ。「法華為二父母一、妙法観二師長一」（『大日本国法華経験記』）。
―常読転　「転」は「いよいよ」の意味。「高談転清」（李白「春夜宴二桃李園一序」）。
―転女身　女性が男性に転生する。☞補注⑪
―発声　前に道賢は無言行を守り続けたとあるから、外に出る声ではなく、内心で仏に通ずる声を子と成れり。法花・涅槃経を師として、自ら誓ひて云はく、「我生々(われしやうじやう)に男身(なんじん)を得て、常に読すること転(いよいよ)勇猛(ゆうまう)ならん」と。是くの如き誓願力(せいぐわんりき)に依りて、女身を転じて此(こ)の山に来たりて生ず。名、道賢と曰はく。

「爾(そ)の時、汝、毒龍の難に遭ふ。声を発するや忽ち現前し、手を申(の)べて汝に授く。龍、我(わ)が手を見るに、害する能はず。

「仏子、汝は人身(にんじん)を得(う)ること三般(たび)、我が手を執(と)りてまた執ること、両度なり。汝、先生(せんじやう)の誓願力(せいぐわんりき)に依りて、又(ま)た仏子となり、法花・涅槃を愛す。汝、先生(せんじやう)の因に催(もよほ)され、初めて少年にして我が

りし、一人の高徳の僧に近づき、法華経と涅槃経を聞き、歓喜しました。そして死ぬと、経を聞いた功徳により、たちまち鳥の身を脱し、クシナ国に人間の女性として生まれ、仏弟子となりました。法華経・涅槃経を学び、自ら『私は来世、男の身に生まれ、この経をいつも読むことを、ますます熱心にやろう』と誓いました。こうした前世の誓願の力によって、女身を終えた次の世でこの山に転生し、道賢と名のりました。

「そしてそなたは毒龍の難に遭いましたね。そなたが内心で声を発するや、私はすぐにそなたの前に現れ、手を伸ばして取らせました。龍は私の手を見ると、そなたに危害を加えることができなかったのです。

「仏弟子よ、そなたが人として生まれること三度、私

山に入り来たりて、出家入道し、穀を断ち苦行す。汝、我を持すること二親のごとし。我また汝を愛すること一子のごとし。仏子、汝寂静(じゃくじゃう)を楽しめ。念仏修法せよ。世間、無常なり。久しく慎しみて放逸(はういつ)を得ざれ。況んや汝の余命(よみゃう)幾ばくもあらず。命に競ひて修善(しゅぜん)せよ。人身(にんじん)得難し。誤りて邪行(じゃぎゃう)する莫かれ」と。仏子言はく、

「愚暗(ぐあん)の身、命の尽くるを惜しまず。但(ただ)、道場を建立するも、未だ究め竟らずして命の過ぐるを恐る。願はくは、其(そ)の余算を示せ。又何(いづ)れの仏に帰し、何(いづ)れの法を修さば、当(まさ)に寿命を増すを

の手を執ったのは二度です。そなたは前世の誓願力によって、また仏弟子となれました。そなたは法華経・涅槃経を尊んでいます。前世の因縁によって、年若くして私の山に来て、出家入道して、穀物を断つ苦行をしてきました。そなたは、父母のように私を敬っています。私がそなたを愛すること、子のようです。仏弟子よ、そなたは静かに瞑想することを楽しみ、念仏し修法しなさい。人の世は無常です。いつまでも身を慎しみ、仏の教えから外れてはなりません。ましてそなたの余命はいくばくもない。寿命のつきる速さに競うように、善行をなさい。人の身は得難い。身をあやまって、教えに外れてはなりません」と仰いました。私は、

「自分はつまらない者です

発したという意味だろう。

―得人身三般　人として三度、生を得る。❶尺那国の女性、❷笙窟で絶命するまで、❸現在。☞補注⑫

―執執我手両度　❶笙窟で龍に襲われた時、❷窟の上の山頂に導かれた時。

―依先生誓願力　「先生」は前世。「普密王仏前、先生如レ是念」(『菩薩念仏三昧経』)。「誓願力」は真摯に願う精神の力。「彼一切菩薩、以二誓願力種種菩薩神通一至心供二‐養月上如来一」(『大乗悲分陀利経』)。「依～力…」は前出。

―寂静　煩悩・欲望を離れた涅槃の理。「観二寂静法一、滅二諸痴闇一」(『大方広仏華厳経』)

―修法　仏道の作法をおこなう。「往昔諸王在家修法、得二解脱一者、此事不レ然」(『仏本行集経』)。

―修善　善行をおこなう。「如レ是応レ知二諸比丘修レ善生天一」(『起世因本経』)。

―邪行　仏教で戒められている八つの言動。「何等為二邪道一。不諦見・不諦念・不諦語・不諦治・不諦求・不諦行・不諦意・不諦定是為二道八邪行一」(『八正道経』)

―道場を建立するも未だ究め竟らず　日蔵は「六満徳法主天」の場面でも「小堂の建立すら未だ半ばもならず」と発言している。吉野の如意輪寺は日蔵が開基したという伝承がある。☞解説

―短札　短い書きつけ。手紙。「属レ美謝二繁翰一、遥懐具二短札一」（顔延之「贈二王大常一詩」）

―加被　仏・菩薩が慈悲の心から衆生を助け、利益を授け、守ること。加護。「願二－加被未来一」（『楞厳経』）

―護法菩薩　仏法を擁護する菩薩。「護法者謂下於二所得善一、自防護上」（『倶舎論』）。

―浄戒　仏教戒律の美称。「仏告二諸比丘一「皆聴。当レ持二浄戒一。当レ思二定意一。当レ解二慧行一」」（『般泥洹経』）

得(う)べきや」と。菩薩、短札(たんさつ)を取り、字を記入し之を賜ふ。其(そ)の文(もん)に云ひて曰はく、

「日蔵九々、年月王護」と。菩薩曰はく、

「仏子、汝の寿命、浮雲の山に懸かりて雑に散するがごとし。空に浮くものは断ち易し。汝の命また爾(しか)り。山に在りて修行すれば長遠(ぢやうをん)なり。里に住みて怠(おこ)たれば短なり。日蔵は、問ふ所の尊と法となり。尊と法とに依り、早く汝の名を改めよ。九々は余命、年月は長短なり。王護は加被なり。汝、護法(ごはう)菩薩を師と為し、重ねて浄戒(じやうかい)を受けよ」と。

仏子言はく、

から、命が尽きるのは惜しみません。ただ、道場を建立しかけて志を果たさずに寿命が尽きることだけを恐れます。どうか余命を教えてください。また、どのような仏に帰依し、どのような法を修すれば、寿命を伸ばせますか」と言いました。菩薩は短札をとりあげて字を書き、私にくれました。短札には、

「日蔵九々、年月王護」とありました。菩薩は、

「仏弟子よ、そなたの寿命は山にぶつかる浮雲がばらばらに散っていくようなものです。空に浮くものは簡単に切れぎれになります。そなたの命もそれと同様なのです。山にあって修行すれば寿命は延ばせます。里に住んで修行を怠れば短い。『日蔵』とはそなたの尋ねた本尊と法です。この本尊と法とに帰依し、直ちにその

「護法菩薩を知らず。名は是(こ)れ誰々」と。
菩薩曰はく、
「諸菩薩日本国に多く、仏法僧を興す。護法たるべき者、仁斅(にんかう)上人、是(これ)なり。諸山に多く菩薩の権身(ごんじん)有りて、仏法を弘め、生(しやう)を利す。人間(にんげん)知らず」と云々。
繁きを省くと云々。

名に改めなさい。『九々』とは余命の長さです。『年月』とは「或いは長く、或いは短く」という意味です。『王護』とは私が護るということです。そなたは護法菩薩を師として、重ねて戒をお受けなさい」と仰いました。私は、
「護法菩薩がどなたか知りません。名は何とおっしゃるのでしょうか」と言いますと、蔵王菩薩は、
「日本国にはいろいろ菩薩が多くいて仏と法と僧とを興隆させています。護法菩薩にあたる方は仁斅上人です。諸山には菩薩がさまざまな仮の姿で現れ、仏法を広め、人々や生きものに利益（りやく）を与えています。しかし俗世間はそれを知らない」などと、仰いました。以下繁雑につき省略。

—仁斅　興福寺僧。☞解説
—権身　仏が現世に顕れる時の仮の姿。「奇哉大士、現二此権身一能為二有情一広宣二法要一」（『菩薩本生鬘論』）
—利生　全ての生き物を救済すること。「於レ是世尊為二利生一故、即持二此鉢於布薩婆梨迦処一受二所レ施食一」（『衆許摩訶帝経』）
—人間　天界に対する俗界。「吾与大衆遊二一行諸国人間一」（『長阿含経』）。
—省繁云々　繁雑なことを省略する「于望二西楼一其寛博如レ雲、欲省レ繁採レ略」（『無量寿寿経義疏』）☞補注⑬

三　日本太政威徳天《三ウラ～六オモテ》

金峯浄土で蔵王菩薩が道賢に話を終えたころ、日本太政威徳天（菅原道真）が来た。威徳天は菩薩との用件をすますと、菩薩の許可を得て道賢を自分の居城に連れて行く。やがて美しい大池の中に荘厳された島が見えた。そこで道賢は威徳天から、日本で続いている災害の原因と、それを止める手立てを教わる。さらに蔵王菩薩のくれた札の謎を解いてもらい、日蔵と改名した。

【本文】

時に自然(をのづから)光明照燿(くわうみやうせうえう)する有り。其の炎、五色(ごしき)なり。菩薩曰はく、「日本太政威徳天の来たるなり」と。須臾(しゆゆ)の間に、西山の虚空(こくう)中より十万人の衆(しゆ)来る。宛(あたか)も大王(おほきみ)の即位行幸(ぎやうかう)の儀式のごとし。太政天、其の輿より下り、

【口語訳】

その時、自らが明るく光りを発して輝くものが見えました。その炎は五色に輝いています。菩薩は言いました、「日本太政威徳天が来ましたよ」と。

するとたちまち、西方の山上の空から、十万人もの集団が来ました。それは帝の即位行幸の儀式のようです。太政天は輿から下りると菩薩の前に進み、膝を屈

【語釈】

―五色　青・黄・赤・白・黒の五つの基本色。極楽浄土の荘厳などの美しさや尊さ、奇瑞などを現すのに用いられる。「彼珠宝者、明浄自然…極好磨治、貫レ以二五色縄青黄赤白黒一」（『中阿含経』）古代中国文化でも同様であった。「五色謂二青黄赤白黒一、拠二五方一」（『礼記疏』礼運、『書経疏』禹貢も同旨）

―日本太政威徳天　道真霊。☞補注①

―虚空　空の空間。「置二於七宝象輿之上一与二諸群臣・後宮婇女・虚空諸天一、作二諸伎楽一。随二従入城一」（『過去現在因果経』）

菩薩の前に詣(いた)り、稽首頂礼(けいしゆちやうらい)して曰はく、「南無牟尼化身蔵王大菩薩」云々と。即ち南方に就(つ)き北面し、長跪(ぢやうき)す。其(そ)の容儀(かたち)を見るに、形は二王像のごとし。侍従する眷属、異類雑形(いるいざふぎやう)、勝(あ)げて計るべからず。或いは金剛力士のごとく、或いは雷神、鬼王、夜叉神等のごとし。甚だ怖畏(ふい)すべし。各(おのおの)弓と箭(や)、桙(ほこ)と鞘(さや)、無量の鎌杖(けんぢやう)を持つなり。

太政天、親しく菩薩に向かひて密言(みつごん)す。其(そ)の辞(ことば)未だ詳(つまび)らかならず。一時許(いつときばかり)を経て、太政天、退出せんと欲する時、仏子を見て云はく、

「此(こ)の仏子に、我が住む所の大威徳城を

し頭を地につけて、「釈迦牟尼如来のお姿を変えられた蔵王大菩薩を讃え奉る」などと最高の敬意をこめて挨拶をします。そして菩薩の南に回り、北に顔を向け、長跪の姿勢で座りました。太政天の姿を見ると、見た目は仁王のようです。従っている眷属の異類雑形は数えきれないほどいます。ある者は金剛力士みたいで、ある者は雷神・鬼神王・夜叉神などのようで、大変恐ろしい。それぞれ弓と矢、鉾と鞘、無数の鎌と杖を持っていました。

太政天は直接、蔵王菩薩に向かって、真言で話しています。その言葉はわかりません。二時間ほどして、太政天は退出しようとした時、私を見て、

「この仏弟子殿に、私が住んでいる大威徳城をお見せし、またここにお帰ししたいと

—稽首頂礼　最高の敬意を表する礼法。尊者の前に伏し、頭を地に着け相手の足下を拝む。五体倒地。「世尊初成仏、作種種神通。須弥諸山王・草木・叢林等、一切皆稽首頂礼菩提座」(『方広大荘厳経』)。

—北面　君子南面の発想から、北面することで臣下の礼をとる意味。「梵天上、在於南方北面向仏」(『雑阿含経』)

—長跪　礼式にある座法の一つ。尻を跟上にのせ、尻を上げ、腰を伸ばすことを長跪という。「爾時賢者阿難、即従座起、偏袒右肩、右膝著地。長跪叉手、白仏言」(『長阿含経』)

—二王　仏法守護の王、金剛力士。仁王とも。「初転法輪八万諸天及二王・人梵志七人、摩竭国王…」(『出曜経』)。寺門の左右に立像が置かれることが多い「拠経唯一人今状於伽藍之門為二像者」(『金光明文句記』)　☞「二　執金剛神」／後出「金剛力士」

—異類雑形　妖怪鬼神。「六根不具一切闡提乃至異類雑形・阿修羅・大力鬼・餓鬼・畜生・地獄衆生」(『宗門無尽燈論』)。

—金剛力士　金剛杵、金剛杖を持って仏法を守護する神。「密迹金剛力士在如来後手執金剛杵」(『増一阿含経』)☞「二　執金剛神」／前出「二王」

—雷神　稲妻と雷鳴を神格化した神。「雷沢中有雷神、龍神而人頭、鼓其腹」(『山海経』「海内東経」)

—鬼王　経典に「鬼王」の用例はない。「鬼神王」の誤記か誤写であろう。「爾時釈梵四天王、及五百天人、并二十八大鬼神王、便往至尊者阿那律所」(『増一阿含経』)

—夜叉神　夜叉は梵語の音訳。元来は容貌・姿が醜怪で、人を害する猛悪な鬼神だったが、改心して仏教の守護神となる。「夜叉此云勇健、飛騰空中、摂地行類諸羅刹也」(『法華玄賛』)。

—密言　真言陀羅尼のこと。「密語者、凡天二乗

不レ能レ知、故曰二密語一。真言者如来言。」(『秘蔵記』)
—一時　二時間　☞二【語釈】「二時三時」

—及皆金色　黄金色は浄土の基調。「極楽国土有二七宝池一…池底純以二金沙布地一。…黄金為レ地」(『阿弥陀経』)。

—白瑠璃　瑠璃は西域産の貴石。「罽賓(けいひん)有二琥珀瑠璃一」(『漢書』西域伝)。金と並んで浄土世界の基調。「極楽国土…四辺階道金銀瑠璃玻璃合成」(『阿弥陀経』)。

—行烈　行列。「烈」はつらなる、ならびの意味で、「列」と同義。「在二大宮殿中一宝柱皆行烈、遍有二諸幢蓋・珠鬘等交絡一」(『大毘盧遮那成仏神変加持経蓮華胎藏悲生曼荼羅広大成就儀軌供養方便会』)

—花鬘　花輪を象徴化した荘厳具。金属・皮革・木などを透かし彫りにして作られる。仏像や寺院の欄干や梁などにかける。「天女九退相…瓔珞花鬘皆重」(『酉陽雑俎』貝編)。

相示し、還し遣はさんと欲す。如何(いかん)」と。菩薩之(これ)を許す。即ち相共(とも)にす。白馬に乗ること太政天の輿(こし)に近し。

行くこと之(これ)、数百里にして、一の大池有り。広大にして辺際(へんざい)を知らず、宛(あたか)も大海のごとし。微妙(みめう)の蓮花有り、異類の鳥、池辺に交遊す。及(とも)に皆、金色(こんじき)なり。光明照燿(くわうみやうせうえう)す。無数の龍有り。其(そ)の池の中に一の大嶋有り。広さ百里許(ばかり)にして、白瑠璃(びやくるり)を地と為す。玉樹の行烈(ぎやうれつ)し、無数量無辺の雑宝花(ざふはうけ)・菓実有り。香(か)は遍く満つ。其(そ)の嶋の中に八峯有り、七宝(しつぱう)の宮殿、八面に戸を開く。無数の花鬘(けまん)、幢幡(だうばん)を懸け、又種々の飲食(おんじき)を列(つら)ぬ。

思いますが、どうでしょうか」と言いました。菩薩はお許しになりました。そこで太政天と私は、一緒に行くことになりました。私は白馬に乗り、太政天の輿の近くを進みました。

数百里行くと、一つの大きな池があります。限りなく広く、果てしなく、まるで大海のようです。とても美しい蓮の花が咲き誇り、さまざまな鳥が池辺で飛び交って遊んでいます。それら皆全て金色でした。明るい光が照り輝き、無数の龍がいます。池の中に一つの大きな島がありました。広さは百里ほどで、地面は白瑠璃です。玉の樹がならび、無数の宝玉の花々と果実が限りなく広がっています。その香りは島全体に満ちていました。島の中には八つの丘があり、七宝で仕立てられた宮殿が、戸を八面に

其(そ)の内に八肘許(ちゆうばかり)の方壇有り。壇の中に一蓮花有り。其(そ)の蓮花の上に宝塔有り。塔内に妙法蓮花経を安置す。金色(こんじき)にして玉軸なり。東西に両部の大曼荼羅(だいまんだら)を懸く。微妙荘厳(みみやうしやうごん)、称(い)ひ尽くすべからざるなり。

又、北方を見れば、相去ること一里許(ばかり)に一大城有り。垣墻(おんしやう)甚だ照燿(せうえう)す。応(まさ)に是(こ)れ、太政天の宮城(くじやう)なるべし。皆又、彼(か)の城に入る。唯(ただ)大天一人、此(こ)の嶋の中に在り。大天曰はく、

「此(こ)の嶋は、我が作意持念(さいぢねん)の処なり云々」

と。大天、即ち三宝を礼(らい)し了(おは)りて、曰はく、

「我は是(こ)れ、上人の本国の菅丞相(くわんじようしやう)なり。

開いています。そこには無数の花鬘や幢幡が懸かり、さまざまな食べ物と飲み物が並んでもいます。その宮殿内に五メートル弱ほどの四角い壇がありました。その壇の中に蓮の花が一つあり、その花の上に宝塔が据えられ、塔内には法華経が安置されていました。その経は金色で、軸は玉で仕上げられています。東西に両部曼荼羅を懸けています。すばらしい荘厳具の多さは、言葉では言い表せません。

また、北方を見ると、そこから一里ばかりのところに、一つの大きな城がありました。その城壁は明るく照り輝いています。これがまさに太政天の宮城でしょう。眷属たちは皆この城に入っていきます。ただ太政天一人、この島に残りました。太政天は、

―幢幡　仏教寺院の荘厳具。仏の称号や経典の首題などを書いて垂らす帛。後年、木材に彩色・箔押ししたものも作られるようになった。「幡者、懸㆓于龍頭㆒之幡也。旗竿頭安㆓宝珠㆒、云㆓幢幡㆒」(『瑜祇拾古鈔』)。

―肘　長さの単位。「一肘」は二尺(約六十センチ)または一尺五寸。「肘、一肘二尺。一曰、一尺五寸為一肘」(『龍会』)。八肘は五メートル弱。

―宝塔　仏や聖者の遺骨をおさめる建物。卒塔婆。「於大衆中有㆓七宝塔㆒。従㆑地踊出住㆓在空中㆒。無数幢幡而懸㆓其上㆒」(『大方便仏報恩経』)。

―曼荼羅　仏教教理に基づいて各方向に諸仏を配置した世界図。☞補注②

―微妙荘厳　すばらしい荘厳具(寺院を飾る仏具)「光明無垢世界所㆓有種種微妙荘厳㆒」(『悲華経』)

―垣墻　垣。壁。「周匝囲繞垣墻高十萬里、広六万里、四方有㆓四門㆒」(『大楼炭経』)

―作意持念処　心を落ち着けて瞑想する仏道道場。☞補注③

―三宝　仏と法と僧。仏教徒が敬うべき対象。「篤敬㆓三宝㆒。三宝者仏法僧也。…何世何人非㆑貴㆓是法㆒」(『日本書紀』推古紀十二年四月所載「憲法十七条」)

―菅丞相　菅原道真。丞相は大臣の異称で、道真の極官は右大臣であった。☞解説

―愛別離苦　仏教の説く八苦の一つ。愛するものとの生別・死別の苦しみ。「我豈不㆑知㆓父王親戚

恩情深一耶。但畏二生死愛別離苦一」（『過去現在因果経』）。☞十八補注

―三十三天　六欲天の第二天・忉利天には、須弥山上を囲む四方の峰ごとに八天小王が居り、中央の教主・帝釈天王を加えて三十三天王がいる。「其善法堂、三十三天聚会之処。有二二岐道一帝釈天王宮殿住処。亦二岐道諸小天王并余宮属三十二天宮殿之処。」（『起世経』）

―涙を用つて彼の国を滅没　☞補注④

―滅没　現世から消える。「天下之馬者若レ滅若レ没、若レ亡若レ失」（『列子』）

―普賢　象に乗る姿で知られる菩薩。密教経典では金剛薩埵（大日如来から真言密教を伝えられた第二祖）と同体と考えられている。「為二金剛薩埵即普賢菩薩之異名一」（『金剛頂瑜伽略述三十七尊心要』）「南無普賢金剛薩埵等盡虚空遍法界微塵刹土中帝綱重重三際一切菩薩摩訶薩」（『阿闍梨大曼荼攞灌頂儀軌』）

―龍猛　大日如来の真言密教を金剛薩埵（普賢）から伝えられた第三祖。「毘盧舎那如来…伝二金剛薩埵一。金剛薩埵得レ之数百年伝二龍猛菩薩一。龍猛菩薩受レ之数百年伝二龍智阿闍梨一。」（『金剛頂瑜伽三十七尊出生義』）

―勅　仏神の言葉。特に釈迦仏の遺教を「教勅」という例が多い。「仏ノ教勅ヲ受テ、世羅ノ五百比丘尼、勝音城ニ行ヌ」（『今昔物語集』）。

我、当初（そのかみ）、愛別離苦の悲しみあり。上人、我が恥を聞くやいなや。旧怨（きうをん）、常に新たなり。故事を談ずる者有る毎に、我が心を動かさざるあらず。故に我は臣君を悩乱し、人民を損傷し、国土を殄滅（てんめつ）せんと欲（おも）ふ。三十三天、我を日本太政威徳天と字（なづ）く。我、一切の疾病災難の事を主（つかさど）る。

「我初め思念す、『我が生前に流す所の涙を用（も）つて、必ず彼（か）の国を滅没（めつもつ）し、遂には水海と成し、八十四年を経て後、国土を成立（じやうりふ）し、我が住む城と為さん』と。而るに彼（か）の所に普賢・龍猛（りゆうみやう）等有りて、盛んに密教を流布す。我素（もと）より此（こ）の勅

「この島は私が心をおちつけ瞑想する所です」などと仰ります。太政天はそこで三宝を拝み終えると、語り始めました。

「私は上人の本国の菅丞相でした。私は昔、愛する者と別れる苦の悲しみを味わいました。上人、私の恥を聞いてくれますか。私は昔の怨みが忘れられないのです。昔の事を語る者があるたびに心が動きます。そこで私は、現世の廷臣たちと帝を悩ませ、庶民を傷つけ、日本を滅ぼそうと思いました。忉利天の三十三天たちは、私を日本太政威徳天と呼んでいます。私は現世の一切の病気や災難を司っています。

「私ははじめ、『生前に流した涙によって、必ずや日本国を水没させ、しまいには海にしてしまい、八十四年後にそこに国土を造り、私の住む

を愛重（あいちやう）せり。故に昔の怨心（をんじん）、十分の一は息（や）むなり。加ふるに、化身菩薩等、悲願力の故を以て、神明（しんみやう）に仮る。或は山上・林中に在り、或は海辺（かいへん）・河岸（かがん）・谷に住して、智力を尽くし、常に慰め諭（こしら）ふ。故に未だ巨害（こがい）に致らざるなり。但し、我が眷属十六万八千の悪神等、処に随ひて損害を致す。我にすら尚ほ、禁じ難し、況んや余神（よじん）にや」と。仏子言はく、

「我が本国の人上下、但（ただ）に火雷天神（くわらいてんじん）と称し、世尊の如く尊重す。何の故に此（こ）の怨み有らんや」と。太政天の曰はく、

「彼（か）の国、我をして大怨賊（をんぞく）と為す。誰人

城にしよう』と考えました。しかし日本では、普賢菩薩（密教付法第二祖）や龍猛菩薩（第三祖）が盛んに密教の教えを広めています。私は以前から、この教えに親しみ、尊重していたので、昔の怨みの十分の一は安まりました。さらに化身の菩薩たちが悲願力によって日本の神に姿を変えています。或る菩薩は山の上や林の中、或る菩薩は海辺や河岸や谷に居て、智力を尽くして、いつも私を慰めなだめています。そのため、まだ大きな害に至っていません。しかし、私の眷属の十六万八千の悪神たちがいたる所で災難をおこしていることは、私自身でも制しきれないのです。まして他の神は彼らを制することができません」と仰るので、私が、

「私の本国の高貴な人も、庶民も、皆あなたを火雷天

—愛重　親しみ尊重する。「仏告㮈女、善自愛二‐重持五戒一。」（『仏般泥洹経』）

—悲願力　悲願は仏・菩薩が衆生済度のために大慈悲心を起こして立てる誓願。「三界六道中無数衆生聚、仏悲願力故、咸帰二解脱門一」（『大集会正法経』）。

—神明　日本古来の神道の神。本地垂迹説では神道の神を仏教の仏の化身と考える。「我等唯有二此一子一。願諸神明当証二‐明此一。」（『増一阿含経』）

—世尊　その世界の教主。釈迦如来。「而時世尊告二諸比丘一、善哉善哉。」（『長阿含経』）

—大政天　本文献では日本太政威徳天の「太」と「大」は厳密に区別して表記していない。本書では翻刻・校訂文・読み下しでは本文そのままとして、口語訳のみ「太政天」と統一した。

—怨賊　盗賊。「或値二怨賊繞一、各執刀加害、念二彼観音力一、咸即起二慈心一」（『妙法蓮華経』）

—火雷天神　☞補注⑤

―若有居在世時所帯官位者、我、必令傷害之　道真は生前、右大臣であった。天慶元（九三八）年から天慶七（九四四）年まで右大臣は空位。☞補注⑥

―慇懃　真心をこめ、礼儀正しい。ねんごろ。「是時父王。慇懃再三重問二相師一」（『長阿含経』）。

―相応　心に違わない。「随二煩悩意等一及与我相応願三仏為二解説一」（『大乗入楞伽経』）

か尊重せん。而るに彼(か)の火雷火気毒王(くわらいくわけどくわう)は我が第三の使者の名なり。我、成仏せざるより外には、何れの時ぞ、この旧悪の心を忘れんや。若し在世の時に帯せる所の官位に居る者有らば、我必ず之を傷害せしめん。但し今日、我が上人の為に一(ひとつ)の誓言(せいごん)を遺さん。若し人の上人を信じる有らば我、『我が形像(ぎやうざう)を作り、我が名号を称へ、慇懃(おんごん)に祈請(きしやう)する者有らば、我、必ず上人に相応(さうおう)せんのみ』と言ふを伝へよ。但し、上人短命の相有り。慎みて精進し、懈怠(けたい)すること莫(な)かれ」と云々。仏子言はく、「金峯菩薩、此(こ)の短札を賜へり。未だ其(そ)

神と申し上げ、釈尊のように尊敬し重んじております。なぜそのような怨みがおありなのですか」と申し上げると、太政天は、「あの国は私を大怨賊としています。誰が尊重などしていましょうか。その火雷火気毒王は私の第三の使者の名です。私が成仏しない限り、この昔の怨みを忘れることはありません。在世時の私の官位につく者がいたならば、私は必ずその者を傷つけたり殺したりします。ただし今日を境に、私をおわかりいただいた上人のために、一つの誓いを立て、守ることとしましょう。もし上人の言葉を信じる者がいたら、私が、『私の姿を像に作り、私の名を唱えて、真心をこめ礼儀正しく祈る者がいたならば、私は必ず、天下の災害をなくしたいという上人のお心

の意(こころ)を知らず。願はくは之(これ)を解釈(げしゃく)せんことを」と。太政天、其(そ)の札の文(もん)を読みて云はく、

「日蔵九々年月王護」と。即ち釈して曰はく、

「日は大日の日なり。蔵は胎蔵の蔵なり。九々は八十一なり。年は八十一年なり。月は八十一月なり。王は蔵王の王なり。護は守護の護なり。言(いふこころ)は大日如来に帰依し、胎蔵大法を修持(しゅぢ)せば、寿(いのち)八十一年を全うするなり。但し、如説(にょせつ)に修行せば延べて九々年と為り、懺悔(さんげ)すること無く怠れば促(つづま)りて九々月と為る。即ち蔵王の守護を蒙るなり」と云々。

に沿いましょう』と申していることを、お伝えください。ただ、上人には短命の相があります。身を慎み精進し、修行を怠ってはいけませんよ」と仰ります。私は、

「蔵王菩薩がこの短札をくださいました。しかし、いまだにその意味がわかりません。これを解き明かしていただけないでしょうか」と言いました。太政天は、その札の文を、

「日蔵九々年月王護」と読みあげ、

「『日』は大日の日、『蔵』は胎蔵の蔵、『九々』は八十一、『年』は八十一年、『月』は八十一月です。『王』は蔵王の王、『護』は守護の護です。この意味は、大日如来に帰依し、胎蔵大法を修持すれば、寿命八十一年を全うするということです。仏の教えの通り修行すれば寿命は

—解釈　ときあかす。説明。「解二釈先聖之積結一」（『後漢書』陳元伝）

—大日如来　永遠の宇宙的実体として説かれる密教の本尊。「梵音毘盧遮那者是日之別名、即除レ暗遍明之義也」（『大日経疏』）。「皆是大日如来三身真言也。由此当レ知、尊勝佛頂者即是毘盧遮那如来身」（『仏頂尊勝心破地獄転業障出三界秘密三身仏果三種悉地真言儀軌』）

—帰依　信仰して崇める。「帰投依伏、故曰二帰依一。帰投之相如二子帰一レ父」（『大乗義章』）。

—胎蔵大法　胎蔵は、精神世界の智の構成をあらわす金剛界と並ぶ、宇宙諸現象の理の構成をあらわす世界。「胎蔵者理也金剛者智也」（『秘蔵記』）。大法は仏法の美称。「世雄人中尊、正勝妙大法寄二付於大王及我比丘僧一」（『雑阿含経』）

—修持　所行を反省し、仏教戒律を守る。「出家学レ道、修二持梵行一。見レ法自知レ作レ証」（『雑阿含経』）

—如説　仏の教えの通り。「如法」。

—懺悔　過去にした悪行を悔い改める。「懺二悔前身濁悪劫不善悪業一得二清浄一」（『弥勒大成仏経』）

—勇猛精進　一心に勤行にはげむ。「大精進将二勇猛無一レ畏。一切智人超出二三有一」（『弥勒大成仏経』）

「今日より後、本(もと)の名を改め、日蔵と称し、勇猛精進(ゆうみやうしやうじん)し、懈怠(けだい)すること能(あた)はず」と云々。

仏子、教(おし)へ命(のたま)ふことを奉(うけたまは)ること已に了(おは)る。還りて金峯に至る。上(かみ)の如(ごと)く披陳(ひちん)するなり。菩薩、曰(い)はく、

「我、汝の為に世間の災難の根源を知らしむ。故に遣はすのみ」と。

長い方の八十一年となり、懺悔することなく怠れば短い方の八十一ヶ月となります。このように蔵王菩薩がお護りくださっています」などと解説し、

「今日からは、もとの名の「道賢」を「日蔵」と改め、ますます修行にはげみ、怠けてはなりません」などと諭してくれました。

私は教わったことをうけたまわり、辞去しました。金峯山浄土に戻りました。私は蔵王菩薩に以上のことを報告しました。菩薩は、

「私はそなたに俗世間の災難の根源を知らせようと思いました。そのために行ってもらいました」とおっしゃいました。

四　兜卒天《五ウラ～七オモテ》

日蔵は金峯山浄土に帰ると菩薩に兜率天行きを命じられる。兜率天は宝樹、泉、楼閣が並び、天人と天女が音楽を奏でる浄土であった。天女が日蔵に和歌を送ってきた。続いて保明親王、藤原保忠、静賢などの知った人が現れる。日蔵は兜率天内院に詣で、弥勒仏に拝謁して感涙を流すや、金峯山浄土に帰っていた。

【本文】

菩薩、又、曰(い)はく、

「仏子、汝、斗率天(とそってん)を見んやいなや」と。

答ふ、

「之(これ)を見せしめよ」と。菩薩、手を申(の)べ、西南方の空を教ふ。指の末を見るに即ち斗率天(とそってん)に至る。遥かに七宝の垣

【口語訳】

菩薩はまた、

「そなたは兜率天を見たいですか、いやですか」と仰るので、私は

「見せてください」と答えました。菩薩は手を伸ばして、西南方の空を示しました。菩薩の指の先を見ると、とたんに兜率天に来ていました。はるかに見わたせば、七宝の垣が有ります。その七宝の光はたいそ

【語釈】

―斗率天　兜卒天。六欲天の第四天。☞補説①参照。

―七宝垣、宝樹、宝林、宝蓮華、宝珠、宝楼　兜率天は七宝荘厳を基調とする浄土。「兜率陀

天上…一一宝宮有二七重垣一。一一垣七宝所成。一一宝出二五百億光明一。一一光明中有二五百万億蓮華一。一一蓮華化二作五百億七宝行樹一。」（『観弥勒菩薩上生兜率天経』）。☞「三」補注③

—浴池　水浴する池。「時彼国界、城邑・聚落、園林・浴池・泉・河流・沼、自然有二八功徳水一」（『弥勒大成仏経』）。

—映徹　水に映り輝くこと。「七宝行樹間レ樹渠泉、皆七宝成、流二異色水一更相映発、交横徐逝不二相妨礙一」（『弥勒大成仏経』）浄土世界の池に宝樹が映り輝く記述例は多い。「宝池…宝沙映徹無二深不一レ照。」（『無量寿経』）

—天女　天界の女性住人。☞補注②

—瓔珞　珠玉をつないだ首飾り。「諸王之女、顔華燿燿、一国無双。自レ首至レ足皆以二七宝瓔珞一」（『六度集経』）

—遊戯　「遊化」。あそびたわむれること。☞補注③

の有るを見る。其(そ)の光、甚だ朗(あき)らかに、燿(ひか)るなり。垣の上、垣の傍らに、無数億千の宝樹有り。仏子、宝林の中を経て、漸(やうや)く一高楼(いちこうろう)の下に至る。千万億の宝珠、以て荘厳(しやうごん)と為す。是(か)くの如き楼閣、其(そ)の数、称計(しようけい)すべからざるなり。一々の楼の前、衆(おほ)くの宝林の間に流泉・浴池有り。無量の宝樹を以て、交雑(きやうざつ)し、荘厳(しやうごん)す。其(そ)の水の色、種々(くさぐさ)の光、深く映徹す。其(そ)の水の上に、無量の宝楼有り。

一々の楼の下に、衆(おほ)くの宝蓮花の生ず。其(そ)の蓮花の上に、数十の天女有り。七宝(しつぽう)の瓔珞(やうらく)を以て、其(そ)の身を荘厳(しやうごん)す。微妙(みめう)なる音を出して、歌詠(かやう)・遊戯(ゆげ)す。

うきらきらと、輝いていました。垣の上、垣のかたわらに、無数の宝の樹が立ち並びます。私は宝樹林の中を通り抜け、ようやく一棟の高楼の下に来ました。高楼は千万億の宝珠でおごそかに装飾されています。このような楼閣が、数え切れないほどあります。一つ一つの楼の前、たくさんの宝樹林の間を泉が流れ、水浴の池があります。無数の宝の樹が繁り、その泉や池を飾っていました。そこに、様々な色の光が、水奥深くまで映えています。そのほとりに、数知れぬ宝楼群が建ち並びます。

一つ一つの楼の下に多くの宝の蓮華が咲いています。その蓮華の上に、数十人の天女がいて、七宝の瓔珞で、その身を飾っています。すばらしい音楽を演奏し歌って、遊び戯れていま

亦、虚空（こくう）の中に無量の楽音（がくおん）あり。又、宝林の間に、無数百千の男女、交接（きやうせつ）し、快楽（けらく）す。

仏子、宝泉の上に臨み、手を滲（すす）ぎ、口を瀬（うが）ふ。其（そ）水、香（かう）ばしく美（むま）し。凡界に比類するもの無し。身心（しんじん）、歓喜（かんぎ）して、合掌、佇立（ちよりつ）す。時に十六人の人・天女、来たりて、仏子を囲繞（ゐねう）し讃嘆す。仏子問ふ、

「此（こ）の七宝楼閣、是れ何物を一とせんや」

と。第一の天女、和歌を以て之（これ）に答ふ、

　五つ（いつ）十八つ（とおやつ）白玉瑕（きず）つけぬ
　　人の入りくる門（かど）にやはあらぬ

と云（い）ひて、天ども、散じぬ。又、見るに、

した。一方、空からも絶え間なく音楽が聞こえてきます。また、宝樹の林の間では、数知れぬ男女が性交し、快楽を楽しんでいます。

　私は宝泉に行って、手をすすぎ、うがいをしました。その水は、香ばしく、おいしくて、現世に比べられるものがありません。身も心もありがたさにふるえて、合掌して、たたずみました。この時、十六の人と天女が来て、私を取り囲み賛美します。私は、

「この七宝楼閣では、何を第一としますか」と尋ねました。第一の天女が、

　五戒・十戒・八斎戒という白玉のように尊い仏の教えを、傷つけることなく守り通した人の入れる門ではないのでしょうか、いや、まさにその門なのです

と和歌で答えました。こう

―交接　性交。仏典や日本・中国の古代文献の異界における描写記事には、性交場面が多くある。「有㆓思幽之国㆒、思士不㆑妻、思女不㆑夫、精気潜感不㆑仮㆓交接㆒而生㆑子」（『山海経』大荒経）。

―快楽　五欲を満たす快楽。☞補注③

―宝泉　浄土の泉。霊水を満たしている。「一時薄伽梵、在㆓布怛洛迦山観自在宮殿㆒。其中多有㆓宝娑羅樹㆒…復有㆓無量宝泉池沼㆒。八功徳水弥㆓満其中㆒、衆花映飾甚可㆓愛楽㆒」（『不空羂索神呪心経』）。兜率天内には八味水という霊水の出る泉もある。「諸園中有㆓八色瑠璃渠㆒。一一渠有㆓五百億宝珠㆒而用合成。一一渠中有㆓八味水㆒。八色具足」（『観弥勒菩薩上生兜率天経』）。

―凡界　現世。俗界。仏界・浄土と対比して用いられることが多い。「仏界凡界及一切、凡聖二行諸有㆑為㆑法」（『大乗瑜伽金剛性海曼殊室利千臂千鉢大教王経』）。

―「五十八ツ白玉瑕不付ヌ　人ノ入リ久ル門ニ也波安良奴　止云天共散之奴」☞補注④

西方従（よ）り、一天人、来たり。容儀、甚だ端正（たんじやう）なり。数十の天女、之（これ）を囲繞（ゐねう）す。仏子を見て曰はく、
「我は是（これ）日本延喜王の東宮太子なり。性（ひととなり）正直にして、仏と法を愛楽（あいげう）せしが故（ゆへ）に、此（こ）の天処（てんしよ）に生ずるなり」と。又、一天人来るを見る。諸（もろもろ）の天女、囲繞（ゐねう）せり。仏子を見て云はく、
「我は是（これ）日本大将なり。我、世に在りし時、仏法に帰依し、邪法を信ぜず、忠を尽くし、孝（けう）を竭（つ）くし、世務（せいむ）を狂（いつは）らず。尤（もつと）も此（こ）の天に生ず。我が旧宅（くたく）に純金（じゆんごん）の明王の坐（まし）ます。我、朝夕に持念供養する所なり」と。云ふこと諸（もろもろ）の多く、繁き

言いおわると、天女たちは散り散りに行ってしまいました。また、西から一人の天人が来ました。その姿形はとても端正です。数十の天女が彼を取り囲んでいます。私を見つけると、
「私は日本延喜王（醍醐天皇）の東宮太子（保明親王）です。私は現世では正直で、仏と仏法を大事にしましたので、この天界に転生しました」と言いました。また一人、天人が来るのが見えます。多くの天女が取り囲んでいます。私を見ると、
「私は日本大将（藤原保忠）です。私は在世中、仏法に帰依し邪法を信じず、朝廷に忠を、親には孝を尽くし、公務を公正に処し、それでいちばんにこの天界に生じました。生前、自邸には純金の不動明王が鎮座されていました。私は朝に

―容儀甚端正　「端正」は美形。男女共に用いられる。「仏在二室羅伐城一、時此城中有二一売レ香男子一、容儀端正聚レ妻未レ久」（『根本説一切有部苾芻尼毘奈耶』）端正は仏教的徳目の一つで、仏十大弟子の一人である難陀は「端正第一」と言われた。「仏説於五百弟子中、難陀比丘端正第一。此相易レ得」。（『大智度論』）

―日本延喜王東宮太子　醍醐帝の第二皇子、保明親王。文彦太子。皇太子のまま二十一才で没した。☞解説

―愛楽　仏法などを信じること。願い求めること。大事にすること。「菩薩若見レ有三衆生愛二楽仏法一」。（『大方便仏報恩経』）

―日本大将　藤原保忠。八条大将、賢人大将とよばれた。四十七才で没した。☞解説

―世務　公務。（「上書言二世務一」（『漢書』主父偃伝））。仏典では出家者の関わるべきでない俗事として、否定的に言われる場合も多い。「菩薩出家修二持浄戒一。則能遠二離一切世務之事一」（『法集経』）。

―尤生此天　尤は「最」の意味で「いちばんに」。「尤最也」（『字彙』）

―明王　不動明王。忿怒相で剣と縄を持ち、火炎に包まれている仏。大日如来の化身として信仰される。十世紀後半以後、信仰が盛んになった。「爾時不動明王執二持慧刀一威猛奮怒」（『大毘盧遮

那仏眼修行儀軌』）
—静観・観賢・聖宝　醍醐寺に関わる密教僧。☞解説参照
—僧正　僧の公認位階（僧綱）の最上位。「三十二年四月壬戌、以二観勒僧一為二僧正一。…三十三年正月戊寅、高麗王貢僧恵灌仍任二僧正一」（『日本書紀』推古紀）
—寛平全等老僧　『日蔵夢記』を引用していると考えられる『真言伝』には「延寛・平全等ノ老僧」とある。ただし寛平、延寛、平全の実在を確認できる史料はない。
—善いかな善いかな　感嘆辞。功徳を積んだ修行者を讃える場面に多く用いられる。「…讃言、善哉善哉、善男子。汝於二閻浮提一廣修二福業一来生二此処一。此処名兜率陀天。」（『観弥勒菩薩上生兜率天経』）。
—天主　弥勒仏　☞補注⑤
—金峯牟尼　「金峯山の釈迦牟尼化身である蔵王権現」の意味で蔵王菩薩。
—我金峯牟尼神通力得詣此天　仏の神通力で兜率天を巡歴できた話は『大日本法華経験記』巻上第五にもある。
—内院　教主・弥勒仏が鎮座する兜率天内院。「兜率陀天七宝台内摩尼殿」（『観弥勒菩薩上生兜率天経』）
—師子坐　如来の座。☞補注⑥
—厳飾　立派に飾ること。「有娑伽羅龍王宮殿。縦広正等八万由旬。七重垣牆、七重欄楯、周匝厳飾。七重珠網」（『起世経』）日本でも仏閣の荘厳を描写する際にこの語を用いる。「この御堂を御覧ずれば、七宝所成の宮殿なり。…金色の扉、水精の基、種々の雑宝をもて荘厳し厳飾せり。」（『栄花物語』おむがく）。
—宝帳　貴石で仕立てられた幔幕。「荀以二華色一

を省くと云々。
又、見るに、静観(じやうくわん)・観賢(くわんけん)・正宝(しやうばう)等の僧正、寛平(くわんぴやう)・全等(ぜんたう)の老僧共に来たり。仏子を執(と)り、讃へて云はく、「善いかな善いかな。我が金峯牟尼の神通力、此の天に詣(いた)るを得(え)しむ。甚だ希有(けう)なり。甚だ奇特(きどく)なり。当(まさ)に共に内院に入り、天主を礼拝(らいはい)すべし」と。即ち相引きて共に内院に入る。荘厳(しやうごん)勝(あ)げて計(かぞ)ふべからず。一つの獅子座有り。高大なること山の如し。無数(むしゆ)の妙宝の厳飾(ごんじき)し、七宝(しつぱう)の大蓮花開き敷(さ)きて其(そ)の座を繞(めぐ)る。其の上(かみ)なる虚空、微妙(みめう)の大宝帳有り。百千万の妙(たえ)なる毛(くさ)を以て之(これ)

夕に、一心に供養しました」などと言います。いろいろな話もありますが、繁雑なので省略します。
また静観・観賢・聖宝などの僧正が、寛平・全等といった老僧と一緒に来ました。私の手をとって、「すばらしい、私たちが信奉する金峯牟尼（蔵王菩薩）の神通力で、あなたはこの天界に来られた。めったにないことだ。まさに仏の力です。さあ、いっしょに内院に入って弥勒仏を礼拝しましょう」と賛美しました。そこで私たちは手をとりあって内院に入りました。内院の立派な飾りは数え尽くせません。獅子座が一つあります。その高く大きいことは、山のようでした。数え切れない宝が飾り、七宝の大きな蓮の花が咲いてその座を取り囲みます。座の上の空間に、大き

を飾る。真珠を以て羅網(らもう)と為し、無量の宝鈴を懸く。
　無量の天人大衆(だいしゅ)、恭敬(きょうきゃう)囲繞(ゐねう)す。無数の天女、或は妙蓮花を執(と)り、或は白払(びゃくほつ)を執(と)り、三方に行立(ぎゃうりふ)す。無数の楼閣有り。太摩尼珠(だいまにしゅ)周匝(しうさう)す。厳飾荘厳(ごんじきしゃうごん)にして具(つぶさ)に述ぶべからず。大宝座の上に金色の妙蓮花有り。其の蓮花の上に真の金色の光有り。凝湛(ぎたん)なること、最も清浄(しゃうじゃう)にして、眼界(げんかい)見ること能はず。此(こ)れ即ち慈尊の妙色身(めうしきしん)なり。仏子五体投地(ごたいとうち)して恭敬礼拝(きょうきゃうらいはい)す。即ち光明の中自(よ)り音(こゑ)有り。告げて曰く、
「仏子、汝、時未だ至らず。早(つと)に本土に

くて美しい垂れ幕があります。無数の美しい草で飾られています。真珠仕立ての羅網に、無数の宝鈴がかかっていました。
　数知れぬ天人たちが恭しく取り囲んでいます。獅子座を取り巻く無数の天女の或る者は美しい蓮華を持ち、或る者は白い払子を持って三方向に並んで立っています。無数の楼閣があります。大摩尼珠が楼閣を取り囲んでいます。その壮麗な様は言葉にできないほどです。豪華な宝仕立ての獅子座の上に、金色の美しい蓮の花があります。その蓮華の上に純金の光が輝いています。清く澄みきった様は清浄の極みで、見通しきれません。これこそ弥勒仏のお姿です。私は五体投地して恭しく礼拝します。すると、輝く光の中から声がしました。その声は、

処在二深宮一。臥即縕綖、蓋以二宝帳一」（『六度集経』）。
―羅網　網状に貴石を編んだ装飾。寺院内部の荘厳として用いられる。「和風時来、吹二諸宝樹一。羅網微動、妙華徐落。随レ風散レ馥」（『往生要集』）。
―恭敬　つつしみ、敬意を表す。「有二百済禅師一…天皇尊重而常供養、諸人帰仰而恒恭敬」（『日本霊異記』）。
―白払　白い払子。僧が儀式で持つ仏具。「比丘患二草虫一、仏聴レ作二払子一」（『釈氏要覧』）。兜率天の天女はこれを持ち内院に侍する。「五百億宝女、手執二白払一侍二立帳内一、持宮四門有二四宝柱一」（『観弥勒菩薩上生兜率天経』）
―摩尼珠　神秘的な力をもつ珠玉。「有二摩尼珠一名曰二焔光一。置二於鍑下一飯熟光滅」（『長阿含経』）。兜率天は摩尼珠があふれている。「一一宝柱有二百千楼閣一。梵摩尼珠以為二交絡一」（『観弥勒菩薩上生兜率天経』）。
―凝湛　清く澄んでいる様子。「此譬、法身寿命無レ始無レ終、性相凝湛、不レ同二応報一也」（『妙法蓮華経文句』）
―眼界　見渡せる範囲。「眼界今無レ染、心空安可レ迷」（王維「詩五韵坐上成詩」）
―慈尊　弥勒仏。釈迦入滅後五十七億六千万年後に兜率天より下生して現世を導く未来仏。「従二釈尊入滅一至二慈尊出世一、隔二五十七億六十百千歳一」（『往生要集』）
―妙色身　美しい姿。仏典では如来の黄金身をいう。「如来妙色身…是故今敬礼」（『勝蔓師子吼一乗大方便方広経』）。弥勒仏も金色身の姿をしている。「其身舎利如二鋳金像一不レ動不レ揺、身円光中…」（『観弥勒菩薩上生兜率天経』）。
―五体投地　仏教儀式の最上礼。頭・両肘・両膝を地につける。「若善男子善女人、犯二諸禁戒一、造二衆悪業一、聞二是菩薩大悲名字一、五体投レ地、

誠心懺悔」(『観弥勒菩薩上生兜率天経』)
―本土　もと居たところ。「世尊今日出二於釈種一、吾不レ応二往征一。宜可三斉此還二―帰本土一」(『増一阿含経』)
―勤恪　忠実につとめること。「勤恪之功、不レ見二書列一」(『後漢書』袁紹伝)
―勤恪精進不行放逸　補注⑦
―和雅　仏の奥ゆかしく優雅な声。「如来咽喉…所レ出音声、詞韻和雅無レ不二等聞一」(『往生要集』)。
―不覚　感覚がないこと。

帰れ。釈迦の遺教（ゆいぎやう）に随（したが）ひ、勤恪精進（ごんかくしやうじん）し、放逸（はういつ）を行はずんば、生涯畢（をは）りて後、宜しく我が天に生ずべきなり」と。其（そ）の音声、柔軟（にゆうなん）にして和雅（わが）なり。聴く即ち涙を流す。覚えずして即ち生じて金峯に至り、

「斗率天を既に見終へり」と白（まう）す。菩薩云はく、

「汝、我が教へに随ひ、精進せば此（こ）の生（しやう）已（おは）りて後、必ず彼（か）の天に生ずべし。豈（あ）に楽しからざらんや」と。

「仏弟子よ、まだそなたがここに来る時ではない。すぐにそなたのもとの世界に帰れ。釈迦如来の遺された教えに従い、忠実に修行を続け、怠たらなければ、生涯を終えた後、私の世界に転生できるでしょう」と告げました。その声は柔らかくて心和むものでした。聞くや、たちまち涙が流れました。すると感覚がないまま、転生して金峯山浄土に戻っていました。私は、「兜率天を見て参りました」と申し上げると、菩薩は、

「そなたが私の教えに従い、精進すれば、人間界の生を終えた後、必ずあの天に転生しましょう。こんな楽しいことはありますまい」と仰いました。

五　地獄《七オモテ〜十一ウラ》

兜卒天から金峯山浄土に戻った日蔵に、蔵王菩薩は地獄を見てこいと命じる。日蔵は地獄で閻羅王と対面し、王の要請で仏法を説き、讃美される。日蔵が地獄巡見を申し出ると、王は案内係をつけてくれた。日蔵と案内係が王宮を出て地獄の城門に至ると、門には怪犬がいて城内に火と毒を吐き出している。日蔵が城内に入ると知人もいた。鉄窟苦所では醍醐天皇ら四人が責め苦を受けている。日蔵は醍醐帝から地獄に堕ちた理由を聞くと、醍醐帝は事情を説明し、地獄からの救済を依頼する。日蔵は地獄巡見を終えて閻羅宮に戻り、金峯山浄土に帰る。

【本文】

菩薩亦(また)云はく、「汝、無懺(むざん)破戒にして、我が教に随(したが)はずんば、当に地獄に堕(お)つべし。其(そ)の地獄の相及び閻羅王界(えんらわうかい)見んや不(いな)や」と。答へて言はく、「欲(ねが)はくは見む」と。菩薩即ち手を申(の)べ、

【口語訳】

菩薩はまた、「そなたが罪を悔いることなく戒を破り、私の教えに従わなければ、きっと、地獄に墜ちます。その地獄の様子と閻羅王界を見たいですか」と言いました。「見たいと思います」と返事しました。すると菩薩は手を伸ばし、北の方の静かな黒山を教え、指さすと、道が現れました。すると私

【語釈】

―無懺　懺悔（自らの所行を悔い改めること）をしないこと。無反省。「彼等尚無懺悔之心、何能自覚二勝智一。彼等棄二一捨諸仏功徳一、而取二現在名利一。」（『大宝積経』）

―破戒　いったん受戒した者が戒律を破ること。「若有二比丘一犯レ戒破レ戒欠レ戒穿レ戒穢レ戒黒レ戒者、欲二依レ戒立レ戒一以戒為レ梯。」（『中阿含経』）

―菩薩即申レ手教二北方幽邃之黒山一与レ指道現　菩薩が指さす北の黒い山が地獄。☞補説①

北方幽邃の黒山（こくせん）を教へ指さすと与（とも）に道現（あらは）る。身即ち閻羅王（えんらわう）宮に在り。其（そ）の宮（く）城（じやう）、大体、我が世の王宮城の如し。四面各（おのおの）高楼有り。種々（くさぐさ）の器杖を陳列し、数千の之（これ）を侍衛する有り。朱雀大路の左右に無数（むしゆ）百千の罪人有り。各杻械枷（おのおのちうかいか）鎖（さ）せらる。其（そ）の中に相知り相見る人、数多（あまた）なり。号哭（ごうきゆう）苦悩の声、敢へて聞くべからず。又又次いで楼門有り。百千の桙（ほこ）を陳列し、数十の鼓（つつみ）を安置す。数百の兵衆（ひやうじゆ）の之（これ）を侍衛するが問ひて云く、「何人か是（ここ）に来たるや」と。答へて言はく、「金峯山より来たるなり」と。即ち許して之（これ）に入らしむ。又、見るに、楼門有り、

はこの身のまま、閻羅王宮にいました。その宮城は概ね現世の宮城に似ています。四面にはそれぞれ三棟の高楼がありました。種々の武器を並べ、数千人が護衛しています。朱雀大路の左右には数多くの罪人がいて、手枷をされたり首枷をされたり、鎖をかけられたりしています。その中には私の見知っていた人も多くいました。罪人たちの泣き叫び苦しむ声は聞くに耐えません。さらにまた、その先には楼門があります。多くの鉾を並べ、数十の軍鼓を置いています。数百の兵が楼門を護衛していて、「ここに来たのはどなたですか」と尋ねます。私は、「金峯山から来ました」と答えました。すると門に入るのを許されました。見るとまた楼門があり、中には数多くの女性がいました。

—閻羅王　閻魔大王とも。地獄界を支配するとともに、死者を裁き罪刑を下す。☞補説②

—器杖　器杖は「器仗」と同じ。武器としての杖。「沙門、頗見、我四部之衆耶。然汝一己無レ有二器杖兵刃一、秃頭露形著二此三衣一」（『増一阿含経』）

—朱雀大路　朱雀大路は平安京の中央縦貫道路であるが、ここでは閻羅王宮城の中央縦貫道路。

—杻械枷鎖　手かせ（杻）、足かせ（械）、首かせ（枷）などのかけがねと鎖。罪人の自由を奪う道具。「杻械枷鎖、検二繋其身一」（『妙法蓮華経』）。

—楼門　二階造りの門。やぐら門とも。「四方表四智。四門四念処。楼門四禅定」（『大日経疏演奥鈔』）。仏典では同義の「楼観」が用いられることが多い。「其門上有曲箱蓋。欄楯上有交露。楼観下有園観舎宅」（『大楼炭経』）

—楼門其内有数百千女人形如天女　地獄に入る手前には天女のような美女がいる。☞補注③

其(そ)の内に数百千の女人有り。形、天女の如し。仏子扉の外に隠れ、佇立(ちょりつ)す。王、遥かに見て、階より下り、相向ひて拝揖(はいいふ)して曰はく、
「禅僧は何れの処より来たるや」と。答へて曰はく、
「金峯山より」と。亦問ふ、
「名は何ぞ」と。答ふ、
「名は日蔵、金剛蔵王の勅号なり」と。王、亦云はく、
「最も実に、我、常に禅僧のことを聞く。亦、生前作(な)す所は幾何(いくばく)ぞ」と。答ふ、
「作(な)す所は多からず。唯(ただ)、分に随ひ小善を修す。敢へて大罪を犯さず」と。王、

外見は天女のようです。私はその扉の外に目立たないように控えて立ちました。すると奥にいる閻羅王が、遠くから見つけて階から下り、私と向き合い、胸の前に手を合わせて拝礼し、
「上人はどちらから来られましたか」と言います。私は、
「金峯山から参りました」と答えますと、さらに
「お名前は何とおっしゃいますか」と尋ねます。
「名は日蔵、金剛蔵王（蔵王菩薩）が直々につけてくださった名です」と答えました。王はそこで、
「確かに私は常々、上人のことを聞いています。生前にどれほどの功徳を積まれたのですか」と言います。
「功徳は多くありません。ただ分際を弁えた小さな善行をして、大きな罪を犯す事はしませんでした」と答

―隠扉之外佇立　来客が扉のかげに立ち、主から声がかかるまで立って待つ作法。☞補注④
―王遥見而自階下相向拝揖…一々眼中出鉄丸如電雨言音如霹靂。百千恐怖之事宛如諸経論。☞補注⑤
―拝揖　両手を上下する、又は両手を推して胸につける礼。「長安百官迎レ路拝揖」（『後漢書』董卓伝）。中国の礼式で、インド成立の経典には見当たらない。「抑君父致レ敬二沙門一必当レ欲三坐受二拝揖一」（『北山録』）
―禅僧　☞三【語釈】に前出。ただしこの箇所では三人称でなく、僧侶への敬称。

四たび、「禅徳の背おふ所、何物か在る」と。答へて曰はく、「入山の日より持せし経、持せし仏等なり」。亦問ふ、「何等(なんら)の仏・経ぞ」と。答へて云はく、「大日・釈迦・弥勒・観音等の像なり。又両部諸尊種々曼陀羅。亦、小字涅槃、最勝・仁王(にんのう)、金剛・理趣般若等の経なり。亦(また)三部の大法の儀軌(ぎき)次第等。大仏(だいぶつ)頂随求梵大陀羅尼(ちやうずいぐぼんだいだらに)。日の料として転読する所は、此等(これら)の如き経なり」と云々。王、即ち合掌、頂受(ちやうじゆ)し、手を執り、相ひ遵々(したがひしたがひ)て、楷(すなは)ち礼(らい)す。玉床にて、歓(かん)

えると王は、「上人が背に負われているものは何ですか」と四つめの質問をします。「入山修行の時から供養してきた経・仏などです」と答えました。王はまた、「どのような仏とか経ですか」と尋ねますので、「大日如来、釈迦如来、弥勒仏、観音菩薩等の仏像です。そして両界曼陀羅、また小字の大般涅槃経、金光明最勝王経・仁王経、金剛般若経・理趣般若経等の経です。また三部の大法の儀軌次第等や、大仏頂随求大陀羅尼です。日々転読しているのは、このような経です」などと答えました。閻羅王は合掌してこれら仏や経を押し戴くと、私の手を執って恭しく、きちんと礼をしました。玉仕立の床で歓喜し、私を賛美して、「仏法をお聞きしたい」と

―禅徳　禅僧と同義。「或時比丘、有㆓二禪徳㆒、或有㆓三禪徳㆒、或有㆓四禪徳㆒、如㆓第一禪説㆒。是賢者法。」(「仏説是法非法経」)

―両部諸尊種々曼陀羅　両界曼荼羅。金剛部・胎蔵部それぞれに多数の諸尊を配する一対の曼荼羅。

―小字経　携帯に便利な小字で書写した経。

―大般涅槃経　釈迦の入滅の意義を明らかにする経典

―金光明最勝王経　鎮護国家の経。最勝会はこの経による法会である。

―仁王経　正式名は「仁王般若波羅蜜経」。鎮護国家の経。仁王会はこの経による法会である。

―金剛般若経　正式名は「金剛般若波羅蜜経」。一切法の空・無我の教義を説く

―理趣般若経　「大楽金剛不空真実三摩耶経般若理趣品」。密教教義の根本理法を説く。日蔵は釈迦の不滅を説く大般涅槃経、鎮護国家の金光明最勝王経・仁王経、密教教義の根本を説く金剛般若経・理趣般若経を持つ。

―三部の大法　密教の教義で、胎蔵界を三分割した仏部・金剛部・蓮華部の三部。「大法」は仏法の美称。前出の「胎蔵大法」と同義。☞「一」語釈「真言大法」「三」語釈「胎蔵大法」

―儀軌　古代インドの諸神礼拝儀式の執行次第。儀礼に加えて、諸尊の造像や描き方、供養の方法の規定も儀軌に含まれる。「羅門婦年少端正、汝必当レ見㆓世間現㆒即生㆓染心㆒、忽忘㆓儀軌㆒前執㆓其衣㆒」(『央掘魔羅経』)

―大仏頂随求梵大陀羅尼　真言陀羅尼(梵語のまま漢訳せずに読まれる経文)の一つ。「汝必当レ興㆓我法㆒。口㆓‐授大仏頂大随求梵本㆒」(『真言付法纂要抄』)

喜(ぎ)讃嘆す、
「法要を聞かんと欲(おも)ふ」と。即ち涅槃経の諸行無常如来証涅槃偈(しよぎやうむじやうによらいしやうねはんげ)等を略説す。又法花経(はうけきやう)の寿量品(じゆりやうぼん)等を読み、無所不至(むしよふし)の尊勝秘密(そんしやうひみつ)等を誦す。閻王、即ち起ち、礼拝して曰く、
「善いかな、善いかな。誠に仏子なり。是(これ)浄土天堂に生ずべき人なり」と云々。
「閻羅王界所に非ざれ。曾(すなはち)何故、此(こ)の間に来たり生ずるか」と。仏子云はく、
「金剛蔵王の神通力の至す所なり。唯(ただ)地獄の苦園(くをん)を見んことを願ふ」と。即ち一朱衣臣、名、獄領(ごくりやう)と曰ふに、勅して曰く、
「此(こ)の禅僧を将(ひき)ゐて遍(あまね)く地獄受苦の処を

言い出しました。そこで私は王に、涅槃経の「諸行無常、是生滅法、生滅滅已、寂滅為楽」の偈などを略説しました。また、法華経の寿量品等を読み、無所不至・尊勝秘密等の陀羅尼を誦しました。閻羅王は座から立ち上がり、
「すばらしい、すばらしい、本物の仏弟子でいらっしゃる。浄土に生ずべき人だ」などと私を礼拝します。
「閻羅王界にいるべきでありません。いったいなぜここに来たのですか」と言いますので、私は、
「金剛蔵王の神通力で来ました。地獄の様子を見るだけでいいのですが、お願いします」と言うと王は一人の朱衣を着た家臣、獄領と呼ばれている者に、
「こちらの上人をお連れし、隅々まで地獄の受苦の

—転読　経文を何度も読誦すること。「持二已身語一恭敬供養、転読温習、令二善通一レ利」（『大般若波羅蜜多経』）。「或転二－読尊経一」（『地蔵本願経』）。
—頂受　頂戴・拝受などと同じく、敬意を込めて手に受けること。「如レ是比丘聞二我挙一レ罪。歓喜頂二－受如一レ飲二甘露一」（『雑阿含経』）
—相遵々　遵は恭しい姿勢を示すこと。「遵二先生之法一而過者、未二之有一也」（『孟子』離婁上）
—玉床　玉が敷き詰められた床。「床」は座るための家具（［二］前出）仏国土を荘厳する宝の一つ。「十方仏土所二－有荘厳之宝一。如意・幢幡・摩尼瓔珞・珠簾・玉床・真珠天蓋。七宝屏風・衆綵臥具」（『宝悉地成仏陀羅尼経』）。
—法要　仏の教説の概要を解説すること。「仏為二諸比丘一略二－説法要一」（『維摩経』）☞補注⑥
—諸行無常如来証涅槃偈　釈迦如来は自身が涅槃してみせることで衆生に諸行無常を示した。その際に解いた偈、「諸行無常、是生滅法、生滅滅已、寂滅為楽」（『涅槃経』）。「偈（げ）」は仏典中にある、詩形式の経文。
—無所不至　密教陀羅尼の一つで、一般人が妄りに唱えてはならないとされた（『壒嚢抄』）。
—尊勝秘密　仏頂尊勝陀羅尼。密教陀羅尼の一つで魔除けの効果を信じられた。☞補注⑦
—天堂　天上界の浄土。☞補注⑧
—苦園　「苦所」ともいい、地獄又はその一地区を意味する。「如是八熱獄、煻煨屍糞園 極焼熱無間、及彼苦園等 四種極苦園及大寒地獄」（『法華長講会式』）
—朱衣臣　異界の役人は朱色などの原色服を着ていることが多い。「百万億天青色衣。百万億天雑黄衣。百万億天雑朱衣。百万億天雑色衣」（『大方広仏華厳経』）

―鉄山　後に「一大城大体如大山」とあるように、巨大な鉄城。「復次無間大地獄有二大鉄城一。其城四面有二大火一起」（『長阿含経』巻第十九「世記経」地獄品）

―七重の鉄垣、刀山、七重鉄網、十八苦所　『往生要集』には「彼阿鼻城、縦八万由旬、七重鉄垣、七層鉄網。下有二十八隔一、刀林周帀」（巻上　大文第一厭離穢土　第一地獄）とある。

―毎門有四大狗其形如山　『往生要集』には「四角有二四銅狗一、身長四十由旬。眼如レ雷、牙如レ剣、歯如二刀山一、舌如二鉄刺一。一切毛孔、皆出二猛火一、其烟臭悪、世間無レ喩一」（『往生要集』）とある。「由旬」は古代インドの長さの単位。一由旬は約十キロメートルとも十五キロメートルゆえ、この狗は四～六万メートルの身の丈である。

―獄卒、鉄丸　獄卒は六十四の眼を持ち、眼から鉄丸を発射する。「有二十八獄卒一。頭如二羅刹一、口如二夜叉一。有二六十四眼一、迸二-散鉄丸一、鉤牙上出、高四由旬、牙頭火流、満二阿鼻城一。頭上有二八牛頭一。一一牛頭有二十八角一、一一角頭皆出二猛火一」（『往生要集』）。

示せ」と。即ち起立(きりふ)し、獄領(ごくりやう)と共に城の北門を出づ。数十里、遥かに鉄山(てつせん)有るを見る。獄領(ごくりやう)曰く、「彼れ、即ち地獄の城墻(じやうしやう)なり」と。至り了(をは)りて見れば、即ち一大城有り。大なる体(すがた)、大山(だいせん)の如し。七重の鉄垣有りて、その垣の間毎(ごと)に無数の刀の山、無数の剣の樹有り。又、七重の鉄網(てつおん)、城の上を弥(かさな)り覆ふ。其(そ)の城に四門有りて、門毎(ごと)に四大狗有り。其(そ)の形は山の如し。眼光(げんくわう)は電(いなづま)の如し。牙、爪を御する鉾の如し。火を吐き、毒を吐き、即ち城内に遍く満たしむ。又、無数の獄卒有り。其(そ)の形、牛頭人身(ごづにんじん)にして、羅刹(らせつ)の形の

現場をお見せいたせ」と命じました。そこで私は座を立ち、獄領と共に城の北門を出ました。数十里のかなたに鉄山の横たわっているのが見えます。獄領は、「あれは地獄の城壁です」と言いました。着いてみると大きな城でした。大きくて山のようです。七重の鉄垣があり、その垣の間ごとに無数の刀の山、無数の剣の樹がありました。また、七重の鉄網が、城の上を、重なって覆います。その城に四つの門があり、門ごとに四頭の大犬がいます。犬の姿は山のように大きく、眼光は稲妻のよう、牙と爪を動かす様子は鉾を操るようです。犬は火と毒を吐いて城内にゆきわたらせていました。また、多くの獄卒がいます。その姿は牛頭人身で、羅刹に似ています。一つの身は八つの頭と九つ

如し。一の身は八の頭と九の尾有りて、頭毎(ごと)に十八の角有り。面毎(おもてごと)に八の眼(まなこ)有りて八々・六十四の眼(まなこ)なり。一々の眼(まなこ)の中より鉄丸出(い)づること電雨の如く、言ふ音(こゑ)は霹靂(へきれき)の如し。百千の恐怖(くふ)の事、宛(あたか)も諸の経の論(と)くが如し。仏子、獄領(ごくりやう)に問ひて云はく、

「この城中に幾(いくばく)の苦所有りや」と。答へて云はく、

「十八の苦所有りて、一々の苦所に各(おのおの)十八の大苦事有り」と云々。

「是(か)くの如き十八の苦事、其(そ)の中に充満す。下の火は上に徹(とほ)り、上の火は下に徹(とほ)る。其(そ)の中の大苦毒、具(つぶさ)に説くべか

の尾を持ち、頭ごとに十八の角があります。八つの顔はどれも八つの眼があって、合わせて六十四の眼があります。その眼中から鉄丸が飛び出るさまは雷雨のよう、その声は霹靂のようです。こうした数知れない恐ろしい様相は、諸々の仏典に説かれているとおりでした。私は獄領に、

「この城の中にはいくつの苦所があるのですか」と尋ねますと、

「十八の苦所があって、それぞれの苦所ごとで、責め苦が用意されています」などと答えます。「ここではこうした十八の責め苦でいっぱいです。下の火は上まで通り、上の火は下まで貫いています。その中での苦痛の激しさは言い表わせるものではありません」などと答えました。私は地獄城を見ることはできました

—羅刹　人を食べる悪鬼、「羅刹此云二悪鬼一也。食二人血肉一、或飛レ空或地レ行、捷疾可レ畏也」（『慧林音義』）

—言音霹靂　本文献では獄卒の声だが、『往生要集』では「一々隔間、有二八万四千鉄蟒(おろち)大蛇一、吐レ毒吐レ火、身満二城内一。其蛇哮吼如二百千雷一、雨二大鉄丸一、亦満二城内一」と、蛇が吠える声と説かれている。

—霹靂　かみなりが急激に激しく鳴る。「雷之急撃者為二霹靂一」（『爾雅』）。厳しい天候の典型として仏典でもよく用いられる。「或興レ雲大雨雹雷霹靂、春秋冬夏菩薩黙坐」（『普曜経』）

—下火徹上上火徹下　経典にも「復次無間大地獄有二大鉄城一…東焔至レ西、西焔至レ東。南焔至レ北、北焔至レ南。上焔至レ下、下焔至レ上。」（『長阿含経』）と類似の表現がある。

らず」と云々。仏子、地獄城を見ると雖(いへど)も入ること能はず。獄領(ごくりやう)に語りて云はく、

「何れの方便(はうべん)を以てこの城中に入り、当に苦を受くる衆生を見るべきや」と。

答へて云はく、

「地獄城の中門にて、鄭(ねむごろ)に、持(ぢ)する所の大乗の真言等を誦せよ。我、暫く火炎を斂(をさ)めむ」と。其(そ)の言に随ひて、即ち中門の狗(いぬ)の前に於て至誠(しじやう)合掌し、法華・涅槃の首題名号を誦す。又、字輪観(じりんくわん)に入りて、無所不至(むしよふし)・尊勝仏頂(そんしやうぶつちやう)等を誦す。諸(もろもろ)の狗(いぬ)、一時、火毒(くわどく)を斂(をさ)め、城中、清涼(しやうりやう)たり。即ち口に入り、宝号(はうがう)・真言を誦す。

が、入れません。獄領に、「どのような手段を使えばこの城の中に入り、苦を受けている人々を見ることができるのですか」と話しますと、

「地獄城の中門で、心をこめて大乗の真言とかをお唱えください。私がしばらくの間火炎を鎮めましょう」と答えます。言われたとおり、中門の犬の前で心をこめて合掌し、法華経・大般涅槃経の各品の題号をとなえました。また、字輪観に入り、無所不至・尊勝仏頂等の陀羅尼をとなえます。犬たちはしばらく火と毒を吐くのをやめたので、城中は空気がすんで涼しくなりました。すかさず私は中に入り、仏の御名と真言をとなえました。

順々に苦所を巡見していくと、数知れない人々がいて、言い表せないようなひ

―方便　手段。「方謂二方法一、便謂二便宜一。猶二善巧一也」（『大蔵法数』）。仏が衆生救済のためにする手段に用いることも多い。「為レ度二衆生一故、方便現二涅槃一」（『妙法蓮華経』）

―中門　中央の門。「金作レ門、両扉関皆金也。有二五百鬼一守二門外宮中門一。天所レ止処。」（『大楼炭経』）

―鄭　真心をこめて。「如レ是嘱レ累二於般若波羅蜜一、所レ以二慇懃鄭重一者何」（『放光般若経』）

―大乗の真言　無所不至・尊勝仏頂等陀羅尼。これを日蔵が所持していることは閻魔王との会見場面でわかる。

―法華・涅槃首題名号　法華経・大般涅槃経の各品の題号。「或持二一句或此経王首題名号及此経中一如来名一菩薩名一、発心称念恭敬供養者、我当救護摂受、令無二災横一離苦得楽」（『金光明最勝王経』）。

―字輪観　密教の修法。地獄でも功徳があるとされた。☞補注⑨

―斂火毒　仏法の神通力で地獄の火炎を消す。「此即是其阿毘止処、上下四辺無レ不レ通レ徹。一焔猛火中無二間隙一。…応レ可二運レ心観二無隙獄受苦情類一、為滅二火災一」（『根本一切有部毘奈耶』）

―宝号　仏・菩薩・明王等の称号。名号。「於レ後二父王摩賀鉢納摩崩已一、即灌頂伝二法号一。民弥娑囉王既紹二其位一」（『衆許摩訶帝経』）

次第に苦を受くるの所を廻(めぐ)り見るに、無数億の衆生有りて、説くべからざる大苦毒を受く。一々中を隔て、皆有り。在りし時、相知れる男女にして大苦毒を受くる在り。仏子の至るを見、各(おのおの)口毎(ごと)に云はく、
「我を救へ、我を救へ」と。或(あるひ)は父母兄弟を呼び、師僧・同法(どうほふ)を呼び、或(あるひ)は妻子・眷属を呼ぶ。その悲しき訴(うたへ)の辞(ことば)、具(つぶさ)に説くべからずと云々。
初め、一刀山を見るや、火炎甚だ熾(し)盛(じやう)なり。其(そ)の刀山の下に無数(むしゆ)の刀輪(たうりん)有り。刀輪(たうりん)の間に、多く裸形(らぎやう)の衆生有り。
獄領(ごくりやう)曰はく、

どい責め苦を受けていました。一つの苦所毎に隔てられ、責め苦はそれぞれの場所ごとにあります。私が現世で顔見知りだった男や女で、責め苦を受けている者もいます。私が来るのを見、口々に、
「私を助けて、私を助けて」と言いました。ある者は父母兄弟を呼び、師僧や修行仲間を呼び、ある者は妻子眷属を呼びます。その訴えの内容は詳しく言えません、などなど。
一番目の刀山苦所を見ると、火炎が非常に激しい。その刀山の下に無数の刀輪がありました。刀輪の間に、多くの裸の人々がいます。
獄領が、
「ここは刀山炎樹熾苦所と名づけられています。殺生の罪を犯した人間の堕ちる所です。ここでは、刀輪で手足の関節を切断され、

―一々隔中皆有　地獄城内の各小苦所は仕切られている。「七重城内…一々隔間」（『往生要集』）。

―師僧同法　師の僧と、同じ師について仏法を修行した仲間。「我等至心発弘誓。十方十世我父母・六道衆生父母等・師僧・同法・善知識」（『長講金光明経会式』）。経典では「師僧同学」の用例が多い。「或作周二旋朋友師僧同学・父母兄弟六親眷属一、共住同止」（『仏名経』）

―熾盛　火の盛んに燃えるさま。「刀輪処…猛火熾然常満二其中一。」（『往生要集』）

―刀山炎樹熾苦所　☞補注⑩

「是、刀山炎樹熾苦所と名づく。殺生の人の堕つる所なり。其の苦を受くる時は、諸の刀輪にて支節を割截せられ、八万四千版と作さる。一日一夜の間に六十億たび生れ、六十億たび死す」と云々。此くの如き一々の地獄の相を具に説くべからず。之を略す。

　次いで復た、鉄窟苦所に至る。四の鉄山有りて、相去ること四五丈許、其の間に、一の茅屋有り。屋の中に四箇人有りて、其の形、灰の如し。一の人、衣覆ふ有りて、背の上を覆ふ。余の三人は裸形なり。赤き灰に蹲居せり。曾て床席無し。悲泣嗚咽せり。獄領曰く、

八万四千のかけらにきざまれます。（罪人たちは）一日一夜の間に六十億回生れ、六十億回死ぬのです」などと言いました。このような地獄の様相をいちいち詳細に説明できません。省略します。

　二番目に鉄窟苦所に着きました。四つの鉄山があり、それぞれ十二〜十五メートルほどの距離です。その間に、一つの茅屋があります。その中に四人いて、その姿は灰のようでした。一番身分の高そうな人は衣で背を覆い、他の三人は裸で赤灰の上にうずくまっています。座るものがないのです。悲しみ泣き叫んでいました。獄領が、

「衣を着ている一番身分の高い人は上人のお国の延喜王（醍醐天皇）で、他の三人はその廷臣です。君臣共々責め苦を受けていま

—鉄窟苦所　鉄山が分かれ合わさることを繰り返すことで罪人を圧して責める苦所。☞補注⑪

—茅屋　粗末な小屋。「昔有二西域人一、竺長舒居二住茅屋一忽値二隣人失火一」（『法華義疏』）

—其形如灰　地獄の業火に焼かれる罪人たちの様子。☞補注⑫

—余三人　他の三人　☞補注⑬

—蹲居　「蹲踞」とも。膝を立てて腰をおろしうずくまること。「阿難如レ是之身、若是男者蹲二居母腹右脇一而坐、両手掩レ面向レ脊而住。若是女者蹲二居左脇一両手掩レ面背レ脊而住」（『大宝積経』）

「衣有る一の人は、上人の本国の延喜王なり。余の三人は其(そ)の臣なり。君臣共に苦を受く」と云々。王、仏子を見て、相招き給ふ。仏子即ち茅屋(ばうをく)に入りて、敬ひ屈(かが)み奉る。王曰(い)はく、

「敬ふべからず。冥途は罪無きを王と為す。貴賤を論ぜず。我は是(これ)、日本金剛学大王の子なり。然(しか)るに此(こ)の鉄窟苦所に堕(お)つ。我、位に居(を)る年尚(ひさ)し。其(そ)の間、種々(くさぐさ)善を縦(ほしきまま)にし、亦(また)、種々(くさぐさ)悪を造る。報として先(ま)づは熟(あまね)く此(こ)の鉄窟を感得し、報として、鉄窟を出でての後(のち)は、善法を愛重(あいぢゆう)せるが故に、当(まさ)に化楽天(けらくてん)に生ずべし」と云々。仏子言はく、

す」などと言いました。延喜王は私を見つけると、お招きになります。私は即座に小屋に入ると、敬意を表して頭を下げました。王は、

「私を敬いなさるな。冥土では現世で罪を犯さなかった者が王です。俗世の身分は問題となりません。私は日本金剛学大王（宇多法皇）の子ですが、この鉄窟苦所に堕ちました。私は帝位に長くいました。在位中、いろいろな善行もした一方で悪行もいろいろしました。悪報によってまず、この鉄窟の責め苦に大いに苦しまされています。鉄窟を出た後は、仏法を尊重していた善報で化楽天に往生するでしょう」などと言いました。私は、

「陛下はご在位中、どんな重い罪を犯されたというので、この地獄に堕ちられた

―延喜王　醍醐天皇。「延喜」は醍醐天皇の年号なので、天皇自身の称ともなる。☞解説参照

―日本金剛学大王　宇多法皇。「金剛学」は宇多法皇の戒名。☞解説参照

―感得　感ずる。「悟りを得る」意味にも「懲らしめを受けて十分反省する」の意味にも用いる。「心顛倒故所起二三業一、皆能感得、不レ可レ愛レ果。由二此因縁一増二長悪趣一」（『大般若波羅蜜多経』）

―化楽天　六欲天中の第五天（上から二番目）。自分の欲しい物を作り出せる世界。化楽天では人間界の八百歳が一日にあたり、天人の寿命は八千歳、身体も大きい。「化楽天、身長八由旬衣長十六由旬」（『起世経』）。

「大王天下を治る間、重倫を犯せること何の故に此の所に堕ち給ふや」と。「自と他との作す業重きが故に此の獄所に堕つ。其の他は太政天なり。其の天神、怨心を以て、仏法を焼滅し衆生を損害せしむ。其の作す所の悪報、惣て我が所に来るは、我、其の怨心の根本を為すが故なり。太政、以下十六万八千の悪神に詔し、其の眷属為らしめ、恨を含ませ、怨に報はしむ。我が聖父・法主天、慇懃に彼の天神を誘ひ喩ひ遮り、其の悪を妨ぐ。然りと雖も、其の十六万八千の鬼兵、悪を作すこと止まず。是の故に我が苦の相続き、断ぜず。

のですか」と言いますと、「自分と他人に関わる悪業が重くてこの地獄に堕ちました。『他人』とは太政天のことです。あの天神は怨心のために仏法を焼滅させ、人々を殺傷させます。その悪業の報いがすべて私に来るのです。それは、私がその怨心を起こさせた原因だからです。太政天は配下の十六万八千の悪神に命じて、その企みの仲間にして、現世に恨みの心を持たせ、怨みを晴らさせようとしているのです。私の聖なる父・法主天は心を尽くしてあの天神をなだめて現世をかばい、その悪行を食い止めています。しかし、その配下の十六万八千の鬼兵の悪行は止められません。そして私への責め苦は続きます。私が化楽天に往生して、父と子が思う存分に浄土の安楽を喜べる時はいつ

—自他作業　天皇自らの罪と、他人（道真霊）の所行に責任をとらされる。「由レ是三密門尽集二自他業一称二吽進力一」（『金剛頂瑜伽他化自在天理趣会普賢修行念誦儀軌』）

—悪神　衆生を害する天上界の住人。「彼城有二種種夜叉諸悪神等一」（『仏本行集経』）

—我父法王深温世事　父王を俗事で悩ませた。☞補注⑭

—鬼兵　前出の悪神の類似語。衆生を害する鬼「我当レ将二諸鬼兵一、往二壊彼衆一」。（『長阿含経』）

何れの時か化楽天に生じ、父子、苦、楽を愛せむ。

「我が生前に犯せし罪は大を取るに五有り。五は皆、是れ太政天の事に因るなり。今、悔ゆるも及ばず。我が父法王をして、深く世事を温ぬること、天険の路を行歩するが如く心神を困苦せしむ、其の罪の一なり。自らは高殿に居りながら、聖父をして下地に坐せしめ、焦心・落涙せしめり、其の罪の二なり。賢臣を事没く流せり、其の罪の三なり。久しく国位を貪り怨を得、法を滅せしむ、其の罪の四なり。自らの怨敵をして他の衆生を損はす、其の罪の五なり。

来るのでしょうか。

「私が生前に犯した大罪は五つ有ります。五つすべて太政天に関係しています。今さらここで反省しても、罪は十分あがなえません。私は父・法王を俗事で悩ませて、高山の険路を歩かせたように深く御心を痛めさせ苦しめたのが罪の一です。自分は宮殿の高座に居ながら、聖なる父を土の上に座らせて、悲しませ、涙を流させたことが罪の二です。賢臣を、無実なのに流罪に処したのが罪の三です。長く皇位に居座ることで怨みを受け、その者達に仏法にそむかせたのが罪の四です。自分に怨みを抱く者に自分以外の人々を傷つけさせたのが罪の五です。以上が主な罪で、関連する小罪は数知れません。それで責め苦を息つく間もなく受けています。苦しい、悲

—苦愛　大いに愛する、賞味する。「幽人苦愛レ菊、自是芝桑倫」（高啓「菊隠詩」）

—自居高殿、令聖父坐下地焦心落涙　道真左遷の撤回を求め醍醐天皇との会見を望んだ宇多法皇が、内裏に入ることを拒否され、陣の前の草座に座りこんだことを指す。（『扶桑略紀』昌泰四年正月二十五日）。☞補注⑮

—賢臣事没流　無罪の道真を左遷した。没は無と同義。「没、無也」（『小爾雅』広詁）。『大鏡』も道真を無罪と認定する。「なき事によりかく罪せられたまふを、かしこくおぼしなげきて」（『大鏡』「時平伝」）☞補注⑮

—久貪国位　醍醐天皇の在位期間は三十四年で、平安時代最長である。在位十年で退位し、出家した宇多法皇に比べ、在位期間が長く、在俗でいたことで仏法に接する機会が少なかったことを反省している。

—令自之怨敵損他衆生　昌泰の変後の天災と、疫病蔓延、兵乱を意味している。☞補注⑯

是れを根本と為て、自余の罪は枝葉、無量なり。苦を受くるに休息無し。苦しきかな、悲しきかな。

「地獄に来たる人、還り出づる期遠し。誰か寄らば此の事を伝へんと念ふ間、今、上人、来たりて還り向かふ。逢ふ事を喜びて一二を陳ぶるのみ。努力努力、我が辞せしが如く主上に奏すべし。我身は鉄窟に在りて大苦毒を受くれば、幼主は位に居りて安穏に坐さず。我身は、切々に辛苦たり。早々に救済し給へ。

「又、摂政大臣に申さるべし。我が苦の為に一万の卒塔婆を起立し、三千の度

しい」。

「地獄に来た者はなかなか出られません。現世の誰かが来たならば自分が今言ったことを現世にも伝えてもらいたいと思っていたところ、こうして現世に戻れる上人が来ました。お会いできて嬉しいので一つ二つ話をします。何としても私の言葉を帝に奏してください、『父たる私が鉄窟地獄でこれだけ苦しまされているのだから、幼帝も安穏としていられまい。私はさんざんに苦しめられている。早く救済して欲しい』と。

「また、摂政大臣には、こう申してください。『私の抜苦のために、一万の卒塔婆を建て、三千人の度者を賜りたい。一つ一つの卒塔婆に、法華経・涅槃経の首題、そして如来証菩提・諸行無常等の偈文・仏頂随求や無所不至などの陀羅尼を

―努力努力　「つとめて」あるいは「気をつけて」。教訓の終わりによく用いられる。「行者等努力努力勤而行レ之。常懐二慚愧一仰二―謝仏恩一応レ知二般舟三昧行道一」（『依観経等明般舟三昧行道往生讃』末尾）

―主上　主上は天皇の敬称。ここでは朱雀天皇。

―幼主　朱雀天皇は天慶三（九四〇）年、十八歳。☞補注⑰

―摂政大臣　藤原忠平。天慶三年、摂政・太政大臣。翌天慶四年十月摂政から関白に転ずる。☞補注⑰

―卒塔婆　仏舎利を安置する塔。☞補注⑱

者を給ふべし。一々塔婆は、法華・涅槃の首題、及び如来証菩提の諸行無常等一偈、並びに仏頂随求、無所不至等大秘密を納めしめ、七道諸国の各々の名山・大海・大路の辺に起立して、一日、同時に供養せしめ給へ。其の度者は、諸寺・諸山の練行の清浄の沙弥・近士の誓求せしもの、一日に度せしめよ。智行具足の名僧三百口、三千人の度者を請じ、大極殿の前にて仏名懺悔の法を修すべし。

「又、国母に白さるべし」と云々、記さず。

「我、深く第四親王の、仏に帰し法を愛することを随喜す。念々の功徳の数数

納めさせて、その卒塔婆を七道諸国にある各々の名山・大海・大路の端に建てさせ、同じ日、同じ時間に一斉に供養させなさい。度者には諸寺・諸山で修練を積んだ清浄な沙弥と、近士で受戒を誓い得度を求める者たちを同じ日に一斉に得度させてください。学識も修行も備わった名僧三百人は三千人の度者を招集し、大極殿の前で仏名懺悔の修法を執り行うのです』と。

「また、皇太后（藤原穏子）に伝えて欲しいのは…」など。これは書きません。

「私が大変嬉しいと思うのは、私の第四親王（重明親王）が仏に帰依し、仏法に親しんでいることです。親王が積みかさねた功徳の多くが私のもとへも及びます」などと。

「まだ話したいことを申します。私は長い間、苦しみ

—如来証菩提…一偈　前出「諸行無常如来証涅槃偈」のこと。釈迦仏の、自身が涅槃してみせることで衆生に諸行無常を示した際の偈

—仏頂随求　密教の陀羅尼の一つ。「乃於二興善寺三蔵和上一、求レ授二仏頂随求等真言一」（『大唐青龍寺三朝供奉大徳行状』）。

—無所不至等大秘密　「無所不至」は密教陀羅尼の一つ。「秘密」は陀羅尼。「大無畏無垢蓮華仏頂秘密三昧禅定普遍」（『大仏頂広聚陀羅尼経』）

—練行　行法を修練すること。「時衆多苾芻、精勤練行繋レ念修習広説乃至得二阿羅漢果一」（『根本説一切有部苾芻尼毘奈耶』）

—沙弥　十戒は受けたが具足戒をまだ受けていない出家者。

—近士　在家者ながら五戒を受けた者。「是真言者、清潔身服依レ法作治、令二諸近士恭敬礼拝授灌頂法一」（『不空羂索神変真言経』）☞補注㉑

—誓求　悟りを真剣に求める。「我今誠実心、誓求無上道…往昔牟尼大聖王、誓求無上大菩提」（『父子合集経』）

—度者　毎年一定数定められた公認出家者を年分度者、その他を臨時度者という。☞補注⑲

—得度　出家して僧尼になること。「我観二其根一応得度者、随所現レ形、而為二説法一」（『大般涅槃経』）。

—仏名懺悔　仏名経を読んで罪を懺悔する法会。☞補注⑳

—国母　天皇の母。「女院は…二十二にて皇子御誕生、皇太子にたち位につかせ給ひしかば…天下の国母にて」（『平家物語』灌頂巻「女院出家」）。本文の国母・藤原穏子は基経女で醍醐天皇の女御。朱雀天皇・村上天皇の母。「大后（おほきさき）」

と言われ、朱雀天皇を退位させたほどの発言力があった。(『大鏡』「昔物語」)。
—第四親王　重明親王。☞補注㉒
—念々功徳　積み重ねた功徳。☞補注㉓
—方広仏名経　『仏名経』は菩提流支訳『仏名経』十二巻以外にも数種の異本がある。菩提流支訳本には一万千九十三尊の仏が列記されているが、『方広仏名経』にはさらに二千七尊が加わり、一万三千尊となるのだろう。
—五畿諸国　山城・大和・河内・泉・摂津の畿内五ヶ国。
—遊行　僧が諸国を遍歴して説法教化すること。中世に時宗が出る前まではどの宗派もこの語を用いた。「一時世尊遊行至二彼末利城中一。与二苾芻衆一而共集会。」(『仏説大集法門経』)
—伎楽　台詞のない仮面劇。古代中国から日本にも伝来した。
—歌頌　仏への讃歌。「荘麗以如来身置二宝輿上一、

我が所に及ぶ」と云々。
「心に存(のこ)るを又曰(いは)く、我、多くの歳、苦を受くるも今、上人に遇ひ、暫く休息(くそく)を得たり。定めて我の、苦より離(か)るる日も知るべし。我が上人に願はくは、我及び三臣、并(ならび)に一切衆生の為に、断穀・無言せよ。方広仏名経を主上(しゆしやう)・国母(こくも)の御服に書け。一万三千の仏図を用いて、宮・京内・五畿諸国を遊行(ゆぎやう)し、万民を引率して懺悔(さんげ)の法を修すべし。種々(くさぐさ)の香(かう)・花・飲食(おんじき)・伎楽(ぎがく)・歌頌(かじゆ)を以て、一万三千の仏と方広仏名経の供養たるべし。此(かく)の如く一万三千の供養せば、我及び三臣早く鉄窟を出(い)でて、我

を受けてきました。今、上人に会うことでしばらく息をつけました。それで私自身が地獄を出る日も見えてきました。私の知り合いとなった上人にお願いがあります。私と三臣、並びに一切衆生の為に穀物を断ち、無言行をしてください。方広仏名経を天皇と皇太后の服に書きつけてください。一万三千の仏図を用いて、宮中・都・畿内を巡り説法教化し、庶民たちを導いて仏名懺悔の修法をしてください。様々な香や花、飲食物・伎楽・歌頌で、一万三千仏と方広経・仏名経を供養してください。このように一万三千仏を供養すれば、私と三臣はすみやかに鉄窟を出て、私は化楽天に、廷臣たちは忉利天に転生できるでしょう。たとえ、私や三臣の妻子眷属でなくとも、私たちを救って

焼香散華、作二衆伎楽一、歌頌讃歎。」（『大般涅槃経』）

—忉利天　六欲天中の第二天（下から二番目）。
☞補注㉔

—鉄丸降所　焼けた鉄丸で罪人をさいなむ地獄
☞補注㉕

—能化　師として他を教化できる者。僧。「於能化仏生二此想一歟」（『法華開示抄』）「其ノ時ニ其ノ世界ノ能化ノ仏、此ヲ見テ御弟子ノ比丘等ニ告テ宣ハク」（『今昔物語集』）

—宗（むね）　中心。「家の作りやうは夏を宗とすべし」（『徒然草』）ここでは寺院・宗派の指導者。「能化宗」が具体的に誰を指すのか不詳ながら、天慶三年二月に、天台座主で醍醐天皇の戒師でもあった尊意が没していることが注目される。尊意は『将門記』に堕地獄譚があり、『北野天神絵巻』には道真霊と対立する話がある。さらに『日蔵夢記』は宇多法皇の出家は認め戒名（金剛学）も明記するのに、尊意を戒師とする醍醐天皇の出家については、戒名（宝金剛）も黙殺している。

は化楽天(けらくてん)に生じ、臣等は忉利天(たうりてん)に生ずべし。仮令(たとひ)、彼と我の妻子眷属たらずと雖(いへど)も、救済(ぐざい)せよ。先づ深く上人の苦を抜くの善を相恃(あひたの)まむ」と云々。「鉄窟相応の法なり。万善(まんぜん)を修せずと雖も、必ずこの法を修すべし、努力(ゆめ)努力(ゆめ)」と。仏子、悌泣(ていきふ)して屋外に出づ。即時、四山一つに合するなり。

　次第(ついで)廻(めぐ)り転(めぐ)りて鉄丸降所(てつぐわんかうじよ)に至る。数百人中一僧有り。在世の時の能化(のうけ)の宗(むね)なり。仏子、見(さと)り省(おぼゆ)れども記さず。此(か)くの如く巡(あまね)く見了(おは)る。地獄城中を出づ。火炎、熾盛(しじやう)なること本(もと)の如くなる。獄領(ごくりやう)云はく、

ください。何よりも上人が我々の苦を消滅させる善行をしてくれることを頼みにしています」などと。「それが鉄窟地獄に堕ちた者を救うのに適した修法なのです。他の万の善行は行えなくても、きっとこの修法はしてください。何としても頼みます」と。私が涙を流しながら屋外に出ると、四つの山が一つになりました。

　さらに巡り巡って行くと鉄丸苦所に着きました。数百人の中に僧が一人います。在世の時には仏教界の中心人物であった人でした。私はそれが誰であるか見てわかりましたが、それは記しません。このようにして巡見を終え、地獄城から出ます。火炎は元の通り盛んに燃え上がり出しました。獄領が、

「地獄ははかりしれなく広

―即身　生き身のまま。「無違二王法一、民欲二飛行一念即身往」（『仏般泥洹経』）。

―天堂　前出。浄土。ここでは日蔵が兜卒天に往ったことを指す。「我雖レ生二処天堂一、心常憂悩」（『雑宝蔵経』）☞補注⑧

―抜済　苦を取り去って難を救うこと。「応乙当下常恭敬随二－順諸仏学一念中－仏慈悲力上抜レ苦身心安甲」（『大方便仏報恩経』）「仏ノ世ニ出テ菩薩ノ道ヲ行ジ給ヒシ事ハ、我等衆生ヲ利益抜済シ給ハムガ為也」（『今昔物語集』）

―僧祇劫／大劫　劫は数の単位。数えることもできないほど、途方も無く長い時間。☞補注㉖

「地獄は無量なり。我、只、此（こ）の一大城を領するのみ」と。即ち相共に閻羅宮に還り至る。王即ち合掌して讃ぜり。

「希有（けう）なり希有（けう）なり、真の仏子なり。即身にして天堂を見、亦地獄を見る。精進して主上（しゆしやう）を救済（ぐざい）せよ」と讃ふ。仏子聞き了り拝して帰去す。即ち金峯に在り。菩薩曰はく、

「汝、地獄を見て怖畏（ふい）を生ぜしや不（いな）や」と。答へて云はく、

「甚だ怖畏（ふい）せり」と。菩薩曰はく、

「若（も）し人、因果を信ぜずは、終（し）ぬる時に直（ただち）に彼の地獄に入れらるるは、箭（や）の射らるるが如し。僧祇劫（そうぎごふ）を経て苦を受

いのです。私はただこの一大城を預かっているのみでして」と言いました。そして一緒に閻羅宮に帰りました。閻羅王はそこで私に合掌し、私を讃えて、

「何と希有なことか。上人は生き身のまま浄土を御覧になり、また地獄をも見られました。このうえは、精進して帝をお救いなされよ」と賛美しました。私はそれを聞くと、閻羅王を礼拝して、王宮を辞去したと思うや、金峯浄土にいました。蔵王菩薩が、

「そなたは地獄を見て恐ろしかったですか、どうですか」と仰いました。

「とても怖ろしく思いました」と答えますと菩薩は、

「もし因果を信じない者がいれば、死んで直ちにあの地獄に入れられること、矢が射られるように速やかです。想像を絶する長い間、

けて息(やすみ)無し。地獄の一日一夜は人間の六十小劫(せうごふ)に当たる。此(か)くの如く日夜、苦を受けて、八万四千大劫(だいごふ)を経て出づるを得(う)。此(か)くの如く三悪道を経て、僅(わづ)かに人道(にんだう)の下賤(げせん)貧窮(ひんぐ)に生ず。汝、精進して、七世の父母(ぶも)及び一切の衆生の苦(く)根(こん)を抜け」と云々。

苦を受け続け、息つく間もありません。地獄の一日一夜は人間界の六十小劫にあたります。あのように日夜苦を受け、八万四千大劫を経てようやく、地獄を出ることができます。それから三悪道を経て、かろうじて人間の中でも賤しく貧乏の身分に生まれるのです。そなたは精進して、七世の父母及び一切の衆生の苦のもとを抜きさるのですよ」などと仰いました。

—小劫　大劫の八十分の一。五千四百万年。六十小却は三十二億四千万年。

—大劫　四十三億二千万年。八万四千大劫は三百六十二兆六千八百億年。

—三悪道　三悪趣、三途ともいう。地獄・餓鬼界・畜生界。「人生二於世一長夜受レ苦。有時地獄、有時畜生、有時餓鬼。於二三悪道一受二衆苦一」(『雑阿含経』)一度そこに生じたらなかなか脱けられない。「人在二三悪道一難レ得レ脱、如三周匝八万四千里水中有二一盲亀一。」(『泥犁経』)

—人道（にんどう）　人間の住む世界。人間界。人趣。善悪の業によって生まれ変わるとされる六種（地獄・餓鬼・畜生・阿修羅・人間・天上）の上から二番目。「我等往昔来、造二‐作衆悪業一。或得生二人道一窃盗二‐婬他妻一、王法受二刑戮一計算不レ能レ数。復受二地獄苦一」(『大荘厳論経』)

㉗と、—抜七世父母及一切衆生苦根　七代前までの祖先と、全ての生き物たちの苦のもとを断て。☞補注

六　満徳法主天《十一ウラ～十五オモテ》

地獄巡検を終えて金峯山浄土に戻った日蔵に、蔵王菩薩は次に満徳法主天城を見よと命じた。満徳法主天は醍醐天皇の父・宇多法皇霊であった。満徳法主天は日蔵に、近年やまない天変地異の原因は太政威徳天（道真霊）の怨心であることを明かし、今後の天変地異を阻止し、醍醐帝を地獄から救出するため、道真霊を祭る天祠の建立をはじめとする道真霊慰撫策を指示する。

【本文】

復（ま）た次（つ）いで、
「仏子、汝、満徳法主天（まんとくはうすてん）宮城を見んや不（いな）や」と。答へて云はく、
「之（これ）を見むことを願ふ。」と。
「其（そ）の満徳法主天は日本金剛学王（にほんこんがうがくおう）、是（こ）れなり。我が前より去来（こらい）し、汝、速やか

【口語訳】

蔵王菩薩は続いて、
「仏子よ、そなたは満徳法主天の宮城を見たいですか」とおっしゃいました。
「そこを見せていただきたいです。」と答えました。
「その満徳法主天は日本金剛学王（宇多法皇）です。私のもとから出発して、はやく参上しなさい」と仰ると、左手をのばし、東の方角を示しました。私が菩薩

【語釈】

一「其満徳法主天者日本金剛蔵王」　蔵王菩薩は日蔵と宇多法皇が旧知であることを知っていた。日蔵と法主天の会話中に「仏子見我已久我是日本僧王也（十一ウ10行目）」とある。

―東方　満徳法主天城は金峯浄土の東にあり、太政威徳天城は西にある。後に、日本太政威徳天寺に、「東に法主天像、西に威徳天像を作れ」という記事もある。『日蔵夢記』の中では法主天（宇多法皇霊）と威徳天（菅原道真霊）とを対置する意識がある。

―人間　人のいるあたり。「菩薩降二人間一微妙真金色」（『七仏経』）

―三世　前世・現世・来世のそれぞれの世。「唯仏具二此神通一。我知二三世如來応一レ供二正等清浄戒法智恵解脱神通妙行皆悉同等一。」（『仏説信仏功徳経』）

―退縁　仏道修行の妨げとなる人。「悪友」「悪知識」と並称されることも多い。「若有上能発二大菩提心一、精二‐進修行一・布施浄戒・安忍・精三‐進静二‐慮般若波羅蜜多一心無中厭倦下、雖レ遇二種種悪友退縁一而不二退屈一、是菩薩相」（『大般若波羅蜜多経』）。「オノオノノ道ニハメデタク貴キ人ナリトモ、サトリコトニ、行コトナル人ノ申シ候事ハ往生浄土ノタメニハ中々ユユシキ退縁悪知識トモ申シヌベキ事ニテ候」（『法然上人行状画図』）

―善利　菩提の利益。「安穏成二仏道一、我等得二

に往（ゆ）き詣（まう）でよ」と、即ち左手を申（の）べて、東方を教ふ。手の末を見るに即ち満徳城に至る。城の地、純一（もはら）頗梨（はり）なり。城北の大小の草木・花菓（けくわ）、皆、七宝（しつぱう）なり。西に呉竹林の、広さ二十里ばかり有り。其（そ）の枝・茎、皆光有りて明らけきこと紺瑠璃（こんるり）の如し。東南に池有り。其（そ）の池辺、五色の沙（すな）有り、光り明らけきこと亦五色なり。正殿（しやうでん）は金銀（こんごん）にして高く広く、七宝（しつぱう）の花鬘（けまん）を懸く。西方の宝殿は人の間にて、奉仕（ぶじ）の大法師等、無数（むしゆ）なり。時に法主天、仏子に命（のたま）ひて云はく、「我、金峯に於いて汝の三世の事を聞く。汝、退縁（たいえん）に逢ふが若（ごと）く恐れを為せども

の手の先を見るや、すでに満徳城にいました。その城の地面は、純粋の水晶でした。城北に生えている大小の草も木も花も果実もどれも七宝です。西には呉竹の群生している広さ二十里ほどの林がありました。その枝や茎は皆光っていて紺瑠璃のようです。東南には池があって、そのほとりには五色の砂浜が広がり、池が光り輝くさまもまた五色でした。正殿は金と銀で仕立てられ、高く広く、七宝の花鬘が懸かっています。西方の宝殿は人々が詰める場所で、お仕えしている大法師など多くの人々がいます。この時、法主天が私に仰ることには、「私は金峯山でそなたの前世・現世・来世のことを聞きました。そなたは太政威徳天を見て仏敵にあったようにおびえましたが、利益

善利を告げらる。浄刹(じやうせつ)を示されて歓喜(かんぎ)せしめらる。地獄を示されて怖畏(ふゐ)せしめらる。聖旨(しやうじ)是(か)くの如く希有(けう)なるかな。仏子、親しく仏の声教(しやうげう)を聞く、甚だ奇特(きどく)なり。

「仏子、我に見(まみ)えて已に久し。我は是(こ)れ日本僧王なり。我は梵行清浄(ぼんぎやうしやうじやう)ならずと雖も、出家の一受戒の力にて、化楽天(けらくてん)処に生ずるを得(う)。然而(しかりしかう)して、我、卑少の別城に住するは、彼(か)の太政天の悪を遮り止(とど)めんが為なり。彼(か)の天神、常に日本の霜雹(さうばう)為(た)り。而(しか)して常に国土を摧(くだ)く。我、甘露たり。而(しか)して常に人民(にんみん)を利す。但し、彼(か)の国の人民、諂(てん)・狂・

を授かりました。兜率天浄土を見て歓喜させられました。地獄を見て怖れさせられました。仏の教えはこのように人智の及ばないものなのです。そなたが直々に仏から教えを授かったのは、めったにないすばらしいことでした。

「仏弟子よ、そなたは既に私と出会ってだいぶ経ちますね。私は日本僧王（宇多法皇）です。私は常に禁欲の行を続けたのでもありませんが、出家による一度の受戒の功徳の力で、化楽天に生まれることができました。しかし私が今この小さな城に住むのは、あの太政天の悪行を止めたいからです。あの天神はいつも日本にとって霜雹のようです。国土にわざわいをもたらします。私は甘露のようです。常に人々を助けています。しかし、日本の人々は

善利二」（『法華経』）

—浄刹　浄土。「至如已身外説二仏身一、穢土外示二浄刹一、為二勧深著凡愚一」（『阿弥陀秘釈』）「弥陀の浄刹に往生せん」（『源平盛衰記』）

—聖旨　仏神の思召し。仏の教え。「其諸菩薩、承二仏聖旨一各自説言諸仏尽聴」（『生経』）。

—奇特　稀であって素晴らしいことを讃える常套表現。「諸賢比丘、唯無上尊為二最奇特、神通遠達威力弘大一」（『長阿含経』）。

—梵行　淫欲等の欲望を断つ無欲の行。「其母奉二-持五戒一、梵行清浄、篤信仁愛、諸善成就。安楽無レ畏、身壊命終、生二忉利天一」（『長阿含経』）

—霜雹／甘露　二句で対。霜雹は災難、甘露は平穏の喩。「得証二甘露処一、最妙無二老病一。…是名在家菩薩於二己妻所一生二於三想一…是名三、復生二三想一。何等三、妖媚想・作衰想・霜雹想」（『大宝積経』）　☞補注①

—熾盛　火の燃えるように活発。「阿難当レ知下諸

大神天所㆑封宅地、有㆓人居者㆒安楽し熾盛㆖。」（『長阿含経』）

―惟公瞼目　「惟」は語調を転じて強調をあらわす詞。

―愛別離苦　親しい者との生別・死別の苦しみ。「云何知㆓苦如真㆒。謂、生苦・老苦・病苦・死苦・怨憎会苦・愛別離苦、所㆑求不㆑得㆑苦」（『中阿含経』）☞補注②

―宿世　これまでの経てきた数々の前世。「宿世因縁、吾今当㆑説」（『法華経』）

―福智力　福力と智力。福力は運の力。「独蒙㆓福力㆒、災不㆑至」（『易林』）。智力は知恵の働き「吾任㆓天下之智力㆒、以㆑道御㆑之、無㆑所㆓不可㆒」（『魏志』太祖伝）。仏はそれを併せ持つ「顕㆓現菩薩福智力門㆒」（『華厳経』）

―威徳自在　限りなく威厳と徳の備わることで、あらゆるものを降伏できる様子「甚深㆓般若波羅蜜多㆒、能成㆑弁㆓諸仏無上正等菩提㆒故、善現、如㆓刹帝利灌頂大王㆒、威徳自在降㆓‐伏一切㆒。」（『大般若波羅蜜多経』）

邪の心、熾盛(しじやう)なり。故に彼(か)の悪神の勢力、日に新たなり。正直正見(しやうじきしやうけん)の行は希有(けう)なり。故に我ら善神の威光は少し。悲しきかな。苦しきかな。何為(いかんせ)むと欲するや。「彼(か)の日本大政天は菅公是(こ)れなり。惟(これ)、公の瞼目(けんもく)、念(おも)ひを言ふが如し。『嗚乎(ああ)、苦しきかな。我、実(まこと)に犯すこと無し。何為(いかんせ)む。何(なん)ぞ愛別離苦の大苦を連ねる。怨めしきかな、悲しきかな。必ず怨みに報ひん』と。是(か)くの如く念じ畢(を)へ、怨みを含みて終(し)せり。其(そ)の公、宿世(すくせ)の福智力(ふくちりき)の故に、即ち大威徳天神と成る。其(そ)の威徳自在なること、諸の天・神に勝る。即ち思惟(しゆい)す、『凡そ国土の安穏

へつらい、正気を失い、邪悪な心が盛んです。だから悪神の勢力は日ごとに新しくなってゆくのです。正直で正しい行いはめったにありません。だから、私たち善神の威光は弱まります。悲しく、心苦しい。どうしたらよいのでしょうか。「例の日本太政天は菅公です。彼の目は『ああ苦しい。私は本当に罪を犯していない。どうしたらいいのか。なぜ愛別離苦の大苦を受け続けるのか。怨めしい、悲しい。必ずこの怨みに報復しよう』という気持ちを語るようでした。このように怨みを抱き続け、菅公は亡くなりました。積み重ねてきた前世からの福と智の力によって大威徳天神（太政天）となりました。その威徳自在（威厳があって何ものをも降伏させる）なことでは諸天・諸神に勝

は仏法を修するに因る。人民の熾盛は衣食有るが為なり。我、衣食を断たしめ、便ち人民を損減し、仏法の音を断ち、国土を殄滅せん』と。即ち其の眷属十六万八千の毒龍・悪鬼・水火・雷電・風伯・雨師・毒害・邪神等を与め、遍く土に満たしめ、大いに災害を行はせしむ。国土の旧き善神、遮り止めず。

「又、去る延長八年、清貫・希世朝臣等を震害し、又、美怒忠兼を蹴み殺し、及び紀景連・安曇宗仁等を焼損するは即ち此の天の第三使者火雷火気毒王の作す所なり。其の日、彼の気、初めて我が延喜王の身の内に入る。六府、悉

ります。太政天はそこで『およそ国土の安穏は仏の教えを守ることによる。民衆が活発なのは衣食を得ているからだ。私は衣と食を断たせ、人々を殺傷し、仏法を伝える声を断つことで日本の国土を滅ぼしつくそう』と、考え、眷属の十六万八千の、毒龍・悪鬼・水火・雷電・風伯・雨師・毒害・邪神などを集め、日本国中に配置して大災害を起こさせたのです。日本古来の善神も、その災害を止めることができませんでした。

「そして、去る延長八年、藤原清貫、平希世朝臣等を雷電で殺し、美怒忠兼を蹴殺し、紀景連・安曇宗仁等を火傷させたのは太政天の第三使者・火雷火気毒王の所行です。その日、その毒気が我が子・延喜王（醍醐天皇）の身体に入り、内臓

―殄滅　全滅させる「有一智烏語二衆烏言一。…宜レ作二方便殄一滅諸梟一。然後我等可レ得二歓楽一」（『雑宝蔵経』）。

―水火　元来は現世の災難の典型。「何故愁憂乃至二於斯一。無レ縣二官・盗賊・水火・災変所一侵枉一乎。有レ非二家中一不和順一耶」（『須摩提女経』）。しかし中国では水と火を神格化した。本文献もこれにならっている。「天地定レ位、山沢通レ気、雷風相薄、水火不二相射一」（『易経』説卦）

―風伯雨師　風伯は風の神。風師、風神ともいう。雨師は雨の神。「釈梵四天王・八部鬼神・諸大龍王・風伯雨師皆悉来集至二其国界一雨二大法雨一。枯木・石山・枯涸河井・悉皆盈満」（「七仏八菩薩所説大陀羅尼神呪経」）

―毒害　人の害となる悪いもの。「能於二此時中一護二持我末法一、能除二世間悪毒害・諸鬼神及諸天魔人一切諸呪法一」（『行林抄』）

―国土旧善神　仏教伝来以前から鎮座まします土着の善神。「我等四王及与二無量百千天神一、并護二国土一諸旧善神上、遠離去時、生二如レ是等無量百千災怪悪事一」。（『金光明最勝王経』）

―清貫　藤原清貫。正三位大納言、民部卿。『延喜式』編纂者。補説③参照。

―希世　平希世。仁明天皇の孫・雅望王の長子。従四位下右中弁。補説③参照。

―美怒忠兼、紀景連、安曇宗仁　醍醐天皇の廷臣。補説③参照。

―六府　内臓。日本の文献では一般に「六腑」と表記するが、経典では「六府」の表記が多い。「六府者、膽・小腸・胃・膀胱・三焦」（『仏頂尊勝心破地獄転業障出三界秘密三身仏果三種悉地真言儀軌』）

―爛壊　肉が爛れ崩れる。「見婦女屍、為㆓重病㆒死。身欲㆓青色爛壊㆒、蛆蟲穿㆑穴遍㆑啖」（『仏本行集経』）
―彼王遂命終　醍醐天皇は延長八（九三〇）年六月の内裏落雷以後、病床に臥し九月に崩御。☞補説③☞解説
―崇福　崇福寺。現在の大津市に所在した寺院。志賀寺とも称された。延喜二一（九二一）年被災。☞補注④
―法隆・東大　法隆寺と東大寺。それぞれ延長三（九二五）年、承平四（九三四）年被災。☞補注④
―延暦　延暦寺。承平五（九三五）年被災。☞補注④
―檀林　檀林寺。京都・嵯峨野に嵯峨天皇皇后橘嘉智子（檀林皇后）が建立。延長六（九二八）年被災☞補注④
―辟　譬と同義。たとえる。「菩薩処㆓胎中㆒、母自持㆓五戒㆒右脇生㆓童子㆒。無㆓彼諸苦悩㆒譬如㆔天帝釈受㆓妙五欲楽㆒」（『七仏経』）
―自余　そのほか。「雀雉鵠等自余種種雑類衆生、従㆑卵生者、以其従㆑卵有㆓此身故㆒」（『起世因本経』）
―疾雨　激しく降る雨。豪雨。にわか雨。
―火死之病　疱瘡か。☞補注⑤
―行病　病気を流行させる。鬼や魔王の所行。「復有他方国土及娑婆世界諸大鬼王…行病鬼王・摂毒鬼王…皆来集会」（『地蔵菩薩本願経』）「復有五百天魔波旬…於㆓天下㆒行㆑病、殺㆓-害衆生㆒。」（『大輪金剛総持陀羅尼経』）
―令戒者発乱逆之心　戒者は戒律を持する者。乱逆は逆乱と同義で、謀反。「孝昭幼年即㆑位、亦有㆓燕蓋上官、逆乱之謀㆒」（『漢書』昭帝紀賛）。十世紀中頃、僧兵の横暴が活発になりつつあったことをさすか。
―大人　有徳者。「種種経書皆能分別、又能善解

く爛壊（らんえ）するなり。爾（しか）るより、彼（か）の王、遂に命終（みやうじゆう）す。

「亦、崇福・法隆・東大・延暦・檀林等諸大寺を焼亡（せうまう）するは是（こ）れ即ち使者王の作す所なり。是（か）くの如く悪神等、法を滅し生を害（そこ）なふこと、之（こ）の我が延喜王、独（ひと）り其（そ）の殃（わざは）ひを受く。辟（たと）ふるに衆川（しゆせん）の水の一大海に呑まるるが如きなり。

「又、自余（じよ）の眷属の勢（せい）、彼（か）の火雷王に与（くみ）す。其（そ）の数計り難し。或いは山を崩し、地を振るひ、城を壊し、物を損なふ。或いは暴風を吹かせ、疾雨（しつう）を降らせ、人（にん）・物（もつ）併せて損害す。或いは疾病・火死の病を行（なが）し、或いは戒者（かいじや）をして乱逆（らんぎやく）

をことごとく爛れさせました。そのため、延喜王はついに亡くなりました。

「また、崇福寺・法隆寺・東大寺・延暦寺・檀林寺などの諸大寺を焼亡したのも、太政天の使者王の所行です。このように悪神たちが仏法を滅ぼし、人々を殺した罪を、我が子・醍醐帝はひとりで負わされます。あたかも諸々の川の水が大海に飲まれるように。

「またそのほかの眷属の連中も火雷王（火雷火気毒王）に加勢します。その数は計りしれません。ある者は山崩れや地震をおこし、街を破壊し器物を損壊します。ある者は暴風を吹かせ、豪雨を降らせ、人も物も損傷しています。あるものは疾病や疱瘡を蔓延させ、ある者は受戒した者に謀反の心を起こさせ、有徳者に人を嘲りからかう不作

大人相レ法祭祀儀礼」（『長阿含経』）。
―嘲弄之乱　本来の有徳者が人をあざけりからかう不作法をするようになること。嘲弄はあざけりからかう、「難二折公卿一以嘲弄」（『呉志』韋曜伝）。「爾時難陀親友同行諸比丘等二於彼難陀一欲有二調笑嘲弄譏戯一、各相謂言…」（『仏本行集経』）。乱は不作法、「唯酒無レ量、不レ及レ乱」（『論語』）。
―条　並べる。つらねる。「条奏毋レ有レ所レ諱」（『漢書』元帝紀）
―当時　まさにその時、その時代。「天使已来至、宜二当時出家一」（『増一阿含経』）
―忿怨　いかりうらむこと。忿恨。「雖下遭二怨賊一解中身支節上、而能忍受都無二瞋忿怨恨之心一」（『大般若波羅蜜多経』）。

の心を発（おこ）さしめ、或いは大人（たいじん）をして嘲哢（てうろう）の乱を条（でう）せしむ。凡そ国土天下（こくどてんげ）一切の不祥は、十六万八千の悪神の作（な）す所にして、太政天は能（よ）く制止すれども、若干の眷属は制止せらるること無し。是（か）くの如き災害、専（もは）ら当時（そのかみ）にあらず。各（おのおの）、大王の福を尽くすにあらず、公卿の運を尽くすにあらず。只此（ただこ）の日本太政天の忿怨（ふんえん）の致る所なり。金峯・八幡等の諸大菩薩等・我れ満徳天、堅く執（まも）りて許さず。故に自由なること能はざるのみ。而（しか）れども惣（すべ）て天下の愚人（ぐにん）災難の源を知らず、鎮護の善神（ぜんじん）に還（かへ）りて損害の咎（とか）を処（お）く。甚だ憐れむべきかな。

法をくり返しさせています。総じて日本国のすべてのわざわいは十六万八千の悪神のしわざで太政天はこれを制止できても、若干の眷属は止めきれません。こうした災害は道真公が亡くなって数年だけにとどまりませんでした。これまでの災害は、帝が福徳を尽きはたしたためでも、貴族が運を使い果たしたためでもなかったのです。ただこの日本太政天の怒りと怨みによってもたらされました。それでも金峯菩薩・八幡菩薩などの諸大菩薩や、私・満徳天が、彼を堅く押さえて自由にさせませんでした。それで太政天は思うようには行動できませんでした。しかし日本中の愚者たちはこの災難の原因を知らず、逆に国家鎮護の善神にわざわいの責任をおわせているのは、非常に憐れむべ

此の天神の心、一切の災難・争ひ発ることの根本を為す」と云々。

「何なる方便を以て、之を抜済せんや」と云々。

「今、須らく彼の太政天王の怨心と調和ひ、兼ねて之を以て抜苦の修法とすべしと云々。

「仏子、汝、我が此の慇懃なる数を当に主上並びに摂政大臣に献ずべし。宜しく早く先帝の生天及び天下の安穏の為に天祠を造立し、彼の太政天を勧請し、咎を謝し、福を祈るべし。

「告ぐ、山より北に一の小天祠を建立し、清浄にして律を持する僧一口を択び求

きことです。この天神（太政天）の心が、一切の災難と兵乱の根本原因なのです」などと仰りました。

「どういう手段によれば、人々を救済できますか」などと申しあげると、

「今、太政天の怨心をなだめると同時に、それに加え、これから言う救済の修法をおこないなさい。

「仏弟子よ、そなたは私の委曲をあれこれ尽くした方策を、帝ならびに摂政大臣に申しあげるのです。先帝が浄土に転生でき、現世が安穏になるように、天祠を造立して、そこに太政天を勧請し、これまでの咎を謝罪し、現世の福を祈りなさい。

「その方策を言いましょう。山より北に一つの小天祠を建立し、清浄で戒律を守ること堅固な僧を一人選んで、その祠を太政天への願いを届けるってとして、

―慇懃数　委曲をあれこれつくすこと「如レ是慇懃数数勧請、不レ勉ニ其意一求レ生レ天者」（『撰集百縁経』）。

―先帝　先代の天皇。現在の朱雀天皇の、前の天皇は醍醐天皇。今、地獄にいて責め苦を受けている。

―生天　死後、天界に転生すること。「仁楽レ生レ天。我楽ニ寂滅一」（『永平道元禅師清規』）。

―勧請　仏を迎えること。「最初、歓ニ請如来一転ニ妙法輪一、開ニ甘露門一度ニ人天衆一」（『大乗本生心地観経』）。別の地に安置されている神仏を新たに移し迎える意味もある。「比叡山に大師勧請の起請といふ事は、慈恵僧正書き始め給ひけるなり」（『徒然草』）

―持律　戒律を守り続けること。「如来称ニ歎汝持律中第一一」（『央掘魔羅経』）。高徳の僧への賛辞の一つとしてもよく用いられる。「其の子に如無僧都とて、智恵才学身にあまり、浄行持律の僧をはしけり」（『平家物語』）

—便　手紙。って。

—差　官吏を派遣する。「好差二青鳥使一、封為二百花王一」（白居易「山石榴花詩」）

—雷峯　嵯峨野近辺の山で、雷／火事に関連する伝説を持つ山であれば愛宕山（京都市右京区）か。

—城中　市街。「城裏」「城内」とも。「花落城中地」（白居易「寄江南兄弟」）

め、其の祠を便として咎を謝し福を祈らせよ。何者、彼、太政天の常住の所、南と西と二方の諸国の政を分行す。故に其の天祠の前庭の樹、橋に通ぜしめ、左右に花樹を裁ゑ烈べ、大威徳天祠と号すべし。又た大沢の北極に一の小天祠の建立さるべし。大天、其所に於いて東と北と二方の諸国の政を差し行なふ。故に清浄の僧一口を置き、咎を謝して祈請させよ。日本大天祠と号すべし。

「又、此の天神、屡爰に頂に住し、雷峯を護らむ。常には城中にあり、嵯峨野を遊行せむ。諸神、行すらむ。故に其の正宮、大威徳城を相ひ像るべく建

太政天への罪を謝罪させ、現世の福を祈らせなさい。なぜなら、そこは太政天の常に住む所で、統治を分担する南方・西方諸国に配下を派遣して政治を執るところだからです。そこでその天祠の前庭の樹々は橋を通じるようにして、左右に花樹の並木を植えて、大威徳天祠と名付けなさい。また、大沢池の北端に小さい祠を一つ建立しなさい。太政天はそこで東方と北方諸国に配下を派遣して政を執ります。だから清浄な僧一人を置いて、罪咎を謝罪し祈請させなさい。ここを日本大天祠と名付けよ。

「またこの天神は、時々この頂きに居て雷峯（愛宕山）を護るでしょう。いつもは市街に居て、嵯峨野を巡行します。諸神はここに参上してくるでしょう。だからその楼閣は大威徳城を

—像　にせる、かたどる。「像、擬也」（『釈文』）「己身壊死、令三復見二身相像一」（『人本欲生経』）。

—大沢池　京都市右京区の大覚寺にある池。☞補説⑥

—正中　まん中。中央。

—雑人　庶民

—彼本城　太政天の住む大威徳城。（『三　日本太政威徳天』）

—周匝　まわりをとりまくこと。そのまわり。「僧俗周匝見レ之」（『参天台五台山記』）

—山水　ここでは築山と遣り水の意味。

—池塘　池の堤。「他日縦看遮二陌上一、此時誰ト払二池塘一」（『菅家文草』六、賦新煙催柳色）

立さるべし。其の本城、大海中の宝嶋なり。故に水の中に建立すべし。大沢池、是れ相応の地なり。其の池の正中、一の小島を為り、築き堅めること已に了らば、其の地、雑人をして踏ましむべからず。但し建立の間を除く。其の宮殿とて、八面の楼閣を建て、八方に戸を開けよ。一切の荘厳、彼の本城の如くあれ。周匝して軒廊を作るとも、高さは閣を過ぎざれ。八面に戸を開けよ。島の形は壇の如く、山水高からず、奇巌立ち列ぶ。樹、其の池塘の上に栽ゑ行べられ、以て馬場を為れ。多く花と樹とを栽ゑて、路を為るべし。嶋の東

手本に建立されるべきです。その手本となる大威徳城は大海中の宝の島です。そこでこの楼閣も水の中に建立しなさい。大沢池は相応の地です。その池の中央に小島を一つ築き、造営し終わったら、その地は庶民に立ち入らせてはいけません。ただし建立の間は別です。その宮殿として八角楼を建て、八方に戸を設けなさい。諸々の荘厳具は太政天の大威徳城のようにしなさい。周囲には回廊を作りますが、高さは楼閣を超えないように。八面に戸を開けなさい。嶋の形は戒壇のようにし、築山と遣り水は高くせず、風情のある岩石をならべなさい。並木がその島に植えられ、それで馬場を作りなさい。多くの花と樹を植えて道を作りなさい。嶋の東西に二つの幢を建てて、その上に日月をか

西に二幢（どう）を建立し、其（そ）の上に日月（じつがつ）の形と家表（くわへう）の形、之（これ）を鋳造し、安（す）へよ。
「亦、其（そ）の池の北山に、一（ひとつ）の小堂を建立し、五大明王并（なら）びに護世一切天等の像を安置せよ。亦、東方に我れ満徳法主天の像を作り、西方に彼（か）の日本太政天の像を作り、各々（おのおの）形は東西二王の如くせよ。但し東方は龍に乗り、西方は鳳に乗るを異とするのみ。其（そ）の小堂の左右、一祚殿を建立せよ。天下の諸神自ら来りて、我が二天所在の処に住止せむ。一切の神明（しんみやう）、其（そ）の城に来たりて応ぜざるはなからん。日本太政威徳天寺と号すべし。一切の災難、二天の前に

たどったものと、表札の形をしたものとを鋳造して据えなさい。
「またその池の北山に小堂を一つ建立し、五大明王ならびに護世一切天などの像を安置しなさい。東に私・満徳法主天の像を作り、西にあの日本太政天の像を作り、各々の像姿は東西に並び立つ仁王のようにしなさい。但し東の像は龍に乗り、西の像は鳳凰に乗ることとは別です。その小堂の左右に祠を一棟ずつ建立しなさい。世界の神々が自ずとやって来て、我ら二天の在所に滞在するでしょう。日本中の神でその城に来て我らに会わない神はいないでしょう。これを日本太政威徳天寺と名付けなさい。一切の災難はこの二天の前で祈願すればおのずから消滅します。私と太政天といつも一緒に行動し、そこに共

—幢　聖殿の荘厳具として垂らす布の旗。「挙二幢太学下一」（『漢書』鮑宣伝）。幢幡と同義。☞「三」語釈

—嶋の東西に二幢（どう）を建立　幢幡は寺院内荘厳具としても用いるが、寺院正面の左右にも立てられる。幢幡を両側から固定する柱を幢竿支柱という。韓国慶州の仏国寺には、統一新羅時代の石製の三メートル半ほどの幢竿支柱が残っている。

—日月形　日月は帝王の喩でもあり、帝王のみ用いることができた。「爾時世尊漸次遊行到二王舎城一…或作二日月形一」（『根本説一切有部苾芻尼毘奈耶』）。宇多法皇鎮座の祠ゆえ日月形を用いる。

—家表　家表章。家の表札。「武帝…罷レ黜二百家表章一以六経与太学修郊祀」（『釈氏稽古略』）

—五大明王　不動、降三世、軍荼利、大威徳、金剛夜叉の各明王（『仁王経儀軌』）。五忿怒、五大尊とも。平安中期に五大堂の建立が相ついだ史実と『日蔵夢記』との関わりについて竹居明男氏が『道覧上人冥途記』『日蔵夢記』備考（続）」（『人文学』一七三号、二〇〇二年二月）で指摘されている。

—護世一切天　仏教の守護神。「金剛手菩薩摩訶薩、及諸聲聞、乃至大梵護世一切天人・阿修羅・乾闥婆・人・非人等」（『延寿妙門陀羅尼経』）

—安置　聖なるものをすえる。「灑掃所居極令二清浄一。安二置妙座種種施設一」（『方広大荘厳経』）

—天下諸神自来住止我二天所在之所一。一切神明無不来応其城。　平安中期の神仏習合・本地垂迹の発想では、仏のもとに神が参上する。「天下」については☞「一」語釈

て祈願せば、自然（じねん）に消滅せん。我と此（こ）の天と行住坐臥を同じうし、共に一所にて悪を遮り国を護ることを為さん。「祈請せんと欲（おも）はば、常に四月十五日、十月十五日を以て、音楽を減（へ）ぎ設（まう）け、公卿相共に行じて三宝及び二天を養ぜよ。また毎年正月一日、大王（おほきみ）自ら幸（みゆき）し、年中の祥福を祈るべし。浄行の僧六口を置き、法華三昧を修さすべし。又、阿闍梨（あじやり）一口を置き、真言の大法を修せしめよ。又、士兵（しびやう）を以てこれを衛護（ゑご）せしめよ。

「又、天慶三年を改め、太政元年と為せ。大臣の号を改め、永く摂政大臣と為せ。

に居て悪を遮り国を護ることをしましょう。

「祈請したければ、毎年四月十五日と十月十五日、奉納舞楽を通常よりも質素に行い、公卿たちが揃って供養し、三宝と二天をまつりなさい。また毎年正月一日、天皇自ら行幸し、その一年の祥福を祈りなさい。清浄の僧六人を配置し、法華三昧を勤修させなさい。また阿闍梨一人を置き、真言の加持祈祷を修法させなさい。また衛士にここを護衛させなさい。

「また、天慶三（九四〇）年を改め、太政元年とし、大臣の号を改め、恒常的に摂政大臣とし、延喜通宝を太政大宝としなさい。全世界の安否は太政天の心次第なのです。朝廷でする一切のことは昔からのやり方に違わないよう。また出家者でも俗人でも、業績があり

―行住坐臥　行く、止る、坐る、寝る。四威儀ともいい、人間の起居に関する四つの根本動作。「有二一乾闥婆王一、名無比喩。共二五百緊那羅女在中居住一、具受二五欲一、娯楽遊戯、行住坐臥」（『起世因本経』）

―音楽　舞楽または舞楽の中の演奏。☞補注⑦

―浄行　正覚（悟り）を目指した修行。「謂四天下人、除二前声聞・菩薩・王・臣・浄行居士衆一」（『大日経疏演奥鈔』）「我はこれ浄行にして真実の行者なり、三業六情において犯す所無し」（『今昔物語集』）

―法華三昧　ひたすら法華経読経をする勤行。「而悉成就甚深智慧、得二妙幢相三昧・法華三昧・浄徳三昧…一」（『妙法蓮華経』）。「五台山に在りて法花三昧を修し、天台の教迹を伝ふ」（『巡礼行記』）

―阿闍梨　精神的な指導をする高僧。「如レ求二大師一、如レ是次師、師・広導師・度師・広度師・説師・広説師・随説師・阿闍梨・同伴真知識之善友」（『雑阿含経』）。日本では密教の伝法灌頂の導師を意味する。または伝法灌頂を受けた僧、「阿闍梨、今は律師なりけり。召して、この法事のこと掟てさせ給ふ」（『源氏物語』蜻蛉）

―真言大法　真言密教の尊称。

☞「一」語釈

延喜通宝を太政大宝と為せ。一天下は太政天の心なり。一切の王法、旧式に違はざれ。また道・俗の業を為し才有りて沈倫する者、諸司の労有る、各慶賀有らしむべし。天下を大赦すること常のごとし。忠勤の心を以て、是の如きの善を修すれば、天下太平、災難已みて銷えん。

「又、金峯浄刹の閻浮檀金の根は、輪際に至れり。故に壊劫と雖も金峯壊るべからず。此の権現牟尼、我が奉ずる所の尊なり。四時の中、其の三時、一切の道・俗、参会し供養し奉仕せば、願は満てん。唯厳寒の時、人、事るを

才能がありながら不遇である者や、官吏で長年の功労がある者はそれぞれ良くしてやりなさい。天下に大赦を施すことも今まで通りしなさい。忠実に勤める心で、このような善を行えば、国中は安らかとなり、災難は消え去ります。

「また、金峯山浄土の閻浮檀金の根は、金輪際に達するほど、果てなく深い。壊劫（世の終わり）の時でさえ、金峯は滅びることはないでしょう。ここの権現牟尼（蔵王菩薩）は私があがめ申し上げる仏です。四時中の三時、出家者でも俗人でも参詣しておつとめすれば、願を満たせます。ただ厳寒のさなかだけは、おつとめする人がいません。そこで年分度者一人を冬ごもりの法師として置き、仏弟子よ、これを香燃供養となづけなさい。

―延喜通宝　皇朝十二銭の十一番目に鋳造された通貨。☞補注⑧

―王法　仏法に対して、帝王の定めた俗世の法。「勒兵光世。都無二斉双一。相二‐率以レ道。無レ違二王法一。民欲二飛行一念二即身往一」（『仏般泥洹経』）。日本では仏法と王法が共に世に護持されて始めて現世は正しい世界となるという、いわゆる仏法王法両輪論の理念が広く通行であった。「仏法王法牛（互）角也」（『平家物語』）。

―閻浮檀金　極上の金。☞補注⑨

―輪際　地の底の極み。☞補注⑩

―壊劫　世界の終わり。☞補注⑪

―四時　朝・昼・夕・夜のこと、「君子有二四時一、朝以聴レ政、昼以訪問、夕以修レ令、夜以身安」（『春秋左氏伝』昭帝元年）。「畏諸衆生不レ知二昼夜一。一月半月一年半年春夏秋冬四時八節恐其忘失」（『仏本行集経』）

―満願　神仏の加護で願いが満たされること「問曰、名為二法指一、如二指指一レ月、若称二仏名号一、便得レ満レ願者…」（『往生論』）

承(うけたまは)る無し。年分度者一人、冬篭(ふゆごもり)の師として置き、子(きみ)、香燃供養(かうねんくやう)と号(なづけ)よ。「天下鎮護に、令を攸(ゆう)するも、彼の主上(しゆしやう)及び臣下、我が慇懃(おんごん)の教誨(けうけ)を用ふるを見ざれば、仏子・汝、俗と為り三宝を降りよ。衆生を救護する為には、寧ろ経典を読誦せずとも、専(もは)ら此(こ)の天祠の事を営むべきなり」と。仏子言はく、「貧道(ひんだう)の力・年、此(こ)の事に堪ふる無し。小堂の建立すら未だ半ばもならず、況んや此(こ)の大事をや」と。天王曰はく、「汝、世間の福無きこと、猶出世の富を削るがごとし。須(すべから)く一切の四衆(ししゆ)を率(ゐ)るべきこと、己が身の為(ため)、天下の為なり。

「国家鎮護のために、この策を考え抜きましたが、もし現世の帝と廷臣たちが私の熟慮の教えを容れようとしないと見て取ったら、仏弟子よ、そなたが還俗して僧籍を離れなさい。衆生救護の為には、経典を読誦しなくとも、この天祠のことに専念すべきなのです」と命じました。私は、

「私の力量も、残された寿命も、おっしゃる事をはたすに不十分です。小堂の建立すら半分もできませんのに、ましてやこのような大事業ができましょうか」と申しあげますと法主天は、「そなたが現世に福をもたらさないことは、釈迦仏が現世に顕れた利益を無にするのと同じです。世のすべての人を導くことは、わが身のためでもあり、世のためでもあるのですよ。そなたの呼びかけに応じない者

—年分度者　諸宗、諸大寺に割り当てられた毎年一定数の度者（公式に出家を許された者）。

—子　会話の相手への呼びかけ。

—攸令　攸は修と同義、「攸、仮借為㆑修」（『設文通訓定声』）。「修令」はくだすべき命令を考え抜くこと、「修㆓後日之命令㆒」（『会箋』）。

—降三宝　本来の「三宝」は仏法僧だが、僧のことを意味する用例もある。「門外有㆓三宝㆒、剃㆓除髭髪㆒、身被㆓法服㆒…」（『大目乾連冥間救母変文』）降三宝は、僧をやめること。「七示相降時者、釈迦化身、化相降㆑位、金剛心起、破㆓煩悩魔㆒」（『大乗法苑義林章』）

—貧道　僧の自称。「貧道と君と遠く相知れり」（『性霊集』）

—力年　力は力量。年は寿命。「坐必以㆑年（注）年、歯也」（『呂覧』下賢）

—小堂の建立　日蔵は「二　蔵王菩薩の教え」の場面でも「但道場を建立するも未だ究め竟らず」と発言している。日蔵が開基となって建立したという伝承のあるのは、吉野の如意輪寺と威徳天満宮である。☞解説

—世間之福　俗世に福を与えること「爾時始有㆓沙門之称㆒出㆓於世間㆒福㆓‐利衆生㆒」（『大般涅槃経』）

—出世之富　仏が世に現れることで衆生が利益を得ること。「汝能問㆓出世之因㆒」（『金剛三昧経』）ここでは日蔵が伽藍建立のために群衆を導くことを仏の出現に見立てた。

—四衆　僧・尼（出家者）、近事男・近事女（在家信者）の四種の人々。仏教教団の全メンバー。☞補注⑫

誰れか汝に応ぜしめざらんや。若し我が此の誨と令を信ぜずんば、我、大障と為りて当に汝の修道を妨ぐべし。冬篭の事、もし之を用いられずんば、汝、当に篭りて之を奉仕すべし。汝、若し我が言を信じ行せば、我、当に汝が為に外護者と作るべし。我が化楽天の勝楽を捨て、此の卑少の城に住するは、是れ利物護国の為なり。我深く彼の日本を念ふ。故に、慇懃に、此の治国の要方を伝ふるのみ。我が子孫、親昵の人々何ぞ哀憐せざらんや」と。

などいましょうか。もし私のこの諭しと命令が信じられないならば、私は大きな妨げとなってそなたの仏道修行を妨げます。冬篭りのことも、もしこれが朝廷に容れられなければ、そなた自身が篭ってお勤めするのです。そなたが私の話を信じて実行すれば、私はそなたの守護神となります。私が化楽天での安楽を捨て、この小さな城にとどまっているのは、人々を助け、国家を護るためです。私は深く日本を思っています。そこで真心こめて考え抜いた、この国を鎮護するやり方を伝えたい一心なのです。私が子孫や親しい人たちをどうして憐れまないでいられましょうか」とおっしゃいました。

—修道　仏道修行。「人之修道常懐二染汚一。婬怒癡垢不レ去二于心一」（『出曜経』）。

—外護者　外部から仏法を護る者。「仏正法中有二二種護一。一者内。二者外。内護者所謂戒レ禁、外護者族親眷属」（『大般涅槃経』）「或いは外護となり、或いは檀越となりて仏法を流通し」（『夢中問答』）

—利物　物は一切衆生で、衆生を救うこと。「聖王出レ世利レ物宏広」（『菩薩本生鬘論』）「時はこれ弥陀利物のさかり、所はまた大乗流布の国なり」（『発心集』）

—親昵　親しく仲のよい人。「有二相若親昵一、亦多種喜楽。侵逼極親昵、名虚妄二分別一」（『瑜伽師地論』）。日本では家族以外の、親しい人の意味で用いる場合が多い。「おほよそ無常たちまちいたるときは、国王・大臣・親昵・従僕・妻子・珍宝たすくるなし」（『正法眼蔵』出家功徳）

七　日蔵蘇生《十五オモテ～十五ウラ》

日蔵は満徳法主天のもとから金峯山浄土に帰り、蔵王菩薩に復命する。菩薩は日蔵に最後の教訓を与えると、現世に戻れと命じる。日蔵はもとの窟に戻ると蘇生していた。

【本文】

仏子、天王の命を奉(うけたまは)ること已に了(をは)り、即ち本の宝殿の窟(いはや)に至り、如上(じよじやう)の事を以て一々金剛蔵王に申す。大菩薩云はく、「我、汝をして世間の災難・衆生の苦悩の根源を知らしむ。広く仏事を作(な)し、衆生を利益(りやく)せよ。故に一切、普(あまね)く聞き

【口語訳】

私は法主天の命令を聞き終えました。そこで金峯山浄土の宝殿の窟に帰り、満徳法主天の御在所でのことを一つ一つ金剛蔵王（蔵王菩薩）に報告申しあげました。菩薩は、「私はそなたに、現世でおこっている災難と庶民の苦悩の根源を理解させました。広く現世で仏教活動をし、人々と生き物たちを救

【語釈】

—仏子奉天王命已了即至本宝殿窟　☞補注①

—如上　以上のべたとおり

—苦悩　くるしみなやむ。「貪恚愚痴苦悩之患」（『無量寿経』）

知らしむ」と。宣(のたま)ひて即ち手を申(の)べ、頂きを摩(な)でて曰く、
「人身(にんじん)得難(えがた)し、汝已に之を得(う)。仏身見難し、汝能く見る。能く三業(さんごふ)を護り放逸を得ざれ。雑(ざふ)の地獄を捨し、天堂に往生せよ」と。宣(のたま)はく、
「教授すること已に畢(おは)んぬ。重ねて洛(さと)に帰らしめん」と。起ちて巌穴に入れば即ち蘇生するを得(う)。時に八月十三日寅時なり。死門に入りて経(ふ)る所、十三箇日。迎へ来たる僧侶五箇人の日記に具(つぶさ)なりと云々。
右一巻は大和国内山永久寺所蔵。爰(ここ)に

—三業　身・口・意の働き（身に行なうこと、口に言うこと、心に思うこと）。一切の日常生活活動。「復次三業是仏所レ説。謂一者身業、二者語業、三者意業、即此三業。」（『大集法門経』）
—放逸　仏道に背いて勝手気ままにふるまうこと。「懈怠・放逸なる衆生の精進・持戒の人を誹謗する」（『今昔物語集』五・23）「有一種人、以自二放逸一、身行悪行、口行悪行、意行悪行。如レ是等人。身口及意、皆行於悪。以二此因縁一、身壊命終、趣於悪道、生二地獄中一」（『起世経』）
—雑地獄　いろいろな地獄。☞補注②
—天堂　天上界の浄土　☞「五」語釈及び「五」補注⑧
—洛　人里。「不レ生二地獄一傍生二鬼界阿素洛中一。亦不レ生二於卑賤種族一。」

済しなさい。そのためにすべて余すところなく知らせたのですよ」と仰いました。そうして手をさしのべて私の頭頂をなで、
「人の身は得難いのに、そなたはこれを得ました。仏の姿を見ることも難しいのに、そなたは見ました。日常生活ではよく慎み、仏道に背いて気ままにふるまってはなりません。数ある地獄のどれとも関わることなく、天界に往生するのですよ」とおっしゃると、
「教えるべきことは終わりです。再び人間界に帰らせてあげましょう」とおっしゃいました。そこで私は立って、元の巌穴に入るや現世に蘇生していました。時に八月十三日午前四時でした。死の世界に入って十三日が経っていました。
以上の話は、日蔵を迎えに巌に来た僧侶五人の日記

―感得　「五　地獄」でも前出しているが、ここでは仏・聖者の存在を感じ取ったり、お告げをえることの意味。「以二是因縁一、感二得金輪轉輪聖王一。」(『大乗本生心地観経』)日本文献では、思いがけず尊いものを入手する意味でも用いる。「為朝、鵜丸の剣を感得し給ひし事」(読本『椿説弓張月』残序)

―威神力　人間の力を超えた力。超能力。「然是龍輩、乃有二如レ是大威神力一」

―呵護　「加護」に同じ。

―実□□尊神　二字欠は尊神への敬意を示す欠字。

―垂跡　垂迹とも。仏菩薩などが、衆生を救うために、仮の姿で現世に出現すること。平安時代の神仏習合思想の根幹にある概念。「かの権現は地蔵菩薩の垂跡、大智明菩薩と申す」(『今昔物語集』)

―化益　仏や僧侶が民衆を教化し利益を与えること。「仏子且レ観二正覚威一容、無所演説、而普化益開導二群黎一」(『如来興顕経』)

―預□大政天　一字欠は太政天への敬意を示す欠字。

―受土之生　愚かに生まれつく。「受生」はうまれつき。「受生不レ飲レ酒、受生不レ好二音声一」(梁武帝「責二賀琛一勅」)

嘉永四年秋八月、図らずも感得してこれを写す。末法と雖も、威神力の呵護(かご)を以て存する者か。実に尊神の御垂跡(すいしやく)の因縁、畏るべし、仰ぐべし。土の生を受くるを幸ひとして、共に太政天の化益(くゑやく)に預かり、其の浄土に生まれ、眷族の一人に連なり列すべし。

権上座実誠(ごんのじやうざじつじよう)欽記す。

に詳しい、などということである。

右一巻は大和国内山永久寺所蔵の本だ。私は嘉永四(一八五一)年秋八月、思いがけずも仏の導きによりこれを手に入れて写本した。末法といっても、威神力の加護によって、この本は残ったのか。まことに天神が御垂跡された因縁譚は、恐ろしくもあり尊くもある。私は愚かに生まれついたを幸い、読者共々太政天の御教示と利益をお受けして、この書にある浄土に転生して、そこの眷族の一人に加わりたい。

権上座・実誠つつしんで記す。

研究篇

一　道賢の冥土巡行まで《一丁オモテ〜一ウラ》

【翻刻本文】

一丁オモテ

1 道賢上人冥土記　此題号ハ扶桑略紀中引文ニ所云者也今此原本題虫損之甚 日蔵夢記ナト云ヘル也尚祥ニスベシ
2 [夢]記
3 [弟子道]賢今名日蔵以去延喜十六年[春二月年十有二初入此金峯山即於発]
4 心門椿山寺剃髪出家断絶塩[穀篭山六年爰得風伝云母氏]
5 頻沈病痾悲泣不休云云因之以[同廿一年春三月出山入洛自後]
6 年中一股[般]躋攀不倦自彼入[山之春至今]年秋此山勤修
7 既及十六箇年也年来天[下国土災難非]一随見触聞身[半]
8 如死加以為私物怪夢想紛紱[紘]不休天文陰陽頻告不祥[仍]
9 為蒙霊験之助抛万事攀登此山従深弥深入企勤修精
10 進是則為先鎮護天下後祈念身上也即捨離童子担負仏

一丁ウラ

1 経独踏雲根尋到笙窟始自去四月十六日安居苦行二時
2 講法花湿槃三時修真言大法至去七月中雖安居已満頻
3 被風雨不能帰去又時来同行沙弥安与自巖落万死一生
4 [不]能起居依有此等障更能二七日無言断食一心念仏于時八月
5 一日午時許居壇作法之間枯熱忽発喉舌枯燥気息不
6 通窃自思惟既言無言断食何得呼人潤喉作是思惟之間出息
7 已断也即命過出立嶇外担負仏経如入山時眼廻四方見

【校訂文】 朱筆による本文補入箇所は［ ］

道賢上人冥土記 此題号扶桑略紀中引文所レ云。今此原本題虫損之甚。日蔵夢記ナト云ヘル也。尚祥ニスベシ。

［夢］記

［弟子］道賢、今名、日蔵 以二去延喜十六年［春二月、年、十有二一、初入二此金峯山一、即、於二発］心門椿山寺一、剃レ髪、出家。断二－絶塩［穀一、篭レ山六年。

爰得二風伝一。云「母氏］頻沈二病痾一、悲泣不レ休」云云。因レ之、以二［同廿一年春三月一、出レ山、入レ洛。自後］、年中一*1般、蹐攀不レ倦。自二彼入［*2定春一、至二今］年秋一、此山勤修、既及二十六箇年一也。

年来、天［下国土災難、非］レ一。随レ見触レ聞、身［半］如レ死。加以、為レ私、物怪夢想、紛*3紜不レ休。天文・陰陽、頻告二不祥一。

［仍］、為レ蒙二霊験之助一、抛二万事一、攀二－登此山一、従レ深弥深入、企二勤修精進一。是則、為下先、鎮二－護天下一、後、祈中－念身上上也。即、捨二－離童子一、担二－負仏（以上一オ）経一、独、踏二雲根一、尋到二笙窟一。

始レ自二去四月十六日一安居苦行。二時講二法花*4涅槃一、三時修二真言大法一。至二去七月中一、雖二安居已満一、頻被二風雨一、不レ能二帰去一。又時来同行沙弥安与、自レ巖落万死一生［不］レ能二起居一。依レ有二此等障一、更能三七日無言断食一心念仏。

于時八月一日午時許、居レ壇作法之間、枯。熱忽発。喉舌枯燥、気息不レ通。窃自思惟、「既言二無言・断食一。何得二呼レ人、潤一レ喉」。作二是思惟一之間、出息已断也。

＊1 原状「股」、文意と傍朱記により改める

＊2 補入原状は「山之」、誤記とみとめ、文意により改める

＊3 原状「紘」、文意と傍朱記により改める

＊4 原状「湼」、文意と傍朱記により改める

【補注】

①出家

出家は、家を出て宗教的修行に専念することで、古代インドのベーダ時代から、すでに広く行われていた。仏教では教祖自身が出家者として教団を組織した。出家者は剃髪し法衣をまとうことで、一目で在俗者と別の姿になる。これによって本格的な仏道修行に専念できるのである。経典にも「于時尊者従レ彼而来。鄔波底沙見已。便即問曰、「誰是汝師。所レ学何法。誰辺出家」。馬勝答言。「我之大師是釈迦種、沙門喬答摩。今証二無上正等菩提一。彼是我師。我依二於彼一剃二‐除鬢髪一而為二出家一。修二‐行梵行一、読二‐誦教法一」」（『根本説一切有部毘奈耶出家事』）など多数の例がある。日本の文献にも「出家セム…髻神自然ラ落テ百歳ノ比丘ノ如シ」（『今昔物語集』巻一）、「出家セシメ給ヒツ…酔覚テ我ガ身ヲ見レバ既ニ髪ヲ剃リ法衣ヲ着セリ」（『今昔物語集』巻一）と剃髪し法衣を纏うことが、出家を意味するという用例が多数見られる。

②断穀断塩

断穀については「問「不レ食為レ道耶」。答「若行二邪道一者、食不レ食皆邪也。若行二正道一者、食不レ食皆正行。故悉達太子初行レ断レ穀。但服二胡麻一然後受レ食也…」（『十一面神呪心経義疏』）とあり、断塩は「婆沙一百一十六云。…言五法者、正理云。言邪道者、提婆達多妄説五事為レ出レ離レ道。一者不レ応レ受レ用レ乳等。二者断レ肉。三者断レ塩。四者応被レ不レ截二衣服一。五者応居二聚落邊寺一。又婆沙一百一十六云。云何五法。一者尽寿著二糞掃衣一…五者寿不レ食二一切魚肉・血味・塩蘇・乳等一」（『倶舎論記』）とある。共に古代インドにおいても修行の一つと考えられていた。

③道賢の親孝行

道賢は母の発病以来、修行中に金峯山をいったん下山した。これは孝とは言いえるが、仏道修行者にふさわしくないように思える。なぜこのような修行僧らしからぬ履歴をこの物語の冒頭に据えたのか。それは親への孝行は、修行よりも優先するという、平安時代の価値観があったからである。

冥界遍歴譚と言えば目連のそれが平安時代知識人にもよく知られていて、『三宝絵』にも「…盂蘭盆経ニ云、目連ハジメテ六通ヲエテ、父母ヲワタシテ、ヤシナヒ立タル恩ヲムクヒント思テ、其生レタラム所ヲミルニ、ソノ母餓鬼ノ中ニ生テ、飢ヤセタルコトカギリナシ…」とある。『三宝絵』の出典としている『盂蘭盆経』では「大目連始得二六通一。欲下度二父母一報中乳哺之恩上…」とあり、目連が餓鬼道に堕ちた母を嘆きつつ釈迦仏に訪ねると仏は「汝母罪根深結」と明かし、目連の冥界巡歴譚につながっていく。この目連逸話は古代中国においても俗文学・変文として普及・発展していく。そこでは目連の母の罪とは「慳貪」であり、息子の外出中に罪を重ねたと具体化されていく。地獄巡歴の主人公として、目連も道賢も共に母親孝行であり、どちらの母も息子の外出中にトラブルを起こしたり発病したりするという共通点がある。『日蔵夢記』が『盂蘭盆経』を踏まえていることは、日蔵の地獄巡見の後に蔵王菩薩の「汝精進、抜七世父母及一切衆生苦根云々（十一ウ一〜二行）」という発言にある「七世父母」が『盂蘭盆経』の「救二度現在父母乃至七世父母一」を踏まえたものであることからも推定できる。

また、道賢が親孝行という伝承のあったことは、中国歴史博物館蔵「道賢銘経筒」銘文の「倭国椿谷椿山寺奉納三部経一巻、為二父母菩提一　敬白。延長三年乙酉八月十三日道賢法師」からも裏付けられる。☞解説

④年次記事の矛盾

朱筆による補入文原状の「自彼入［山之春至今］年秋此山勤修既及十六箇年也」（［　］箇所は朱筆による補入）のままで年数計算をすると、この物語の現在は承平元（九三一）年となり、物語現在を天慶三（九四〇）年とする本文献の他の箇所と矛盾する。『日蔵夢記』は朱筆による後人の書き込みが多く、その箇所については慎重に判断する必要がある。この朱筆補入文によると、それまで述べてきた道賢母の病気について、その顛末が書かれないまま、道賢の入山以来の修行年数の総計記事が続くことになる。それは文脈的に不自然ではないか。しかも道賢の入山時の延喜十六年から『日蔵夢記』の語り時点現在の天慶三年までなら二十五年も経過しているはずであるのに、本文は「十六年」とあり、それも矛盾している。朱筆箇所に「山之」とあるところは元来、母の死を意味する「定」等であったのではないか。つまり「彼入定」の誤写ではなかったか。「定」のくずし字は「山之」と、字形に似ているので誤写したのであろう。「道賢銘経筒」（☞解説）の銘文の日付は延長三（九二五）年八月十三日であるから、道賢の母はこの年の春になくなったのではないか。道賢は延喜二十一年（九二一）以来五年間、都の実家で母の看護をしていたが、延長三（九二五）年春に母が亡くなり、金峯山に戻り、以来十六年間は山を出ることなく修行を続けたのであろう。すると、延長三（九二五）年の十六年後の「今年」は、天慶三（九四〇）年ということになり、矛盾は解消する。

⑤「天下国土災難」

道賢が山籠もりをこころざす前まで、国土災難が続いたという記述は史実を反映している。

（天慶元年）五月　大雨・地震（『日本紀略』『扶桑略記』）
六月　地震・賀茂川氾濫（『日本紀略』）
七月　大風雨（『本朝世紀』）
八月　地震（『山槐記』『本朝世紀』）
（天慶二年）正月　春日社鳴動（『日本紀略』）
四月　賀茂川氾濫（『日本紀略』『西宮記』『年中行事秘抄』）
五月　地震（『本朝世紀』）
六〜七月　干魃（『本朝世紀』）
十二月　将門・純友の兵乱（承平天慶の乱）で固関（『日本紀略』『本朝世紀』）

（天慶三年）正月　東西の兵乱により諸儀式停止（『日本紀略』）
三月　野寺四王院焼失（『日本紀略』）
八月　風雨災害で京は食糧不足（『扶桑略記』）
相模・定額寺で仏像発汗の怪異（『日本紀略』）

⑥奥山の異界

唐代伝奇の異界訪問譚にも、山を奥深く行くうちに、意図したわけではなく、異界の入口に来てしまったという話がいくつかある。「劉晨、阮肇、入二天台一採レ薬、遠不レ得レ返。…遂躋レ険援レ葛、至二其下一」（『太平広記』～同話は『法苑珠林』では「永無二登路一、攀二縁藤葛一」とある）。平安時代の知識人に多大の影響を与えた『遊仙窟』の冒頭も「若夫積石山者、在二乎金城西南一、河所経也。…深谷帯地、鑿穿崖岸之形、高嶺横レ天、刀削岡巒之勢。煙霞子細、泉石分明、実天上之霊奇、乃人間之妙絶。…行至二一所一。険峻非常、向上則有二青壁万尋一、直下則有碧潭千仭。古老相伝云、此是神仙窟也。人跡罕及、鳥路纔通。…忽至二松柏巌桃華澗一。」と、奥山に異界がある言説を展開している。

⑦天慶三年初秋の豪雨

本文に「至二去七月中一。雖二安居已満一、頻被二風雨一、不二能帰去一」とあるが、実際この年の秋に豪雨があり、人畜に被害が出ている。

（天慶三年八月）是月　有二風雨災一、年穀不レ登、人庶大飢。
（『扶桑略記』）

同年八月二十日　石清水・春日・石上・住吉に奉幣使派遣。（『日本紀略』『師守記裏書』）
同年八月二十七日　伊勢神宮に奉幣使派遣。（『日本紀略』『扶桑略記』『師守記裏書』）
同日　宇佐八幡宮へ太政官符下る。（『宇佐八幡宮御託宣集』）

特に『扶桑略記』八月の「是月…人庶大飢」に注目したい。八月に京の庶民が「大いに」飢えた理由は「風雨災」が七～八月に頻繁に激しく国土を襲ったがために都から諸国に通じていた道路が寸断され、都に生活物資が入らなくなったからと推察できる。記録に拠れば、八月中旬以後には公式の使者が遠方に往来しているのだから、破損していた街道がこのころには復旧したのだろう。道賢が足止めされたような風雨災害が天慶三年秋に近畿地方を襲ったのは史実だったのである。

二　蔵王菩薩の教え《一ウラ～三ウラ》

【翻刻本文】

一丁ウラ

7 已断也即命過出立崛外担負仏経如入山時眼廻四方見
8 可行方之間自崛内一禅僧出来手執金瓶盛水与弟子
9 令服其味入骨髄甚甘善也其禅僧云我是執金剛神也
10 常住此窟釈迦遺法守護我［感］盛上人年来法施忽往雪山取

二丁オモテ

1 此水而施而已云々又有数十丈童子種々飲食盛大蓮葉棒持侍
2 立禅僧云所謂廿八部衆也云々須臾之間従西巌上一宿徳
3 和上来下即申左手授弟子令執相導直道攀於巌上窺雪
4 数千丈適至其頂見即一世界皆悉下地也此山極最勝也其地平
5 正純一黄金也光明甚照耀果樹悉七宝金樹開銀花銀樹実
6 金果雑色荘厳甚微妙也北方有一金山其山之下有窟其門広
7 大種々荘厳皆是七宝也其中有七宝高座和上至了座其
8 左右有十二枝瑠璃床有一百廿［　　］上形如羅漢又南［　　］
9 面在雑宝榻其数百千有三百［　　］
10 有西方無数坊舎皆是雑宝［　　］

二丁ウラ

1 猥雑四方荘厳不可称尽如阿弥［　　］
2 一小榻［牟尼化身］其榻白玉也大和上云仏子［　　］［大和上云］
3 ［是］年□□力蔵王菩薩也此土是金［峯山浄土也］［　　］
4 □執香呂花匣焼香散花其香［　　］
5 心甚快楽也仏子即起合掌唱言［　　］

□言仏子停聴我説汝宿世之事汝［　　］
生身作孔雀鳥生摩訶尸那国耽鳴琴［　　］
涅槃感悦即死依聞経力忽捨鳥身生尸那［　　］
師即法花涅槃経自誓云我生々得男身常転読［　　］
力転女身来生此山名曰道賢爾時汝遭毒龍之難、発声□□

三丁オモテ

忽現前申手授汝龍見我手不能害汝仏子汝得人身三般
執執我手両度汝依先生誓願力又成仏子愛法花涅槃汝
被催先生因初少年我山入来出家入道絶穀苦行汝持我
如二親我亦愛汝如一子仏子汝楽寂静念仏修法世間無常□□
久慎不得放逸況汝余命非幾哉競命修［善人身難得誤莫邪行］
仏子言愚暗之身不惜命尽但恐建立道場［未究竟命過哉］
願也示其余算又帰何仏修行何法当得増寿命菩薩取短札記入
字賜之其文云日蔵九々年月王護菩薩曰仏子汝寿命如浮雲懸山
［離］雑散浮空易断汝命亦爾在山修行長遠也住里［懈］□怠□□
短也日蔵者所問尊与法也依尊与法早改汝名九々［　　］

三丁ウラ

也年月者長短也王護者加被也汝護法菩薩為師重［受浄戒］
仏子言不知護法菩薩名是誰々菩薩曰諸菩薩多日本国興仏法僧［　　］
護法者仁斆上人是也諸山多有菩薩権身弘仏法利生人間不知也
云々省繁云々于時有自然光明照燿其炎五色也菩薩曰日本太政威徳

【校訂文】傍線①～⑩はメトロポリタン本『北野天神縁起』による補入。傍点線ⅰ～ⅱは校注者による推定補入。

即、命過、出二‐立岫外一。担二‐負仏経一、如二入山時一。眼廻二四方一、見二可レ行方一之間、自二岫内一、一禅僧出来、手執二金瓶盛一レ水、与二弟子一令レ服。其味入二骨髄一、甚甘善也。其禅僧云、
「我是執金剛神也。常住二此窟一。釈迦遺法守護。我[*1]感二上人年来法施一。忽往二雪山一、取（以上一ウ）二此水一、而施而已」云々。又、有下数十丈童子、種々飲食、盛二大蓮葉一、棒持侍立上。禅僧云、
「所謂、廿八部衆也」云々。須臾之間、従二西巌上一、一宿徳和上来下。即申二左手一、授二弟子一令レ執、相二‐導直道一。攀二於巌上一、窺二雪数千丈一、適至二其頂一。見即、一世界皆悉下地也。此山極最勝也。其地平正、純一黄金也。光明、甚照耀、果樹、悉七宝。金樹、開二銀花一。銀樹、実二金果一。雑色荘厳、甚微妙也。

北方有二一金山一。其山之下、有レ窟。其門、広大、種々荘厳皆是七宝也。其中、有二七宝高座一。和上、至二‐了座一。其左右、有二十二枝紺瑠璃床一、有二一百①廿口僧一坐二其座上一、形如二羅漢一。又南面在二雑宝榻一、其数百千。有二三②百人許人一、侍二其榻上一見、形如二舞童一。

又、有二西方無数坊舎一。皆是雑宝、③不レ例二照耀一。遙見、無数人充満（以上二オ）猥雑。四方荘厳不レ可二称尽一。如二阿弥陀④経説二花蔵世界実報浄土一。一小榻。其榻白玉也。大和上云、
「仏子、⑤汝、知レ我不」。答云、
「不レ知」。［大和尚曰］⑤、
「我、是［[*2]牟尼化身］蔵王菩薩也。此土、是金［峯山浄土也］」。⑥于時、左右大衆、毎レ手、執二香呂花匣一、焼香・散花。其香⑦色、非二人間香色一。聞レ香、見レ色、身心、甚快楽也。仏子即起、合掌唱言、
「⑧南無牟尼化身蔵王菩薩」。又菩薩言、
「仏子停。聴二我説二汝宿世之事一。汝⑨久、輪二‐廻悪趣中一、最後、蓄生身、作二孔雀鳥一、生二摩訶戸那国一。耽二鳴レ琴⑩音一、近二一禅僧一、聴二法花・涅槃一、感悦。即死依二聞レ経力一、忽捨二鳥身一、生二戸那ⅰ国一、得二女身一、成二仏子一。師二法花・涅槃経一、自誓云、「我、生々得二男身一、常読転ⅱ勇猛。」依二如レ是誓願力一、転二女身一、来二‐生此山一。名曰二道賢一。
「爾時、汝遭二毒龍之難一、発二声□□一（以上二ウ）忽現前、申レ手授レ汝。龍、見二我手一、不二能害一レ汝。
「仏子、汝得二人身一、三般。執二‐執我手一、両度。汝、依二先生誓願力一、又、成二仏子一。愛二法花・涅槃一。汝、被レ催二

先生因一、初少年、我山入来、出家入道、絶レ穀、苦行。汝、持レ我如二一親一、我、亦愛レ汝、如二一子一。仏子、汝、楽二寂静一、念仏・修法。世間無常也。久慎、不レ得二放逸一。況、汝余命、非レ幾哉。競レ命、修［善。人身難レ得、誤莫二邪行二］」。仏子言、

「愚暗之身、不レ惜二命尽一。但、恐下建二‐立道場一、［未二究竟一、命過上哉。］願也、示二其余算一。又帰二何仏一、修二‐行何法一、当レ得レ増二寿命一」。菩薩取二短札一、記二‐入字一、賜レ之。其文云曰、

「日蔵九々、年月王護」。菩薩曰、

「仏子、汝寿命、如二浮雲懸レ山雑散一。浮レ空、易レ断。汝命、亦爾。在レ山修行、長遠也、住レ里[*3]怠、浅短也。日蔵者、所レ問尊与法也。依二尊与法一、早改二汝名一。九々［者、余命］（以上三オ）也。年月者、長短也。王護者、加被也。汝、護法菩薩為レ師、重、受［二浄戒二］」。仏子言、

「不レ知二護法菩薩一。名、是誰々」。菩薩曰、

「諸菩薩、多二日本国一、興二仏法僧一。可レ為二護法一者、仁斅上人是也。諸山多有二菩薩権身一、弘二仏法一利レ生。人間不レ知也」云々。省繁云々。

＊１　原状「盛」。文意と傍朱記により改める
＊２　この四字は、原状「年□□力」、文意と傍朱記により改める
＊３　原状「怠」の上に一字不詳。なくとも文意が通ずるので傍朱記「懈」はとらない

★メトロポリタン本『北野天神縁起』詞書抜粋

「…この水をとりて汝に施与す須臾の間に西の巌上より独の宿徳の和上来下して即左の手をのへて直に巌上に数千丈よちのほりてそのいたゝきにいたりて四方をみれは一切世界は皆悉く下地也この山極て最勝也此地平正にしてもはら黄金也光明照耀して樹も菓も悉く七宝也金樹には銀の花さき銀樹には金菓なり雑色荘厳はなはた微妙なり北方に一の金山ありそのやまの下に窟ありその窟のうち広大にして種々荘厳みなこれ七宝也その中に七宝の高座あり和上その座に坐す左右に十二枝の瑠璃の床あり①一百廿口の僧その座の上に坐して羅漢のことし南面には雑宝のかきそのかす百千あり②三百人許の人そのかきの上に侍をみれ□かたち舞童のことし又西方に無数の坊舎あり。皆これ雑宝にして③てらしかゝやくことならひなしはるかにみれは無数の人充満せり四方の荘厳いひつくすへからす法花経華厳④経に花蔵世界実報浄土を説かことし大

和上の云仏子⑤汝我をしるやいなやこたえて云しらすと和尚云我はこれ［釈迦］牟尼化身蔵王菩薩なりこの土はこれ金⑥峯山の浄土也于時左右の大衆手ことに香筥花はこをとて香をたき花を散すその香⑦色人間の香色にあらす香をかき色をみるに身心甚快楽なり仏子すなはち起して合掌してとなへて云⑧南無牟尼化身蔵王［大］菩薩と又菩薩の給はく仏子あきらかにきけ我汝の宿世の事をとかむ汝⑨久く悪趣の中に輪廻して最後に畜生の身孔雀鳥となりて摩訶尸那国に生たりき。琴をならす⑩音にふけりひとりの禅僧にちかつきて法花涅槃経をきゝて感悦して則死ぬ経を聞くちか…」

なお本文献とメトロポリタン本『北野天神縁起』との関係について、山本五月「『道賢上人冥途記』の成立」（『仏教文学』二十二号　平成十年）、同「日蔵夢記の変容と『北野天神縁起』」（『立教大学日本文学』87平成十三年）参照。メトロポリタン本『北野天神縁起』については、渡辺雅子「メトロポリタン本天神縁起」（田中隆昭監修・山本五月他編『天神さまの起源』平成13．4）に紹介されている。

★推定補入の根拠

この箇所は総じて繰り返しや類型表現が多いことと、前後の文脈を根拠に判断して、原型復元を試みた。

ｉ「生尸那」の直後に「国」とあるのは問題ないだろう。それに続く文は、前に「捨鳥身」とあるから、「得女身」か「得人身」だろうが、後に「転女身」とあるから前者の方が合理的か。また後に「又成仏子」とある以上、女身の世でも仏弟子であったことになるから「得女身」に「成仏子」が続くべきであろう。

ⅱ「常読転」の「転」は【語釈】のとおり「いよいよ」の意味なので、これに続くのは勤行に熱心であることを意味する修飾語であろう。本文献ではそれには「勇猛」を多用しているから、この場合もそれが無難である。この欠字箇所の直後が「力、転女身」とあり、さらに後に「依先生誓願力」とあるから直前は「依誓願」であり、また後にある「依先生誓願力」から類推すると「依」と「誓願」の間に「如是」か「今生」が推定されるが、誓願の直後であることから、前者がより合理的と判断した。

【補注】

①霊を冥界に導く案内人

冥界巡歴譚では霊界の入り口で、死んだ主人公の霊を冥界に導くさまざまな案内人が登場する。『太平広記』巻三七九「李清（冥祥記）」には「李清者…還レ家而死、経レ夕蘇活。説云「…出レ門。見二一竹輿一。便令レ入レ中、二人推レ之、疾速如レ馳。至二一朱門一…」とあり、同巻三八三「石長和（冥祥記）」にも「…説、初死時、東南行。見二人治レ道。在長和前五十歩。長和行有二遅疾一、二人又随二緩速一。…前至二瓦屋一…」とあるようにたいてい案内人は二人である。日本の説話では『日本霊異記』に「…広国忽死、径之三日、戌日中時、更生之而語之曰、『使有二二人一。一、頂髪挙来。一、少子也。伴副往程、二駅度許…』」と、一人は大人で一人は童子とある。『大日本国法華経験記』巻下第九十七では「我向二冥道一、悪鬼駈追将去。誦二此文一時、天童子来、将二一還於我一令向二人界一」と冥界に引き立てられる時は悪鬼に、人界に帰してもらう時は天童子につれられている。『日蔵夢記』では、笙の窟で道賢が絶命後、最初に会うのは童子を連れた執金剛神であるが、彼は案内人ではない。道賢を案内するのは、金峯山世界の教主である蔵王菩薩で、教主みずから道賢の手を執り山頂に案内している。これは道賢の冥界における格別の待遇を暗示している。

②雪山

現実のヒマラヤ山脈から連想された須弥山世界の中の霊山。その北に八功徳水という霊水を湧出する無熱悩池という霊湖があるが、人間がここに行くことはできない。「大雪山北有二香酔山一。雪北香南有二大池水一、名二無熱悩一。…無熱悩池縦廣正等、面各五十踰繕那量。八功徳水盈二満其中一。非レ得レ通レ人、無レ由二能至一」（『阿毘達磨倶舎論』）。『大般涅槃経』聖行品にある雪山童子の逸話は法隆寺玉虫厨子台座・本生図の題材ともなり、『三宝絵』にも見られる。本文の童子にはこの連想があるか。

③七宝

七宝は古代インドで最高の装飾材として選ばれた七品目。七宝の内容は経典によって異なる～金・銀・瑠璃（るり）・硨磲（しゃこ）・瑪瑙（めのう）・琥珀（こはく）・珊瑚（さんご）（『大般若経』）。金・銀・瑠璃・玻璃（はり）・硨磲・赤珠・瑪瑙（『阿弥陀経』）。金・銀・瑠璃・硨磲・瑪瑙・真珠・玫瑰（ばいかい）（『妙法蓮華経』）。金・銀・瑠璃・頗梨・珊瑚・瑪瑙・硨磲（『無量寿経』）。金・銀・瑠璃・真珠・硨磲・明月珠・摩尼珠（『恒水経』）。「七宝で荘厳される」という言辞は、浄土描写記事に多く用いられる。「従レ是東行去レ此五百由旬有城名二衆香一…其城四辺有二五百園観一、七宝荘厳、甚可二愛楽一。一一園中各有二五百池一、池各縦廣十里、皆以二七宝一校成、雑色荘厳」（『大智度論』）

④羅漢

阿羅漢（あらかん／あらはん）、サンスクリット語の音写語。略称して羅漢（らかん）ともいう。漢訳は応供（おうぐ）である。供養と尊敬を受けるに値する人の意。剃髪し袈裟を着た僧形に表わされる。中国・日本の十六羅漢・五百羅漢のように仏道修行者の群れを意味している。もとは釈迦の尊称の一つでもあった。語源として「阿羅名レ賊、漢名レ破。一切煩悩破是名阿羅漢」（『智度論』）のような説もある。

⑤雑宝榻

雑宝は様々な宝玉。榻は中国で用いられた陶磁製の太鼓状の腰掛けで、邸内よりも庭園で用いられる。ここでは、和上の御座する南面の庭に、様々な宝玉で作られた榻があったのである。「大同元年…勅於二重雲殿一為二善慧大士一別二設一榻一…公卿畢レ集、天子至。」（『仏祖統紀』）このように善慧大士が皇帝・公卿のいる場で説教する時に榻に座っている。

⑥舞童

経典に「舞女」はあっても「舞童」は稀である。しかし日本では童舞（わらはまひ）の習俗は古来よりあって、賀の宴などで披露されていた。「暮れかかるほどに楽所の人召す。…なまめかしきほどに殿上の童舞仕うまつる…賀皇恩といふものを奏するほどに太政大臣の御おと子の十ばかりなる切におもしろう舞ふ」（『源氏物語』「藤裏葉」）「康和四年三月九日…於東中門廊辺、童舞三人令二装束一…龍王童舞之…」（『中右記』）。舞童の姿は本文献作者や享受者にとっては親しいものなので、浄土の庭を飾るにふさわしいと考えられたのだろう。

⑦蔵王菩薩

蔵王権現・金峯菩薩等ともいう。蔵王菩薩は経典にもその名がある。「南無勝摩尼仏　南無蔵王仏　南無勝威徳仏」（『仏説仏名経』）。『金峯山秘密伝』によると、役行者（役小角）は済世利民のために感得した降魔の仏・蔵王権現となったという。あるいは蔵王権現は釈迦如来・千手観音菩薩・弥勒菩薩の過去・現在・未来の三世の仏を本地とするともいう。（『古今著聞集』二所引『吏部記』、『沙石集』上も同旨）。

⑧孔雀

孔雀は平安時代も中国から貴顕のペットとして輸入され（『扶桑略記』延喜十九年七月、『日本紀略』長和四年二月など）平安時代の知識人には親しく目にする機会があった。金峯山寺開山の役小角は呪法を妄りに用いた罪で伊豆に流刑となる（『続日本紀』文武三年五月）。『日本霊異記』によれば、その呪法こそが孔雀呪法（『孔雀経』により孔雀明王を本尊とする法）であった。人間に最も近い畜生に孔雀が選ばれているのは金峯山との縁によるか。

⑨摩訶尸那国

美称である「摩訶」の「訶」がカ行音であることから「マカクシナ～マカシナ」と誤ったか。釈迦如来の涅槃したクシナ国は「鳩尸那国」（『大般涅槃経』巻中）「拘尸那国」（『大般涅槃経』巻第一）「倶尸那国」（『観弥勒上生兜率天経賛』）と、「ク」の表記が一定していない。クシナ国は蔵王権現の本地たる釈迦仏の涅槃の地であり、道賢が前世を過ごした地として相応しい。

⑩依聞経力忽捨鳥身

　鳥が経典を聞いた功徳で浄土に転生する話は『賢愚経』「二鸚鵡聞四諦品」にあり、『法苑珠林』「敬法篇聴法縁」にも引載されている。『今昔物語集』にも「法ヲ聞キ歓喜セシニ依テ此ノ二ノ鳥ハ四天王ニ生ルベシ…一一ニ天ノ命尽畢テ人界ニ生レテ出家シテ比丘ト成リテ道ヲ修シテ辟支仏ト成ル事ヲ得ベシ」（巻第三）という説話がある。

⑪転女身

　仏教教説の中には、女性には五の障があり、そのままでは往生できないので、いったん男性に転生する必要があるという教義もある。例えば『無量寿経』に法蔵菩薩の第三十五願として「其有二女人一、聞二我名字一、歓喜信楽発二菩提心一、厭二-悪女身一、寿終之後、復為二女像一者、不レ取二正覚一」とある。

⑫得人身三般

　摩訶尸那国で女性として一度、日本で男性として一度、窟で絶命したあと現在こうして人の身を得た、ということである。つまり窟でいったん絶命した後に、今こうして蔵王菩薩の前にいることが、三度めに得た人身とみなされているということなのである。後の地獄巡見譚の末尾でも、閻羅王から「即身見天堂又見地獄」（十一オ七行）と言われている箇所がある。道賢（日蔵）は閻魔王からも、冥途巡歴中の姿を「即身」つまり「人身」であると認められていることがわかる。

⑬「省繁云々」

　本文献に「省繁云々」という省筆表現があることについて、川口久雄氏は「もとはもっと長大なものであったらしいことをうかがわせる。阿弥陀経の浄土描写をそのままに太政天宮の描写に用いたりしていて、これは正しく一種の唱導教化の口語りを記録した趣がある。したがって場合によっては自由に省略して要約した説話形式とすることもできるわけである」（「敦煌変文の素材と日本文学―唐太宗入冥記と北野天神縁起―」『仏教文学』五昭和四十二年）とする。しかし本文献の省筆箇所の前後の文脈のつながりはことさら不自然でもなく、「もっと長大な」文献を想定する必要があるかは疑問だ。語り形式をとる他の平安文学の例を見ても、たとえば『栄花物語』に頻出する「はかなくてその年もすぎぬ」は何かの抄出ではないこと明かである。『大鏡』にも「…いづれにかありけむ」（「実頼伝」末尾）等の省筆表現は頻出するが、これも何かの抄出の痕跡ではない。『源氏物語』にも「…かやうのくだくだしきことはあながちに隠ろへ忍びたまひしもいとほしくてみなもらしとどめたるを、など帝の皇子ならんからに、見む人さへかたほならずものほめがちなると、作り事めきて取りなす人ものしたまひければなん。あまりもの言ひさがなき罪さりどころなく」（「夕顔」末尾）のような、何かの抄出というわけではなくとも、省筆表現が用いられる。つまりこれはこの時代の語り形式をとる文学作品に流行した表現と考えるべきであろう。

三　日本太政威徳天《三ウラ～六オモテ》

【翻刻本文】

三丁ウラ

4 云々省繁云々于時有自然光明照耀其炎五色也菩薩曰日本太政威徳
5 天来也須臾之間従西山虚空中十万人衆来宛如大王即位
6 行幸之儀式太政天従其輿下詣菩薩前稽首頂礼曰南無牟尼
7 化身蔵王大菩薩云々即就南方北面長跪見其容儀形如二王像侍従
8 眷属異類雑形不可勝計或如金剛力士或如雷神鬼王夜叉
9 神等甚可怖畏各持弓箭桙鞘無量鎌杖也太政天親向菩薩密言
10 其辞未詳経一時許大［太］政天欲退出時見仏子云此仏子欲相示我

四丁オモテ

1 所住大威徳城還遣如何菩薩許之即相共［一］乗白馬近於太政天輿
2 行之数百里有一大池広大不知辺際宛如大海有巌［微］妙蓮花
3 異類鳥交遊池辺及皆金色也光明照耀有無数龍其池中有一
4 大嶋広百里許白瑠璃為地玉樹行烈有無数量無辺雑宝花
5 菓実香遍満其嶋中有八峯七宝宮殿八面開戸懸無数
6 花鬘*幢幡又烈種々飲食其内［内］有八肘許方壇々中有一蓮花其蓮
7 花上有宝塔々内安置妙法蓮花経金色玉軸也東西懸両部大曼
8 荼羅微妙荘厳不可称尽也又見北方相去一里許有一大城垣
9 墻甚照耀応是太政天宮城皆入又彼城唯大天一人在此嶋
10 中大天曰此嶋我作意持念処也云々大天即礼三宝了曰我是

＊原状は「髟」の下に「万」であるが、「万」は「曼」の略字

四丁ウラ

1 上人本国菅丞相也我当初愛別離苦之悲上人聞不我恥

2 旧怨常新毎有故事談者非不動我心故我欲悩乱臣君
3 損傷人民殄滅国土三十三天我字日本太政威徳天我主〔主〕一切疾
4 病災難事我初思念用我生前所流之涙必滅〔没〕況彼国遂成
5 水海経八十四年後成立国土為我住城也而彼所有普賢龍猛等
6 盛流布密教我素愛重此勅〔教〕故昔怨心十分之一息也加以化身
7 菩薩等悲願力故仮神明或在山上林中或住海辺河岸谷〔各歟〕尽智
8 力常慰喩枚〔故〕未致巨害也但我眷属十六万八千悪神等随
9 処致損害我尚難禁況徐〔余〕神乎仏子言我本国之人上下
10 但称火雷天神尊重於〔猶〕如世写〔尊〕何故有此怨乎大政天曰彼国我

五丁オモテ

1 為大怨賊誰人尊重而彼火
2 雷火気毒王我第三使者名也自我不成仏之外何時忌〔忘〕此旧
3 悪之心也若有居在世時所帯官位者我必令傷害之但今日為
4 我上人遺一誓言若有人信上人伝我言作我形像称我名号
5 有慇懃祈請者我必相応於上人耳但上人有短命相慎精進
6 莫懈怠云々仏子言金峯菩薩賜此短札未知其意願解尺之大政
7 天読其札文云日蔵九々年月王護即尺曰日者大日之日也蔵
8 者胎蔵之蔵也九々者八十一也年者八十一年也月者八十一月也
9 王者蔵王之王也護者守護之護也言帰依大日如来修持胎
10 蔵大法全寿八十一也但如説修行延為九々年無懺悔怠促
11 為九々月即蒙蔵王守護也云々自今日後改本名称〔称〕日蔵勇

五丁ウラ

猛精進不能懈怠云々仏子奉〔教〕教命已〔了〕了還至金峯如上披陳也菩薩曰我為汝令知世間災難根源故遣而已菩薩又曰仏子汝見斗率天不答令見之菩薩申手教西南方空見指末即

【校訂文】

于時、有二自然光明照耀一。其炎、五色也。菩薩曰、
「日本太政威徳天来也」。須臾之間、従二西山虚空中一、十万人衆、来。宛如二大王即位行幸之儀式一。太政天従二其輿一下、
詣二菩薩前一、稽首頂礼、曰、
「南無牟尼化身蔵王大菩薩」云々。即就二南方一、北面、長跪。見二其容儀一、形、如二二王像一。侍従眷属、異類雑形、不レ可二勝計一。或如二金剛力士一、或如二雷神・鬼王・夜叉神等一。甚可二怖畏一。各持二弓箭・桙鞘・無量鎌杖一也。太政天、親向二菩薩一、密言。其辞、未レ詳。経二一時許一、太政天欲二退出一時、見二仏子一云、
「此仏子、欲下、相二‐示我（以上三ウ）所レ住大威徳城一、還遣上。如何」。菩薩許レ之。即相共。乗二白馬一近二於太政天輿一。

行之数百里、有二一大池一。広大、不レ知二辺際一。宛、如二大海一。有二[*1]微妙蓮花一、異類鳥交二‐遊池辺一。及皆、金色也。光明照耀。有二無数龍一。其池中、有二一大嶋一。広百里許、白瑠璃為レ地。玉樹行烈、有二無数量無辺雑宝花・菓実一。香、遍二‐満其嶋中一。有二八峯七宝宮殿一、八面開レ戸、懸二無数花鬘・幢幡一、又烈二種々飲食一。其内、有二八肘許方壇一。壇中、有二一蓮花一。其蓮花上、有二宝塔一。塔内、安二‐置妙法蓮花経一。金色玉軸也。東西懸二両部大曼荼羅一。微妙荘厳、不レ可二称尽一也。又、見二北方相去一里許一、有二一大城一。垣墻、甚照耀。応是、太政天宮城。皆入二又彼城一。唯大天一人、在二此嶋中一。大天曰、
「此嶋、我作意持念処也」云々。大天即礼二三宝一了、曰、
「我是（以上四オ）上人本国、菅丞相也。我、当初、愛別離苦之悲。上人聞二‐不我恥一。旧怨、常新。毎レ有二故事談者一、非レ不レ動二我心一。故、我、欲下悩二‐乱臣君一、損二‐傷人民一、殄中‐滅国土上。三十三天、我字二日本太政威徳天一。我主二一切疾病災難事一。
「我初思念、『用二我生前所レ流之涙一、必滅二‐[*2]没彼国一、遂成二水海一、経二八十四年一後、成二‐立国土一、為二我住城一也』。而彼所有二普賢・龍猛等一、盛流二‐布密教一。我素、愛二‐重此敕一。故昔怨心十分之一息也。加以二化身・菩薩等悲願力故一、仮二神明一。或在二山上・林中一、或住二海辺・河岸・谷一、尽二智力一常慰喩。[*3]故未レ致二巨害一也。但、我眷属十六万八千悪神等、随レ処致二損害一。我尚難レ禁、況［余］神乎」。仏子言、
「我本国之人上下、但、称二火雷天神一、尊三‐重於如二世[*4]尊一。何故、有二此怨一乎」。大政天曰、

「彼国、我（以上四ウ）為二大怨賊一。誰人、尊重。而、彼火雷火気毒王、我第三使者名也。自三我、不二成仏一之外、何時[*5]忘二此旧悪之心一也。若有下居二在世時所レ帯官位一者上、我、必令レ傷二-害之一。但、今日、為二我上人一、遣二一誓言一。若有三人信二上人一、伝下我言中『作二我形像一、称二我名号一、有二慇懃祈請者一、我、必相二-応於上人一耳上』。但、上人、有二短命相一。慎、精進、莫二懈怠二」云々上。仏子言、

「金峯菩薩賜二此短札一。未レ知二其意一。願、解二-[*]釈之一」。太政天読二其札文一云、

「日蔵九々年月王護」。即、[*6]釈曰、

「日者、大日之日也。蔵者、胎蔵之蔵也。九々者、八十一年也。月者、八十一月也。王者、蔵王之王也。護者、守護之護也。言、帰二-依大日如来一、修二-持胎蔵大法一、全二寿八十一一也。但、如説修行、延、為二九々年一、無二懺悔一怠促、為二九々月一。即、蒙二蔵王守護一也」云々。

「自二今日一後改二本名一、称二日蔵一、勇（以上五オ）猛精進、不レ能二懈怠二」云々。

仏子奉二教命一已了。還、至二金峯一。如レ上披陳也。菩薩曰、

「我、為レ汝令レ知二世間災難根源一。故遺而已」。

＊1　原状「巌」、文意と傍朱記により改める
＊2　原状「況」、文意と傍朱記によって改める
＊3　原状「枚」、文意と傍朱記によって改める
＊4　原状「写」、文意と傍朱記によって改める
＊5　原状「忌」、文意と傍朱記によって改める
＊6　原状「尺」を「釈」の略字として用いているので「釈」と改める

【補注】

①日本太政威徳天

「太政は太政大臣を連想せしめ、威徳天はおそらく牛の信仰のともなうところから、大威徳明王を応用したのであろう」（『日本思想大系二〇　寺社縁起』「北野天神縁起」補注）という解説もある。確かに大威徳明王は真言密教の五大明王の一王として水牛に座乗する姿も多いが、本文献に北野の牛信仰の記述とか暗示する箇所は皆無であることから、牛信仰からの連想とする説明を『日蔵夢記』に適用するのは適切だろうか。また、道真が正暦四（九九三）年に太政大臣を追贈されたことと関連づける説（竹居明男『道賢上人冥途記』『日蔵夢記』備考」（『人文学』一七六号二〇〇四年十二月）もあるが、生前右大臣まで至った者が太政大臣を追贈される例は藤原師輔など少なからずあって特別視する根拠とならない。日本太政威徳天の名号の一部をなしている「太政」について、本文献後段で満徳法主天（宇多帝霊）の指示として通貨名とか年号にせよとかあるように、『日蔵夢記』はこの称にこだわりがある。後に登場する満徳法主天と関係づけてみると、「威徳」と「満徳」が、「太政」と「法主」が対応していることに気づく。「太政」は官僚集団の長、「法主」は僧侶の長、合わせれば聖俗の代表である。そこで「威徳」は現世の力、「満徳」は世俗の外の力の美称という意味で並立させているのではないか。

②曼荼羅

「マンダラ」、つまり梵語の音訳である。「曼荼羅是輪円之義」（『大日経疏』）。各経典の説くそれぞれの教理によって、あるいは描かれる浄土によって、曼荼羅にも種類がある。聖徳太子の冥福のために作られた天寿国曼荼羅は兜率曼荼羅である。また天平宝字七年に中将姫によって蓮糸で織られた当麻曼荼羅は、極楽浄土曼荼羅といわれている。マンダラを掛けることは仏教儀式の基本であった。「只、義理ノミ全テ伝テ、今日ノ如ク、読レ式、懸二曼荼羅一ヲ事レ無レ之歟」（『渓嵐拾葉集』）

③作意持念処

「作意」は善念を発すること、「作意謂三能令二心警覚一」（『倶舎論』）、「持念」は正法を心に持し続けることを意味する。「汝等応二起清浄知見諦聴諦受一、如二善作意記念思惟一」（『法印経』）「当於二仏所一発二妙勝願一　所レ願勝妙善持二一念之二」（『悲華経』）。この箇所は、建久本『北野天神縁起』では「『この嶋は心を尽し思をたもつ所也』とぞ仰られて候」、メトロポリタン本『北野天神縁起』では「大天のゝたまはく『この島はわが作意持念の所なり』」となっている。ただし『扶桑略記』所収「道賢上人冥途記」には、これに該当する文はない。

④「涙で日本を水没させる」

本文四ウの「用我生前所流之涙、必滅没彼国遂成水海」＝悲しみの涙で国土を海としてしまおうという表現は同時代の和歌にも見られる。

善祐法師ながされて侍りける時、母のいひつかはしける
泣く涙世はみなうみとなりななむ同じ渚に流れよるべく（『拾遺和歌集』巻第十五恋五）

『扶桑略記』等によれば、善祐は寛平八（八九六）年九月、皇太后藤原高子と密通したことで伊豆に流罪となった。善祐流罪の数年後に、道真が大宰府に流罪となった。その道真霊の発言が、善祐母の歌と類似の発想であることに注目したい。両者に直接の影響関係はなくとも、同時代の似たような境遇に陥った貴族が、自らの悲嘆を同じように表現している。

⑤火雷天神

記録によると道真の没後、道真怨霊の所業と噂された最初の事件は、延喜九（九〇九）年の藤原時平の早世（『扶桑略記』）である。しかしそれは時平への道真の個人的な恨みにすぎぬと、貴族社会は見ていた。貴族たちが真剣に道真怨霊を恐れ始めたのは延喜二十三（九二三）年の皇太子・保明親王の夭折である（『日本紀略』『扶桑略記』）。この事件を目の当たりにした人々は、道真霊の恨みの対象は個人的な範囲を超えて、日本全体に及んでいるのではないかと噂し始めた。道真霊が天神号を贈られ、祭られはじめたのはそのころである。

今日ならば「天神と言えば菅公、菅公は天神」であるが、十世紀では「…天神」がいくつも並立していた。火雷天神はその一つで、貞元二（九七七）年成立の『最鎮記文』にもその名が見られる。今日、道真が祭られている北野に以前から雷神が祭られていた（『西宮記』巻七裏書、林屋辰三郎「天神信仰の遍歴」（『日本絵巻物全集第八巻』所収））。これが北野を天神社域とした理由である（笠井昌昭『天神縁起の歴史』一九七三年）というが、北野の土地神であれば「大富天神」とあるのが本来の姿で、火雷天神は字形の類似による誤写ではないかという議論もある（真壁俊信「大富天神と火雷天神」（『天神信仰の基礎的研究』一九八四所収）、藤原克己「天神信仰を支えたもの」（『国語と国文学』一九九〇年）。道真霊の他の呼称として、「自在天神」（『吏部王記』天慶八（九四五）年夏）、「天満天神」（「慶滋保胤願文」（『本朝文粋』）寛和二（九八六）年／「天暦天満宮託宣記」「比良宮託宣記」）、それと似た「天満宮天神」（「一条天皇宣命」永延元（九八七）年）、それらを組み合わせた「天満自在天神」（「大江匡衡願文」寛弘九（一〇一二）年）とか、「天満大自在天神」（『安楽寺草創日記』／『菅家御伝記』）、「北野天満大自在天神」（『元亨釈書』）などもある。『江談抄』・『今昔物語集』巻二四には「天神」とある。

『日蔵夢記』では火雷火気毒王は道真霊・威徳天の第三使者であるとされているが、『大鏡』では「北野の神にならせたまひていとおそろしくかみなりひらめき、清涼殿におちかかりぬと…」と道真霊自身が雷神となって清涼殿を襲ったとしている。平安時代、さまざまな天神呼称・天神伝説が併存していたのである。

⑥若有居在世時所帯官位者、我、必令傷害之

延喜十三（九〇五）年三月、右大臣源光が怪死（「狩猟

之間馳二入泥中一、其骸不レ見」『日本紀略』）している。以後一年半、右大臣は補任されず欠員のままとされた。朱雀朝でも天慶元（九三八）年五月、右大臣・藤原恒佐が就任後わずか一年五ヶ月で薨去している。翌年、右大臣を目前としていた大納言・平伊望も薨去した。これ以後、天慶七（九四四）年までの五年間、右大臣は欠員のまま、補任されていない。要するに本文献の語りの時点である天慶三年にも右大臣は欠員のままで、本書はそのことを道真怨霊の祟りの為と、とらえているのである。また、この記述があることから、本文献は天慶七年以後に書かれたと考えるのは不適切であることもわかる。

四　兜卒天《五ウラ～七オモテ》

【翻刻本文】

五丁ウラ

2 陳也菩薩曰我為汝令知世間災難根源故遺而已菩薩又曰仏子
3 汝見斗率天不答令見之菩薩申手教西南方空見指末即
4 至斗率天遥見有七宝垣其光甚朗耀也垣上垣傍有無。
5 数億千宝樹仏子経宝林中漸至一

六丁オモテ

1 為大怨賊誰人尊重而彼火漸至一高楼[高楼]下千万億宝珠以為
2 荘厳如是楼閣其数不可称計也一々楼前衆宝林間有流
3 泉浴池以無量宝樹交雑荘厳其水色種々光深映徹其水
4 上有無量宝楼一々楼下生衆宝蓮花其蓮花上有数十天女
5 以七宝瓔珞荘厳其身出厳[微]妙音歌詠遊戯亦虚空中
6 無量楽音又宝林間無数百千男女交接快楽仏子臨宝泉
7 上滲手瀬口其水香美凡界無比類身心観[歓]喜合掌佇立時十六
8 人人天女来園[囲]繞仏子讃嘆仏子問此之七宝楼閣是何物一第一
9 天女以和歌答之五十八ッ白玉瑕不付ヌ人ノ入リ久ル門ニ也波安良奴[止]云
10 天共散之[奴]又見従西方一天人来客[容]儀甚端正数十天女囲繞之

六丁ウラ

1 見仏子曰我是日本延喜王東宮太子也性正直愛楽仏法衆[故]※
2 生此天処也又見一天人来諸天女囲繞見仏子[云]之我是日本大

将也我在世時帰依仏法不信邪法尽忠竭孝不狂世務尤[故]不審※2
生此天我旧宅坐純金明王我朝夕所持念供養也云諸多
省繁云々又見静観々賢正宝等僧正寛平全等老僧共来執仏子
讃[云]之善哉々々我金峯牟尼神[神]通力得詣此天甚希有也甚奇特
也当共入内内※3院礼拝天主即相引共入内院荘厳不可勝計有一
師子坐高大如山無数妙法厳飾七宝大蓮花開敷繞其坐其
上虚空有微妙大宝帳以百千万妙毛[花]飾之以真珠為羅納[網]

※「衆」は朱でミセケチとされ、「故」と訂正されている
※2　「不審」に朱線あり　※3　「内」に朱線あり

七丁オモテ

懸無量宝鈴無量天人大衆恭敬囲繞無数天女或執妙蓮
花或執白払三方行立有無数楼閣太摩尼珠周匝厳飾荘
厳不可具述大宝座上有金色妙蓮花其蓮花上有真金色光
凝湛最清浄眼界不能見此即慈尊妙色身也仏子五体投地
恭敬礼拝即自光明中有音告曰仏子汝時禾至早帰本土随尺[釈]
迦遺教勤恪精進不行放逸生涯畢後宜生於我天也其音
声柔軟和雅聴即流涙不覚即生至金峯白斗率天既
見終菩薩之[云]汝随我教精進此生巳後可必生彼天[豈]
不楽乎菩薩亦云汝無懺破戒不随我教当堕地獄其地獄相及

【校訂文】

菩薩又曰「仏子、汝、見二斗率天一不」。答、「令レ見レ之」。

菩薩申レ手、教二西南方空一。見二指末一即至二斗率天一。遥見レ有二七宝垣一。其光、甚朗耀也。垣上、垣傍、有二無数億千宝樹一。仏子、経二宝林中一（以上五ウ）、[*1]漸至二一高楼下一。千万億宝珠以為二荘厳一。如レ是楼閣其数不レ可二称計一也。一々楼前、衆宝林間、有二流泉浴池一。以二無量宝樹一、交雑、荘厳。其水色、種々光、深映徹。其水上、有二無量宝楼一。

一々楼下、生二衆宝蓮花一。其蓮花上、有二数十天女一。以二七宝瓔珞一、荘二-厳其身一。出二[*2]微妙音一、歌詠・遊戯。亦虚空中、無量楽音。又宝林間、無数百千男女、交接快楽。

仏子臨二宝泉上一、滲レ手、瀬レ口。其水、香美、凡界無二比類一。身心[*3]歓喜、合掌佇立。

時十六人、人・天女来、囲二-繞仏子一、讃嘆。仏子問、

「此之七宝楼閣、是何物一」。第一天女、以二和歌一答レ之

五十八ッ白玉瑕不レ付ヌ 人ノ入リ久ル門ニ也波安良奴

止云、天共、散之奴。又、見、従二西方一、一天人、来。[*4]容儀、甚端正。数十天女、囲二-繞之一（以上六オ）。見二仏子一云、

「我、是日本延喜王東宮太子也。性、正直。愛二-楽仏・法一故[*5]、生二此天処一也」。又、見二一天人来一。諸天女、[*6]囲繞。見二仏子一云、

「我、是日本大将也。我、在世時、帰二-依仏法一、不レ信二邪法一。尽レ忠、竭レ孝、不レ狂二世務一。尤生二此天一。我旧宅、坐二純金明王一。我朝夕所二持念供養一也」。云諸多、省レ繁云々。

又見、静観・観賢・正宝等僧正、寛平全等老僧、共来。執二仏子一、讃[*7]云、

「善哉、善哉。我金峯牟尼神通力、得レ詣二此天一。甚希有也。甚奇特也。当下共入二内院一、礼中-拝天主上」。即相引、共入二内院一。荘厳、不レ可二勝計一。有二一師子坐一。高大、如レ山。無数妙法厳飾、七宝大蓮花開敷、繞二其坐一。其上虚空、有二微妙大宝帳一。以二百千万妙毛一飾レ之。以二真珠一為二羅[*8]網一（以上六ウ）、懸二無量宝鈴一。無量天人・大衆、恭敬囲繞。無数天女或、執二妙蓮花一、或執二白払一三方行立。有二無数楼閣一。太摩尼珠、周匝。厳飾荘厳、不レ可二具述一。大宝座上、有二金色妙蓮花一。其蓮花上、有二真金色光一。凝湛、最清浄、眼界不レ能レ見。此即、慈尊妙色身也。仏子、五体投地、

恭敬礼拝。即自二光明中一有レ音、告曰、
「仏子・汝、時[9]未レ至。早帰二本土一。随二[10]釈迦遺教一、勤恪精進、不レ行二放逸一、生涯畢後、宜レ生二於我天一也」。其音声、柔軟、和雅。聴即流レ涙。不レ覚即生、至二金峯一。白、
「斗率天既見終」。菩薩云、
「汝、随二我教一、精進、此生已後、可三必生二彼天一。〔豈〕[11]不レ楽乎」。

＊1　原状「漸至一（五行分空白）為大怨賊誰人尊重而彼火」とあるが、波線箇所は明らかに目移りで、朱線に従い削除
＊2　原状「巌」、文意と朱傍記により改める
＊3　原状「観」、文意と朱傍記により改める
＊4　原状は「客」、文意と傍朱記から改めた
＊5　原状は「衆」、文意と傍書記により改めた
＊6　原状は「園」、文意と傍朱記から改めた
＊7　原状「之」、文意と傍朱記により改めた
＊8　原状「納」、文意と傍朱記により改めた
＊9　原状「禾」、文意と傍朱記により改めた
＊10　原状「尺」、明らかに「釈」の略字であるので改めた
＊11　原状「不」の上に三字分空白があるが、空白を無視しても文意が明らかであるので字を補う等のことはしない

【補注】

①六欲天と兜率天の描写

この箇所の兜率天浄土の描写記事は『観弥勒菩薩上生兜率天経』『弥勒下生経』『弥勒下生成仏経』『弥勒大成仏経』を出典としている。これら仏典は、本文献に限らず、およそ日本における冥界巡見記の、さらに仏画・仏像や仏教説話における兜率浄土描写の原典となったことは早くから指摘されている（岩本裕「目連救母伝説」『国語国文』三五／九　一九六六年）。

地獄から天の一部までは欲界（食欲・淫欲・睡眠欲等欲望のある世界）と見なされ、その天界の部分は六欲天という。上位から、他化自在天・化楽天・兜率天・夜摩天・忉利天・四天王天で、下位の二つ、忉利天・四天王天までが須弥山にあり地居天と呼ばれ、上位の四天は空中にあり空居天という。兜率天は第四天にあたる。兜率天は都率天・斗率天とも兜率陀天とも表記される。本文献の原文は「斗率天」を用いているが、一般には「兜率天」が多く用いられていることを配慮して、訓読は「斗率天」とし、口語訳は「兜率天」とした。

弥勒菩薩の浄土には内外二院があり、内院は弥勒菩薩の浄土、外院は天人が遊楽するとされる。天人の寿命は四千歳で、ここの一昼夜は人間界の四百年にあたる。「善哉善哉善男子、汝於二閻浮堤一広修二福業一来二‐生此処一、此処名二兜率陀天一、今此天主名曰二弥勒一、汝当二帰依一」（『観弥勒菩薩上生兜率天経』）。

平安時代中期までは、阿弥陀如来の極楽浄土は報見浄土なので、欲望を捨てきれない凡人はそこに往生できないが、欲望を持ったままでも受け入れてもらえる六欲天の兜率天浄土ならば、比較的容易に往生できるという教説があった。そのため兜率天浄土信仰は盛行した（小野玄妙「弥勒三部経解題」『国訳一切経　経集部一二』一九三五年など）。平安貴族は、金峯山を弥勒菩薩の住処・兜率天とみなして信仰した。金峯山を中心とする『日蔵夢記』が兜卒天を日蔵の行くべき浄土としているのも、このような同時代の信仰背景があった。

②天女

兜率天には五百億天女がいて、いつも楽器を演奏し、歌い、舞い踊って仏の徳を讃美していたり「猶如天帝釈・諸天女、囲三‐繞太子在二園林一」（『仏所行讃』）、仏・菩薩や有徳の人を囲繞して讃える。「一一閻浮檀金光中、出二五百億諸天宝女一。一一宝女住二立樹下一。執二百億宝無数瓔珞一。出二妙音楽一。…諸欄楯間、自然化二‐生九億天子・五百億天女一。一一天子手中化二‐生無量億万七宝蓮華一。一一蓮華上有二無量億光一。其光明中具二諸楽器一。如レ是天楽不レ鼓自鳴。此声レ出時、諸女自然執二衆楽器一。競起歌舞。所レ詠歌音、演二‐説十善四弘請願一。…時諸閣間有二百千天女一。色妙無レ比、手執二楽器一。其楽音中、演二‐説苦空無常無我諸波羅密一。如レ是天宮有二百億万無量宝色一」（『観弥勒菩薩上生兜率天経』）。

③遊戯／快楽

亡くなった人が、往生した浄刹で自在に「遊戯、快楽」する記事は仏典に多い。「謂遊戯談笑時、願於二極楽界宝池宝林中一」（『往生要集』巻中）。平安貴族には、欲望を捨てきれなければ往けない極楽浄土と違い、欲天の一つである兜率天は欲望を持ったまま往生できる浄土と見なされていた。ゆえに極楽浄土は戒律を護持しつづける浄土であるのに対し、兜卒天は娯楽を楽しむ快楽の楽土と考えられていた。「法華経書写供養の者かならず忉利天に生る。いかに況んや、この女房のいづれか法華経を読み奉らざらん。兜率天に生れ給ひて、娯楽快楽し給ふべし」「九重の宮の内に遊戯したまふこと、忉利天の快楽を受けて、歓喜苑の内に遊戯するに劣らず」（『栄花物語』「もとのしづく」）。実際、弥勒仏関係の経典記事には「快楽安穏」の語を多く見られる。「皆由下今仏種二大善根一、行二慈心一報上倶生二彼国（兜率天）一、智恵威徳五欲衆具、快楽安穏」（『弥勒大成仏経』）。

④天女の和歌

インド成立の仏典には、天女が偈を詠む場面はある。「愛欲天女即説レ偈言…愛念天女復説レ偈言…時愛楽天女復説偈レ言…」（『雑阿含経』）これは三人の天女が釈迦仏と偈で議論している場面である。「拘薩羅国有二弾レ琴人一、名曰二麁牛一。於二拘薩羅国一人間遊行止二一息野中一。時有二六広大天宮天女一、来二憍薩羅国一麁牛弾琴人所。語二麁牛彈琴人一言、「阿舅阿舅。為レ我弾レ琴。我当二歌舞一…彼六天女即便歌舞。第一天女説レ偈歌レ言… 第二天女復説レ偈言…第六天女復説レ偈言…」（『雑阿含経』）六人の天女が琴の名人の演奏に合わせて偈を歌う場面である。当該場面の和歌を詠む天女もこうした記事からヒントを得て書かれたのであろう。偈は経典中の詩で、仏や仏の教えを賛美する詩が多い。中国文学には元来、散文中に韻文が入りこむことはなかったが、仏典漢訳の過程でこの手法を会得し、変文などの俗文学にも展開していったという。

「五十八ッ白玉瑕不付ヌ　人ノ入リ久ル門ニ也波安良奴止云天共散之奴」の箇所は、カタカナを含みつつ、漢字を仮名として用いている「也波安良奴（やはあらぬ）」、「止（と）」「之奴（しぬ）」。「不付ヌ」の「ヌ」は捨て訓である。

いつつとお　やつつしらたま　きずつけぬ　ひとのいりくる　かどにやはあらぬ

この歌は『梅城録』と『一乗拾玉抄』「勧発品」に別出がある。

「日蔵夢記曰。道賢借二蔵王菩薩神力一、礼二慈氏尊於兜卒天宮一。其初入門也。楼閣重々、宝樹荘厳。時十六天女、珠瓔被レ体、来迎称賛。道賢問曰「七宝楼閣何人住処」第一天女以二和歌一答レ之「五十八白玉瑕不付人入久留門爾也波安良奴」言已、分散。予試解レ之。梵網以レ戒比二如意珠一。則五戒十戒八斎等、能持不レ犯。其浄潔、猶明珠白玉無レ瑕類者。所由而生也。故云、非二白玉無レ瑕人入来之門耶一。」（『梅城録』）。

ここでは「いつつとお　やつつしらたま」は仏教の説く「五戒十戒八斎」で、それを護持するものがこの浄土の門を入ることを許されると解釈している。『梅城録』と『日蔵夢記』とでは和歌本文に異同はない。その一方で異文もある。

又日蔵上人都率天ニ登リ内院へ入ントスレバ童子出テ歌ヲ読ム。

　五ツ八ツ十ヲ白ラ玉ノ曇リナキ人ノ出テ入門ト知ラズヤ

ト詠ジテ押返也。五ツト者五戒。八ト者八斎戒。十ト者十戒也。此内ニ少シモ曇有ルニ依テ彼ノ聖人ハ被レ返也。之ヲ以テ思フニ何ナル余法ノ行人也トモ法花ノ行者ニ非ンバ弥勒菩薩、常恒ニ御説法有ル都率ノ内院ヘハ難レ生也。（『一乗拾玉抄』「勧発品」）。

『日蔵夢記』の歌と比べて、少なからぬ語句の相違がある。この『一乗拾玉抄』は、日蔵が浄土に入れなかった異伝である。それでも、「五ツ八ツ十ヲ白ラ玉」は「五ツト者五戒。八ト者八斎戒。十ト者十戒也」と解説する箇所は、『梅城録』と共通する。

　この歌に関して「都卒天内で天女から和歌一首をよみ贈られたりするところは、何かしら中国の…真人伝とか…真君伝とかの命録、死生之録などを連想する、どこか道教的色彩が感ぜられる」（川口久雄「敦煌変文の素材と日本文学～唐太宗入冥記と北野天神縁起～」『仏教文学研究』昭和四十二年）などの指摘もある。

⑤兜率天浄土信仰

　わが国への弥勒兜率天浄土信仰の伝搬は古く、敏達天皇十三（五八三）年九月に百済から献上された石像は弥勒仏であり、推古天皇三十一（六二三）年に新羅より贈られたのは蓮糸で織られた兜率曼荼羅であった。七世紀の中国では、道綽や善導が阿弥陀信仰を鼓吹していた一方で、玄奘は兜率上生信仰を体系化して説き、その門下に智達・智通・道昭ら日本からの入唐留学僧もいた。彼らは師・玄奘の教説として兜率天浄土信仰を日本に持ち帰り、広めたのであった（岩本裕『極楽と地獄』一九六五年）。

⑥有二一師子坐一。…以二真珠一為二羅網一

　このあたりの描写は弥勒関係の経典に拠る。「亦有二七宝大師子座一。高有二四由旬一。閻浮檀金無量衆宝以為二荘厳一。坐四角頭生二四蓮華一。一一蓮華百宝所成。一一宝出二百億光明一。其光微妙、化為二五百億衆宝雑花荘厳宝帳一。時十方面百千梵王、各各持二一梵天妙宝一。以為二宝鈴一懸二宝帳上一。時小梵王持二天衆宝一。以為二羅網一。弥覆二帳上一。爾時百千無数天子・天女・眷属、各持二宝華一以布二座上一。」（『観弥勒菩薩上生兜率天経』）。

⑦勤恪精進不行放逸

「勤恪精進」は誠実に修行すること。この語は仏典そのものには見当たらない四字熟語である。しかし兜卒天に往生したい人は、誠実に仏道精進を心がけ、放逸（修行を怠けること）はならないと誡める文言は『弥勒下生経』『弥勒下生成仏経』『弥勒大成仏経』に見られる。「欲三…身壊命終生二天上一者、彼善男子善女人当下勤加二精進一無生中懈怠上」（『弥勒下生経』）、「若求二解脱一人　希レ遇二龍花会一常供二一養三宝一　当三勤莫二放逸一」（『弥勒下生成仏経』）、「汝

等宜応下勤加二精進一、発二清浄心一起中諸善行上、得レ見二世間灯明弥勒仏身一必無レ疑也」(『弥勒大成仏経』)。いっぽう、「勤恪精進」は、中国漢籍の教養を身につけた平安知識人には、使い慣れた四文字熟語である。つまりそのような日本の知識人が、弥勒関連の経典を読みこなし、その理解するところを後進に伝えるために用いた熟語と考えるべきであろう。

五　地獄《七オモテ～十一ウラ》

【翻刻本文】

七丁オモテ

不楽乎菩薩亦云汝無懺破戒不随我教当堕地獄其地獄相及
閻羅王界見不答言欲見菩薩即申手教北方幽邃之黒山与指道

七丁ウラ

現身即在閻羅王宮其宮城大体如我世王宮城四面各三［有］高
楼種々器杖陳列有数千侍衛之朱雀大路左右有無数百千罪人
名［各］被杻械枷鎖其中相知相見之人数多也号哭苦脳(悩)之声(声)不可敢聞又
又次有楼門陳列百千桙安置(置)数十鼓数百兵衆侍衛［衛］之問［云］之何人是
来乎答言自金峯山来也即許入之又見有楼門其内有数百
千女人形如天女仏子隠扉之外佇立王遥見而自階下相向拝
揖曰禅僧何処来答曰日［自カ］金峯山亦問名何答名曰［日］蔵金剛蔵王
勅号也王亦云［亦之カ］最実我常聞禅僧亦生前所(所)作幾何答所作不
多唯随分修小善不敢犯大罪王［曰］四禅徳背所在何物答曰入山
日持経持仏等也亦問何等仏経答云大日尺迦弥勒観音等儁［像］又両

八丁オモテ

部諸尊種々曼陀羅亦小字涅槃最勝仁王金剛理趣般若等経
亦三部大法儀軌次第等大仏頂随求梵大陀羅尼日料所転
読如此等経也云々王即合掌頂受執手相遵々楷礼玉床歓喜
讃嘆欲聞法要即略説涅槃経諸行無常如来証涅槃偈等
又読法華経寿量品等誦無所不至尊勝秘密等閻王即起

礼拝曰善哉々々誠仏子也是可生浄土天堂之人也云々非閻羅王界所曾何故来生此間耶仏子云金剛蔵王神通力所至也唯願見地獄苦園*即勅一朱衣臣名曰獄領曰将此禅僧遍示地獄受苦之処即起立与獄領共出城北門数十里遥見有鉄山獄領曰彼即地獄城墻也至了見即有一大城大体如大山

*原状「薗」は「園」の異体字

八丁ウラ

有七重鉄垣其垣毎間有無数刀山無数剣樹又七重鉄網弥覆城上其城有四門毎門有四大狗其形如山眼光如電牙御爪如鉾吐火吐毒即令遍満城内又有無数獄卒其形牛頭人身如羅刹形一身有八頭九尾毎頭有十八角面毎有八眼八々六十四眼也一々眼中出鉄九[丸]如電雨言音如霹靂百千恐怖之事宛如諸経[論]論仏子問獄領云此城中有幾苦所答云有十八苦所一々苦所各有十八大苦事云々如是十八苦事充満其中下火徹上々火徹下其中大苦毒不可具説云々仏子雖見地獄城不能入語獄領云以何方便入此城中当見受苦衆生答云地獄城中門而丁誦所持大乗真言等我暫歛火災随其言即於中門狗前至誠合掌

九丁オモテ

誦法華涅槃首題名号又入字転観誦無所不至尊勝仏頂等諸狗一時歛火毒城中清涼即入口誦宝号真言次第廻見受苦之所有無数億衆生受不可説大苦毒一々隔中皆有在々時相知男女而受大苦毒見仏子至各毎口云救我々々或呼父母兄弟呼師僧同法或呼妻子眷属其悲訴辞不可具説云々初見一刀山火炎甚熾盛也其刀山下有無数刀輪々々間多有裸形衆生獄領曰是名刀山炎樹熾苦所殺生人堕所也其受苦時者諸刀輪被割截支節作八万四千版一日

一夜間六十億生六十億死云々　如此一々地獄相不可具説略之次復至鉄窟苦所有四鉄山相去四五丈許其間有一茅屋々中有四箇人其形如灰一人有衣覆々背上余三人裸形也蹲居赤

九丁ウラ

灰曾無床席悲泣鳴明［嗚咽］獄領曰有衣一人上人本国延喜王余三人其臣也君臣共受苦云々王見仏子相招給仏子即入茅屋敬屈奉王曰不可敬冥途無罪為王不論貴賤我是日本金剛学大王之子也然而堕此鉄窟苦所我居位年尚矣其縦［間］種々善亦造種々悪報先熟感得此鉄窟報出鉄窟之後善法愛重故当生化楽天云々仏子言大王治天下間犯重倫何故堕給此所自他作業重故堕此獄所其他者太政天也其天神以怨心令焼滅仏法損害衆生其所作悪報惣来我所我為其怨心之根本故詔太政以下十六万八千悪神為其眷属含恨報怨我聖父法主天慇懃誘喩彼天

十丁オモテ

神遮妨其悪雖然其十六万八千鬼兵作悪不止是故我苦相続不断何時生化楽天父子苦愛楽我生前化［犯］罪取大有［云］五々皆是因太政□［天］之事也今悔不及令我父法王深温世事如天険路行歩心神困苦其罪一也自居高殿令聖父坐下地焦心落涙其罪二也賢臣 事没流其罪三也久貪国位得怨滅法其罪四也令自之怨敵損他衆生其罪五也是為根本自余罪枝葉无量也受苦無休息苦哉悲哉地獄来人還出期遠寄誰伝此事念間今上人来還向逢□［而］喜一二陳而匕［巳］努力々々如我辞可奏主上我身在鉄窟受大苦毒幼主居位安穏不坐我身切々辛苦早々救済給又摂政大臣可申為我苦起立一万卒塔婆可給

十丁ウラ

三千度者一々塔婆法華涅槃首題如来証菩提及諸行無常等一偈並仏頂随求無所不至等大秘密令納七道諸国各々名山大海大路辺起立一日同時令供養給其度者諸寺諸山練行清浄沙弥近士誓求一日令度智行具足名僧三百口請三千人度者大極殿前可修仏名懺悔之法又国母可白云々不記我深随喜第四親王帰仏愛法念々功徳数々及我所云々存心又曰我多歳受苦今遇上人暫得休息定知我離苦日歟願我上人我及［三］三臣并一切衆生為断穀无言方広仏名経書主上国母御服用一万三千仏図宮京内五畿諸国遊行万民引率可修懺悔之法以種々香花飲食伎楽歌頌一万三千仏方広仏名経可

十一丁オモテ

供養如此一万三千供養我及三臣早出鉄窟我生化楽天臣等可可生忉利天仮令雖不彼我妻子眷属救済先深相恃上人抜苦之善云々鉄窟相応之法也雖不修万善必可修此法努力々々仏子悌泣出屋外即時四山一合也［　［次第廻転］　］至鉄［丸］九降所数百人中［中］有一僧在世時能［云］化宗也仏子見省不記如此巡見了出地獄城中火炎熾盛如本獄領之地獄无量也我只領此一大城即相共還至閻羅宮王即［了］合掌讃々希有々々真仏子即身見天堂亦見地獄精［進］進抜済衆生仏子聞了拝帰去即在金峯菩薩曰汝見地獄生怖畏不答之［云］甚怖畏菩薩曰［若］若人不信因果者令終時直入彼地獄如射箭経僧祇劫受苦無息地獄一日一夜当人間六十小劫如此日夜受苦経

十一丁ウラ

八万四千大劫得出如此経三悪道僅生人道下賎貧窮汝精進［進］抜七世父母及一切衆生苦根云々復次仏子汝見満徳法主天宮城

【校訂文】

菩薩亦云、

「汝無懺破戒、不レ随二我教一、当レ堕二地獄一。其地獄相及閻羅王界見不」。答言、

「欲レ見」。菩薩即申レ手、教二北方幽邃之黒山一与レ指、道（以上七オ）現。身即在二閻羅王宮一。其宮城大体如二我世王宮城一。四面、各[*1]有二高楼一。種々器杖陳列。有三数千侍二-衛之一。朱雀大路左右、有二無数百千罪人一。[*2]各、被二杻械枷鎖一。其中相知相見之人、数多也。号哭苦[*3]悩之声不レ可二敢聞一。又又次有二楼門一。陳二-列百千桙一、安二-置数十鼓一。数百兵衆侍二-衛之一問[*4]云、

「何人是来乎」。答言、

「[*5]自二金峯山一来也」。即許レ入レ之。又見、有二楼門一、其内有二数百千女人一。形、如二天女一。仏子、隠二扉之外一、佇立。王、遥見、而自レ階下、相向拝揖、曰、

「禅僧、何処来」。答曰、

「[*5]自二金峯山二」。亦問、

「名何」。答、

「名[*6]日蔵。金剛蔵王勅号也」。王亦云、

「最実、我常聞二禅僧一。亦、生前所レ作幾何」。答、

「所レ作不レ多。唯随レ分修二小善一、不三敢犯二大罪二」。王四、

「禅徳背所在二何物二」。答曰、

「入山日、持経、持仏等也」。亦問、

「何等仏・経」。答云、

「大日・[*7]釈迦・弥勒・観音等[*8]像。又両（以上七ウ）部諸尊種々曼陀羅。亦小字涅槃・最勝・仁王・金剛理趣・般若等経。亦三部大法儀軌次第等。大仏頂随求梵大陀羅尼。日料所二転読一、如二此等一経也」云々。王即合掌・頂受、執レ手相遵々楷礼。玉床、歓喜讃嘆、

「欲レ聞二法要二」。即略二-説涅槃経諸行無常如来証涅槃偈等一。又読二法華経寿量品等一、誦二無所不至尊勝秘密等一。閻王即起礼拝曰、

「善哉々々。誠仏子也。是可㆑生㆓浄土天堂㆒之人也云々。非㆓閻羅王界所㆒。曾何故来㆓-生此間㆒耶」。仏子云、

「金剛蔵王神通力所㆑至也。唯願㆑見㆓地獄苦園㆒」。即勅㆔一朱衣臣名曰㆓獄領㆒、曰、

「将㆓此禅僧㆒、遍示㆓地獄受苦之処㆒」。即起立、与㆓獄領㆒共、出㆓城北門㆒。数十里、遥見㆑有㆓鉄山㆒。獄領曰、

「彼即地獄城墻也」。至了、見、即有㆓一大城㆒。大体如㆓大山㆒（以上八オ）。有㆓七重鉄垣㆒、其垣毎㆑間、有㆓無数刀山、無数剣樹㆒。又、七重鉄網、弥㆓-覆城上㆒。其城有㆓四門㆒、毎㆑門有㆓四大狗㆒。其形、如㆑山。眼光、如㆑電。牙、御㆑爪如㆑鉾。吐㆑火、吐㆑毒、即令㆑遍㆓-満城内㆒。又有㆓無数獄卒㆒。其形、牛頭人身。如㆓羅刹形㆒、一身有㆓八頭九尾㆒。毎㆑頭、有㆓十八角㆒。面毎有㆓八眼㆒、八々六十四眼也。一々眼中、出㆓鉄[*9]丸㆒、如㆓雹雨㆒。言音、如㆓霹靂㆒。百千恐怖之事、宛如㆓諸経論㆒。仏子問㆓獄領㆒云、

「此城中、有㆓幾苦所㆒」。答云、

「有㆓十八苦所㆒、一々苦所、各有㆓十八大苦事㆒」云々。

「如是十八苦事、充㆓-満其中㆒。下火徹㆑上、上火徹㆑下。其中大苦毒、不㆑可㆓具説㆒」云々。仏子雖㆑見㆓地獄城㆒、不㆑能㆑入。語㆓獄領㆒云、

「以㆓何方便㆒、入㆓此城中㆒、当㆑見㆓受㆑苦衆生㆒」。答云、

「地獄城中門而[*10]鄭誦㆓所㆑持大乗真言等㆒。我、暫斂㆓火災㆒」。随㆓其言㆒、即於㆓中門狗前㆒、至誠合掌（以上八ウ）、誦㆓法華・涅槃首題名号㆒。又入㆓字[*11]輪観㆒、誦㆓無所不至尊勝仏頂等㆒。諸狗、一時斂㆓火毒㆒、城中清涼。即入㆑口、誦㆓宝号・真言㆒。

次第廻㆓-見受㆑苦之所㆒、有㆓無数億衆生㆒、受㆓不㆑可㆑説大苦毒㆒。一々隔㆑中皆有。在㆔在時相知男女而受㆓大苦毒㆒。見㆓仏子至㆒、各毎㆑口云、

「救㆑我、救㆑我」。或、呼㆓父母兄弟㆒、呼㆓師僧同法㆒。或、呼㆓妻子眷属㆒。其悲訴辞、不㆑可㆓具説㆒云々。

初見㆓一刀山㆒、火炎、甚熾盛也。其刀山下、有㆓無数刀輪㆒。刀輪間、多有㆓裸形衆生㆒。獄領曰、

「是、名㆓刀山炎樹熾苦所㆒。殺生人、堕所也。其受㆑苦時者、諸刀輪被㆑割㆓-截支節㆒、作㆓八万四千版㆒。一日一夜間、六十億生、六十億死」云々。如㆑此一々地獄相、不㆑可㆓具説㆒。略㆑之。

次復、至㆓鉄窟苦所㆒。有㆓四鉄山㆒、相去、四五丈許、其間有㆓一茅屋㆒。屋中有㆓四箇人㆒。其形、如㆑灰。一人、有㆓衣覆㆒、覆㆓背上㆒。余三人、裸形也。蹲㆓-居赤（以上九オ）灰㆒。曾無㆓床席㆒、悲泣嗚[*12]咽。獄領、曰、

「有㆑衣一人、上人本国延喜王。余三人、其臣也。君臣共受㆑苦」云々。王、見㆓仏子㆒、相招給。仏子、即入㆓茅屋㆒敬屈

奉。王曰、「不レ可レ敬。冥途無レ罪、為レ王、不レ論二貴賤一。我是日本金剛学大王之子也。然而堕二此鉄窟苦所一。我居レ位年、尚矣。其［間］縦二種々善一、亦造二種々悪一。報先熟感二―得此鉄窟一、報出二鉄窟一之後善法愛重故、当レ生二化楽天一」云々。仏子言、

「大王、治二天下一間、犯二重倫一何故、堕二―給此所一」。

「自他作業重故、堕二此獄所一。其他者、太政天也。其天神、以二怨心一令下焼二―滅仏法一損中―害衆生上。其所レ作悪報惣来二我所一、我、為二其怨心之根本一故。詔二太政以下十六万八千悪神一為二其眷属一含レ恨報レ怨。我聖父・法主天、慇懃誘二―喩彼天（以上九ウ）神一遮、妨二其悪一。雖レ然、其十六万八千鬼兵作レ悪、不レ止。是故我苦、相続、不レ断。何時生二化楽天一、父子苦愛レ楽。

「我生前[13]犯罪、取レ大有レ五。五皆、是因二太政［天］之事一也。今悔不レ及。令下我父法王深温二世事一、如二天険路行歩一、心神困苦上、其罪一也。自居二高殿一、令下聖父坐二下地一、焦心落涙上、其罪二也。賢臣事没流、其罪三也。久貪二国位一得レ怨、滅レ法、其罪四也。令三自之怨敵、損二他衆生一、其罪五也。是為二根本一、自余罪、枝葉無量也。受レ苦、無二休息一。苦哉、悲哉。

「地獄来人還出期、遠。寄レ誰伝二此事一念間、今、上人来、還向。逢[14]事喜、一二陳而[15]巳。努力努力、如二我辞一、可レ奏二主上一。我身在二鉄窟一受二大苦毒一、幼主居レ位安穏不レ坐。我身切々辛苦。早々救済給。

「又摂政大臣可レ申。為二我苦一、起二―立一万卒塔婆一、可レ給（以上十オ）二三千度者一。一々塔婆、法華涅槃首題、如来証菩提及諸行無常等一偈、並仏頂随求・無所不至等大秘密令レ納。七道諸国各々名山・大海・大路辺起立、一日同時、令二供養一給。其度者、諸寺諸山練行清浄沙弥・近士誓求、一日令レ度。智行具足名僧三百口請二三千人度者一、大極殿前、可レ修二仏名懺悔之法一。又国母可レ白」云々、不レ記。

「我、深随二―喜第四親王、帰レ仏、愛一レ法。念々功徳数々及二我所一云々。

「存レ心又曰、我、多歳受レ苦、今遇二上人一、暫得二休息一。定知二我離レ苦日一歟。願二我上人一、我及三臣并一切衆生為、断穀無言。方広仏名経書二主上・国母御服一。用二一万三千仏図一、宮・京内・五畿諸国遊行、万民引率、可レ修二懺悔之法一。以二種々香・花・飲食・伎楽・歌頌一、一万三千仏・方広仏名経可（以上十ウ）二供養一。如レ此一万三千供養、我及三臣、早出二鉄窟一。我、生二化楽天一、臣等[16]可レ生二忉利天一。仮令雖レ不二彼我妻子眷属一、救済。先深相二―恃上人抜レ苦之善一云々。

「鉄窟相応之法也。雖レ不レ修二万善一、必可レ修二此法一、努力、努力」。仏子悌泣出二屋外一。即時四山一合也。

［次第廻転］至二鉄*17丸降所一。数百人中、有二一僧一。在世時能化宗也。仏子見省不レ記。如レ此巡見了。出二地獄城中一。火炎、熾盛、如レ本。獄領*18云、
「地獄無量也。我只領二此一大城二」。即相共還二-至閻羅宮一。王即合掌讃。讃下、
「希有希有。真仏子。即身見二天堂一亦二見地獄一。精進抜二-済衆生二」上。仏子聞了、拝帰去。即在二金峯一。菩薩、曰、
「汝見二地獄一、生二怖畏一不」。答*18云、
「甚怖畏」。菩薩曰、
「若人不レ信二因果一者、令三終時直入二彼地獄一如レ射レ箭。経二僧祇劫一受レ苦無レ息。地獄一日一夜、当二人間六十小劫一。如レ此日夜受レ苦経（以上十一オ）二八万四千大劫一得レ出。如レ此経二三悪道一、僅生二人道下賤貧窮一。汝精進、抜二七世父母及一切衆生苦根二」云々。

＊1　原状「三」、文意と傍朱記により改めた
＊2　原状「名」、文意と傍朱記により改めた
＊3　原状「脳」、文意と傍記により改めた
＊4　原状「之」、文意と傍記により改めた
＊5　原状「日」、文意と傍記により改めた
＊6　原状「曰」、文意と傍記により改めた
＊7　原状「尺」、明らかに「釈」の略字であるので改めた
＊8　原状「儁」、文意と傍記により改めた
＊9　原状「九」、文意と本文の字に付された朱記により改めた
＊10　原状「丁」。「丁」は「鄭」の略字なので「鄭」と改めた
＊11　原状「字転観」では意味不通。「転」は「輪」の誤写とみなす
＊12　原状「明」に朱筆ミセケチ。ミセケチと傍朱記によって改めた
＊13　原状「化」、文意と傍朱記により改めた
＊14　原状虫損による未詳字。残欠箇所から「事」と推定した
＊15　原状虫損により「ヒ」と残欠、文意と傍朱記により改めた
＊16　原状「可可」、文意と朱ミセケチにより最初の「可」を削除
＊17　原状は「九」とある文字の上に朱筆で補い「丸」となっている。文意と朱筆補により改める
＊18　原状「之」、文意と傍朱記により改める

【補注】

①平面配置の地獄

本文献七オでは「菩薩即申手、教北方幽邃之黒山与指、道現。身即在閻羅王宮」とあり、地獄は現世と同じく、いわば平面的に位置している。しかし『往生要集』の原典といわれている『正法念処経』や『倶舎論』、或いは地獄記事が体系的に整っている『大智度論』によると、地獄は現世の地下にあるとされる。これは後期仏典の一般的な傾向で、『大毘婆沙論』の記述では体系的に地下に層を成して等活地獄から無限地獄までの構造が説かれている。その一方、『長阿含経』第十九「地獄品」では「此四天下有二八千天下一囲二-繞其外一。復有二大海水一周二-匝囲三-繞八千天下一。復有二金剛山一遶二大海水一。金剛山外復有二第二金剛山一。二山中間窈窈冥冥。日月神天有二大威力一。不レ能三以レ光照二-及於彼一。彼有二八大地獄一」と、本文献と同じく、平面的に地獄が位置すると説く。このような理解は『大毘婆沙論』にも異伝としてある。

これに関する他の日本文献を見ると、『往生要集』のように「等活地獄者、在二於閻浮堤之下一千由旬一…阿鼻地獄、在二大焦熱之下欲界最低之処一」と『正法念処経』『倶舎論』『大智度論』を忠実に受け入れ、地下に層を成して地獄があるとする例もある。しかし、多くの日本文献では本文献同様、地獄は現世と平面的に並んで存在しているとしている。『日本霊異記』に「広国忽死…使有二二人一…伴副往程二駅度許、路中有二大河一。度レ椅之以レ金塗厳。自二其椅一行至二彼方一…度南国也」（上巻第三十）とあり、『今昔物語集』にも「人有テ云ハク『此レヨリ其ノ方ニ幾許行テ閻魔王ノ宮アリ。大河有リ其河上ニ七宝ノ宮殿有リ。其ノ中ニ閻魔王在マス』ト。父此ヲ聞テ其ノ教ノ如ニ尋テ行ク程ニ遙ニ遠ク行々テ見レバ実ニ大河有リ。其ノ河ノ中ニ七宝ノ宮殿有リ」（巻第四第四十二）などのように、地獄は地下になく、現世と同一平面にあり、現世の人が歩いても行ける所とされている。古代日本社会では、冥界は平面的に存在するとする言説の方が受け容れやすかったのである。

②地獄と閻羅王

仏教において、地獄の概念は早くからあった。たとえば初期仏典の『法句経』にも「妄語近二地獄一　作レ之言レ不レ作　二罪後俱受　是行自牽往　法衣在二其見一　為レ悪不二自禁一　苟没二悪行一者　終則堕二地獄一」（『法句経』巻下「地獄品」）とある。しかし地獄の概念は早くからあっても「閻羅王」はそうでない。初期仏教では、死後審判の思想は教義にそわないからだ。死者の審判者としての閻羅王が仏典に登場するのは、『長阿含経』「地獄品」以後である。そこでは地獄界を支配するとともに、死者を裁き、どの地獄に送るかを罪刑に応じて判決する閻羅王が登場する。仏教における教義取り込みが遅かったに関わらず、死後審判の思想は、仏教伝来地における一般民衆の精神世界には比較的容易に浸透し、閻羅王は庶民にも親しいものであった。

「有二人疾篤一、忽驚走二-至擒家一、曰「吾欲二謁レ王一」。左右問曰「何王也」。答曰「閻羅王」」（『隋書』韓擒虎伝）。

③楼門其内有数百千女人形如天女

『今昔物語集』（巻一第十八）によれば、地獄の周囲の鉄囲山には獼猴女（みこうにょ）というものがいて「端厳美麗ナルコト無並シ」と、俗世界一の美女も「百千倍ニ及トモ不レ可レ類」とあり、天女に比されるほどの美貌であると書かれている。ただし『今昔物語集』はこの話の出典である『普曜経』を誤読していて、原典の『普曜経』では獼猴女は醜い者とされている。それでも『今昔物語集』と本文献の記事が相似していることは、地獄に入る手前には天女の如き美女がいるという認識が、日本の平安時代には敷衍していたことを伝えている。

④隠扉之外佇立

平安貴族が上位者を訪問した時には、門のあたりに立ち、邸主から声がかかるまで待つのが作法であった。「早うの人（昔の人、ここでは藤原朝成（九一七～九七四年））は我より高き所に詣でては『こなたへ』と無き限りは上にも昇らで下に立てることになむありけるを…中門に立ちて待つほどに…」（『大鏡』伊尹伝）。日蔵もこうした貴族の礼儀に従っている。それはこの文献が「早うの人」の時代（十世紀中頃以前）に書かれたことを示している。

⑤地獄記事と往生要集

この箇所の地獄の描写は『往生要集』大文第一「厭離穢土」第一地獄の阿鼻城記述に類似している。しかし本文献と『往生要集』と相違するものも以下の通りある。

ｉ：『往生要集』には獄領に関する記事がない。

ii：『往生要集』では地獄の巨狗は「銅狗」であるが本文献は「大狗」である。

iii：『往生要集』では獄火は獄卒の角、鉄幢の旗先、虫の嘴からも出るが、本文献では大狗の吐く火だけ。

iv：『往生要集』では獄卒は十八人とあるが、本文献では無数。

v：本文献では獄卒は九尾の姿をしているが、『往生要集』にこの描写はない。

vi：『往生要集』では地獄城内に雷のように大蛇の吼え声が響くとあるが、本文献では獄卒の声が響く。

ii iii viに関しては本文献は『往生要集』よりも簡略と言える。ｉｖに関しては本文献は『往生要集』よりも記事量が多い。これは本文献当該箇所が『往生要集』の拠った典拠以外をも参考にしていることを暗示する。

⑥聞経を喜ぶ閻羅王

閻羅王が現世から冥界に来た僧に経を読んでもらうのをせがむ姿は『日本霊異記』中巻第十九にもある。「利苅優婆夷者…夜寝、不レ病率而死。到二閻羅王所一、時王、見レ之而起、立レ床敷レ蓐居之、語曰「伝聆、能誦二心経一。我欲レ聴レ声。暫頃請耳。願誦、聞レ之」即誦。王聞随喜、従レ坐而起…」。『大日本国法華経験記』巻上第二十八話にも「沙門源尊…趣二閻王庁一…高音読二誦経一。閻王冥類合掌聞レ之…」とある。また閻羅王が法華経を持する僧を尊敬するという逸話は『大日本国法華経験記』巻上第八話にあり、また閻羅王が法華経を写経する者を尊ぶ記事が『日本霊異記』下巻第九にある。閻羅王は地獄にいても、自身は仏教守護神であるゆえ、聞経を喜ぶ。だからその宮殿にも、浄土と同じように、玉床がある。

⑦尊勝秘密

「尊勝秘密」とは『尊勝仏頂瑜伽法軌儀』上に含まれる陀羅尼または『仏頂尊勝陀羅尼加字具足本』にある陀羅尼のことである。仏頂尊勝尊の光明により一切の障碍を調伏する功徳を説く陀羅尼で、滅罪・延命・厄除に効験があると信じられた。平安時代には「凡天下僧尼誦二仏頂尊勝陀羅尼一、日満二二十一遍一」（『延喜式』二十一玄蕃）と、これを誦することは僧侶の義務と法令で定められていた。尊勝陀羅尼の功徳は平安知識人にも深く信じられていた。「この九条殿は百鬼夜行に遇はせたまへるは…尊勝陀羅尼をいみじう読み奉らせたまふ」（『大鏡』師輔伝）とは、九条殿が尊勝陀羅尼を読むことで百鬼夜行の難を免れた逸話である。九条殿は藤原道長の祖父・師輔で、この時に師輔が尊勝陀羅尼を誦することができずに百鬼夜行にとり殺されていたら、道長の栄耀もなかったろう。

⑧天堂

天人の居る六欲天世界。元来は中国土着神のいる天上の殿堂を意味していたが、中国の仏教家は経典の漢訳に際してこの概念を借用し、「地獄天堂」と地獄概念の対としてこの語を用いた。「叙二地獄一則民懼二其罪一、敷二天堂一則物歓二其福一」（『宋書』天竺迦毘黎国伝）。天堂は浄土世界ではあるものの、「天白仏言「我雖レ生二処天堂一。心常憂悩」（『雑宝蔵経』）とあるように、それでも仏法により救済されなければならない憂悩がある。

⑨字輪観

字輪観は密教で本尊などを象徴する種字や真言の文字を、順に観じる修法である。修行者の心臓（胸）を満月輪とし、そこに種字などの文字輪を観相する。「字輪観ハ…五大観ニ付キテハ…五字ノ義一切ノ物ニアルベシ。即チ地獄餓鬼等ニ至ルマデ此ノ五大所也。五大観ヲ地獄ヘ□□バ地獄観ニテアルベキ也。…若、汝地獄観ヲモ敢□力之得タラバ無量劫ノ地獄ノ罪業ヲモ一時ニ滅スベキ也」（『栂尾上人御目次』）とあるように、字輪観の中の五大観の、地獄観を修法することができれば、地獄の罪業を滅するという。

⑩刀山炎樹熾苦所

『往生要集』及びその出典である『正法念処経』によれば、等活地獄の外郭にある苦所に「刀輪処」がある。「刀輪処、謂鉄壁周市、高十由旬。猛火熾然、常満二其中一。…復有二刀林一、其刃極利、復有二両刀一如レ雨而下、衆苦交至、不レ可二堪忍一。昔貪レ物殺生之者堕二此中一」（『往生要集』「厭離穢土」第一地獄）とあるとおり、刀輪、刀林、火炎で責められる地獄である。本文献はこれを簡略化して書き換えたとも考えられる。しかし「諸刀輪被割截支節、作八万四千版。一日一夜間、六十億生、六十億死」の記述は『往生要集』に見あたらない。本文献にいう「刀山炎樹熾苦所」は、『正法念処経』や『往生要集』にいう「刀輪処」とは相違している。これは本文献に『正法念処経』〜『往生要集』とは別系統の典拠があることを示唆している。

⑪鉄窟苦所

『仏名経』巻第一「三十二沙門地獄」の中に「鉄屋地獄」「鉄山地獄」の名が見える。また『根本説一切有部毘奈耶』に、提婆達多が、目連と舎利弗に、自らの堕ちた地獄を語る記事で「時有二鉄山火熱一、遍起二洪焔一、通為二一火一、来二至我所一磨二砕我身一譬如三石上磨二油麻子一」と鉄山での責め苦に言及している。

⑫「其形、如灰」

『正法念処経』巻第六に「身如二普焼黒林相一似」（「地獄品之二」）、また『長阿含経』第十九に「罪人匍匐伏二熱鉄地一、焼二炙其身一皮肉燋爛」（世記経　地獄品）とかあるように、「其形如灰」とは仏典で地獄の業火に焼かれる人たちを描写する常套表現である。『選集百縁集』（四十五目連入城見五百餓鬼縁）にも「見二一餓鬼一、身体如二燋柱一」等の表現が何度も用いられている。罪人のみならず餓鬼にも用いられている。「鉄窟苦所有四鉄山…其形如灰」の表現は、仏典の、四面を火に囲まれた地獄の業火で罪人が責められる表現を踏襲しているのである。「復次無間地獄。有二大鉄城一、其城四面有二大火一起。…罪人在レ中東西馳走。焼二炙其身一皮肉燋爛、苦痛辛酸万毒並至」（『長阿含経』）

⑬醍醐天皇に従う「余三人」

『北野天神御記』（静嘉堂文庫本）に「此の四人コソ延喜帝ト時平卿　定国卿　菅根朝臣ト云」とあることに従う見解（真壁俊信『天神信仰の基礎的研究』一九八四年）もある。しかし、『北野天神御記』のこの箇所は補訂箇所である。ここにしかない記事を信じるには慎重であるべきだ。そもそも『日蔵夢記』よりも後に成立した『北野天神御記』を根拠に『日蔵夢記』を解釈する方法論に基本的な問題がある。

時平は延喜九(九〇九)年に三十九才で没した。『大鏡』「時平伝」等で、昌泰の変の首謀者と見なされている。定国は延喜六（九〇六）年四十才で没した。醍醐母后の同母兄弟で、道真左遷によって右大将になれたものの、ほどなく没している。菅根は延喜八（九〇八）年五十三才で没。参議・式部大輔、宇多法皇による道真の雪冤奏上を阻止した。確かに以上の三人の所業は道真霊に恨まれるにふさわしくはあるが、そうした同時代貴族はこの三人ばかりではない。たとえば、道真左遷により右大将になって怪死した源光なども道真の怨霊による死と噂されている。

この地獄巡見譚の章の後段で醍醐天皇が日蔵に、「私の言った通りの修法をしてくれれば、私は化楽天に、廷臣三人は忉利天に往けます」という発言があり、この三人の現世での罪過がそれほど重くもないことを暗示している。ゆえに道真を讒言した悪行の順に「余三人」を「時平・定国・菅根」と特定する発想は、『日蔵夢記』の解釈としては方向が違う。

醍醐天皇とほぼ時を同じく横変死した者には、大納言藤原清貫・右中弁平希世・右兵衛佐美努忠包がいる。いずれも清涼殿落雷が原因で焼傷で死んだ（延長六年六月二十六日『日本紀略』・『扶桑略紀』等）。本文献の「屋中有四箇人其形如灰」という表現はこの四人が直接・間接に落雷が原因で死んだことを暗示していないだろうか。「余三人」を藤原清貫・平希世・美努忠包と考えるべきだろう。一方で、本文献十二ウには「去延長八年震害清貫・希世朝臣等、又蹴殺美怒忠兼、及焼損紀景連・安曇宗仁等一即此天第三使者・火雷火気毒王之所作也。其日、彼気、初入我延喜王身内。六府、悉爛壊也。自爾、彼王遂命終。」と、延長八年に醍醐天皇と共に落雷が原因で亡くなったのがこの三人であることが明記されている。

⑭我父法王深温世事

宇多法皇が譲位後も国政に関与していたことはよく知られているが、ここにいう「世事」とは「太政天之事」に限定される。宇多法皇は『寛平御遺誡』で「右大将菅原朝臣是鴻儒也…惣而言レ之、菅原朝臣非二朕之忠臣一新君之功臣乎。人功不レ可レ忘、新君慎レ之」と次帝・醍醐帝を諭している。このような、道真を重く用いよという人事に関する父帝からの指示がありながら、その意に背いたことを言うのであろう。

⑮其罪一／二／三

醍醐天皇の自覚する罪は全て菅原道真に関連したことであるという。一つは宇多法皇の意向に背いたことで、これは『寛平御遺誡』に道真の功績を忘れてはならないと父帝から言われていたにもかかわらず、道真左遷宣旨を出したことであろう。二つめの法皇を地に座らせたということについて記録が残っている。

昌泰四年辛酉正月二十五日右大臣菅原朝臣任二大宰府権帥一。…依二件事一、同日宇多法皇馳二‐参内裏一。然左右諸陣警固不レ通。仍法皇敷二草座於陣頭侍従所西門一、向レ北。終日御レ庭。左大弁紀長谷雄侍二門前陣一。火長以上下二榻座一。（『扶桑略記』昌泰四年）

法皇は草座に座っていたのに、衛士たちは椅子に座ったままという非礼も、醍醐帝の責任ということであろう。

⑯昌泰の変から天慶年間までの主な国土災難（☞天慶年間の天災・国難については、一　道賢の冥土巡行まで補注⑤）

延喜八（九〇八）年夏　干魃・疫癘流行（『日本紀略』『扶桑略記』他）
延喜九（九〇九）年春　疫癘流行（『扶桑略記』他）
延喜十（九一〇）年夏　干魃。九月の重陽宴中止（『日本紀略』『扶桑略記』）
延喜十一（九一一）年五月　大安寺焼亡（『興福寺別当次第』他）　六月　平安京洪水（『日本紀略』他）
延喜十三（九一三）年八月　台風。罹災者多数。九月の節会中止（『日本紀略』『扶桑略記』他）
延喜十四（九一四）年五月　平安京左京で大火。家屋百戸焼失。（『日本紀略』『扶桑略記』他）
延喜十五（九一五）年夏　干魃。疫癘流行（『扶桑略記』他）　十月　天皇疱瘡罹患（『日本紀略』他）
延喜十八（九一八）年六月　東寺に落雷。金堂焼失（『扶桑略記』）
延喜二十二（九二二）年夏　疫癘流行。六月洪水、七月干魃、十月　伊勢斎宮寮焼亡（『扶桑略記』他）
延長三（九二五）年夏　干魃で相撲中止（『日本紀略』）
延長五（九二七）年十月　西大寺塔焼亡（『日本紀略』『扶桑略記』他）　流言飛語流布（『扶桑略記』）
延長七（九二九）年七月　洪水で相撲中止。罹災者対策で九月の重陽宴中止（『扶桑略記』他）
延長八（九三〇）年春～夏　疫癘蔓延（『日本紀略』他）
六月降雪（『吾妻鏡』）　内裏落雷（『扶桑略記』他）
醍醐天皇崩御
承平元（九三一）年三月・五月　地震群発。虹・星の天文異変相次ぐ（『日本紀略』他）　宇多法皇崩御
承平二（九三二）年正月～四月　地震群発（『日本紀略』他）
承平四（九三四）年夏　瀬戸内海で海賊跳梁（『日本紀略』他）
承平五（九三五）年四月　地震群発（『日本紀略』他）
この年、瀬戸内海の海賊が鎮圧されないまま、関東で将門の乱が勃発する。
承平七（九三七）年十一月　富士山噴火（『日本紀略』）

⑰幼主

朱雀天皇は承平七(九三七)年、十五歳で元服。本書の「現在」である天慶三（九四〇）年では十八歳。摂政・藤原忠平の補佐を受けていたので「幼主」と記したにちがいない。摂政は「代二天皇一、摂二万機一、載二幼主受禅宣命一後…」（『西宮記』「臨時五」）とか、「幼主時申二摂政一…」（『北山抄』九裏書）と平安中期の有職書が明記しているとおり、天皇が幼主である時に置かれると規定されている。忠平が関白に転ずるのは、この翌年の天慶四（九四一）年十一月で、その頃には朱雀帝はもう幼主ではないと判断されていたことによるためか、語り時点を天慶四年秋としている『扶桑略記』所引『道賢上人冥途記』には「幼主」の語はない。

⑱卒塔婆

サンスクリットのストゥーパの音写。インド・中国では土石や塼（せん）を積んだ卒塔婆が多いが、日本ではそれに加えて、木造建築や木材で作られた卒塔婆もある。仏教上の聖遺物をおさめたもので礼拝の対象となる。「礼懺経分二‐別現証法界一卒塔婆塔中三十七尊為二五種法身一」（『大日経教主本地加持分別』）経典では「塔婆」と表記する場合の方が多い。「一切有情欲得二成就一大悉地法、依二前法一要造二‐作塔婆一。其量大小随レ力所レ弁」（『宝悉地成仏宝陀羅尼経』）。現代の日本では細長い板に五輪塔の形を表す五つの刻みを入れ、表裏に梵字・経文・戒名・没年月日などを記す板塔婆を、一般に「卒塔婆」と言っているが、卒塔婆は元来は土や石を高く積み上げ中に仏の遺骨や遺品を収めるように作られた墓標だった。釈迦仏涅槃後のインド、さらに仏法の伝搬した中国・韓国・日本では、壮麗な三重塔・五重塔・十三重塔などの塔が作られた。そのような巨大な建築物ばかりでなく、人の背丈ほどの五輪石塔なども卒塔

婆として作られた。奈良時代に作られた百万塔はもっと小型で、木で作られた高さは約二十センチの卒塔婆に陀羅尼が納められている。なお、日蔵が現世に帰って後、醍醐天皇の「一万の卒塔婆を起立」という指示に従って蓮台野に千本の卒塔婆を立てたのが、現在の京都・千本通りの名の由来という伝承もある。

⑲度者

年分度者は「寛平七年三月六日…奉勅依請者、若度者多数、限内不授畢」（『類従三代格』四）のように公認の出家者である。平安時代では、延暦二十二年で十名、大同元年に十二名。その後、徐々に増えてはいるものの、三千人を一時に公認するというのは通例の範囲を超えている。度者は皇族や上級貴族の病気・薨去の際、下賜される例がある。大臣蘇我馬子が病気の際の「秋八月。大臣臥病。為二大臣一而男女並一千人出家」（『日本書紀』推古天皇二十一年）を始め、慶雲二（七〇四）年五月に右大臣藤原不比等の病気平癒のために二十人（『公卿補任』）、養老四（七二〇）年八月にも同じく三十人（『続日本紀』元正天皇）、貞観十四（八七二）年三月に太政大臣藤原良房の病気平癒のために八十人（『三代実録』清和天皇）、天慶七（九三四）年十月に関白太政大臣藤原忠平の病気平癒のために五十人（『日本紀略』朱雀天皇）、天暦三（九四九）年八月忠平の薨去につき三十人（『日本紀略』朱雀天皇）、正暦元（九九〇）年五月前関白太政大臣藤原兼家の病気平癒のために百人（『日本紀略』一条天皇）、万寿四（一〇二七）年十一月前摂政太政大臣藤原道長の病気平癒のために千人（『日本紀略』後一条天皇、『小右記』）が度者として公認されている。馬子・道長の例にしても千人である。醍醐帝霊の要求する度者三千人は過去の例に比較して破格とも言えるが、臣下である蘇我馬子や藤原道長の為に千人の度者を出家させたのであれば、帝の為ならばその三倍でもおかしいとも言えない。史実として、延長八年六月の落雷後、体調の回復しない醍醐天皇の平癒を祈願して八月九日に度者五百人を「御薬」の為に（『扶桑略記』）、同月十九日には度者千人を「御息災之祈」の為に（『日本紀略』）度者として公認するという記事がある。それでも天皇は崩御されたのであるから、それ以上の数の度者が必要と考えたのであろう。

⑳仏名懺悔

年中行事として十二月に清涼殿で仏名経を読んで懺悔する法会。承和五（八三八）年より始まる。（『壒嚢抄』九、『延喜式』十三「図書」、『西宮記』十二月「御仏名」）古くは旧暦十二月十五日より、後には十二月十九日より三日間、内裏および諸寺院で『仏名経』を誦し、三世の諸仏の名号を唱えて罪障を懺悔した。仏名会、仏名懺礼ともいう（『興国護国論』下）。内裏のみならず、貴族の私邸でも盛んに行われた。「十二月にもなりぬ。世の中、心あわたたしう、内よりはじめ、宮々の御仏名にも、例の仏名経など誦ずる声もをかしきに」「十二月、公私の御仏名、御読経のいとなみおろかならず」（『栄花物語』）。これを勤めた導師は絹綿を賜り、法会後には、「かへなしの勧盃」といういわば懇親会もあった。(『建武年中行事』十二月仏名)。『日蔵夢記』で醍醐天皇は、この法会を十二月に限らず臨時に大極殿で大規模に行うことを指示している。

㉑近士

通行字は「近事」であるが、『灌頂紀』(弘仁三年十二月十四日)等に近事と近士を使い分けずに用いている例があり、当該箇所もいわゆる近事の意味で用いた例であろう。経典では「近事」と表記することが多い。「近事男衆善根発生、自在修二-作如レ是難行之法一」(『菩薩本生鬘論』)。近士／近事は在家者ながら五戒を受けた者を言う。梵語の音写である優婆塞(うばそく)・優婆夷(うばゐ)の漢訳語で、男を近事男、女を近事女という。(『釈氏要覧』上「称謂」、『書言字考節用集』四「人倫」)

㉒第四親王

重明親王。父は醍醐天皇、母は源昇女。延喜六(九〇六)年の生まれで、天慶三(九三七)年には三十五歳。その日記である『吏部王記』延長八年に道真霊＝火雷神の伝承を書き留める等、道真霊に敏感であった。また、この日記に、醍醐天皇の崩御するまでの、天台座主尊意による祈祷と臨終時の受戒の様子も記されている。『花鳥余情』によれば醍醐天皇の喪に三年間服したというまじめな人柄で、学才にも秀でていた。中務卿・式部卿を歴任して天暦八(九五四)年薨去。

㉓念々功徳数々及我所

「念」は仏典では短い時間を意味する場合が多く、「念々」は一念を積み重ねていくことで、「少しずつ」。少しずつこつこつと功徳を積み続けること。「夫一念誠心、猶以通レ仏、通レ祖、通レ鬼、通レ神、通二人倫一。況念念誠心・念念功徳乎」(『知覚普明国師語録』)。遺族の功徳によって冥界の亡者が救われるという考え方は本来仏教教義になく、日本土着の先祖霊崇拝風俗による。この発想は『大日本法華経験記』巻上第二十九等、同時代の日本文献中の言説によく見られる。

㉔忉利天

六欲天の第二天で帝釈天を教主とする。三十三天ともいう。人間界百日を一日として、寿命は千歳。(『雑阿含経』二十二巻／四十五巻、『今昔物語集』巻一)。先に日蔵は、高僧たちや皇太子・保明親王や大将・藤原保忠のいる兜卒天(第四天)に往生するといわれた。宇多法皇が居て、醍醐天皇も往生を目指すのは化楽天(第五天)で、廷臣たちの行く忉利天(第二天)よりも上位である。先に「冥途無罪為王不論貴賤」とあることから地獄での受刑に現世の身分による差別は無いようであるが、安楽土への往生にはそれがあるようである。

㉕鉄丸降所

鉄丸降所の鉄丸は、焼けた鉄丸を罪人に咥えさせる責め具である。「無レ戒受二供養一　理豈不二自損一　死噉二焼鉄丸一　然熱劇二火炭一」(『法句経』巻下地獄品第三十　十有六章)。鉄丸降所は想大地獄の小地獄としてある。「鉄丸地獄、縦広五百由旬、罪人入已有二鉄丸一自然在レ前。獄鬼駆捉、

手足爛壊。挙身火然。苦痛悲号万毒並至」（『長阿含経』）

㉖僧祇劫／大劫

劫はインドの数の単位。「阿僧祇劫」とも。ヒンドゥー教では、一千ユガすなわち人間の四十三億二千万年に該当し、一世界の存続期間を表す語と説く。僧祇劫は一劫のさらに数倍であり、要するに数えることもできないほど、途方も無く長い時間をいう。「是諸罪衆生　以二悪業因縁一過阿僧祇劫　不レ聞二三宝名一」（『法華経』「如来寿量品第十六」）。仏典においても大劫・中劫・小劫の三劫が一世界の存続期間を表す語として用いられている。（『倶舎論』十二）

㉗抜七世父母及一切衆生苦根

地獄で醍醐天皇霊に面会してきた日蔵に、蔵王菩薩のかけた言葉が「抜七世父母及一切衆生苦根」とはいささか奇異の感がある。仏教教義ではむしろ縁者との恩愛の情を断ち切ることを説くものだからである。これは『日蔵夢記』の参考とした地獄巡見譚が七世父母の救済と不離のものであったことを暗示している。盂蘭盆とその典拠たる『盂蘭盆経』・『報恩奉盆経』は早くから日本に受容され、『日本書紀』推古十四年四月八日に「設斎」の記事があり、同斉明三年七月には「盂蘭盆会」を設けた記事がある。いずれにしても平安中期には年中行事として定着していて、『延喜式』十三舎人、同三十大蔵などに盂蘭盆に関する各部署の分担業務の詳細が規定されている。『西宮記』「七月」や、『江家次第』「七八月」にもその有職故実に関する記事がある。

盂蘭盆は目連の冥界巡行によって堕獄した母を救護した伝説を元にしているが、その典拠たる『盂蘭盆経』には「仏告二目連一。十方衆僧於七月十五日僧自恣時、当下為二七世父母及現在父母厄難中一者、具中飯百味五果汲灌盆器上」「其有レ供二−養此等自恣僧一者、現在父母七世父母六種親属、得レ出二三途之一苦」「此盂蘭盆、救二−度現在父母乃至七世父母一」などと、この短い経典に「七世父母」の語が八回も用いられている。その半分以下の分量しかない『報恩奉盆経』にも「七月十五日当下為二七世父母在厄難中一者」など「七世父母」の語が三回も用いられている。本文献の日蔵冥界巡歴譚が、仏典の目連冥界巡歴譚に関連する経典を参考にしていることは明かであろう。

六　満徳法主天《十一ウラ〜十五オモテ》

【翻刻本文】

十一丁ウラ

抜七世父母及一切衆生苦根云々復次仏子汝見満徳法主天宮城
不答〔云願　之〕之願見之其満徳法主天者日本金剛蔵王是也従我前去来
汝速往詣即申左手教東方見手末即至満徳城々之地純一頗
梨也城北大小草木花菓皆七宝也西有呉竹林広廿里許其枝
茎皆有光明如紺瑠璃東南有池其池辺有五色沙光明亦五色正
殿金銀高広懸七宝花鬘西方宝殿人間奉仕大法師等无数
時法主天命仏子〔云〕之我於金峯聞汝三世之事汝若逢退縁為
恐告善利示浄刹令歓喜示地獄令怖畏聖旨如是希有哉
仏子親聞仏声教甚奇特也仏子見我已久我是日本僧王

十二丁オモテ

也我雖不梵行清浄出家一受戒力得生化楽天処然而我住卑
少之別城為遮止彼大政天之悪也彼天神常為日本霜雹而
常摧国土我甘露而常利人民但彼国人民諂狂邪之心熾盛
故彼悪神之勢力日新也正直正見行希有故我等善神
威光少悲哉苦哉欲何為乎彼日本大政天者菅公是
也惟公聆〔瞼〕目如念言嗚乎苦哉我実无犯何為連何愛
別離苦之大苦怨哉悲哉必報怨如是念畢含怨終
其公宿世福智力故即成大威徳天神其威徳自在勝諸
天神即思惟凡国土安穏者因修仏法人民熾盛者為有
衣食我令断衣食便損減人民断仏法音殄滅国土即与其

十二丁ウラ

1 眷属十六万八千毒龍悪鬼水火雷電風伯雨師毒害邪
2 神等遍満土行大〔大〕災害国土旧善神不遮止又去延長八年
3 震害清貫希世〔世〕朝臣等又蹴殺美怒忠兼及焼損化〔紀〕量〔景〕連
4 安曇宗仁等即此天第三使者火雷火気毒王之所作也其日
5 彼気初入我延喜王身内六府悉爛壊也自爾彼王遂命終亦焼
6 亡崇福法隆東大延暦檀林等諸大寺是即使者王所作也
7 如是悪神等滅法害生之我延喜王独受其殃辟如衆川之
8 水呑一大海也又自余眷属勢与彼火雷王其数難計或崩
9 山振地壊城損物或吹暴風降疾雨人物併損害或行疾
10 病火死之病或令戒者発乱逆之心或令大人条*嘲哢之乱凡

＊原状は「条」の旧字「條」の人偏の部分が「彳」となっている。

十三丁オモテ

1 国土天下一切不祥十六万八千悪神所作大政天能制止
2 若干眷属無制止如是災害非専当時各非尽大王福非
3 尽公卿運只此日本太政天忽怨所致也金峯八幡等諸
4 大菩薩等我満徳天堅執不許故不能自由而已而惣天下愚人
5 不知災難之源於鎮護善神還処損害之咎甚可憐哉此
6 天神心為根本一切災難争発云々以何方便抜済之云々今須調
7 和彼太政天王怨心兼以之抜苦修法云々仏子汝我此慇懃数
8 当献主上並摂政大臣宜早為先帝生天及天下安隠造
9 立天祠勧請彼太政天謝咎祈福告従山北建立一小天祠
10 択求清浄持律僧一口令便其祠謝咎祈福何者彼太政天
11 常住所分行南西二方諸国政

十三丁ウラ

1 故其天祠前庭樹令通橋左右〔　　〕

2 花樹裁烈可号大威徳天祠又大津北極一小天祠建立大
3 天於其所差行東北二方諸国之政故置清浄僧一口謝咎祈
4 請可号日本大天祠又此天神属〔屡〕住爰頂護雷峯常城中
5 遊行嵯峨野諸神行故其正宮建立大盛徳城可相像其
6 本城大海中宝嶋也故可建立水中大沢池是相応地也其
7 池正中為一小嶋築堅已了其地雑人不可令踏但除建立間
8 其宮殿建八面楼閣八方開戸一切荘厳如彼本城周*匝作
9 軒廊高不過閣八面開戸嶋形如壇山水不高奇巌立列樹
10 栽行其池塘上以為馬場多栽花樹可為路嶋東西建立二幢

＊原状「帀」は「匝」の異体字

十四丁オモテ

1 其上安日月形家表形鋳造之亦其池北山建立一小堂安置
2 五大明王并護世一切天等像亦東方作我満徳法主天像西方
3 作彼日本太政天像各々形如東西二王但東方乗龍西方乗
4 鳳為異耳其小堂左右建立一祚殿天下諸神自来住止我
5 二天所在之所一切神明無不来応其城可号日本太政威徳
6 天寺一切災難二天前祈願自然消滅我与此天行住坐臥同
7 共一處為遮悪護国也欲祈請者常以四月十五日十月十五日
8 *滅設音楽公卿相共〔共歟〕行養三宝及二天又毎年正月一日大
9 王自幸可祈年中祥福置浄行僧六口可修法華三昧又
10 置阿闍梨一口令修真言大法又以士兵令衛護之又改天慶

＊原状「減」は「滅」の俗字

十四丁ウラ

1 三年為太政元年改大臣号永為摂政大臣延喜通宝為大
2 政大宝一天下大政天之心也一切王法不違旧式又道俗成業

3 有才沈倫者諸司有労各令有慶賀大赦天下如常以忠勤
4 之心修如是之善天下大平災難已銷又金峯浄刹閣
5 浮檀金之根至於淪〔輪〕際故雖壊劫金峯不可壊此権現
6 牟尼我所奉之尊也四時之中其三時一切道俗参会
7 供養奉仕満願唯尊也四時之中其三時一切道俗参会
8 供養奉仕満願唯厳寒時無人承事年分度者一人
9 置冬篭師子号香燃供養天下鎮護攸令彼主上及臣
10 下不見用我慇懃之教誨仏子汝為俗降三宝為救護

十五丁オモテ

1 衆生寧不読誦経典専一可営此天祠之事也仏子言貧
2 道無力年堪此事小堂建立未半況此大事乎天王曰汝無
3 世間之福猶削出世之富須率一切四衆為己身為天下誰不
4 令応汝若不信我此誨令我為大障当妨汝修道冬篭
5 之事若不被用之汝当篭可奉仕之汝若我言信行我当為
6 汝作外護者我捨化楽天勝楽住此卑少城是為利物護
7 国也我深念彼日本故慇懃伝此治国要方而已我子孫親
8 昵人々何不哀憐乎仏子奉天王命已了即至本宝殿窟

【校訂文】

復次、
「仏子、汝、見二満徳法主天宮城一不」。答[*1]云、
「願レ見レ之」。
「其満徳法主天者、日本金剛[*2]学王是也。従二我前一去来、汝速往詣」即、申二左手一、教二東方一。見二手末一即至二満徳城一。城之地、純一頗梨也。城北大小草木・花菓皆七宝也。西有二呉竹林広二十里許一。其枝茎皆有レ光明如二紺瑠璃一。東南有レ池。其池辺有二五色沙一、光明亦五色。正殿金銀高広、懸二七宝花鬘一。西方宝殿人間、奉仕大法師等無数。時法主天命二仏子一[*3]云、
「我二於金峯一聞二汝三世之事一。汝若レ逢二退縁一為レ恐、告二善利一。示二浄刹一、令二歓喜一。示二地獄一、令二怖畏一。聖旨如レ是、希有哉。仏子、親聞二仏声教一、甚奇特也。仏子、見レ我已久。我是日本僧王（以上十一ウ）也。我雖レ不二梵行清浄一、出家一受戒力得レ生二化楽天処一。然而我住二卑少之別城一、為レ遮二－止彼太天之悪一也。彼天神、常為二日本霜雹一。而常擢二国土一。我甘露。而常利二人民一。但、彼国人民諂狂邪之心熾盛。故彼悪神之勢力、日新也。正直正見行希有。故我等善神威光少。悲哉、苦哉。欲二何為一乎。
「彼日本太政天者菅公是也。惟、公[*4]瞼目如二念言一『嗚乎苦哉。我実無レ犯。何為。連二何愛別離苦之大苦一。怨哉、悲哉。必報レ怨』。如レ是念畢、含レ怨終。其公宿世福智力故、即成二大威徳天神一。其威徳自在勝二諸天神一。即思惟、『凡国土安穏者、因レ修二仏法一。人民熾盛者、為レ有二衣食一。我令レ断二衣食一便損二－減人民一、断二仏法音一殄二－滅国土一』。即与二其（以上十二オ）眷属十六万八千、毒龍・悪鬼・水火・雷電・風伯・雨師・毒害・邪神等一、遍満レ土、行二大災害一。国土旧善神、不二遮止一。
「又、去延長八年震二－害清貫・希世朝臣等一、又蹴二－殺美怒忠兼一、及焼二－損[*5]紀[*6]景連・安曇宗仁等一即此天第三使者・火雷火気毒王之所レ作也。其日、彼気、初入二我延喜王身内一。六府、悉爛壊也。自レ爾、彼王、遂命終。
「亦、焼二－亡崇福・法隆・東大・延暦・檀林等諸大寺一是即使者王所レ作也。如レ是悪神等滅レ法害レ生、之我延喜王独受二其殃一。辟如三衆川之水呑二一大海一也。
「又、自余眷属勢与二彼火雷王一。其数難レ計。或、崩レ山振レ地壊レ城損レ物。或、吹二暴風一降二疾雨一人物併損害。或、行二疾病火死之病一。或、令三戒者発二乱逆之心一。或、令三大人条二嘲哢之乱一。凡（以上十二ウ）国土天下一切不祥、

十六万八千悪神所レ作。太政天能制止、若干眷属無二制止一、如レ是災害非二専当時一。各非レ尽二大王福一、非レ尽二公卿運一。只此日本太政天[*7]忿怨所レ致也。金峯・八幡等諸大菩薩等、我満徳天、堅執不レ許。故不レ能二自由一而已。而惣天下愚人不レ知二災難之源一、於二鎮護善神一還処二損害之咎一。甚可レ憐哉。此天神心、為レ根二－本一切災難・争発一」云々。

「以二何方便一、抜二－済之一」云々。

「今須下調二－和彼太政天王怨心一、兼以レ之抜苦修法上云々。

「仏子汝、我此慇懃数当レ献二主上並摂政大臣一。『宜下早為二先帝生天及天下安隠一造二－立天祠一、勧二－請彼太政天一、謝レ咎祈レ福上』。

「告、従レ山北建二－立一小天祠一、択二－求清浄持レ律僧一口一、令下便二其祠一謝レ咎祈レ福上。何者、彼太政天（以上十三オ）常住所、分二－行南西二方諸国政一。故其天祠前庭樹令レ通レ橋、左右花樹栽烈、可レ号二大威徳天祠一。又大[*8]沢北極一小天祠建立。大天於二其所一差二－行東北二方諸国之政一。故、置二清浄僧一口一、謝レ咎、祈請。可レ号二日本大天祠一。

「又此天神、[*9]屡住二爰頂一護二雷峯一。常城中、遊二－行嵯峨野一。諸神行。故其正宮建三－立大[*10]威徳城可二相像一。其本城、大海中宝嶋也。故可レ建二－立水中一。大沢池、是相応地也。其池正中為二一小嶋一。築堅已了、其地雑人不レ可レ令レ踏。但除二建立間一。其宮殿、建二八面楼閣一、八方開レ戸。一切荘厳、如二彼本城一。周匝作二軒廊一、高不レ過レ閣、八面開レ戸。嶋形如レ壇、山水不レ高、奇巌立列。樹栽二－行其池塘上一、以為二馬場一、多栽二花樹一、可レ為レ路。嶋東西建二－立二幢一（以上十三ウ）、其上安二日月形・家表形鋳二－造之一。

「亦其池北山建二－立一小堂一、安二－置五大明王并護世一切天等像一。亦東方作二我満徳法主天像一、西方作二彼日本太政天像一。各々形、如二東西二王一。但、東方、乗レ龍、西方、乗レ鳳、為レ異耳。其小堂左右建二－立一祚殿一。天下諸神自来、住二－止我二天所在之所一。一切神明無レ不レ来二－応其城一。可レ号二日本太政威徳天寺一。一切災難、二天前祈願、自然消滅。我与二此天一、行住坐臥同、共一処為レ遮レ悪護レ国一也。

「欲二祈請一者、常以二四月十五日・十月十五日一、滅二－設音楽一、公卿相共行養二三宝及二天一。又毎年正月一日大王自幸、可レ祈二年中祥福一。置二浄行僧六口一、可レ修二法華三昧一。又置二阿闍梨一口一、令レ修二真言大法一。又以二士兵一令レ衛二－護之一。

「又改二天慶（以上十四オ）三年一、為二太政元年一。改二大臣号一、永為二摂政大臣一。延喜通宝、為二太政大宝一。一天下太政天之心也。一切王法不レ違二旧式一。又道俗成レ業有レ才沈倫者、諸司有レ労、各令レ有二慶賀一。大二－赦天下一如レ常。以二忠勤之心一、修二如レ是之善一、天下大平、災難已銷。

「又金峯浄刹閻浮檀金之根、至二於[*11]輪際一。故、雖二壊劫一金峯不レ可レ壊。此権現牟尼、我所レ奉之尊也。四時之中其三時、一切道俗、参会・供養・奉仕、満レ願。唯厳寒時、無二人承一レ事。年分度者一人、置二冬篭師一、子、号二香燃供養一。

「天下鎮護攸レ令、彼主上及臣下不レ見レ用二我慇懃之教誨一、仏子汝、為レ俗降二三宝一。為レ救二一護（以上十四ウ）衆生一、寧不レ読二一誦経典一、専一可レ営二此天祠之事一也」。仏子言、

「貧道無三力年堪二此事一。小堂建立未レ半、況此大事乎」。天王曰、

「汝無二世間之福一、猶レ削二出世之富一。須レ率二一切四衆一、為二己身一、為二天下一。誰不レ令レ応レ汝。若不レ信二我此誨令一、我為二大障一当レ妨二汝修道一。冬篭之事、若不レ被レ用レ之、汝当レ篭、可レ奉二一仕之一。汝若我言信行、我当三為レ汝作二外護者一。我捨二化楽天勝楽一住二此卑少城一、是為二利物護国一也。我、深念二彼日本一。故、慇懃伝二此治国要方一而已。我子孫・親[*12]昵人々、何不二哀憐一乎」。

＊1　原状「之」、文意と傍朱記により改める
＊2　原状「蔵」、誤写と見なし意改
＊3　原状「之」、文意と傍朱記により改める
＊4　原状「聆」、文意と傍朱記により改める
＊5　原状「化」、文意と傍朱記により改める
＊6　原状「量」、文意と傍記により改める
＊7　原状「忽」であるが「忩」のくずし字は「忽」と似ているので誤写したものと見なし、意改した
＊8　原状「津」であるが意改
＊9　原状「属」であるが文意と傍朱記により改めた
＊10　原状「盛」であるが意改
＊11　原状「淪」、文意と傍朱記により改めた
＊12　原状「昵」だが一部虫損もあり、また文意から「昵」と改めた

【補注】

①彼天神常為日本霜雹

霜と雹は天下にあだなすものの喩。「有㆓霜雹之災㆒」(『漢書』李尋伝)。これと対になるのが「甘露」で、天下太平の時に降るといわれる甘い露。元来、道教の用語であった。「天地相合以降㆓甘露㆒」(『老子』三十三)。仏典を漢訳するにあたって道教の概念を借用するのは定石で、「甘露」もこの一つである。例えば甘露飯は如来の食物、甘露門は如来の教え、甘露法雨は如来の教法である。「世尊、我今身有㆓調牛良田㆒、除㆓去株杌㆒、唯悕㆓如来甘露法雨㆒」(『涅槃経』)。日本もこれに習った。「其ノ時ニ神、手ヲサシノベテ指の崎ヨリ甘露ヲ降ラス」(『今昔物語集』巻二第二十七)。

②愛別離苦～昌泰の変における菅原道真の悲劇

この箇所は「三　日本太政威徳天」にも、太政威徳天の言葉として「我当初愛別離苦之悲（四ウ・1行目）」とあったことに対応する。本文献には、本筋に関係なく親子の情に言及する箇所がいくつか見られる。例えば「一　道賢の冥土巡行まで」の道賢（日蔵）の母への孝心、「五　地獄」における菩薩の七世父母を救済せよという諭しの箇所である。当該場面でも道真は流罪になった際に数多くの不本意なことがあったはずなのに「愛別離苦之大苦」を怨心の第一としている。道真の昌泰の変における悲劇を、『大鏡』でも家族離散の視点からとらえている。

このおとど（道真）子どもあまたおはせしをそれも皆かたがたに流されたまひて悲しきに、おさなくおはしける男君女君たちしたひて泣きておはしければ、「小さきはあへなむ」とおほやけもゆるさせたまひしぞかし。みかどの御おきて、きはめてあやにくにおはせば、この御子どもをおなじかたにつかはさざれけり。かたがたにいと悲しくおぼしめして…（「時平伝」）

以下、『大鏡』では道真の邸宅・家族との別れを惜しむ和歌を一首ずつ、宇多法皇へ贈った和歌、刑地に赴く途中の明石で駅長に贈った漢詩が続く。『大鏡』と『日蔵夢記』では道真霊の怨心のとらえ方が異なる。『大鏡』は道真の悲劇を家族別離の観点からとらえ、道真の怨心の対象を時平とその一族に限定し、いわば家単位の「私闘」と矮小化している。本文献では家族離別の悲劇を道真霊の怨心全体の出発点としつつ、その怨心は拡大して日本全体を対象とする「公憤」となったととらえている。『日蔵夢記』は朝廷組織のあり方を正面から批判し、その延長線上に天皇を地獄に堕とすという言説形成をしている。

③延長八年六月の内裏落雷

本文献の言及する内裏落雷について、史料の裏付けがある。「廿六日戊午。諸卿侍㆓殿上㆒。各議㆓請雨之事㆒。午三刻。従㆓愛宕山上㆒黒雲起。急有㆓陰沢㆒。俄而雷声大鳴。堕㆓清涼殿坤第一柱上㆒。有㆓霹靂神火㆒。侍㆓殿上之者㆒。大納言正三位兼行民部卿藤原朝臣清貫衣焼胸裂夭亡。年六十四。又従四位下行右中弁兼内蔵頭平朝臣希世顔焼而臥。又登㆓

紫宸殿一者。右兵衛佐美怒忠包髪焼死亡。紀蔭連腹燔悶乱。安曇宗仁膝焼而臥。民部卿朝臣載二半蔀一至二陽明門外一載レ車。希世朝臣載二半蔀一至二修明門外一載レ車。時両家之人悉乱二入侍一。哭泣之声。禁止不レ休。自レ是天皇不予」（『日本紀略』延長八年六月）。

④諸寺焼失

崇福寺：延喜二十一年（九二一）十一月四日堂舎・雑舎全焼失（『日本紀略』『扶桑略記』）

法隆寺：延長三年（九二五）年講堂・北堂・西堂・八箇室焼失（『法隆寺雑記』『法隆寺別当記』他）

東大寺：承平四年（九三四）十月一九日西塔、雷火で焼失。（『東大寺要録』『日本紀略』『扶桑略記』他）

延暦寺：承平五年（九三五）三月六日中堂と傍の堂舎焼失（『日本紀略』『扶桑略記』）

檀林寺：延長六年（九二八）年三月十三日塔・宝蔵・政所町を残して全焼失（『扶桑略記』）

『日蔵夢記』の羅列記事は古い順か新しい順か、いずれにしても時代別に配列される原則があるが、寺院焼失記事のみ違っている。三番目に焼失したはずの壇林寺が五番目に書かれている。これは檀林寺が他の寺院と比べて大沢に近い場所にあったことによるものであると考える。大沢は法主天が寺院建立を指示している土地である。本文献として特に印象深い寺院焼失事件だったためにあえて最後に配列したのであろう。

⑤火死之病

火を連想させる赤をイメージする疫病で、前近代日本に猖獗を極めたのは疱瘡である。疱瘡は前近代日本の死因の第一位で（富士川遊『日本疾病史』昭和四四年）、全身から赤斑が出て紅く色づく様子が火と連想づけられ、「火死之病」のような称が生じたのではないか。日本では二十世紀中頃まで、疱瘡をもたらす悪霊を追い払うため、戸口、縁側、便所など、境界を表す場所に赤い御幣を吊るすという民間習俗の残っていた地域があったことが記録されている。いわゆる赤色呪力によって疱瘡霊を避けるのは、赤と火の連想の延長線上にあると思われる。（高橋昌明『酒呑童子の誕生』二〇〇五年参照）

⑥大沢池

京都市右京区嵯峨野にある池。平安前期の様式を残す日本最古の人工林泉で、堤には楓・松・桜が植林されている。大沢池には天満宮のある天神島が現存する。嵯峨天皇の離宮・嵯峨院を喜捨して大覚寺とした時、その奏請文を道真が作ったことから、この天満宮が建立されたという。この天神島は、後宇多上皇に中興された頃を描いた『大覚寺伽藍図』にも見られる。本文献にある「五大明王」も創建当初から大覚寺の本尊としてあったもののようである。このことから本文献を、平安中期に荒廃していた大覚寺再建を目指す醍醐寺を中心とした真言僧によると推定する説（山本五月「『道賢上人冥途記』の成立」（『仏教文学』二二号平成十年））がある。

⑦音楽

「音楽」は本来は音によって構成される芸術である。「音楽之所㆓由来㆒遠、生㆓於度量㆒、本㆓於太一㆒」（『呂覧』大楽）。しかし法会において仏供養として催される舞楽の意味もある。「我以㆓金箔㆒報㆓其恩徳㆒。広㆓―設音楽㆒而慶㆓―讃之㆒。」（『妙色因縁経』）。『栄花物語』「巻第十七おむがく」の巻名の由来は治安二（一〇二二）年七月の法成寺金堂供養の舞楽記事の「舞台の上にてさまざまの菩薩の舞どもぞ数をつくし、また童べの蝶・鳥の舞ども…楽所の物のねどもいといみじくおもしろし。これみなのりの声なり」による。法会の中でも重要とされていた舞楽の中の演奏、あるいは舞楽そのものを音楽と称していたことがわかる。

⑧延喜通宝

延喜通宝は皇朝十二銭の十一番目の貨幣として延喜七（九〇七）年に発行された。そして満徳法主天の通貨改鋳の指示は、現世に受け容れられることなく、十二番目の乾元大宝が、天徳二（九五八）年に発行された（この史実と本文献の成立時期を関連づけるべきことを指摘したのは加畠吉春「『日蔵夢記』解題と諸問題」（『アジア遊学』二十二号二〇〇〇年十二月）である。）『日蔵夢記』は預言の書としては、天徳二（九五八）年以後は破綻している。最初から破綻している言説をわざわざ創るわけはなく、『日蔵夢記』の成立時期は、両通貨発行の間しかありえない。さらに「改㆓大臣号㆒、永為㆓摂政大臣㆒。」も、翌天慶四（九四一）年冬に、摂政大臣・藤原忠平が関白大臣となることで、実現されなかった。これに「又改㆓天慶三年㆒、為㆓太政元年㆒。」という指示も無視されていることを併せて考えれば、本文献の原本は天慶三年（九四〇）内に書かれたと考えざるを得ない。☞解説

⑨閻浮檀金

仏典に依れば、閻浮提（須弥山南方の大陸）の香酔山と雪山との間にある閻浮樹からなる大森林（閻浮樹林）を流れる河の底に産する砂金は赤黄色で紫色を帯びた、金のうち最も高貴なもので、これを閻浮檀金という。「此閻浮洲有㆓一大樹㆒、名曰㆓閻浮㆒。其本縦広亦七由旬、乃至枝葉垂覆五十由旬。於㆓此樹下㆒有㆓閻浮那檀金聚㆒。高二十由旬。以㆑此勝金出㆓閻浮樹下㆒。是故名為㆓閻浮那檀㆒。閻浮那檀金者、因㆑此得㆑名。」（『起世経』）。仏に関わる最上の器物等がこれで仕立てられることが多い。「七宝獅子座…閻浮檀金無量衆宝以為㆓荘厳㆒」（『観弥勒菩薩上生兜率天経』）

⑩輪際

輪際は地の底のきわみで、金剛輪際／金輪際の略。大地の下百六十万由旬の所にある金輪の底。「上至㆓阿迦尼吒天㆒、下至㆓金輪際㆒皆悉震動」（『大乗悲分陀利経』）。古代中世、日本では輪際の下に金があるという理解が広くされていた。「此の大地の底は金輪際とて、金を敷き満ちたり」（『源平盛衰記』）

⑪壊劫

経典の説く壊劫は、世界の変化生滅を四期に分けた四劫のうちの第三期にあたる。諸々の生命や自然環境が破

壊される期間。「不レ可レ説億那由他、生二成劫壊劫一成壊劫非二一成劫一。非二一壊劫一非二一成壊劫一。百劫千劫百千億那由他劫」（『大方広仏華厳経』）。日本でもこの観念は、終末思想として敷衍していた。「法華経に勝れたる御経ありと仰せある大妄語あるならば、恐らくは未だ壊劫にいたらざるに、大地の上にどうと落ち候はん歟」（日蓮『報恩抄』）。さまざまな浄土教説で、浄土世界は俗界の壊劫時も安泰であると説かれている。「神通力如レ是、於二阿僧祇劫一、常在二霊鷲山一、及二余諸住処一、衆生見二劫尽、大火所レ焼時一、我此土安穏、天人常充満…我浄土不レ毀、而衆見三焼尽、憂苦二諸苦悩一、如レ是悉充満」（『妙法蓮華経』）

⑫四衆

四衆は比丘（僧）、比丘尼（尼）、優婆塞（近事男）、優婆夷（近事女）。「我諸四衆、比丘・比丘尼・優婆塞・優婆夷悉得二供養一」（『悲華経』）。「如来初可レ般二涅槃時一、四衆充満」（『大般涅槃経』）。日本では全世界の人々の意味としても用いられた。「仏法を修行し、仏法を道取せんは、たとひ七歳の女児なりとも、すなはち四衆の導師なり」（『正法眼蔵』礼拝得髄）

七　日蔵蘇生《十五オモテ～十五ウラ》

【翻刻本文】

十五丁オモテ

9 以如上事一々申金剛蔵王大菩薩云我令［今］汝知世間災難衆生
10 苦脳之根源広作仏事利益衆生故令一切普聞知宜即

十五丁ウラ

1 申手摩頂曰人身難得汝已得之仏身難見汝能見能
2 護三業不得放逸捨［離］雑地獄往生天堂宣教授已畢重
3 教帰洛起入巌穴即得蘇生也于時八月十三日寅時也
4 入死門所経十三箇日具迎来僧侶五箇人日記也云々
5 　右一巻大和国内山永久寺所蔵于爰嘉永四年
6 　秋八月不図感得写之雖末法以威神力呵護而存
7 　者乎実□□尊神御垂跡之因縁可畏可仰幸
8 　受土之生共預□大政天化益可生具浄土連列
9 　眷属之一人者也　　　権上座実誠欽記

【校訂文】

仏子奉二天王命一已了、即至二本宝殿窟一、以二如上事一々申二金剛蔵王一。大菩薩云、
「我、令三汝知二世間災難・衆生苦*1悩之根源一。広作二仏事一、利二-益衆生一。故、令二一切普聞知一」。宣即（以上十五オ）申レ手摩レ頂曰、
「人身難レ得、汝已得レ之。仏身難レ見、汝能見。能護二三業一不レ得二放逸一。捨二雑地獄一、往二-生天堂一」。宣、
「教授已畢。重教レ帰レ洛」。起入二巌穴一即得二蘇生一也。于時八月十三日寅時也。入二死門一所レ経十三箇日。具二迎来僧侶五箇人日記一也。云々。

右一巻、大和国・内山永久寺所蔵。于爰嘉永四年秋八月、不レ図感得、写レ之。雖二末法一、以二威神力呵護一而存者乎。実□□尊神御垂跡之因縁、可レ畏可レ仰。幸レ受二土之生一、共預二□大政天化益一、可下生二其浄土一、連中-列眷属之一人上者也
権上座実誠欽記（以上十五ウ）

*1　原状「脳」だが、意改した

【補注】

①仏子奉二天王命一已了。即至二本宝殿窟

ここでは金峯山浄土の「窟」の宝殿に帰ったと明記されている。さらに蘇生した現場が「巌穴」である。日蔵冥界巡歴では「窟」という場が物語展開のカギになっている。『新古今和歌集』巻二十・釈教に

御嶽の窟にこもりてよめる　　日蔵上人

寂寞のこけのいはとのしづけきに涙の雨のふらぬ日ぞなき

という歌が入集し、この歌は貞和三（一三四七）年に撰せられた『釈教三十六人歌合』にも歴代の有名僧の歌と並んで収録されている。他にも「陽勝仙人…登二金峯山一尋二仙旧室一…又籠二笙石室一、有下行二安居一僧上。数日不レ食、誦二法華経一、青衣童持二白飯一授レ僧…（童子は陽勝仙人の弟子となのり）此食物、彼仙人之志也」（『大日本国法華経験記』巻中第四十四）と、本文献「二蔵王菩薩の教え」にある内容と類似した、金峯山の笙の窟で修行僧に食を施す童子の話がある。こうした言説の敷衍は、御嶽の窟を出発点とする冥界巡見譚がいかに人口に膾炙していたかを示している。

②雑地獄

十一オに獄領の言葉として「地獄無量也。我只領此一大城」という言葉もあるように、罪過に応じて様々な地獄がある。要するに、「雑の地獄と関わるな」とは、どんな罪も犯すなということである。「彼有二八大地獄一其一有二十六小地獄一」（『長娃権経』）。

索引

【索引項目一覧】

【あ】
阿 阿闍梨 哀憐 愛 愛別離苦 悪 悪鬼 悪神 悪報 安 安穏 安居 安置 安曇 安与 暗

【い】
已後 以 衣 位 矣 囲繞 易 依 威 威徳 畏 為 異 異類 惟 意 違 遺 慰喩 一 一切 引 引率 因 因果 院 寅 飲食 陰陽 隠 慇懃

【う】
雨 桙 云 運 雲

【え】
永 永久寺 映徹 営 衛 亦 益 曰 延 延喜 延長 延暦（寺） 炎 宛 爰 垣 怨 園 遠 塩 縁 閻 閻王 閻浮檀 閻羅王 閻羅宮

【お】
王 王宮 王護 応 往 殃 屋 億 音 温

【か】
下 化 化身 化楽天 火 火気毒王 火災 火雷 火雷天神 可 加 仮 花 花匣 花鬘 何 河岸 呵護 枷鎖 家 家表 果 果樹 菓 過 瑕 歌 歌頌 歌詠 箇 嘉永 牙 我 臥 灰 戒 改 快 快楽 界 皆 海 悔 廻 階 開 楷 解尺 誨 壊 懐 懈怠 外 害 豈 各 角 覚 隔 閣 割截 甘 甘露 官位 巻 菅公 菅丞相 間 寒 敢 感 感悦 感得 寛 勧請 歓喜 還 観 観賢 観音 含 眼 願 願力 巌 巌穴

【き】
己 企 伎楽 気 希 希世 希有 奇 奇特 其 祈 祈請 祈念 紀 鬼 鬼王 記 起 起立 帰 帰去 既 寄 喜 貴賤 期 幾 跪 畿 器 窺 宜 儀 儀軌 儀式 客 九 弓箭 久 及 旧 休 求 咎 泣 宮 宮城 宮殿 救 救済 給 牛頭 巨 去 居 虚空 許 御 共 狂 京 供養 況 恐 恐怖 恭

敬 教 教誨 竟 橋 興 競 仰 業 凝 極 玉 今 近 金
金剛 金剛学大王 金峯 金峯山 欽 琴 勤 勤恪 勤修 禁僅
銀

【く】

苦 苦園 苦行 苦所 狗 具 具足 愚 空 遇 屈 崛 窟
君

【け】

偈 兄 形 茎 計 経 敬 景 詣 慶 慶賀 稽首 迎 竭
月 見 建 建立 剣 兼 倦 軒廊 険 眷属 堅 遣 献 権
権現 権上座 権身 賢 瞼目 懸 元 言 現 減 源 厳

【こ】

戸 乎 呼 故 枯 枯熱 枯燥 鼓 午 五 五体投地 呉竹林
後 語 誤 護 口 公 公卿 孔雀鳥 功徳 広 弘 光 光明
向 交 交接 交遊 行 行幸 劫 孝 更 幸 香 香呂 高
高座 高殿 高楼 降 降所 黄金 喉 喉舌 講 号 号哭 合
合掌 谷 告 国 国土 黒山 穀 獄 獄卒 獄領 忽 骨髄
困苦 恨 根 根源 紺

【さ】

左 左右 沙 沙弥 差 嵯峨野 坐 坐臥 座 才 災 災害
災難 妻 哉 栽 済 裁 最 最勝 歳 催 摧 際 在 罪
作 削 札 殺 雑 雑色 雑宝 三 三宝 三十三天 三昧 山
参会 散 算 讃 讃嘆 暫 懺 懺悔

【し】

之 士 尸那 子 止 氏 支節 只 四 四方 司 此 旨 至
死 私 使者 始 枝 思 思惟 思念 施 指 師 祠 賜 熾
熾盛 示 字 而 次 次第 耳 自 自然 自由 寺 事 侍
侍衛 侍従 恃 持 時 時来 辞 慈尊 爾 式 軸 七 七
宝 疾 疾病 悉 執 執金剛 日 日蔵 日本 実 実誠 昵
(昵)写 者 射 捨 捨離 赦 遮 謝 邪 邪神 尺 釈 釈
(尺)迦 若 若干 寂 雀 手 主 主上 朱 朱衣 朱雀 守
護 取 首 首題 珠 種 寿 寿量品 受 授 樹 宗 宗仁
周 匝 秋 修 終 衆 衆生 蹴 十 充満 住 重 柔軟 従
宿 宿世 宿徳 熟 出 出家 述 春 巡見 純 遵 処(處)
初 所 所謂 書 諸 女 如 如来 汝 助 除 小 少 少年
床 承 尚 招 省 将 称 祥 消滅 唱 焼 焼亡 笙窟 焦
詔 勝 証 詳 傷 照燿 障 誦 銷 墻 鞘 縦 上 上人
丈 仍 条 杖 浄 浄刹 浄土 城 乗 常 場 繞 色 食
飾 触 心 申 辛苦 臣 臣君 身 身上 信 津 振 真 真
言 真珠 深 新 慎 審 親 滲 震害 人 人間 人身 人民
仁 仁(二)王 仁斆 尽 神 神通力 神明 甚 尋

【す】

須 須臾 水 吹 垂迹 遂 誰 雖 随 崇福(寺) 数

【せ】
世　世界　世間　世務　瀬　是　正　正寛　正直　生　生涯　西
成　成立　声　制止　性　政　清　清貫　清浄　清涼　盛　聖
勢　勢力　誠　誓　誓願　誓求　静　静観　精進　請　躋擧　赤
昔　席　惜　切　窃　刹　雪　設　摂政　説　千　川　先　泉　宣
専　箭　賤　全　前　然　善　善神　禅　禅僧　漸

【そ】
素　祚殿　訴　曽　蘇生　爪　早　争　荘厳　相　相応　草木　奏
惣　僧　僧祇劫　僧侶　遭　霜雹　造　増　像　蔵　蔵王　即　則
即位　促　速　息　俗　属　続　賊　（卒）塔婆　率　存　孫　尊
尊勝　損　損害　損滅　蹲居

【た】
多　他　陀羅尼　堕　大　太　大極殿　太極殿　大将　大臣　大政
太政　大政（威徳）天　太政（威徳）天　大天　大日　大沢池　大
和国　体　退　怠　胎蔵　帯　第　題　宅　択　但　担負　耽　短
堪　湛　端正　男　断　談　壇　檀　檀林（寺）

【ち】
池　池塘　地　地獄　知　治　致　恥　智　置　築　中　中門　肘
忠　杻械　鋳造　佇立　長　鳥　帳　頂　頂礼　朝　朝臣　朝夕
調　嘲哢　聴　直　勅　沈　陳　陳列　椿山寺　鎮護

【つ】
通

【て】
丁　弟　弟子　定　帝　剃髪　庭　悌泣　敵　鉄　鉄窟　徹　天
天下　天慶　天祠　天女　天人　天神　天堂　天文　典　殄滅
転　諂　伝　電　殿

【と】
斗率天　吐　図　土　努力　度　度者　刀　刀輪　冬　忉利天　当
投　到　東　東宮　東大（寺）　答　等　塔　嶋　榻　踏　頭　同
堂　動　道　道場　道俗　道賢　童子　幢　幢幡　得　徳　毒　毒
龍　独　読　呑　貪

【な】
南　南無　内　難

【に】
二　二十（原典では一字「廿」）　二十八部衆　尼　入　入道　如来
証

【ぬ】
奴

【ね】
涅槃　寧　年　年分　年来　念　念仏　燃

【の】
納　悩　悩乱　能　脳

【は】
波　破戒　頗梨　馬　拝　背　白　白玉　莫　八　八幡　発　発心
門　椿山寺　抜　抜済　半　犯　版　般若　飯　幡　繁　攀　万　万
事

【ひ】
比類　非　彼　披　被　卑少　秘密　悲　悲願　扉　尾　弥　弥勒
美　美怒忠兼　微妙　必　畢　百　病　貧　貧窮　頻

【ふ】
父　不　不祥　付　扶桑略記　怖　怖畏　浮　富　普　普賢　敷
部　風　風雨　風伝　風伯　服　復　福　覆　払　仏　仏子　仏頂
仏名（経）　物　物怪　分　分行　粉紜　文　聞

【へ】
平　平全　并　兵　並　併　辟　霹靂　別　辺　遍　遍満　便

【ほ】
歩　母　菩提　方　方広（経）　法　法主天　法華（花）　法隆
（寺）　法要　宝　宝珠　宝号　抛　奉　奉仕　放逸　峯　崩　逢
報　鳳　妨　忘　坊舎　茅屋　傍　鉾　暴　北　菩薩（原典は一
字）　没　本　本国　凡　梵

【ま】
摩　毎　末　末法　曼　曼荼羅　満　満徳（法主）天　鬘

【み】
未　密　密教　妙　民

【む】
無（无「无」は「無」の異体字）　無常　無数　牟尼　夢　夢想

【め】
名　明　明王　命　冥土　冥途　鳴　鳴乎　滅　面

【も】
毛　猛　網　蒙　門　問

【や】
也　夜　夜叉神

【ゆ】
喩　唯　又　尤　右　有　攸　勇猛　幽邃　揖　猶　遊　遊戯　誘
喩

【よ】
与　余　輿　用　幼主　要　容　葉　遙　養　耀　瓔珞　浴　欲

【ら】
裸形　羅　羅漢　羅刹　羅網　来　来生　雷　雷神　洛　落　楽
乱　乱逆　爛壊

【り】
利　利益　里　理趣（経）　離　力　力士　立　律　略　流　流布
龍　龍猛　了　両　両部　良　料　量　領　林　倫　淪際　輪　臨

【る】
瑠璃　涙　類

【れ】
礼　礼拝　令　鈴　聆　霊験　列　烈　連　蓮　蓮花　練行　憐
斂　鎌

【ろ】
路　老　労　朗　楼　楼閣　楼門　籠（篭）　六　六府　論

【わ】
和　和歌　和上　猥　或

『日蔵夢記』索引

・検索対象は翻刻本文とした。
・索引項目は一字を原則とし、熟語は適宜項目を設けた。但し熟語例しかない語は、熟語で項目とした。
・当該項目のある箇所は、翻刻本文の「丁数・丁の表裏・行」を略して示した。例えば「二ウ1」とあれば、「二丁・ウラ・1行目」の意味である。
・項目にあげた字の音読は、漢音を原則とした。つまり本文で呉音等で読んでいる字も、索引では漢音で配列した。
・項目配列は五十音順、濁音は清音に続けて配した。同音は画数順とした。
・欠字箇所の朱書補記・傍記は原則として除いたが、とりあげた場合はそれぞれ「補」「傍」と、墨字の傍記は「傍記」と、割注箇所は「割」と付記した。
・朱のミセケチのついている字でも項目に加えた。但し、明らかに誤記と思われるものだけは除いた。
・項目語の項目配列は、現行の慣用音を原則とし、慣用音が複数の時は漢音とした。

【あ】
〈あ〉
阿　二ウ1　十四オ10
阿闍梨　十四オ10
〈あい〉
哀憐　十五オ8
愛　三オ2　三オ4　四ウ1　四ウ6　六ウ1
　九ウ5　十オ2　十ウ6　十二オ6
愛別離苦　四ウ1　十二オ6
〈あく〉
悪　四ウ8　五オ3　九ウ5　九ウ8　九ウ9
　十オ1②　十一ウ1　十二オ2　十二オ4
　十二ウ1　十二ウ7　十三オ1　十四オ7
悪鬼　十二ウ1
悪神　四ウ8　九ウ9　十二オ4　十二ウ7
　十三オ1
悪報　九ウ5　九ウ8
〈あん〉
安　一ウ1　一ウ2　一ウ3　四オ7　六オ
　9　七ウ4　十オ9　十二オ9　十二ウ4
　十三オ8　十四オ1②
安穏　十オ9　十二オ9
安居　一ウ1　一ウ2
安置　四オ7　七ウ4　十四オ1
安与　一ウ3
安曇　十二ウ4
暗　三オ6

【い】
〈い〉
已　十オ8傍
已後　七オ8
以　一オ3　一オ5　一オ8　四ウ6　六オ1
　六オ3　六オ5　六オ9　六ウ9②　八ウ
　8　九ウ7　九ウ8　十ウ10　十三オ6
　十三オ7　十三ウ10　十四オ7　十四オ
　10　十四ウ3　十五オ9　十五ウ6
衣　八オ8　九オ10　九ウ1　十二オ10②
位　三ウ5　五オ3　九ウ4　十オ5　十オ9
矣　九ウ4
囲繞　六オ8傍　六オ10　六ウ2　七オ1
易　三オ9
依　一ウ4　二ウ8　三オ2　三オ10　五オ
　9　六ウ3
威　三ウ4　四オ1　四ウ3　十二オ5　十二

オ8② 十三ウ2 十四オ5 十五ウ6
威徳 三ウ4 四オ1 四ウ3 十二オ8② 十三ウ2 十四オ5
畏 三ウ9 十一オ8 十一オ9 十一ウ9 十五ウ7
為 一オ8 一オ9 一オ10 三ウ1 四オ4 四ウ5 五オ1 五オ3 五オ10 五オ11 五ウ2 六オ1② 六ウ9 九ウ3 九ウ8 九ウ9 十オ6 十オ10 十ウ8 十一ウ8 十二オ2② 十二オ5 十二オ6 十二オ9 十三オ6 十三オ8 十三ウ7 十三ウ10② 十四オ4 十四オ7 十四ウ1③ 十四ウ10② 十五オ3② 十五オ4 十五オ5 十五オ6
異 三ウ8 四オ3 十四オ4
異類 三ウ8 四オ3
惟 一ウ6② 十二オ6 十二オ9
意 四オ10 五オ6
違 十四ウ2
遺 一ウ10 五オ4 七オ6
慰喩 四ウ8
〈いち〉
一 一オ5 一オ6 一オ7 一ウ3 一ウ4 一ウ5 一ウ8 二オ2 二オ4 二オ5 二オ6 二オ8 二ウ2 三オ4 三ウ10 四オ1傍 四オ2 四オ3 四オ6 四オ8② 四オ9 四ウ3 四ウ6 五オ4 五オ8③ 五オ10 五ウ5 六オ1 六オ2 六オ4 六オ8② 六オ10 六ウ2 六ウ7 八オ8 八オ10 八ウ4 八ウ5 八ウ6 九オ2 九オ3 九オ5 九オ7 九オ8② 九オ9 九オ10 九ウ1 十オ4 十オ8 十オ10 十ウ1 十ウ2 十ウ3 十ウ4 十ウ8 十ウ9 十ウ10 十一オ1 十一オ4 十一オ5 十一オ6 十一オ10② 十一ウ2 十一ウ4 十二オ1 十二ウ8 十三オ1 十三オ6 十三オ9 十三オ10 十三ウ2 十三ウ3 十三ウ7 十三ウ8 十四オ1 十四オ2 十四オ4 十四オ5 十四オ6 十四オ7 十四オ8 十四オ10 十四ウ2② 十四ウ6 十四ウ7 十四ウ8 十五オ1 十五オ3 十五オ9 十五オ10 十五ウ5 十五ウ9
一切 四ウ3 十ウ8 十一ウ2 十三オ1 十三オ6 十三ウ8 十四オ2 十四オ5 十四オ6 十四ウ2 十四ウ6 十四ウ7 十五オ3 十五オ10
〈いん〉
引 一オ1割 六ウ7 十ウ9
引率 十ウ9
因 一オ5 三オ3 十オ3 十一オ9 十二オ9 十五ウ7
因果 十一オ9
院 六ウ7②
寅 十五ウ3
飲食 二オ1 四オ6 十ウ10
陰陽 一オ8
隠 七ウ6 十三オ8
慇懃 五オ5 九ウ9 十三オ7 十四ウ10 十五オ7
【う】
〈う〉
雨 一ウ3 八ウ5 十二ウ1 十二ウ9
桙 三ウ9 七ウ4
〈うん〉
云 一オ1割② 一オ4補 一オ5② 一ウ9 二オ1 二オ2② 二ウ2 二ウ2補 二ウ9 三オ8 三ウ4② 三ウ7 三ウ10 四オ10 五オ6 五オ7 五オ11 五ウ1 六オ9 六ウ2傍 六ウ4 六ウ5 六ウ6傍 七オ8傍 七オ9 七ウ4傍 七ウ8 七ウ10 八オ3 八オ6 八オ7 八ウ6② 八ウ7 八ウ8② 八ウ9 九オ4 九オ5 九オ8 九ウ2 九ウ6 十オ2傍 十ウ5 十ウ6 十一オ3 十一オ6傍 十一オ9傍 十一ウ2 十一ウ3傍 十一ウ8傍 十三オ6② 十三オ7 十五オ9 十五ウ4
運 十三オ3
雲 一ウ1 三オ8
【え】
〈えい〉
永 十四ウ1 十五ウ5②
永久寺 十五ウ5
映徹 六オ3
営 十五オ1
衛 七ウ2 七ウ4 十四オ10
〈えき〉
亦 三オ4 三オ9 六オ5 七オ9 七ウ7 七ウ8② 七ウ10 八オ1 八オ2 九ウ4 十一オ7 十一ウ6 十二ウ5 十四オ1 十四オ2
益 十五オ10 十五ウ8
〈えつ〉
曰 二ウ10 三オ8② 三ウ2 三ウ4 三ウ6 四オ10② 四ウ10 五オ7 五ウ2② 六ウ1 七オ5 七ウ7② 七ウ9傍 七ウ9 八オ6 八オ8② 八オ10 九オ6 九ウ1 九ウ3 十ウ6

十一オ8　十一オ9　十五オ2　十五ウ1
〈えん〉
延　一オ3　五オ10　六ウ1　九ウ1　十二ウ2　十二ウ5　十二ウ6　十二ウ7　十四ウ1
延喜　一オ3　六ウ1　九ウ1　十二ウ5　十二ウ7　十四ウ1
延長　十二ウ2
延暦（寺）　十二ウ6
炎　三ウ4　八ウ10　九オ5　九オ6　十一オ6
宛　三ウ5　四オ2　八ウ5
爰　一オ4　十三ウ4　十五ウ5
垣　四オ8　五ウ4③　八ウ1②
怨　四ウ2　四ウ6　四ウ10　五オ1　六オ1　九ウ7　九ウ8　九ウ9　十オ5　十オ6　十二オ7③　十三オ3　十三オ7
園　六オ8　八オ8
遠　三オ9　十オ7
塩　一オ4
縁　十一ウ8　十五ウ7
閻　七オ10　七ウ1　八オ5　八オ6　十一オ6　十四ウ4
閻王　八オ5
閻浮檀　十四ウ4
閻羅王　七オ10　七ウ1　八オ6
閻羅宮　十一オ6
【お】
〈お〉
於　一オ3補　二オ3　四オ1　四ウ10　五オ5　七オ6　八ウ10　十一ウ8　十三オ5　十三ウ3　十四ウ5
〈おう〉
王　二ウ3　三オ8　三ウ1　三ウ5　三ウ7②　三ウ8　五オ2　五オ7　五オ9③　五オ11　六ウ1　六ウ4　七ウ1②　七ウ6　七ウ7　七ウ8　七ウ9　八オ1　八オ3　八オ5　八オ6　八オ7　九ウ1　九ウ2　九ウ3③　九ウ6　十オ3　十ウ6　十一オ7　十一ウ3　十一ウ10　十二ウ4　十二ウ5②　十二ウ6　十二ウ7　十二ウ8　十三オ2　十三オ7　十四オ2　十四オ3　十四オ9　十四ウ2　十五オ2　十五オ8　十五オ9
王宮　七ウ1②
王護　三オ8　三ウ1　五オ7
応　四オ9　五オ5　十一オ3　十三ウ6　十四オ5　十五オ4
往　一ウ10　十一ウ4　十五ウ2
殃　十二ウ7
〈おく〉
屋　九オ9　九ウ2　十一オ4
億　五ウ5　六オ1　九オ3　九オ8②
〈おん〉
音　六オ5　六オ6　七オ5　七オ6　七ウ10　八ウ5　十二オ10　十四オ8
温　十オ3
【か】
〈か〉
下　二オ3　二オ4　二オ6　三ウ6　四ウ9　六オ1　六オ4　七ウ6　八ウ7②　九オ5　九ウ6　九ウ8　十オ4　十一ウ1　十三オ1　十三オ4　十三オ8　十四オ4　十四ウ2　十四ウ3　十四ウ4　十四ウ9　十四ウ10　十五オ3
化　二ウ3傍　三ウ7　四ウ6　九ウ6　十オ2②　十一オ1　十二オ1　十二ウ3　十五オ6　十五ウ8
化身　二ウ3傍　三ウ7　四ウ6
化楽天　九ウ6　十オ2　十一オ1　十二オ1　十五オ6
火　四ウ10　五オ1　五オ2　六オ1　八ウ3　八ウ7②　八ウ10　九オ2　九オ5　十一オ6　十二ウ1　十二ウ4②　十二ウ8　十二ウ10
火気毒王　五オ2　十二ウ4
火災　八ウ10　九オ5　十一オ6
火雷　四ウ10　五オ1　十二ウ1　十二ウ4　十二ウ8
火雷天神　四ウ10
可　一ウ8　二ウ1　三ウ8　三ウ9　四オ8　六オ2　六ウ7　七オ3　七オ8　七ウ3　八オ6　八ウ8　九オ3　九オ5　九オ8　九ウ3　十オ8　十オ10②　十ウ5②　十ウ9　十ウ10　十一オ2　十一オ3　十三オ5　十三ウ2　十三ウ4　十三ウ5　十三ウ6　十三ウ7　十三ウ10　十四オ5　十四オ9②　十四ウ5　十五オ1　十五オ5　十五ウ7②　十五ウ8
加　一オ8　三ウ1　四ウ6
仮　四ウ7　十一オ2
花　二オ5　二ウ4②　二ウ9　三オ2　四オ2　四オ4　四オ6②　四オ7②　六オ4②　六ウ8　六ウ9傍　七オ2　七オ3②　十ウ10　十一ウ5　十一ウ7　十三ウ2　十三ウ10
花匣　二ウ4
花鬘　四オ6　十一ウ7
何　一ウ6　三オ7②　四オ1　四ウ10　五オ2　六オ8　七ウ4　七ウ7②　七ウ8

七ウ9　七ウ10　八オ7　八ウ9　九ウ6　十オ2　十二オ5　十二オ6②　十三オ6　十三オ10　十五オ8
河岸　四ウ7
呵護　十五ウ6
枷鎖　七ウ3
家　一オ4　三オ3　十二オ1　十四オ1
家表　十四オ1
果　二オ5　二オ6　十一オ9
果樹　二オ5
菓　四オ5　十一ウ5
過　一ウ7　三オ6補　十三ウ9
瑕　六オ9
歌　六オ5　六オ9　十ウ10
歌頌　十ウ10
歌詠　六オ5
箇　一オ7　九オ10　十五ウ4②
嘉永　十五ウ5
〈が〉
牙　八ウ2
我　一ウ9　一ウ10　二ウ6　二ウ9　三オ1　三オ2　三オ3②　三オ4　四オ10　四ウ②　四ウ1②　四ウ2②　四ウ3②　四ウ4②　四ウ5　四ウ6　四ウ8　四ウ9②　四ウ10　五オ2②　五オ3　五オ4④　五オ5　五ウ2　六ウ1　六ウ2　六ウ3　六ウ4②　六ウ6　七オ6　七オ8　七オ9　七ウ1　七ウ8　八ウ10　九オ4　九ウ3　九ウ4　九ウ8②　九ウ9　十オ1　十オ2　十オ3　十オ8　十オ9②　十オ10　十ウ5　十ウ6②　十ウ7③　十一オ1②　十一オ2　十一オ6　十一ウ3　十一ウ8　十一ウ10②　十二オ1②　十二オ3　十二オ4　十二オ6

十二オ10　十二ウ5　十二ウ7　十三オ4　十三オ7　十四オ2　十四オ4　十四オ6　十四ウ6　十四ウ10　十五オ4②　十五オ5②　十五オ6　十五オ7②　十五オ9
臥　十四オ6
〈かい〉
灰　九オ10　九ウ1
戒　三ウ1　七オ9　十二オ1　十二ウ10
改　三オ10　五オ11　十四オ10　十四ウ1
快楽　二ウ5　六オ6
界　二オ4　六オ7　七オ4　七オ10　八オ7
皆　二オ4　二オ7　二オ10　四オ3　四オ9　九オ3　十オ2　十一ウ5　十一ウ6
海　四オ2　四ウ5　四ウ7　十ウ3　十二ウ8　十三ウ6
悔　五オ10　十オ3　十ウ5　十ウ10
廻　一ウ7　九オ2　十一オ4補
階　七ウ6
開　二オ5　四オ5　六ウ8　十三ウ8　十三ウ9
楷　八オ3
解尺　五オ6
誨　十四ウ10　十五オ4
壊　十二ウ5　十二ウ9　十四ウ5②
〈がい〉
懈怠　三オ9傍　五オ6　五ウ1
外　一ウ7　五オ2　七ウ6　十一オ4　十五オ6
害　三オ1　四ウ8　四ウ9　五オ3　九ウ7　十二ウ1　十二ウ2　十二ウ3　十二ウ7　十二ウ9　十三オ2　十三オ5

豈　七オ8傍
〈かく〉
各　三ウ9　四ウ7傍　七ウ1　七ウ3傍　八ウ6　九オ4　十ウ2　十三オ2　十四オ3　十四ウ3
角　八ウ4
覚　七オ7
隔　九オ3
閣　六オ2　六オ8　七オ2　十三ウ8　十三ウ9
〈かつ〉
割截　九オ7
〈かん〉
甘　一ウ9　十二オ3
甘露　十二オ3
官位　五オ3
巻　十五ウ5
菅公　十二オ5
菅丞相　四ウ1
間　一ウ5　一ウ6　一ウ8　二オ2　三オ4　三ウ3　三ウ5　五ウ2　六オ2　六オ6　八オ7　八ウ1　九オ6　九オ8　九オ9　九ウ4傍　九ウ6　十オ8　十一オ10　十一ウ7　十三ウ7　十五オ3　十五オ9
寒　十四ウ8
敢　七ウ3　七ウ9
感　二ウ8　九ウ5　一五ウ6
感悦　二ウ8
感得　九ウ5　一五ウ6
寛　六ウ5
勧請　十三オ9
歓喜　六オ7傍　八オ3　十一ウ9
還　四オ1　五ウ1　十オ7　十オ8　十一オ6　十三オ5

観　六ウ5　七ウ10　九オ1
観賢　六ウ5
観音　七ウ10
〈がん〉
含　九ウ9　十二オ7
眼　一ウ7　七オ4　八ウ2　八ウ4②　八ウ5
願　三オ2　三オ7　四ウ7　五オ6　八オ8　十ウ7　十一ウ3　十四オ6　十四ウ7　十四ウ8
願力　三オ2　四ウ7
巌　一ウ3　二オ2　二オ3　四オ2　十三ウ9　十五ウ3
巌穴　十五ウ3
【き】
〈き〉
己　一ウ2　一ウ7　二オ1　五ウ1　五ウ2　十一ウ10　十三オ4　十三ウ7　十四ウ4　十五オ3　十五オ7　十五オ8　十五ウ1　十五ウ2
企　一オ9
伎楽　十ウ10
気　一ウ5　五オ2　十二ウ4　十二ウ5
希　六ウ6　十一オ7　十一ウ9　十二オ4　十二ウ3
希世　十二ウ3
希有　六ウ6　十一オ7　十一ウ9　十二オ4
奇　六ウ6　十一ウ10　十三ウ9
奇特　六ウ6　十一ウ10
其　一ウ9②　二オ4②　二オ6②　二オ7②　二オ9　二ウ2　二ウ4　三オ7　三オ8　三ウ4　三ウ6　三ウ7　三ウ10　四オ3　四オ5　四オ6②　五オ6　五オ7　五ウ4　六オ2　六オ3②　六オ4　六オ5　六オ7　六ウ8②　七オ3　七オ6　七オ9　七ウ1　七ウ3　七ウ5　八ウ1　八ウ2②　八ウ3　八ウ7　八ウ8　八ウ10　九オ5②　九オ7　九オ9　九オ10　九ウ1　九ウ4　九ウ7②　九ウ8②　九ウ9　十オ1②　十オ4②　十オ5②　十オ6　十ウ3　十一ウ3　十一ウ5　十一ウ6　十二オ8②　十二オ10　十二ウ4　十二ウ7　十二ウ8　十三オ10　十三ウ3　十三ウ5②　十三ウ6　十三ウ7　十三ウ8　十三ウ10　十四オ1②　十四オ4　十四オ5　十四ウ6　十四ウ7
祈　一オ10　五オ5　十三オ9　十三オ10　十三ウ3　十四オ6　十四オ7　十四オ9
祈請　五オ5　十三ウ3　十四オ7
祈念　一オ10
紀　十二ウ3傍
鬼　三ウ8　十オ1　十二ウ1
鬼王　三ウ8
記　一オ1　一オ1割　一オ2　三オ7　十ウ5　十一オ5　十五ウ4　十五ウ9
起　一ウ4　二ウ5　八オ5　八オ9　十オ10　十ウ3　十五ウ3
起立　八オ9　十オ10　十ウ3
帰　一ウ3　三オ7　五オ9　六ウ3　七オ5　十ウ6　十一オ8　十五ウ3
帰去　一ウ3　十一オ8
既　一オ7　一ウ6　七オ7
寄　十オ7
喜　一オ3　六オ7　六ウ1　八オ3　九ウ1　十オ8　十ウ6　十一ウ9　十二ウ5　十二ウ7　十四ウ1
貴賤　九ウ3
期　十オ7
幾　三オ5　七ウ8　八ウ6
跪　三ウ7
畿　十ウ9
器　七ウ2
窺　二オ3
〈ぎ〉
宜　七オ6　一三オ8　一五オ10
儀　三ウ6　三ウ7　六オ10　八オ2
儀軌　八オ2
儀式　三ウ6
〈きゃく〉
客　六オ10
〈きゅう〉
九　三オ8　三オ10　五オ7　五オ8　五オ10　五オ11　八ウ4　八ウ5　十一オ4
弓箭　三ウ9
久　三オ5　六オ9　十オ5　十一ウ10　十五ウ5
及　一オ7　四オ3　七オ9　十オ3　十ウ1　十ウ6　十ウ7　十一オ1　十一ウ2　十二ウ3　十三オ8　十四オ8　十四ウ9
旧　四ウ2　五オ2　六ウ4　十二ウ2　十四ウ2
休　一オ5　一オ8　十オ7　十ウ7
求　八オ2　十ウ2　十ウ4　十三オ10
咎　十三オ5　十三オ9　十三オ10　十三ウ3
泣　一オ5　九ウ1　十一オ4
宮　四オ5　四オ9　六ウ1　七ウ1③　十ウ9　十一オ7　十一ウ2　十三ウ5　十三ウ8
宮城　四オ9　七ウ1②　十一ウ2

宮殿　四オ5　十三ウ8
救　九オ4　十オ10　十一オ2　十四ウ10
救済　十オ10　十一オ2
給　九ウ2　九ウ6　十オ10②　十ウ3
〈ぎゅう〉
牛頭　八ウ3
〈きょ〉
巨　四ウ8
去　一オ3　一ウ1　一ウ2　一ウ3　四オ8　九オ9　十一オ8　十一ウ4　十二ウ2
居　一ウ1　一ウ2　一ウ3　一ウ5　五オ3　九オ10　九ウ4　十オ4　十オ9
虚空　三ウ5　六オ5　六ウ9
許　一ウ5　三ウ10　四オ1　四オ4　四オ6　四オ8　七ウ5　九オ9　十一ウ5　十三オ4
〈ぎょ〉
御　八ウ2　十ウ8　十五ウ7
〈きょう〉
共　四オ1　六オ10　六ウ5　六ウ7②　八オ9　九ウ2　十一オ6　十四オ7　十四オ8　十五ウ8
狂　六ウ3　十二オ3
京　十ウ9
供養　六ウ4　十ウ3　十一オ1②　十四ウ7　十四ウ8　十四ウ9
況　三オ5　四ウ4　四ウ9　十五オ2
恐　三オ6　八ウ5　十一ウ9
恐怖　八ウ5
恭敬　七オ1　七オ5
教　四ウ6　五ウ1　五ウ3　七オ6　七オ8　七オ9　七オ10　十一ウ4　十一ウ10　十四ウ10　十五ウ2　十五ウ3
教誨　十四ウ10
竟　三オ6
橋　十三ウ1
興　三ウ2
競　三オ5
〈ぎょう〉
仰　十五ウ7
業　九ウ6　十四ウ2　十五ウ2
凝　七オ4
〈きょく〉
極　二オ4　十ウ5　十三ウ2
〈ぎょく〉
玉　二ウ2　四オ4　四オ7　六オ9　八オ3
〈きん〉
今　一オ1割　一オ3割　一オ6補　五オ3　五オ11　十オ3　十オ8　十ウ7　十三オ6　十五オ9傍
近　四オ1　十ウ4
金　一オ3　一ウ9　二オ5②　二オ6②　二ウ3　三ウ8　四オ3　四オ7　五オ6　五ウ1　六ウ6　七オ3②　七オ7　七ウ5　七ウ7②　八オ1　八オ7　九ウ3　十一オ8　十一ウ3　十一ウ7　十一ウ8　十三オ3　十四ウ4　十四ウ5②　十五オ9
金剛　一ウ9　三ウ8　七ウ7　八オ1　八オ7　九ウ3　十一ウ3　十五オ9
金剛学大王　九ウ3
金峯　二ウ3一部補　五オ6　五ウ1　六ウ6　七オ7　七ウ5　七ウ7　十一オ8　十一ウ8　十三オ3　十四ウ4　十四ウ5
金峯山　一オ3　七ウ5　七ウ7
欽　十五ウ9
琴　二ウ7
勤　一オ6　一オ9　七オ6　十四ウ3
勤恪　七オ6
勤修　一オ6　一オ9
禁　四ウ9
僅　十一ウ1
〈ぎん〉
銀　二オ5②　十一ウ7

【く】

〈く〉
苦　一ウ1　三オ3　四ウ1　七ウ3　八オ8　八オ9　八ウ6③　八ウ7②　八ウ8　八ウ9　九オ2　九オ3　九オ4　九オ6　九オ7　九オ9　九ウ4　十オ1　十オ2　十オ4　十オ7②　十オ9　十オ10②　十ウ7　十一オ3　十一オ10②　十一ウ2　十二オ5　十二オ6　十二オ7②　十三オ7　十五オ10
苦園　八オ8
苦行　一ウ1　三オ3
苦所　八ウ6③　九オ6　九オ9　九ウ4
狗　八ウ2　八ウ10　九オ1
〈ぐ〉
具　七オ3　八ウ8　九オ5　九オ8　十ウ4　十五ウ4　十五ウ8
具足　十ウ4
愚　三オ6　十三オ4
〈くう〉
空　三オ9　三ウ5　五ウ3　六オ5　六ウ9
〈ぐう〉
遇　十ウ7
〈くつ〉
屈　九ウ2
崛　一ウ7　一ウ8
窟　一ウ1　一ウ10　二オ6　九オ9　九ウ

4　九ウ5②　十オ9　十一オ1　十一オ3　十五オ8
〈くん〉
君　四ウ2　九ウ2

【け】

〈げ〉
偈　八オ4　十ウ2
〈けい〉
兄　九オ4
形　二オ8　三ウ7　三ウ8　五オ4　七ウ6　八ウ2　八ウ3　八ウ4　九オ6　九オ10②　十三ウ9　十四オ1②　十四オ3
茎　十一ウ6
計　三ウ8　六オ2　六ウ7　十二ウ8
経　一ウ1　一ウ7　二ウ8　二ウ9　三ウ10　四オ7　四ウ5　五ウ5　七ウ10②　八オ1　八オ3　八オ4　八オ5　八ウ5　十ウ8　十ウ10　十一オ9　十一オ10　十一ウ1　十五オ1　十五ウ4
敬　七オ1　七オ5　九ウ2　九ウ3
景　十二ウ3傍
詣　三ウ6　六ウ6　十一ウ4
慶　十四オ10　十四ウ3
慶賀　十四ウ3
稽首　三ウ6
〈げい〉
迎　十五ウ4
〈けつ〉
竭　六ウ3
〈げつ〉
月　一オ3　一オ5　一ウ1　一ウ2　一ウ4　三オ8　三ウ1　五オ7　五オ8②　五オ11　十四オ1　十四オ7②　十四オ8

十五ウ3　十五ウ6
〈けん〉
見　一オ7　一ウ7　二オ4　三オ1　三ウ7　三ウ10　四オ8　五ウ3③　五ウ4　六オ10　六ウ1　六ウ2②　六ウ5　七オ4　七オ8　七オ10②　七ウ3　七ウ5　七ウ6　八オ8　八オ9　八オ10　八ウ8　八ウ9　九オ2　九オ4　九オ5　九ウ2　十一オ5②　十一オ7②　十一オ8　十一ウ2　十一ウ3　十一ウ4　十一ウ10　十二オ4　十四ウ10　十五ウ1②
建　三オ6　十三オ9　十三ウ2　十三ウ5　十三ウ6　十三ウ7　十三ウ8　十三ウ10　十四オ1　十四オ4　十五オ2
建立　三オ6　十三オ9　十三ウ2　十三ウ5　十三ウ6　十三ウ7　十三ウ10　十四オ1　十四オ4　十五オ2
剣　八ウ1
兼　十二ウ3　十三オ7
倦　一オ6
軒廊　十三ウ9
険　十オ3
眷属　三ウ8　四ウ8　九オ5　九ウ9　十一オ2　十二ウ1　十二ウ8　十三オ2　十五ウ9
堅　十三オ4　十三ウ7
遣　四オ1　五ウ2
献　十三オ8
権　三ウ3　十四ウ5　十五ウ9
権現　十四ウ5
権上座　十五ウ9
権身　三ウ3
賢　一オ1　二ウ10　四ウ5　六ウ5　十オ5

瞼目　十二オ6一部傍
懸　三オ8　四オ5　四オ7　七オ1　十一ウ7
〈げん〉
元　十四ウ1
言　一ウ2　一ウ4　一ウ6②　二ウ5　二ウ6　三オ6　三ウ2　三ウ9　四ウ9　五オ4②　五オ6　七オ10　七ウ5　八ウ5　八ウ10②　九オ2　九ウ6　十ウ8　十二オ6　十四オ10　十五オ1　十五オ5
現　三オ1　七ウ1　十四ウ5
減　十二オ10　十四オ8
源　五ウ2　十三オ5　十五オ10
厳　二オ6　二オ7　二ウ1　四オ8　六オ2　六オ3　六オ5②　六ウ7　六ウ8　七オ2　七オ3　十三ウ8　十四ウ8

【こ】

〈こ〉
戸　四オ5　十三ウ8　十三ウ9
乎　四ウ9　四ウ10　七オ9　七ウ5　十二オ5　十二オ6　十五オ2　十五オ8　十五ウ7
呼　一ウ6　九オ4③
故　四ウ2②　四ウ6　四ウ7　四ウ8傍　四ウ10　五ウ2　六ウ1傍　六ウ3傍　八オ7　九ウ5　九ウ6　九ウ7　九ウ8　十オ1　十二オ4②　十二オ8　十三オ4　十三ウ1　十三ウ3　十三ウ5　十三ウ6　十四ウ5　十五オ7　十五オ10
枯　一ウ5②
枯熱　一ウ5
枯燥　一ウ5

鼓　七ウ4

〈ご〉

午　一ウ5
五　三ウ4　六オ9　七オ4　九オ9　十オ2　十オ6　十ウ9　十一ウ6②　十四オ2　十四オ7②　十五ウ4
五体投地　七オ4
呉竹林　十一ウ5
後　一オ5補　一オ10　四ウ5　五オ11　七オ6　七オ8　九ウ5
語　八ウ8
誤　三オ5補
護　一オ10　一ウ10　三オ8　三ウ1　三ウ2　三ウ3　五オ7　五オ9③　五オ11　十三オ5　十三ウ4　十四オ2　十四オ7　十四オ10　十四ウ9　十四ウ10　十五オ6②　十五ウ2　十五ウ6

〈こう〉

口　六オ7　九オ2　九オ4　十ウ4　十三オ10　十三ウ3　十四オ9　十四オ10
公　十二オ5　十二オ6　十二オ8　十三オ3　十四オ8
公卿　十三オ3　十四オ8
孔雀鳥　二ウ7
功徳　十ウ6
広　二オ6　四オ2　四オ4　十ウ8　十ウ10　十一ウ5　十一ウ7　十五オ10
弘　三ウ3
光　二オ5　三ウ4　四オ3　五ウ4　六オ3　七オ3　七オ5　八ウ2　十一ウ6②　十二オ5
光明　二オ5　三ウ4　四オ3　七オ5　十一ウ6②
向　三ウ9　七ウ6　十オ8

交　四オ3　六オ3　六オ6
交接　六オ6
交遊　四オ3
行　一ウ1　一ウ3　一ウ8　三オ3　三オ5補　三オ7　三オ9　三ウ6　四オ2　四オ4　五オ10　七オ2　八オ4　十オ3　十ウ1　十ウ3　十ウ4　十ウ9　十二オ1　十二オ4　十二ウ2　十二ウ9　十三ウ1　十三ウ3　十三ウ5②　十三ウ10　十四オ6　十四オ8　十四オ9　十五オ5
行幸　三ウ6
劫　十一オ10②　十一ウ1　十四ウ5
孝　六ウ3
更　一ウ4
幸　三ウ6　十四オ9　十五ウ7
香　二ウ4②　四オ5　六オ7　十ウ10　十四ウ9
香呂　二ウ4
高　二オ7　六オ1　六ウ8　七ウ1　十オ4　十一ウ7　十三ウ9②
高座　二オ7
高殿　十オ4
高楼　六オ1　七ウ1
降　十一オ4　十二ウ9　十四ウ10
降所　十一オ4
黄金　二オ5
喉　一ウ5　一ウ6
喉舌　一ウ5
講　一ウ2

〈ごう〉

号　一オ1割　五オ4　七ウ3　七ウ8　九オ1　九オ2　十三ウ2　十三ウ4　十四オ5　十四ウ1　十四ウ9
号哭　七ウ3

合　二ウ5　六オ7　八オ3　八ウ10　十一オ4　十一オ7
合掌　二ウ5　六オ7　八オ3　八ウ10　十一オ7

〈こく〉

谷　四ウ7
告　1オ8　七オ5　十一ウ9　十三オ9
国　一オ7補　二ウ7　三ウ2　四ウ1　四ウ3　四ウ4　四ウ5　四ウ9　四ウ10　九ウ1　十オ5　十ウ2　十ウ5　十ウ8　十ウ9　十二オ3②　十二オ9　十二オ10　十二ウ2　十三オ1　十三ウ1　十三ウ3　十四オ7　十五オ7②　十五ウ5
国土　一オ7　四ウ3　四ウ5　十二オ3　十二オ9　十二オ10　十二ウ2　十三オ1
黒山　七オ10

〈ごく〉

穀　一オ4補　三オ3　十ウ8
獄　七オ9②　八オ8②　八オ9②　八オ10②　八ウ3　八ウ6　八ウ8②　八ウ9　九オ6　九オ8　九ウ1　九ウ7　十オ7　十一オ5　十一オ6②　十一オ7　十一オ8　十一オ9　十一オ10　十一ウ9　十五ウ2
獄卒　八ウ3
獄領　八オ8　八オ9　八オ10　八ウ6　八ウ8　九オ6　九ウ1　十一オ6

〈こつ〉

忽　一ウ5　一ウ10　二ウ8　三オ1　十三オ3
骨髄　一ウ9

〈こん〉

困苦　十オ4

恨　九ウ9
根　一ウ1　五ウ2　九ウ8　十オ6　十一ウ2　十三オ6　十四ウ5　十五オ10
根源　五ウ2　十五オ10
紺　十一ウ6

【さ】

〈さ〉
左　二オ3　二オ8　七ウ2　十一ウ4　十三ウ1　十四オ4
左右　二オ8　七ウ2　十三ウ1　十四オ4
沙　一ウ3　十ウ4　十一ウ6
沙弥　一ウ3　十ウ4
差　十三ウ3
嵯峨野　十三ウ5

〈ざ〉
坐　六ウ4　六ウ8②　十オ4　十オ9　十四オ6
坐臥　十四オ6
座　二オ7②　七オ3　十五ウ9

〈さい〉
才　十四ウ3
災　一オ7補　四ウ4　五ウ2　八ウ10　十二ウ2　十三オ2　十三オ5　十三オ6　十四オ6　十四ウ4　十五オ9
災害　十二ウ2　十三オ2
災難　一オ7　四ウ4　五ウ2　十三オ5　十三オ6　十四オ6　十四ウ4　十五オ9
妻　九オ4　十一オ2
哉　三オ5　三オ6補　六ウ6　八オ6　十オ7②　十一ウ9　十二オ5②　十二オ6　十二オ7②　十三オ5
栽　十三ウ10
済　十オ10　十一オ2　十一オ8　十三オ6
裁　十三ウ2　十三ウ10
最　二オ4　七オ4　七ウ8　八オ1
最勝　二オ4　八オ1
歳　十ウ7
催　三オ3
摧　十二オ3
際　四オ2　十四ウ5

〈ざい〉
在　二オ9　三オ9　四オ9　四ウ7　五オ3　六ウ3　七ウ1　七ウ9　九オ3　十オ9　十一オ5　十一オ8　十二オ8　十四オ5
罪　七ウ2　七ウ9　九ウ3　十オ2　十オ4　十オ5③　十オ6②

〈さく〉
作　一ウ5　一ウ6　二ウ7　四オ10　五オ4　七ウ8②　九オ7　九ウ6　九ウ8　十オ1　十二ウ4　十二ウ6　十三オ1　十三ウ8　十四オ2　十四オ3　十五オ6　十五オ10
削　十五オ3

〈さつ〉
札　三オ7　五オ6　五オ7
殺　九オ7　十二ウ3

〈ざつ〉
雑　二オ6　二オ9　二オ10　二ウ1　三オ9　三ウ8　四オ4　六オ3　十三ウ7　十五ウ2
雑色　二オ6
雑宝　二オ9　二オ10　四オ4

〈さん〉
三　一オ5補　一ウ2　一ウ4　二オ9　三オ1　四オ10　四ウ3②　五オ2　七オ2　七ウ1　八オ2　九オ10　九ウ1　十オ5　十ウ1　十ウ4②　十ウ8　十ウ9　十ウ10　十一オ1②　十一ウ1　十二ウ4　十四オ8　十四オ9　十四ウ1　十四ウ6　十四ウ7　十四ウ10　十五ウ2　十五ウ3　十五ウ4
三宝　四オ10　十四オ8　十四ウ10
三十三天　四ウ3
三昧　十四オ9
山　一オ3補　一オ4　一オ6　一オ6補　一オ9　一ウ7　一ウ10　二オ4　二オ6②　二ウ3補　二ウ10　三オ3　三オ8　三オ9　三ウ3　三ウ5　四ウ7　六ウ8　七オ10　七ウ5　七ウ9　八オ10②　八ウ1　八ウ2　九オ5②　九オ6　九オ9　十ウ3②　十一オ4　十二ウ9　十三オ9　十三ウ9　十四オ1　十五ウ5
参会　十四ウ6　十四ウ7
散　二ウ4　三オ9　六オ10
算　三オ7
讃　六オ8　六ウ6　八オ4　十一オ7
讃嘆　六オ8　八オ4

〈ざん〉
暫　八ウ10　十ウ7
懺　五オ10　七オ9　十ウ5　十ウ9
懺悔　五オ10　十ウ5　十ウ9

【し】

〈し〉
之　一オ1割　一オ5　一オ6補　一オ9　一ウ5　一ウ6　一ウ8　二オ2　二オ6　二ウ6　二ウ10　三オ6　三オ8　三ウ5　三ウ6　四オ1　四オ2　四ウ1　四ウ4　四ウ6　四ウ9　五オ2　五オ3②　五オ6　五オ7　五オ8　五オ9②　五ウ3　六オ8　六オ9　六オ10②　六ウ2

六ウ6　六ウ9　七オ8　七オ10　七ウ2　七ウ3②　七ウ4②　七ウ5　七ウ6　七ウ8傍　八オ6　八オ9　八ウ5　九オ2　九オ8　九ウ4　九ウ5　九ウ8　十オ3　十オ6　十ウ5　十ウ10　十一オ3②　十一オ6　十一オ9　十一ウ3②　十一ウ4　十一ウ8②　十二オ2②　十二オ3　十二オ4　十二オ7　十二ウ4　十二ウ7②　十二ウ10③　十三オ5②　十三オ6　十三オ7　十三ウ3　十四オ1　十四オ5　十四オ10　十四ウ2　十四ウ4②　十四ウ5　十四ウ6②　十四ウ7　十四ウ7　十四ウ10　十五オ1　十五オ3②　十五オ5③　十五オ10　十五ウ1　十五ウ6　十五ウ7　十五ウ8　十五ウ9
士　三ウ8　十ウ4　十四オ10
尸那　二ウ7　二ウ8
子　一オ10　一ウ8　二オ1　二オ3　二ウ2　二ウ5　三オ1　三オ2　三オ4②　三オ6　三オ8　三ウ2　三ウ10②　四ウ9　五オ6　五ウ1　五ウ2　五ウ5　六オ6　六ウ1②　六ウ5　六ウ8　七オ4　七オ5　八オ6　八オ7　八ウ6　八ウ8　九オ4　九オ5　九ウ2②　九ウ4　九ウ6　十オ2　十一オ2　十一オ4　十一オ5　十一オ7　十五オ1　十五オ7　十五オ8
止　六オ9　十オ1　十二オ2　十二ウ2　十三オ1　十三オ2　十四オ4
氏　一オ4
支節　九オ7
只　十一オ6　十三オ3
四　一ウ1　一ウ7　二ウ1　四ウ5　七ウ1　七ウ9　八ウ2②　八ウ4　九オ7　九オ9②　九オ10　十オ5　十ウ6　十一オ4　十一ウ1　十四オ7　十四ウ6　十四ウ7　十五オ3　十五ウ5
四方　一ウ7　二ウ1
司　十四ウ3
此　一オ1割　一オ3補　一オ6補　一オ9　一ウ4　一ウ10　二オ1　二オ4　二ウ3　二ウ10　三ウ10　四オ9　四オ10　四ウ6　四ウ10　五オ2　五オ6　六オ8　六ウ2　六ウ4　六ウ6　七オ4　七オ8　八オ3　八オ7　八オ8　八ウ6　八ウ9　九オ8　九ウ4　九ウ5　九ウ6　九ウ7　十オ7　十一オ1　十一オ3　十一オ5　十一オ6　十一オ10　十一ウ1　十二ウ4　十三オ3　十三オ5　十三ウ4　十四オ6　十四ウ5　十五オ1　十五オ2②　十五オ4　十五オ6　十五オ7
旨　十一ウ9
至　一オ6　一ウ2　二オ4　二オ7　五ウ1　五ウ4　五ウ5　六オ1　七オ5　七オ7　八オ5　八オ7　八オ10　八ウ10　九オ1　九オ4　九オ9　十ウ2　十一オ4　十一オ6　十一ウ4　十四ウ5　十五オ8
死　一オ8　一ウ3　二ウ8　九オ8　十二ウ10　十五ウ4
私　一オ8
使者　五オ2　十二ウ4　十二ウ6
始　一ウ1
枝　二オ8　十オ6　十一ウ5
思　一ウ6②　四ウ4　十二オ9
思惟　一ウ6②　十二オ9
思念　四ウ4
施　一ウ10　二オ1
指　五ウ3　七オ10
師　二ウ9　三ウ1　六ウ8　九オ4　十一ウ7　十二ウ1　十四ウ9
祠　十三オ9②　十三オ10　十三ウ1　十三ウ2②　十三ウ4　十五オ1
賜　三オ8　五オ6
熾　九オ5　九オ6　十一オ6　十二オ3　十二オ9
熾盛　九オ5　十一オ6　十二オ3　十二オ9
〈じ〉
示　三オ7　三ウ10　八オ9　十一ウ9②
而　二オ1②　四ウ5　五オ1　五ウ2　六オ1　七ウ6　八ウ9　九オ3　九ウ4　十オ8傍　十オ8　十二オ1　十二オ2　十二オ3　十三オ4②　十五オ7　十五ウ6
字　三オ8　四ウ3　八オ1　九オ1
次　七ウ4　八オ2　九オ2　九オ9　十一オ4傍　十一ウ2
次第　八オ2　九オ2　十一オ4補
耳　十四オ4
自　一オ5補　一オ6　一ウ1　一ウ3　一ウ6　一ウ8　二ウ9　三ウ4　五オ2　五オ11　七オ5　七ウ5　七ウ6　七ウ7傍　九ウ6　十オ4　十オ6②　十二オ8　十二ウ5　十二ウ8　十三オ4　十四オ4　十四オ6　十四オ9
自然　三ウ4　十四オ6
自由　十三オ4
寺　一オ4　十ウ3　十二ウ6　十四オ6　十五ウ5
事　一オ9　二ウ6　四ウ2　四ウ4　八ウ5　八ウ7②　十オ3②　十オ5　十オ8　十一ウ8　十四ウ8　十五オ1　十五オ2

② 十五オ5 十五オ9 十五オ10
侍 二オ1 三ウ7 七ウ2 七ウ4
侍衛 七ウ2 七ウ4
侍従 三ウ7
恃 十一オ2
持 二オ1 三オ3 三ウ9 四オ10 五オ9 六ウ4 七ウ10② 八ウ9 十三オ10
時 一ウ1 一ウ2 一ウ3 一ウ4 一ウ5 一ウ7 二ウ10 三ウ4 三ウ10② 五オ2 五オ3 六オ7 六ウ3 七オ5 九オ2 九オ3 九オ7 十オ2 十ウ3 十一オ4 十一オ5 十一オ9 十一ウ8 十三オ2 十四ウ6② 十四ウ7② 十四ウ8 十五ウ3②
時来 一ウ3
辞 三ウ10 九オ5 十オ8
慈尊 七オ4
爾 二ウ10 三オ9 十二ウ5
〈しき〉
式 三ウ6 十四ウ2
〈じく〉
軸 四オ7
〈しち〉
七 一ウ2 一ウ4 二オ5 二オ7② 四オ5 五ウ4 六オ5 六オ8 六ウ8 八ウ1② 十ウ2 十一ウ2 十一ウ5 十一ウ7
七宝 二オ5 二オ7② 四オ5 五ウ4 六オ5 六オ8 六ウ8 十一ウ5 十一ウ7
〈しつ〉
疾 四ウ3 十二ウ9②
疾病 四ウ3 十二ウ9
悉 二オ4 二オ5 十二ウ5
執 一ウ8 一ウ9 二オ3 二ウ4 三オ2② 六ウ5 七オ1 七オ2 八オ3 十三オ4
執金剛 一ウ9
〈じつ〉
日 一オ1割 一オ3割 一ウ1 一ウ4 一ウ5 三オ8 三オ10 三ウ2 三ウ4 四ウ3 五オ3 五オ7④ 五オ9 五オ11② 六ウ1 六ウ2 七ウ7② 七ウ10② 八オ2 九オ7 九ウ3 十ウ3 十ウ4 十ウ7 十一オ10② 十一ウ3 十一ウ10 十二オ2 十二オ4 十二オ5 十二ウ4 十三オ3 十三ウ4 十四オ1 十四オ3 十四オ5 十四オ7② 十四オ8 十五オ7 十五ウ3 十五ウ4②
日蔵 一オ1割 一オ3割 三オ8 三オ10 五オ7 五オ11 七ウ7傍
日本 三ウ2 三ウ4 四ウ3 六ウ1 六ウ2 九ウ3 十一ウ3 十一ウ10 十二オ2 十二オ5 十三オ3 十三ウ4 十四オ3 十四オ5 十五オ7
実 二オ5 四オ5 七ウ8 十二オ6 十五ウ7 十五ウ9
実誠 十五ウ9
(昵) 原状は「昵」 十五オ8
〈しゃ〉
写 四ウ10 十五ウ6
者 一オ1補 三オ10 三ウ1② 三ウ3 四ウ2 五オ2 五オ3 五オ5 五オ7 五オ8④ 五オ9② 九オ7 九ウ7 十ウ1 十ウ3 十ウ5 十一オ9 十一ウ3 十二オ5 十二オ9② 十二ウ4 十二ウ6 十二ウ10 十三オ10 十四オ7 十四ウ3 十四ウ8 十五オ6 十五ウ7 十五ウ9
射 十一オ9
捨 一オ10 二ウ8 十五オ6 十五ウ2
捨離 一オ10 十五ウ2傍
赦 十四ウ3
遮 十オ1 十二オ2 十二ウ2 十四オ7
謝 十三オ9 十三オ10 十三ウ3
〈じゃ〉
邪 三オ5補 六ウ3 十二オ3 十二ウ1
邪神 十二ウ1
〈しゃく〉
尺 五オ6 五オ7 七オ5 七ウ10
釈 一ウ10 七オ5傍 七ウ10傍
釈(尺)迦 一ウ10 七オ5傍 七ウ10傍
〈じゃく〉
若 五オ3 五オ4 八オ1 十一オ9 十一ウ8 十三オ2 十五オ4 十五オ5②
若干 十三オ2
寂 三オ4
雀 二ウ7 七ウ2
〈しゅ〉
手 一ウ8 二オ3 三オ1② 三オ2 五ウ3 六オ7 七オ10 八オ3 十一ウ4 ② 十五ウ1
主 四ウ3 六ウ7 九ウ9 十オ9② 十ウ8 十一ウ2 十一ウ3 十一ウ8 十三オ8 十四オ2 十四ウ9
主上 十オ9 十ウ8 十三オ8 十四ウ9
朱 七ウ2 八オ8
朱衣 八オ8
朱雀 七ウ2
守護 一ウ10 五オ9 五オ11
取 一ウ10 三オ7 十オ2

首　三ウ6　九オ1　十ウ1
首題　九オ1　十ウ1
珠　六オ1　六ウ9　七オ2
種　二オ1　二オ7　四オ6　六オ3　七ウ2　八オ1　九ウ4②　十ウ10
〈じゅ〉
寿　三オ7　三オ8　五オ10　八オ5
寿量品　八オ5
受　三ウ1補　八オ3　八オ9　八ウ9　九オ2　九オ3②　九オ7　九ウ2　十オ7　十オ9　十ウ7　十一オ10②　十二オ1　十二ウ7　十五ウ9
授　二オ3　三オ1　十五ウ2
樹　二オ5③　四オ4　五ウ5　六オ3　八ウ1　九オ6　十三ウ1　十三ウ2　十三ウ9　十三ウ10
〈しゅう〉
宗　十一オ5　十二ウ4
宗仁　十二ウ4
周匝　七オ2　十三ウ8
秋　一オ6　十五ウ6
修　一オ6　一オ9　一ウ2　三オ4　三オ5　三オ7　三オ9　五オ9　五オ10　七ウ9　十ウ5　十ウ9　十一オ3②　十二オ9　十三オ7　十四オ9　十四オ10　十四ウ4　十五オ4
終　七オ8　十一オ9　十二オ7　十二ウ5
衆　二オ2　三ウ5　六オ2　六オ4　六ウ1　七オ1　七ウ4　八ウ9　九オ3　九オ6　九ウ7　十オ6　十ウ8　十一オ8　十一ウ2　十二ウ7　十五オ1　十五オ3　十五オ9　十五オ10
衆生　八ウ9　九オ3　九オ6　九ウ7　十オ6　十ウ8　十一オ8　十一ウ2　十五オ1　十五オ9　十五オ10
蹴　十二ウ3
〈じゅう〉
十　一オ3　一オ3補　一オ7　一ウ1　二オ1　二オ8　三ウ5　四ウ3　四ウ5　四ウ6　四ウ8　五オ8③　五オ10　六オ4　六オ7　六オ9　六オ10　七ウ4　八オ9　八ウ4②　八ウ6　八ウ7②　九オ8②　九ウ8　十オ1　十一オ10　十二ウ1　十三オ1　十四オ7③　十五ウ3　十五ウ4
充満　八ウ7
住　一ウ10　三オ9　四オ1　四ウ5　四ウ7　十二オ1　十三ウ1　十三ウ4　十四オ4　十四オ6　十五オ6
重　三ウ1　四ウ6　四ウ10　五オ1　六オ1　八ウ1②　九ウ5　九ウ6　九ウ7　十五ウ2
柔軟　七オ7
従　一オ9　二オ2　三ウ5　三ウ6　三ウ7　六オ10　十一ウ3　十三オ9
〈しゅく〉
宿　二オ2　二ウ6　十二オ8
宿世　二ウ6　十二オ8
宿徳　二オ2
〈じゅく〉
熟　九ウ5
〈しゅつ〉
出　一オ4　一オ5補　一ウ6　一ウ7　一ウ8　三オ3　三ウ10　六オ5　八オ9　八ウ5　九ウ5　十オ7　十一オ1　十一オ4　十一オ5　十一ウ1　十二オ1　十五オ3
出家　一オ4　三オ3　十二オ1
〈じゅつ〉
述　七オ3
〈しゅん〉
春　一オ3補　一オ5　一オ6補
〈じゅん〉
巡見　十一オ5
純　二オ5　六ウ4　十一ウ4
遵　八オ3
〈しょ〉
処(處)　四オ10　四ウ9　六ウ2　七ウ7　八オ9　十二オ1　十三オ5　十四オ7
初　一オ3補　三オ3　四ウ1　四ウ4　九オ5　十二ウ5
所　一オ1割　二オ2　三オ10　四オ1　四ウ4　四ウ5　五オ3　六ウ4　七ウ8②　七ウ9　八オ2　八オ5　八オ7②　八ウ6③　八ウ9　九オ1　九オ2　九オ6　九オ7　九オ9　九ウ4　九ウ6　九ウ7　九ウ8②　十ウ2　十ウ6　十二ウ4　十二ウ6　十三オ1　十三オ3　十三ウ1　十三ウ3　十四オ5②　十四ウ6　十五ウ4　十五ウ5
所謂　二オ2
書　十ウ8
諸　三ウ2　三ウ3　六ウ2　六ウ4　八オ1　八オ4　八ウ5　九オ1　九オ7　十ウ1　十ウ2　十ウ3②　十ウ9　十二オ8　十二ウ6　十三オ3　十三ウ1　十三ウ3　十三ウ5　十四オ4　十四ウ3
〈じょ〉
女　二ウ10　六オ4　六オ6　六オ8　六オ9　六オ10　六ウ2　七オ1　七ウ6②　九オ3
如　一オ8　一ウ7　二オ8　二ウ1　三オ4

② 三オ8 三ウ5 三ウ7 三ウ8② 四オ1 四オ2 四ウ10 五オ9 五オ10 五ウ1 六オ2 六ウ8 七ウ1 七ウ6 八オ3 八オ4 八オ10 八ウ2② 八ウ3② 八ウ5③ 八ウ7 九オ8 九オ10 十オ3割 十オ8 十ウ1 十一オ1 十一オ5 十一オ6 十一オ9 十一オ10 十一ウ1 十一ウ6 十一ウ9 十二オ6 十二オ7 十二ウ7② 十三オ2 十三ウ8 十三ウ9 十四オ3 十四ウ3 十四ウ4 十五オ9
如来 五オ9 八オ4 十ウ1
汝 二ウ6② 二ウ10 三オ1③ 三オ2② 三オ3 三オ4② 三オ5 三オ8 三オ9 三オ10 三ウ1 五ウ2 五ウ3 七オ5 七オ8 七オ9 十一オ8 十一ウ1 十一ウ2 十一ウ4 十一ウ8② 十三オ7 十四ウ10 十五オ2 十五オ4② 十五オ5② 十五オ6 十五オ9 十五ウ1②
助 一オ9
除 十三ウ7
〈しょう〉
小 二ウ2 七ウ9 八オ1 十一オ10 十一ウ5 十三オ9 十三ウ2 十三ウ7 十四オ1 十四オ4 十五オ2
少 三オ3 十二オ2 十二オ5 十五オ6
少年 三オ3
床 二オ8 八オ3 九ウ1
承 十四ウ8
尚 一オ1割注 四ウ9 九ウ4
招 九ウ2
省 三ウ4 六ウ5 十一オ5
将 六ウ3 八オ8
称 二ウ1 四オ8 四ウ10 五オ4 五オ11 六オ2
祥 一オ8 十三オ1 十四オ9
消滅 十四オ6
唱 二ウ5
焼 二ウ4 九ウ7 十二ウ3 十二ウ5
焼亡 十二ウ5
笙窟 一ウ1
焦 十オ4
詔 九ウ8
勝 二オ4 三ウ8 六ウ7 八オ1 八オ5 九オ1 十二オ8 十五オ6
証 八オ4 十ウ1
詳 三ウ10
傷 四ウ3 五オ3
照燿 二オ5 三ウ4 四オ3 四オ9
障 一ウ4 十五オ4
誦 八オ5 八ウ9 九オ1② 九オ2 十五オ1
銷 十四ウ4
墻 四オ9 八オ10
鞘 三ウ9
縦 九ウ4
〈じょう〉
上 一オ10 一ウ10 二オ2 二オ3② 二オ7 二オ8 二ウ2② 三ウ3 四オ7 四ウ1② 四ウ7 四ウ9 五オ4② 五オ5② 五ウ1 五ウ4 六オ4② 六オ7 六ウ9 七オ3② 八ウ2 八ウ7 九オ10 九ウ1 十オ8 十オ9 十ウ7② 十ウ8 十一オ2 十三オ8 十三ウ10 十四オ1 十四ウ9 十五オ9 十五ウ9
上人 一オ1 一ウ10 三ウ3 四ウ1② 五オ4② 五オ5② 九ウ1 十オ8 十ウ7② 十一オ2
丈 二オ1 二オ4 九オ9
仍 一オ8補
条 十二ウ10
杖 三ウ9 七ウ2
浄 二ウ3補 三ウ1補 七オ4 八オ6 十ウ4 十一ウ9 十二オ1 十三オ10 十三ウ3 十四オ9 十四ウ4 十五ウ8
浄刹 十一ウ9 十四ウ4
浄土 二ウ3補 八オ6 十五ウ8
城 四オ1 四オ8 四オ9② 四ウ5 七ウ1② 八オ9 八オ10② 八ウ2② 八ウ3 八ウ6 八ウ8 八ウ9② 九オ2 十一オ5 十一オ6 十一ウ2 十一ウ4 十一ウ5 十二オ2 十二ウ9 十三ウ4 十三ウ5 十三ウ6 十三ウ8 十四オ5 十五オ6
乗 四オ1 八ウ10 十四オ3②
常 一ウ10 二ウ9 三オ4 四ウ2 四ウ8 七ウ8 八オ4 十ウ1 十二オ2 十二オ3② 十三ウ1 十三ウ4 十四オ7 十四ウ3
場 三オ6 十三ウ10
繞 六オ8 六オ10 六ウ2 六ウ8 七オ1
〈しょく〉
色 二オ6 三ウ4 四オ3 四オ7 六オ3 七オ3② 七オ4 十一ウ6②
食 一ウ4 一ウ6 二オ1 四オ6 十ウ10 十二オ10②
飾 六ウ8 六ウ9 七オ2
触 一オ7
〈しん〉

心　一オ4　一ウ4　二ウ5　四ウ2　四ウ6　五オ3　六オ7　九ウ7　九ウ8　十オ4②　十ウ6　十二オ3　十二ウ10　十三オ6　十三オ7　十四ウ2　十四ウ4
申　二オ3　三オ1　五ウ3　七オ10　十オ10　十一ウ4　十五オ9　十五ウ1
辛苦　十オ9
臣　四ウ2　八オ8　九ウ2②　十オ5　十オ10　十ウ8　十一オ1②　十二ウ3　十三オ8　十四ウ1②　十四ウ9
臣君　四ウ2
身　一オ7　一オ10　二ウ3傍　二ウ7　二ウ8　二ウ9　二ウ10　三オ1　三オ6　三ウ3　三ウ7　四ウ6　六オ5　六オ7　七オ4　七ウ1　八ウ3　八ウ4　十オ9②　十一オ7　十二ウ5　十五オ3　十五ウ1②
身上　一オ10
信　二ウ6傍　五オ4　六ウ3　十一オ9　十五オ4　十五オ5
津　十三ウ2
振　十二ウ9
真　一ウ2　六ウ9　七オ3　八ウ10　九オ2　十一オ7　十四オ10
真言　一ウ2　八ウ10　九オ2　十四オ10
真珠　六ウ9
深　一オ9　六オ3　十オ3　十ウ5　十一オ2　十五オ7
新　四ウ2　十二オ4
慎　三オ5　五オ5
審　六ウ3割
親　三オ4　三ウ9　十ウ6　十一ウ10　十五オ7
滲　六オ7
震害　十二ウ3
〈じん〉
人　一ウ6　一ウ10　三オ1　三オ5補　三ウ3②　三ウ5　四オ9　四ウ1②　四ウ3　四ウ9　五オ1　五オ4③　五オ5②　六オ1　六オ8②　六オ9　六オ10　六ウ2　七オ1　七ウ2　七ウ3　七ウ4　七ウ6　八オ6　八ウ3　九オ7　九オ10③　九ウ1③　十オ7　十オ8　十ウ4　十ウ7②　十一オ2　十一オ4　十一オ9　十一オ10　十一ウ1　十一ウ7　十二オ3②　十二オ9　十二オ10　十二ウ9　十二ウ10　十三オ4　十三ウ7　十四ウ8②　十五オ8　十五ウ1　十五ウ4　十五ウ9
人間　三ウ3　十一オ10　十一ウ7
人身　三オ1　三オ5補　十五ウ1
人民　四ウ3　十二オ3②　十二オ9　十二オ10
仁　三ウ3　八オ1　十二ウ4
仁(二)王　八オ1
仁斅　三ウ3
尽　二ウ1　三オ6　四オ8　四ウ7　六ウ3　十三オ2　十三オ3
神　一ウ9　三ウ8　三ウ9　四ウ7　四ウ8　四ウ9　四ウ10　六ウ6　八オ7　九ウ7　九ウ9　十オ1　十オ4　十二オ2　十二オ4②　十二オ8　十二オ9　十二ウ2②　十二ウ7　十三オ1　十三オ5　十三オ6　十三ウ4　十三ウ5　十四オ4　十四オ5　十五ウ6　十五ウ7
神通力　六ウ6　八オ7
神明　四ウ7　十四オ5
甚　一オ1割　一ウ9　二オ5　二オ6　二ウ5　三ウ9　四オ9　五ウ4　六オ10　六ウ6②　九オ5　十一オ9　十一ウ10　十三オ5
尋　一ウ1

【す】

〈す〉
須　二オ2　三ウ5　十三オ6　十五オ3
須臾　二オ2　三ウ5
〈すい〉
水　一ウ8　二オ1　四ウ5　六オ3②　六オ7　十二ウ1　十二ウ8　十三ウ6　十三ウ9
吹　十二ウ9
垂迹　十五ウ7
遂　四ウ4　十二ウ5
誰　三ウ2　五オ1　六オ1　十オ7　十五オ3
雖　一ウ2　八ウ8　十オ1　十一オ2　十一オ3　十二オ1　十四ウ5　十五ウ6
〈ずい〉
随　一オ7　四ウ8　七オ5　七オ8　七オ9　七ウ9　八オ2　八ウ10　十ウ2　十ウ5
〈すう〉
崇福(寺)　十二ウ6
数　二オ1　二オ4　二オ9　二オ10　四オ2　四オ3　四オ4　四オ5　五ウ5　六オ2　六オ4　六オ6　六オ10　六ウ8　七オ1　七オ2　七ウ2②　七ウ3　七ウ4②　七ウ5　八オ9　八ウ1②　八ウ3　九オ3　九オ6　十ウ6　十一オ4　十一ウ7　十二ウ8　十三オ7

【せ】

〈せ〉

世　二オ4　二ウ6　三オ4　四ウ10　五オ3　五ウ2　六ウ3②　七ウ1　十オ3　十一オ5　十一ウ2　十一ウ8　十二オ8　十二ウ3　十四オ2　十五オ3②　十五オ9

世界　二オ4

世間　三オ4　五ウ2　十五オ3　十五オ9

世務　六ウ3

瀬　六オ7

〈ぜ〉

是　一オ10　一ウ9　二オ7　二オ10　二ウ3補　二ウ3　三ウ2　三ウ3　四オ9　四オ10　六オ2　六オ8　六ウ3②　七ウ4　八オ6　八ウ7　九オ6　九ウ3　十オ1　十オ2　十オ6　十一ウ3　十一ウ9　十一ウ10　十二オ5　十二オ7　十二ウ6　十二ウ7　十三オ2　十三ウ6　十四ウ4　十五オ6

〈せい〉

正　二オ5　六オ10　六ウ1　六ウ5②　十一ウ6　十二オ4②　十三ウ5　十三ウ7　十四オ8

正寛　六ウ5

正直　六ウ1　十二オ4

生　一ウ3　二ウ7②　二ウ8　二ウ9　二ウ10　三オ2　三オ3　三ウ3　四ウ4　六オ4　六ウ2　六ウ4　七オ6②　七オ7　七オ8②　七ウ8　八オ6　八オ7　八ウ9　九オ3　九オ6　九オ7　九オ8　九ウ5　九ウ8　10オ2②　十オ6　十ウ8　十一オ1　十一オ2　十一オ8②　十一ウ1　十一ウ2　十二オ1　十二ウ7　十三オ8　十五オ1　15オ9　十五オ10　十五ウ2　十五ウ3　十五ウ8②

生涯　七オ6

西　二オ2　二オ10　三ウ5　四オ7　五ウ3　六オ10　十一ウ5　十一ウ7　十三ウ1　十三ウ10　十四オ2　十四オ3②

成　三オ2　四ウ4　四ウ5　五オ2　十二オ8　十四ウ2

成立　四ウ5

声　七オ7　七ウ3　十一ウ10

制止　十三オ1　十三オ2

性　六ウ1

政　三ウ4　三ウ6　三ウ9　三ウ10　四オ1　四オ9　四ウ3　四ウ10　五オ6　九ウ7　九ウ8　十オ3　十オ10　十二オ2　十二オ5　十三オ1　十三オ3　十三オ7　十三オ8　十三オ9　十三オ10　十三ウ1　十三ウ3　十四オ3　十四オ5　十四ウ1②　十四ウ2　十五ウ8

清　七オ4　九オ2　十ウ4　十二オ1　十二ウ3　十三オ10　十三ウ3

清貫　十二ウ3

清浄　七オ4　十ウ4　十二オ1　十三オ10　十三ウ3

清涼　九オ2

盛　一ウ8　二オ1　四ウ6　九オ5　十一オ6　十二オ3　十二オ9　十三ウ5

聖　九ウ9　十オ4　十一ウ9

勢　十二オ4　十二ウ8

勢力　十二オ4

誠　八オ6　八ウ10　十五ウ9

誓　二ウ9　三オ2　五オ4　十ウ4

誓願　三オ2

誓求　十ウ4

静　三オ4　六ウ5

静観　六ウ5

精進　一オ9　五オ5　五ウ1　七オ6　七オ8　十一オ7　十一ウ1

請　五オ5　十ウ4　十三オ9　十三ウ4　十四オ7

〈せき〉

躋攀　一オ6

赤　九オ10

昔　四ウ6

席　九ウ1

惜　三オ6

〈せつ〉

切　四ウ3　十オ9　十ウ8　十一ウ2　十三オ1　十三オ6　十三ウ8　十四オ2　十四オ5　十四オ6　十四ウ2　十四ウ6　十四ウ7　十五オ3　十五オ10

窃　一ウ6

刹　八ウ4　十一ウ9　十四ウ4

雪　一ウ10　二オ3

設　十四オ8

摂政　十オ10　十三オ8　十四ウ1

説　二ウ6　五オ10　八オ4　八ウ8　九オ3　九オ5　九オ8

〈ぜつ〉

絶　一オ4　三オ3

〈せん〉

千　二オ4　二オ9　四ウ8　五ウ5　六オ1　六オ6　六ウ9　七ウ2②　七ウ4　七ウ6　八ウ5　九オ7　九ウ9　十オ1　十ウ1　十ウ4　十ウ9　十ウ10　十一オ1　十一ウ1　十二ウ1　十三オ1

川　十二ウ7

先　一オ10　三オ2　三オ3　九ウ5　十一オ2　十三オ8
泉　六オ3　六オ6
宣　十五ウ2
専　十三オ2　十五オ1
箭　三ウ9　十一オ9
賤　九ウ3　十一ウ1
〈ぜん〉
全　五オ10　六ウ5
前　三オ1　三ウ6　四ウ4　六オ2　七ウ8　八ウ10　十オ2　十ウ5　十一ウ3　十三ウ1　十四オ6
然　三ウ4　九ウ4　十オ1　十二オ1　十四オ6
善　一ウ9　三オ5補　六ウ6　七ウ9　八オ6　九ウ4　九ウ5　十一オ3②　十一ウ9　十二オ4　十二ウ2　十三オ5　十四ウ4
善神　十二オ4　十二ウ2　十三オ5
禅　一ウ8　二オ2　七ウ7　七ウ8　七ウ9　八オ8
禅僧　一ウ8　二オ2　七ウ7　七ウ8　八オ8
漸　五ウ5　六オ1

【そ】

〈そ〉
素　四ウ6
祚殿　十四オ4
訴　九オ5
曽　八オ7　九ウ1
蘇生　十五ウ3
〈そう〉
爪　八ウ3
早　三オ10　七オ5　十オ10　十一オ1　十三オ8
争　十三オ6
荘厳　二オ6　二オ7　二ウ1　四オ8　六オ2　六オ3　六オ5　六ウ7　七オ2　十三ウ8
相　二オ3　三ウ10　四オ1　四オ8　四ウ1　五オ5②　六ウ7　七オ9　七ウ3②　七ウ6　八オ3　九オ3　九オ8　九オ9　九ウ2　十オ1　十一オ2　十一オ3　十一オ6　十三ウ5　十三ウ6　十四オ8
相応　五オ5　十一オ3　十三ウ6
草木　十一ウ5
奏　十オ8
惣　九ウ8　十三オ4
僧　一ウ8　二オ2　三ウ2　六ウ5②　七ウ7　七ウ8　八オ8　九オ4　十ウ4　十一オ5　十一オ10　十一ウ10　十三オ10　十三ウ3　十四オ9　十五ウ4
僧祇劫　十一オ10
僧侶　十五ウ4
遭　二ウ10
霜雹　十二オ2
〈ぞう〉
造　九ウ4　十三オ8　十四オ1
増　三オ7
像　三ウ7　五オ4　七ウ10傍　十三ウ5　十四オ2②　十四オ3
蔵　一オ3割　二ウ3　三オ8　三オ10　三ウ7　五オ7②　五オ8②　五オ9　五オ10　五オ11②　七ウ7②　八オ7　十一ウ3　十五オ9　十五ウ5
蔵王　二ウ3　三ウ7　五オ9　七ウ7　八オ7　十一ウ3　十五オ9
〈そく〉
即　一オ3　一オ10　一ウ7　二オ3　二オ4　二ウ5　二ウ8　二ウ9　三ウ5　三ウ7　四オ1　四オ10　五オ7　五オ11　五ウ3　六ウ7　七オ4　七オ5　七オ7②　七オ10　七ウ1　七ウ5　八オ3　八オ4　八オ5　八オ8　八オ9　八オ10②　八ウ3　八ウ10　九オ2　九ウ2　十一オ4　十一オ6　十一オ7②　十一オ8　十一ウ4②　十二オ8　十二オ9　十二オ10　十二ウ4　十二ウ6　十五オ8　十五オ10　十五ウ3
即位　三ウ5
促　五オ10
則　一オ10
速　十一ウ4
息　一ウ5　一ウ6　四ウ6　十オ7　十ウ7　十一オ10
〈ぞく〉
俗　十四ウ2　十四ウ6　十四ウ7　十四ウ10
属　三ウ8　四ウ8　九オ5　九ウ9　十一オ2　十二ウ1　十二ウ8　十三オ2　十三ウ4　十五ウ9
続　十オ1
賊　五オ1　六オ1
〈そつ〉
（卒）塔婆　十オ10　十ウ1
率　五ウ3　五ウ4　七オ7　十ウ9　十五オ3
〈そん〉
存　十ウ6　十五ウ6
孫　十五オ7
尊　三オ10②　四ウ10　五オ1　六オ1　七オ4　八オ1　八オ5　九オ1　十四ウ

6　十四ウ7　十五ウ7
尊勝　八オ5　九オ1
損　一オ1割　四ウ3　四ウ9　九ウ7　十オ6　十二オ10　十二ウ3　十二ウ9②　十三オ5
損害　四ウ9　九ウ7　十二ウ9　十三オ5
損減　十二オ10
蹲居　九オ10

【た】

〈た〉
多　三ウ2　三ウ3　六ウ4　七ウ3　七ウ9　九オ6　十ウ6　十三ウ10
他　九ウ6　九ウ7　十オ6
〈だ〉
陀羅尼　八オ2
堕　七オ9　九オ7　九ウ4　九ウ6　九ウ7
〈たい〉（「大」は便宜上ここに配置）
大　一ウ2　二オ1　二オ7　二ウ2　二ウ2補　三ウ5　三ウ7　三ウ10　四オ1　四オ2②　四オ4　四オ7　四オ8　四オ9　四オ10②　四ウ10　五オ1　五オ6　五オ7　五オ9　五オ10　六オ1　六ウ2　六ウ8②　六ウ9　七オ1　七オ2　七オ3　七ウ1　七ウ2　七ウ9　七ウ10　八オ2③　八オ10③　八ウ2　八ウ7　八ウ8　八ウ10　九オ3②　九ウ3　九ウ6　十オ2　十オ9　十オ10　十ウ2　十ウ3②　十ウ5　十一オ6　十一ウ1　十一ウ5　十一ウ7　十二オ2　十二オ5　十二オ7　十二オ8　十二ウ2補　十二ウ2　十二ウ6②　十二ウ8　十二ウ10　十三オ1　十三オ2　十三オ4　十三オ8　十三ウ2③　十三ウ4　十三ウ5　十三ウ6②　十四オ2　十四オ8　十四オ10　十四ウ1③　十四ウ2②　十四ウ3　十四ウ4　十五オ2　十五オ4　十五オ9　十五ウ5　十五ウ8
太　三ウ4　三ウ6　三ウ9　三ウ10傍　四オ1　四オ9　四ウ3　五オ6傍　六ウ1　九ウ7　十オ3　十三オ1傍　十三オ3　十三オ7　十三オ9　十三オ10　十四オ3　十四オ5　十四ウ1
大極殿　十ウ5
大将　六ウ2
大臣　十オ10　十三オ8　十四ウ1②
大政　三ウ10　四ウ10　五オ6　十二オ2　十二オ5　十三オ1　十四ウ1　十四ウ2　十五ウ8
太政　三ウ4　三ウ6　三ウ9　三ウ10傍　四オ1　四オ9　四ウ3　五オ6傍　九ウ7　九ウ8　十オ3　十三オ1傍　十三オ3　十三オ7　十三オ9　十三オ10　十四オ3　十四オ5　十四ウ1
大政（威徳）天　三ウ10　四ウ10　五オ6　十二オ2　十二オ5　十二オ8　十三オ1　十三オ10　十四ウ2　十五ウ8
太政（威徳）天　三ウ4　三ウ6　三ウ9　三ウ10傍　四オ1　四オ9　四ウ3　九ウ7　十オ3一部傍　十三オ3　十三オ7　十三オ9　十三オ10　十四オ3　十四オ5
大天　四オ10②　十三ウ2　十三ウ4
大日　五オ7　五オ9　七ウ10
大沢池　十三ウ6
大和国　十五ウ5
体　七オ4　七ウ1　八オ10
退　三ウ10　十一ウ8
怠　三オ9　五オ6　五オ10　五ウ1
胎蔵　五オ8　五オ9
帯　五オ3
〈だい〉
第　五オ2　六オ8　八オ2　九オ2　十ウ6　十一オ4補　十二ウ4
題　一オ1②割　九オ1　十ウ1
〈たく〉
宅　六ウ4
択　十三オ10
〈たん〉
但　三オ6　四ウ8　四ウ10　五オ3　五オ5　五オ10　十二オ3　十三ウ7　十四オ3
担負　一オ10　一ウ7
耽　二ウ7
短　三オ7　三オ10　三ウ1　五オ5　五オ6
堪　十五オ2
湛　七オ4
端正　六オ10
〈だん〉
男　二ウ9　六オ6　九オ3
断　一オ4　一ウ4　一ウ6　一ウ7　三オ9　十オ2　十ウ8　十二オ10②
談　四ウ2
壇　一ウ5　四オ6　十三ウ9
檀　十二ウ6　十四ウ5
檀林（寺）　十二ウ6

【ち】

〈ち〉
池　四オ2　四オ3②　六オ3　十一ウ6②　十三ウ6　十三ウ7　十三ウ10　十四オ1

池塘　十三ウ10
地　二オ4②　四オ4　七オ4　七オ9②　八オ8　八オ9　八オ10　八ウ8　八ウ9　九オ8　十オ4　十オ7　十一オ5　十一オ6　十一オ7　十一オ8　十一オ9　十一オ10　十一ウ4　十一ウ9　十二ウ9　十三ウ6　十三ウ7　十五ウ2
地獄　七オ9②　八オ8　八オ9　八オ10　八ウ8　八ウ9　九オ8　十オ7　十一オ5　十一オ6　十一オ7　十一オ8　十一オ9　十一オ10　十一ウ9　十五ウ2
知　三ウ2　三ウ3　四オ2　五オ6　五ウ2　七ウ3　九オ3　十ウ7　十三オ5　十五オ9　十五オ10
治　九ウ6　十五オ7
致　四ウ8　四ウ9　十三オ3
恥　四ウ1
智　四ウ7　十ウ4　十二オ8
置　四オ7　七ウ4　十三ウ3　十四オ1　十四オ9　十四オ10　十四ウ9
〈ちく〉
築　十三ウ7
〈ちゅう〉
中　一オ1割　一オ6　一ウ2　二オ7　三ウ5　四オ3　四オ5　四オ6　四オ10　四ウ7　五ウ5　六オ5　七オ5　七ウ3　八ウ5　八ウ6　八ウ7　八ウ8　八ウ9②　八ウ10　九オ2　九オ3　九オ10　十一オ4　十一オ5　十三ウ4　十三ウ6②　十三ウ7　十四オ9　十四ウ6　十四ウ7
中門　八ウ9　八ウ10
肘　四オ6
忠　六ウ3　十二ウ3　十四ウ3
杻械　七ウ3
〈ちょ〉
鋳造　十四オ1
佇立　六オ7　七ウ6
〈ちょう〉
長　三オ9　三ウ1　三ウ7　十二ウ2
鳥　二ウ7　二ウ8　四オ3
帳　六ウ9
頂　二オ4　三ウ6　八オ2　八オ3　九オ1　十ウ2　十三ウ4　十五ウ1
頂礼　三ウ6
朝　六ウ4　十二ウ3
朝臣　十二ウ3
朝夕　六ウ4
調　十三オ6
嘲哢　十二ウ10
聴　二ウ6　七オ7
〈ちょく〉
直　二オ3　六ウ1　十一オ9　十二オ4
勅　七ウ8　八オ8
〈ちん〉
沈　一オ5　十四ウ3
陳　五ウ2　七ウ2　七ウ4　十オ8
陳列　七ウ2　七ウ4
椿山寺　一オ4
鎮護　一オ10　十三オ5　十四ウ9
【つ】
〈つう〉
通　一ウ6　六ウ6　八オ7　十三ウ1　十四ウ1
【て】
〈てい〉
丁　八ウ9
弟　一オ3補　一ウ8　二オ3　九オ4
弟子　一オ3補　一ウ8　二オ3
定　十ウ7
帝　十三オ8
剃髪　一オ4
庭　十三ウ1
悌泣　十一オ4
〈てき〉
敵　十オ6
〈てつ〉
鉄　八オ10　八ウ1②　八ウ5　九オ9②　九ウ4　九ウ5②　十オ9　十一オ1　十一オ3　十一オ4
鉄窟　九オ9　九ウ4　九ウ5②　十オ9　十一オ1　十一オ3
徹　六オ3　八ウ7②
〈てん〉
天　一オ7　一オ8　一オ10　三ウ5　三ウ6　三ウ9　三ウ10　四オ1　四オ9②　四オ10②　四ウ3②　四ウ10②　五オ7　五ウ3　五ウ4　六オ4　六オ8　六オ9　六オ10③　六ウ2③　六ウ4　六ウ6　六ウ7　七オ1②　七オ6　七オ7　七オ8　七ウ6　八オ6　九ウ6②　九ウ7②　九ウ9②　十オ2　十オ3傍　十オ3割　十一オ1　十一オ7　十二オ2②　十二オ5　十二オ8　十二オ9　十二ウ4　十三オ1②　十三オ3　十三オ4②　十三オ6　十三オ7　十三オ8②　十三オ9③　十三オ10　十三ウ1　十三ウ2②　十三ウ3　十三ウ4②　十四オ2②　十四オ3　十四オ4　十四オ5　十四オ6③　十四オ8　十四オ10　十四ウ2②　十四ウ3

十四ウ4　十四ウ9　十五オ1　十五オ2　十五オ3　十五オ6　十五オ8　十五ウ2　十五ウ8
天下　一オ7一部補　一オ10　九ウ6　十三オ1　十三オ4　十三オ8　十四オ4　十四ウ2　十四ウ3　十四ウ4　十四ウ9　十五オ3
天慶　十四オ10
天祠　十三オ9②　十三ウ1　十三ウ2②　十三ウ4　十五オ1
天女　六オ4　六オ8　六オ9　六オ10　六ウ2　七オ1　七ウ6
天人　六オ10　六ウ2　七オ1
天神　四ウ10　九ウ7　九ウ9　十二オ2　十二オ8　十二オ9　十三オ6　十三ウ4
天堂　八オ6　十一オ7　十五ウ2
天文　一オ8
典　十五オ1
殄滅　四ウ3　十二オ10
転　二ウ9　二ウ10　八オ2　九オ1　十一オ4傍
諂　十二オ3
〈でん〉
伝　一オ4補　五オ4　十オ7　十五オ7
電　八ウ2　八ウ5　十二ウ1
殿　四オ5　十オ4　十ウ5　十一ウ7②　十三ウ8　十四オ4　十五オ8

【と】

〈と〉
斗率天　五ウ3　五ウ4　七オ7
吐　八ウ3②
図　十ウ9　十五ウ6
〈ど〉
土　二ウ3②　四ウ3　四ウ5　七オ5　八オ6　十二オ3　十二オ9　十二オ10　十二ウ2②　十三オ1　十五ウ8②
努力　十オ8　十一オ3
度　三オ2　十ウ1　十ウ3　十ウ4　十ウ5　十四ウ8
度者　十ウ1　十ウ3　十ウ5　十四ウ8
〈とう〉
刀　八ウ1　九オ5②　九オ6②　九オ7
刀輪　九オ6　九オ7
冬　十四ウ9　十五オ4
忉利天　十一オ2
当　三オ7　四ウ1　六ウ7　七オ9　八ウ9　九ウ5　十一オ10　十三オ2　十三オ8　十五オ4　十五オ5②
投　七オ4
到　一ウ1
東　四オ7　六ウ1　十一ウ4　十一ウ6　十二ウ6　十三ウ3　十三ウ10　十四オ2　十四オ3②
東宮　六ウ1
東大（寺）　十二ウ6
答　五ウ3　六オ9　七オ10　七ウ5　七ウ7②　七ウ8　七ウ9　七ウ10　八ウ6　八ウ9　十一オ9　十一ウ3
等　一ウ4　三ウ9　四ウ5　四ウ7　四ウ8　六ウ5②　七ウ10③　八オ1　八オ2　八オ3　八オ4　八オ5②　八ウ10　九オ1　十ウ2②　十一ウ7　十二オ4　十二ウ2　十二ウ3　十二ウ4　十二ウ6　十二ウ7　十三オ3　十三オ4　十四オ2
塔　四オ7　十オ10　十ウ1
嶋　四オ4　四オ5　四オ9　四オ10　十三ウ6　十三ウ7　十三ウ9　十三ウ10
榻　二オ9　二ウ2②
踏　一ウ1　十三ウ7
頭　八ウ3　八ウ4②
〈どう〉
同　一オ5補　一ウ3　九オ4　十ウ3　十四オ6
堂　八オ6　十一オ7　十四オ1　十四オ4　十五オ2　十五ウ2
動　四ウ2
道　一オ1　一オ3補　二オ3　二ウ10　三オ3　三オ6　七オ10　十ウ2　十一ウ1②　十四ウ2　十四ウ6　十四ウ7　十五オ2　十五オ4
道場　三オ6
道俗　十四ウ2　十四ウ6　十四ウ7
道賢　一オ1　一オ3一部補一部割　二ウ10
童子　一オ10　二オ1
憧　四オ6　十三ウ10
憧幡　四オ6
〈とく〉
得　一オ4補　一ウ6　二ウ9　三オ1　三オ5　三オ5補　三オ7　六ウ6　九ウ5　十オ5　十ウ7　十一ウ1　十二オ1　十五ウ1②　十五ウ2　十五ウ3　十五ウ6
徳　二オ2　三ウ4　四オ1　四ウ3　七ウ9　十ウ6　十一ウ2　十一ウ3　十一ウ4　十二オ8②　十三オ4　十三ウ2　十三ウ5　十四オ2　十四オ5
〈どく〉
毒　二ウ10　五オ2　八ウ3　八ウ8　九オ2　九オ3　九オ4　十オ9　十二ウ1②　十二ウ4
毒龍　二ウ10　十二ウ1

独　一ウ1　十二ウ7
読　二ウ9　五オ7　八オ3　八オ5　十五オ1
〈どん〉
呑　十二ウ8
貪　十オ5

【な】
〈な〉
南　二オ8　三ウ6　三ウ7　五ウ3　十一ウ6　十三ウ1
南無　三ウ6
〈ない〉
内　一ウ8　四オ6傍　四オ7　六ウ7②　七ウ5　八ウ3　十ウ9　十二ウ5　十五ウ5
〈なん〉
難　二ウ10　三オ5補　四ウ4　四ウ9　五ウ2　十二ウ8　十三オ5　十三オ6　十四オ6　十四ウ4　十五オ9　十五ウ1②

【に】
〈に〉
二　一オ3補②　一ウ1　二オ8　三オ4　三ウ7　十オ5　十オ8　十三ウ1　十三ウ3　十三ウ10　十四オ3　十四オ5　十四オ6　十四オ8
二十（原典では一字「廿」）　一オ5　二オ2　二オ8　十一ウ5
二十八部衆　二オ2
尼　二ウ3傍　三ウ6　六ウ6　七オ2　八オ2　十四ウ6
〈にゅう〉
入　一オ3補　一オ5補　一オ6　一オ9　一ウ7　一ウ9　三オ3②　三オ7　四オ9　六オ9　六ウ7②　七ウ5　八ウ8　八ウ9　九オ1　九オ2　九ウ2　十一オ9　十二ウ5　十五ウ3　十五ウ4
入道　三オ3
〈にょ〉
如来証　八オ4　十ウ1

【ぬ】
〈ぬ〉
奴　六オ9　六オ10小字

【ね】
〈ね〉
涅槃　一ウ2傍　二ウ8　二ウ9　三オ2　八オ1　八オ4②　九オ1　十ウ1
〈ねい〉
寧　十五オ1
〈ねん〉
年　一オ3　一オ3補　一オ4補　一オ5補　一オ6②　一オ7②　一ウ10　二ウ3　三オ3　三オ8　三ウ1　四ウ5　五オ7　五オ8②　五オ10　九ウ4　十二ウ2　十四オ8　十四オ9　十四ウ1②　十四ウ8　十五オ2　十五ウ5
年分　十四ウ8
年来　一オ7　1ウ10
念　一オ10　一ウ4　三オ4　四オ10　四ウ4　六ウ4　十オ8　十ウ6　十二オ6　十二オ7　十五オ7
念仏　一ウ4　三オ4
燃　十四ウ9

【の】
〈のう〉
納　六ウ9　十ウ2
悩　四ウ2　七ウ3傍
悩乱　四ウ2
能　一ウ3　一ウ4②　三オ1　五ウ1　七オ4　八ウ8　十一オ5　十三オ1　十三オ4　十五ウ1②
脳　七ウ3　十五オ10

【は】
〈は〉
波　六オ9
破戒　七オ9
頗梨　十一ウ4
〈ば〉
馬　四オ1　十三ウ10
〈はい〉
拝　六ウ7　七オ5　七ウ6　八オ6　十一オ8
背　七ウ9　九オ10
〈はく〉
白　二ウ2　四オ1　四オ4　六オ9　七オ2　七オ7　十ウ5
白玉　二ウ2　六オ9
〈ばく〉
莫　三オ5補　五オ6
〈はち〉
八　一ウ4　二オ2　四オ5②　四オ6　四ウ5　四ウ8　五オ8③　五オ10　六オ9　八ウ4④　八ウ6　八ウ7②　九オ7　九ウ9　十オ1　十一ウ1　十二ウ1　十二ウ2　十三オ1　十三オ3　十三ウ8②　十三ウ9　十五ウ3　十五ウ6

八幡　十三オ3
〈はつ〉
発　一オ3補　一ウ5　二ウ10　十二ウ10　十三オ6
発心門椿山寺　一オ3補
〈ばつ〉
抜　十一オ3　十一オ8　十一ウ2　十三オ6　十三オ7
抜済　十一オ8　十三オ6
〈はん〉
半　一オ7補　十五オ2
犯　七ウ9　九ウ6　十オ2傍　十二オ6
版　九オ7
般　一オ6傍　三オ1　八オ1
般若　八オ1
幡　四オ6　十三オ3
繁　三ウ4　六ウ5
攀　一オ6　一オ9　二オ3
〈ばん〉
万　一オ9　一ウ3　三ウ5　四ウ8　六オ1　六ウ9　九オ7　九ウ8　十オ1　十オ10　十ウ9②　十一オ1　十一オ3　十一ウ1　十二ウ1　十三オ1
万事　一オ9

【ひ】

〈ひ〉
比類　六オ7
非　1オ7補　三オ5　四ウ2　八オ6　一三オ2③
彼　一オ6　四オ9　四ウ4　四ウ5　四ウ10　五オ1　六オ1　七オ8　八オ10　九ウ9　十一オ2　十一オ9　十二オ2②　十二オ3　十二オ4　十二オ5　十二ウ5②　十二ウ8　十三オ9　十三オ10　十三ウ8　十四オ3　十四ウ9　十五オ7
披　五ウ1
被　一ウ3　三オ3　三ウ1　七ウ3　九オ7　十五オ5
卑少　十二オ1　十五オ6
秘密　八オ5　十ウ2
悲　一オ5　四ウ1　四ウ7　九オ5　九ウ1　十オ7　十二オ5　十二オ7
悲願　四ウ7
扉　七ウ6
〈び〉
尾　八ウ4
弥　一オ9　一ウ3　二ウ1　七ウ10　八ウ2　十ウ4
弥勒　七ウ10
美　六オ7　十二ウ3
美怒忠兼　十二ウ3
微妙　二オ6　四オ2傍　四オ8　六オ5傍　六ウ9
〈ひつ〉
必　四ウ4　五オ3　五オ5　七オ8　十一オ3　十二オ7
畢　七オ6　一二オ7　一五ウ2
〈ひゃく〉
百　二オ8　二オ9②　四オ2　四オ4　六オ6　六ウ9　七ウ2　七ウ4②　七ウ5　八ウ5　十ウ4　十一オ4
〈びょう〉
病　一オ5　四ウ4　十二ウ10②
〈ひん〉
貧　十一ウ1　十五オ1
貧窮　十一ウ1
頻　一オ5　一オ8補　一ウ2

【ふ】

〈ふ〉
父　九オ4　九ウ9　十オ2　十オ3　十オ4　十一ウ2
不　一オ5　一オ6　一オ8②　一ウ3　一ウ4補　一ウ5　二ウ1　三オ1　三オ5　三オ6　三ウ2　三ウ3　三ウ8　四オ2　四オ8　四ウ1　四ウ2　五オ2　五ウ1　五ウ3　六オ2　六オ9　六ウ3②　六ウ3割　六ウ7　七オ3　七オ4　七オ6　七オ7　七オ9②　七オ10　七ウ3　七ウ8　七ウ9　八オ5　八ウ8②　九オ1　九オ3　九オ5　九オ8　九ウ3②　十オ1　十オ3　十オ9　十ウ2　十ウ5　十一オ2　十一オ3　十一オ5　十一オ9②　十一ウ3　十二オ1　十二ウ2　十三オ1　十三オ4②　十三オ5　十三ウ7　十三ウ9②　十四オ5　十四ウ2　十四ウ5　十四ウ10　十五オ1　十五オ3　十五オ4　十五オ5　十五オ8　十五ウ2　十五ウ6
不祥　一オ8　十三オ1
付　六オ9
扶桑略記　一オ1割
怖　三ウ9　八ウ5　十一オ8　十一オ9　十一ウ9
怖畏　三ウ9　十一オ8　十一オ9　十一ウ9
浮　三オ8　三オ9　十四ウ5
富　十五オ3
普　四ウ5　十五オ10
普賢　四ウ5
敷　六ウ8
〈ぶ〉

部　二オ2　四オ7　八オ1　八オ2

〈ふう〉

風　一オ4補　一ウ3　十二ウ1　十二ウ9

風雨　一ウ3

風伝　一オ4補

風伯　十二ウ1

〈ふく〉

服　一ウ9　十ウ8

復　九オ9　十一ウ2

福　十二オ8　十二ウ6　十三オ2　十三オ9　十三オ10　十四オ9　十五オ3

覆　八ウ2　九オ10

〈ふつ〉

払　七オ2

〈ぶつ〉

仏　一オ10　一ウ4　一ウ7　二ウ2　二ウ5　二ウ6　三オ1　三オ2　三オ4②　三オ6　三オ8　三ウ2　三ウ3　三ウ10②　四ウ9　五オ2　五オ6　五ウ1　五ウ2　五ウ5　六オ6　六オ8②　六ウ1②　六ウ2　六ウ3　六ウ5　七オ4　七オ5　七ウ6　七ウ10②　八オ2　八オ6　八オ7　八ウ6　八ウ8　九オ1　九オ4　九ウ2②　九ウ6　九ウ7　十ウ2　十ウ5　十ウ6　十ウ8　十ウ9　十ウ10②　十一オ4　十一オ5　十一オ7　十一オ8　十一ウ2　十一ウ8　十一ウ10③　十二オ9　十二オ10　十三オ7　十四ウ10　十五オ1　十五オ8　十五オ10　十五ウ1

仏子　二ウ2　二ウ5　二ウ6　三オ1　三オ2　三オ4　三オ6　三オ8　三ウ2　三ウ10②　四ウ9　五オ6　五ウ1　五ウ2　五ウ5　六オ6　六オ8②　六ウ1　六ウ2　六ウ5　七オ4　七オ5　七ウ6　八オ6　八オ7　八ウ6　八ウ8　九オ4　九ウ2②　九ウ6　十一オ4　十一オ5　十一オ7　十一オ8　十一ウ2　十一ウ10②　十三オ7　十四ウ10　十五オ1　十五オ8

仏頂　八オ2　九オ1　十ウ2

仏名（経）　十ウ5　十ウ8　十ウ10

物　一オ8　六オ8　七ウ9　十二ウ9②　十五オ6

物怪　一オ8

〈ふん〉

分　四ウ6　七ウ9　十三ウ1　十四ウ8

分行　十三ウ1

粉紜　1オ8傍

〈ぶん〉

文　一オ1割　一オ8　三オ8　五オ7

聞　一オ7　二ウ8　四ウ1　七ウ3　七ウ8　八オ4　十一オ8　十一ウ8　十一ウ10　十五オ10

【へ】

〈へい〉

平　二オ4　六ウ5　十四ウ4

平全　六ウ5

并　十ウ8　十四オ2

兵　七ウ4　十オ1　十四オ10

並　十ウ2　十三オ8

併　十二ウ9

〈へき〉

辟　十二ウ7

霹靂　八ウ5

〈べつ〉

別　四ウ1　十二オ2　十二オ7

〈へん〉

辺　四オ2　四オ3　四オ4　四ウ7　十ウ3　十一ウ6

遍　四オ5　八オ8　八ウ3　十二ウ2

遍満　四オ5　八ウ3　十二ウ2

〈べん〉

便　八ウ9　十二オ10　十三オ6　十三オ10

【ほ】

〈ほ〉

歩　十オ4

〈ぼ〉

母　一オ4　九オ4　十ウ5　十ウ8　十一ウ2

菩提　十ウ1

〈ほう〉

方　一ウ7　一ウ8　二オ6　二オ10　二ウ1　三ウ7　四オ6　四オ8　五ウ3　六オ10　七オ2　七オ10　八ウ9　十ウ8　十ウ10　十一ウ4　十一ウ7　十三オ6　十三ウ1　十三ウ3　十三ウ8　十四オ2②　十四オ3②　十五オ7

方広（経）　十ウ8　十ウ10

法　一ウ2②　一ウ5　一ウ10②　二ウ9　三オ2　三オ4　三オ7　三オ10②　三ウ1　三ウ2　三ウ3②　四オ7　五オ10　六ウ1　六ウ3②　六ウ8　八オ2　八オ4　八オ5　九オ1　九オ4　九ウ5　九ウ7　九ウ9　十オ3　十オ5　十ウ1　十ウ5　十ウ6　十ウ10　十一オ3　十一ウ2　十一ウ3　十一ウ7　十一ウ8　十二オ9　十二オ10　十二ウ6　十二ウ7　十三オ7　十四オ2　十四オ9　十四

ウ2
法主天　九ウ9　十一ウ8
法華(花)　一ウ2　二ウ9　三オ2　八オ5　九オ1　十ウ1　十四オ9
法隆(寺)　十二ウ6
法要　八オ4
宝　二オ5　二オ7②　二オ9　二オ10　四オ4　四オ5　四オ7　四オ10　五ウ4　五ウ5②　六オ1　六オ2　六オ3　六オ4②　六オ5　六オ6②　六オ8　六ウ5　六ウ8　六ウ9　七オ1　七オ3　九オ2　十一ゥ5　十一ウ7②　十三ウ6　十四オ8　十四ウ1　十四ウ2　十四ウ10　十五オ8
宝珠　六オ1
宝号　九オ2
抛　一オ9
奉　五ウ1　九ウ2　十一ウ7　十四ウ6　十四ウ7　十四ウ8　十五オ5　十五オ8
奉仕　十一ウ7　十四ウ7　十四ウ8　十五オ5
放逸　三オ5　七オ6　十五ウ2
峯　二ウ3補　四オ5　五オ6　五ウ1　六ウ6　七オ7　七ウ5　七ウ7　十一オ8　十一ウ8　十三オ3　十三ウ4　十四ウ4　十四ウ5
崩　十二ウ8
逢　十オ8　十一ウ8
報　九ウ5②　九ウ8　九ウ9　十二オ7
鳳　十四オ4
〈ぼう〉
妨　十オ1　十五オ4
忘　五オ2傍
坊舎　二オ10
茅屋　九オ9　九ウ2
傍　五ウ4
鉾　八ウ3
暴　十二ウ9
〈ほく〉
北　二オ6　三ウ7　四オ8　七オ10　八オ9　十一ウ5　十三オ9　十三ウ2　十三ウ3　十四オ1
〈ぼさつ〉
菩薩(原典は一字)　二ウ3　三オ7　三オ8　三ウ1　三ウ2③　三ウ3　三ウ4　三ウ6　三ウ7　三ウ9　四オ1　四ウ7　五オ6　五ウ2②　五ウ3　七オ8　七オ9　七オ10　十ウ1　十一オ8　十一オ9　十三オ4　十五オ9
〈ぼつ〉
没　四ウ4傍　十オ5
〈ほん〉
本　一オ1割　三ウ2　三ウ4　四ウ1　四ウ3　四ウ9　五オ11　六ウ1　六ウ2　七オ5　九ウ1　九ウ3　九ウ8　十オ6　十一オ6　十一ウ3　十一ウ10　十二オ2　十二オ5　十三オ3　十三オ6　十三ウ4　十三ウ6　十三ウ8　十四オ3　十四オ5　十五オ7　十五オ8
本国　四ウ1　四ウ9　九ウ1
〈ぼん〉
凡　六オ7　十二オ9　十二ウ10
梵　八オ2　十二オ1

【ま】

〈ま〉
摩　二ウ7　七オ2　十五ウ1
〈まい〉
毎　四ウ2　八ウ1　八ウ2　八ウ4②　九オ4　十四オ8
〈まつ〉
末　五ウ3　十一ウ4　十五ウ6
末法　十五ウ6
〈まん〉
曼　四オ7　四オ6　八オ1
曼荼羅　四オ7　八オ1
満　一ウ2　四オ5　八ウ3　八ウ7　十一ウ2　十一ウ3　十一ウ4　十二ウ2　十三オ4　十四オ2　十四ウ7　十四ウ8
満徳(法主)天　十一ウ2　十一ウ3　十三オ4　十四オ2
鬘　四オ6　十一ウ7

【み】

〈み〉
未　三オ6補　三ウ10　四ウ8　五オ6　七オ5傍　十五オ2
〈みつ〉
密　三ウ9　四ウ6　八オ5　十ウ2
密教　四ウ6
〈みょう〉
妙　二オ6　四オ2　四オ7　四オ8　六オ5　六ウ8　六ウ9②　七オ1　七オ3　七オ4
〈みん〉
民　四ウ3　十ウ9　十二オ3②　十二オ9　十二オ10

【む】

〈む〉
無(无)　一ウ4　一ウ6　二オ10　三オ4　三ウ6　三ウ9　四オ3　四オ4②　四オ5　五オ10　五ウ4　六オ3　六オ4

六オ6② 六オ7 六ウ8 七オ1③ 七オ2 七オ9 七ウ2 八オ4 八オ5 八ウ1② 八ウ3 九オ1 九オ3 九オ6 九ウ1 九ウ3 十オ6 十オ7 十ウ1 十ウ2 十ウ8 十一オ6 十一オ10 十一ウ7 十二オ6 十三オ2 十四オ5 十四ウ8 十五オ2②
無（无）常　三オ4 八オ4 十ウ1
無（无）数　四オ3 四オ4 四オ5 六オ6 六ウ8 七オ1 七オ2 七ウ2 八ウ1② 八ウ3 九オ3 九オ6 十一ウ7
牟尼　二ウ3傍 三ウ6 六ウ6 十四ウ6
夢　一オ1割 一オ2補 一オ8
夢想　一オ8

【め】

〈めい〉
名　二ウ10 三オ10 三ウ2 五オ2 五オ4 五オ11 七ウ3 七ウ7② 八オ8 九オ1 九オ6 十ウ2 十ウ4 十ウ5 十ウ8 十ウ10
明　二オ5 三ウ4 四オ3 四ウ7 六ウ4 七オ5 十一ウ6② 十四オ2 十四オ5
明王　六ウ4 十四オ2
命　一ウ7 三オ5② 三オ6 三オ6補 三オ7 三オ8 三オ9 五オ5 五ウ1 十一ウ8 十二ウ5 十五オ8
冥土　一オ1
冥途　九ウ3
鳴　二ウ7 九ウ1 十二オ6
鳴乎　十二オ6
〈めつ〉
滅　四ウ3 四ウ4 九ウ7 十オ5 十二オ10 十二ウ7 十四オ6
〈めん〉
面　二オ9 三ウ7 四オ5 七ウ1 八ウ4 十三ウ8 十三ウ9

【も】

〈もう〉
毛　六ウ9
猛　四ウ5 五ウ1
網　六ウ9補 八ウ1
蒙　一オ9 五オ11
〈もん〉
門　一オ4 二オ6 六オ9 七ウ4 七ウ5 八オ9 八ウ2② 八ウ9 八ウ10 十五ウ4
問　三オ10 六オ8 七ウ4 七ウ7 七ウ10 八ウ6

【や】

〈や〉
也　一オ1割 一オ7 一オ9 一ウ7 一ウ9② 二オ2 二オ4② 二オ5 二オ6 二オ7 二ウ2 三オ7 三オ9 三オ10② 三ウ1③ 3ウ3② 三ウ4 三ウ5 三ウ9 四オ3 四オ7 四オ8 四オ10 四ウ1 四ウ5 四ウ6 四ウ8 五オ2 五オ3 五オ7 五オ8④ 五オ9③ 五オ10 五オ11 五ウ2 五ウ4 六オ2 六オ9 六ウ1 六ウ2 六ウ3 六ウ4 六ウ6 六ウ7 七オ4 七オ6 七ウ3 七ウ5 七ウ8 七ウ10 八オ3 八オ6② 八オ7 八オ10 八ウ4 九オ5 九オ7 九オ9 九ウ2 九ウ4 九ウ7 十オ3 十オ4 十オ5② 十オ6 十オ7 十一オ3 十一オ4 十一オ5 十一オ6 十一ウ3 十一ウ5② 十一ウ10 十二オ1 十二オ2 十二オ4 十二オ6 十二ウ4 十二ウ5② 十二ウ8 十三オ3 十三ウ6② 十四オ7 十四ウ2 十四ウ6 十四ウ7 十五オ1 十五オ7 十五ウ3② 十五ウ4 十五ウ9
夜　三ウ8 九オ8 十一オ10②
夜叉神　三ウ8

【ゆ】

〈ゆ〉
喩　四ウ8 九ウ9
〈ゆい〉
唯　四オ9 七ウ9 八オ8 十四ウ7 十四ウ8
〈ゆう〉
又　一ウ3 二オ1 二オ8 三オ2 三オ7 四オ6 四オ8 四オ9 五ウ2 六オ6 六オ10 六ウ2 六ウ5 七ウ3 七ウ4 七ウ5 七ウ10 八オ5 八ウ1 八ウ3 九オ1 十オ10 十ウ5 十ウ6 十二ウ2 十二ウ3 十二ウ8 十三ウ2 十三ウ4 十四オ8 十四オ9 十四オ10 十四ウ2 十四ウ4
尤　六ウ3
右　二オ8 七ウ2 十三ウ1 十四オ4 十五ウ5
有　一オ3補 一ウ4 二オ1 二オ6② 二オ7 二オ8② 二オ9 二オ10 三ウ3 三ウ4 四オ2② 四オ3② 四オ4 四オ5 四オ6② 四オ7 四オ8 四ウ2 四ウ5 四ウ10 五オ3 五オ4 五オ5② 五ウ4② 六オ2 六オ4②

六ウ6 六ウ7 六ウ9 七オ2 七オ3 七オ5 七ウ1傍 七ウ2② 七ウ4 七ウ5② 八オ9 八オ10 八ウ1② 八ウ2② 八ウ3 八ウ4③ 八ウ6② 八ウ7 九オ2 九オ6② 九オ9② 九オ10② 九ウ1 十オ2 十一オ5 十一オ7 十一ウ5 十一ウ6③ 十一ウ9 十二オ4 十二オ9 十四ウ3③
攸 十四ウ9
勇猛 五オ11
幽邃 七オ10
揖 七ウ7
猶 十五オ3
遊 四オ3 六オ5 十ウ9 十三ウ5
遊戯 六オ5
誘喩 九ウ9

【よ】

〈よ〉
与 一ウ3 一ウ8 三オ10② 七オ10 八オ9 十二オ10 十二ウ8 十四オ6
余 三オ5 三オ7 四ウ9傍 九オ10 九ウ1 十オ6 十二ウ8
輿 三ウ6 四オ1
〈よう〉
用 四ウ4 十ウ9 十四ウ10 十五オ5
幼主 十オ9
要 八オ4 十五オ7
容 三ウ7 六オ10傍
葉 二オ1 十オ6
遙 五ウ4 七ウ6 八オ9
養 六ウ4 十ウ3 十一オ1② 十四オ8 十四ウ7 十四ウ8 十四ウ9
耀 二オ5 三ウ4 四オ3 四オ9 五ウ4
瓔珞 六オ5
〈よく〉
浴 六オ3
欲 三ウ10② 四ウ2 七オ10 八オ4 十二オ5 十四オ7

【ら】

〈ら〉
裸形 九オ6 九オ10
羅 二オ8 四オ8 六ウ9 七オ10 七ウ1 八オ1 八オ2 八オ6 八ウ4 十一オ7
羅漢 二オ8
羅刹 八ウ4
羅網 六ウ9一部補
〈らい〉
来 一オ7 一ウ3 一ウ8 一ウ10 二オ3 二ウ10 三オ3 三ウ5② 五オ9 六オ8 六オ10 六ウ2 六ウ5 七ウ5② 七ウ7 八オ4 八オ7 九ウ8 十オ7 十オ8 十ウ1 十一ウ3 十四オ4 十四オ5 十五ウ4
来生 八オ7
雷 三ウ8 四ウ10 五オ2 十二ウ1 十二ウ4 十二ウ8 十三ウ4
雷神 三ウ8
〈らく〉
洛 一オ5補 十五ウ3
落 一ウ3 十オ4
楽 二ウ5 三オ4 六オ6② 六ウ1 七オ9 九ウ6 十オ2② 十ウ10 十一オ1 十二オ1 十五オ6
〈らん〉
乱 四ウ2 十二ウ10②
乱逆 十二ウ10
爛壊 十二ウ5

【り】

〈り〉
利 三ウ3 十一オ2 十一ウ9 十二オ3 十五オ6 十五オ10
利益 十五オ10
里 三オ9 四オ2 四オ4 四オ8 八オ9 十一ウ5
理趣（経）八オ1
離 一オ10 三オ9傍 四ウ1 十ウ7 十二オ7 十五ウ2傍
〈りき〉
力 二ウ8 二ウ10 三オ2 三ウ8 四ウ7 四ウ8 六ウ6 八オ7 十オ8 十二オ1 十二オ4 十五オ2 十五ウ6
力士 三ウ8
〈りつ〉
立 一ウ7 二オ2 三オ6 四ウ5 六オ7 七オ2 七ウ6 八オ9 十オ10 十ウ3 十三オ9② 十三ウ2 十三ウ5 十三ウ6 十三ウ7 十三ウ9 十三ウ10 十四オ1 十四オ4 十五オ2
律 十三オ10
〈りゃく〉
略 一オ1割注 八オ4 九オ8
〈りゅう〉
流 四ウ4 四ウ6 六オ2 七オ7 十オ5
流布 四ウ6
龍 二ウ10 三オ1 四オ3 四ウ5 十二ウ1 十四オ3
龍猛 四ウ5
〈りょう〉

了　二オ7　四オ10　五ウ1　八オ10　十一オ5　十一オ7傍　十一オ8　十三ウ7　十五オ8
両　三オ2　四オ7　七ウ10
両部　四オ7　七ウ10
良　六オ9
料　八オ2
量　三ウ9　四オ4　六オ3　六オ4　六オ6　七オ1②　八オ5　十オ7　十一オ6　十二ウ3
領　八オ8　八オ9　八オ10　八ウ6　八ウ8　九オ6　九ウ1　十一オ6②
〈りん〉
林　四ウ7　五ウ5　六オ2　六オ6　十一ウ5　十二ウ6
倫　九ウ6　十四ウ3
淪際　十四ウ5
輪　九オ6　九オ7　十四ウ5傍
臨　六オ6

【る】
〈る〉
瑠璃　二オ8　四オ4　十一ウ6
〈るい〉
涙　四ウ4　七オ7　十オ4
類　三ウ8　四オ3　六オ7

【れ】
〈れい〉
礼　三ウ6　四オ10　六ウ7　七オ5　八オ3傍　八オ6
礼拝　六ウ7　七オ5　八オ6
令　一ウ9　二オ3　五オ3　五ウ2　五ウ3　八ウ3　九ウ7　十オ3　十オ4　十オ6　十ウ2　十ウ3　十ウ4　十一オ2　十一オ9　十一ウ9②　十二オ10　十二ウ10②　十三オ10　十三ウ1　十三ウ7　十四オ10②　十四ウ3　十四ウ9　十五オ4②　十五オ9　十五オ10
鈴　七オ1
聆　十二オ6
霊験　一オ9
〈れつ〉
列　七ウ2　七ウ4　十三ウ9　十五ウ8
烈　四オ4　四オ6　十三ウ2
〈れん〉
連　十二オ6　十二ウ3　十五ウ8
蓮　二オ1　四オ2　四オ6②　四オ7　六オ4②　六ウ8　七オ1　七オ3②
蓮花　四オ2　四オ6②　四オ7　六オ4②　六ウ8　七オ1　七オ3②
練行　十ウ3
憐　十三オ5　十五オ8
斂　八ウ10　九オ2
鎌　三ウ9

【ろ】
〈ろ〉
路　七ウ2　十オ3　十ウ3　十三ウ10
〈ろう〉
老　六ウ5
労　十四ウ3
朗　五ウ4
楼　六オ1　六オ2②　六オ4②　六オ8　七オ2　七ウ2　七ウ4　七ウ5　十三ウ8
楼閣　六オ2　六オ8　七オ2　十三ウ8
楼門　七ウ4　七ウ5
籠（篭）　一オ4　十四ウ9　十五オ4　十五オ5
〈ろく〉
六　一オ3　一オ4補　一オ7　一ウ1　四ウ8　六オ7　八ウ4　九オ8②　九ウ8　十オ1　十一オ10　十二ウ1　十二ウ5　十三オ1　十四オ9
六府　十二ウ5
〈ろん〉
論　八ウ6　九ウ3

【わ】
〈わ〉
和　二オ3　二オ7　二ウ2　二ウ2補　六オ9　七オ7　十三オ7　十五ウ5
和歌　六オ9
〈わい〉
和上　二オ3　二オ7　二ウ2　二ウ2補
猥　二ウ1
〈わく〉
或　三ウ8②　四ウ7②　七オ1　七オ2　九オ4②　十二ウ8　十二ウ9②　十二ウ10②

あとがき

平成十四年春、当時早稲田大学文学部教授であられた故田中隆昭先生と私は、京都・北野天満宮様に参詣し、ご宝前に本文献研究の成功を祈願すると同時に、本文献の写真掲載の許可をお願いした。そして天満宮で宝物管理ご担当の加藤晃靖様を通じて掲載の許可を頂戴した。快くご許可いただいた北野天満宮様に深く感謝申し上げるとともに、ご許可をいただいてからこれほどにも時間が経ってしまったことをお詫び申し上げる。

本書の漢文訓読に関して、野川博之氏から有益なご助言を賜った。本のデザイン・構成等の全般にわたって学術研究出版の湯川勝史郎氏から、出版のベテランとしてのご教示・サポートをいただけた。また、索引作成にあたって、邱鑫欣氏の手をおかりした。本書の研究内容に関して学恩を蒙った多くの先生方のご業績についても、感謝の心を込めて本書「解説」研究一覧にあげさせていただいた。また学会・研究会での質疑応答等で学恩を蒙った先生方、さまざまな機会にお励ましの言葉を頂戴した先生方にも、心よりお礼申し上げる。

このように多くの方々のお力添えをたまわって本書は成った。本書が広く長く『日蔵夢記』・天神伝説研究に資せんことを心より祈りつつ。

令和元年九月　カイロにて　菊地 真

著者紹介

菊地　真（きくち　まこと）

1959年東京都生。
2002年博士（文学・早稲田大学）。平安文学専攻。
㈱東芝勤務、早稲田大学文学部講師、
北京理工大学外国学部外国専家を経て、
現在、カイロ大学文学部客員教授。

全釈　日蔵夢記

2019年12月21日発行

著　者　菊地　真
発行所　学術研究出版/ブックウェイ
〒670-0933　姫路市平野町62
TEL.079（222）5372 FAX.079（244）1482
https://bookway.jp
印刷所　小野高速印刷株式会社

ISBN978-4-86584-352-1